# 波普主义

〔美〕安迪·沃霍尔
〔美〕帕特·哈克特 著

寇淮禹 译

上海文艺出版社

# 目录

致谢 .................................................... i

前言 ................................................... iii

1960－1963 ............................................ 1

1964 .................................................. 103

1965 .................................................. 141

1966 .................................................. 233

1967 .................................................. 327

1968－1969 .......................................... 407

尾声 .................................................. 475

索引 .................................................. 477

# 致 谢

因为史蒂文·M. L. 阿伦森（Steven M. L. Aronson）是个非常好的朋友，他甚至在离开了出版业后，仍继续着此书的编辑工作。他的机智、他怪异的洞见，以及他那出众的辨识力都是无价之宝。一行一行，一针一线，他编织起了构成六十年代的一幕幕场景。

A. W. 和 P. H.[1]

---

1 指本书作者安迪·沃霍尔和帕特·哈克特。

# 前言

本书是我个人对六十年代纽约波普现象的观察。帕特·哈克特（Pat Hackett）和我在写作中再现了从一九六〇年起——那时我开始波普创作——的十年。这是对那时的我和我朋友的生活的回望：绘画、电影、时尚和音乐，那些超级明星以及我们的关系，这一切构成了我们在曼哈顿敞间[1]的情景，那个为人唤作"工厂"的地方。

安迪·沃霍尔

---

1 Loft：位于工厂、仓库或其他商业、工业空间楼上，宽敞的、通常未加区隔的楼面。中文似乎尚未有通行译法，本书译为"敞间"。

# 1960 – 1963

如果我早点儿走,死在了十年前,那么时至今日大概已经成为一个为人所尊的异数,受着顶礼膜拜。一九六〇年波普艺术在纽约初登舞台之时,这里的艺术界一派欣欣向荣,甚至连那些古板的、端着欧洲腔调的家伙们都不得不最终承认我们也是世界文化的一部分。抽象表现主义早已确立了地位,而在五十年代后半期,贾斯珀·约翰斯(Jasper Johns)和鲍勃·劳申贝格(Bob Rauschenberg)以及其他一些艺术家已经开始把艺术从抽象和内省那类东西中带回来。然后波普艺术拿了里面的放到外面,又拿了外面的放到里面。

波普艺术家采用的形象是随便谁沿着百老汇大街前行都能在 0.01 秒内就注意到的形象:漫画、露天餐桌、男装长裤、名人、浴帘、冰箱、可口可乐瓶——所有这些了不起的摩登事物,那群抽象表现主义艺术家竭尽全力不予一顾的事物。

关于波普画家一个值得一提的现象是他们在彼此结识前已经在画着相似的画了。我的朋友亨利·戈尔德扎勒(Henry Geldzahler),大都会博物馆(Metropolitan Museum)

二十世纪艺术策展人,在他被正式任命为纽约文化沙皇前,有一次这样谈到波普艺术的发端:"就像是一部科幻电影——你们这些散落在城市不同角落的波普艺术家,彼此互不相识,从污泥中跃身而起,把你们的画作置于身前,摇摇晃晃地前行。"

我的艺术训练得自埃米尔·德·安东尼奥(Emile de Antonio),初识德的时候我还是个商业艺术家。在六十年代,德因他的尼克松和麦卡锡电影而出名,但在五十年代,他是个艺术家经纪人。他会为艺术家联络所有的一切:从社区电影院到百货商场乃至大型企业。但是他只为朋友工作;如果德不喜欢你,他就不睬你。

德是我所知道的把商业艺术看成真正的艺术而把真正的艺术看成商业艺术的第一人,而他也使得整个纽约艺术界都这样看。

五十年代时,约翰·凯奇(John Cage)住得离德很近,在乡村,纽约市北的波莫纳(Pomona)。他们成了朋友。德为约翰办了一场音乐会,并因此结识了贾斯珀·约翰斯和鲍勃·劳申贝格。"他们手脚并用,凿钉子,搭台子。"德有一次跟我提起这事儿。"他们那会儿身无分文,住在珍珠街(Pearl Street),他们会在来村子里时洗澡,因为他们住的地方没有淋浴,只有个可以像婊子那样泡澡的小浴缸。"

德为贾斯珀和鲍勃找了份在吉恩·穆尔(Gene Moore)

手下为蒂芙尼（Tiffany's）布置橱窗的工作，在做这类工作时，他们不用自己的真名，而是共用一个假名——马特森·琼斯（Matson Jones）。

"鲍勃会为如何布置橱窗想出许多商业上的点子来，而这些想法中的一些，"德说，"可是非常地糟。但他有一个想法很有意思：把东西放在蓝晒图纸上，这样你就会得到一个那东西的映像。那大概是五五年，你连一张他的画也卖不出手的时候。"德沉沉地笑了笑，显然是想到了鲍勃的点子是怎样地层出不穷。"他的橱窗展示做得粗粝的都非常美，但那些多少带点儿艺术调调的都糟透了。"我如此清楚地记得德讲给我听的这些话，是因为就在那时，德说："我不知道**你**为什么不当个画家，安迪——你比谁的点子都多。"

虽然也有其他人跟我这样说过，但我从来都不确定我在画界所可能有的位置。德的支持和他明朗的态度给了我信心。

当我完成了最初的一些画作，德是那个我想要把作品向他展示的人。他总是可以即刻看出事物的价值。他不会说些"这东西是从哪儿来的"或是"这是谁画的"等等这类绕弯子的话。他会看上一看，然后直白地告诉你他的想法。他常会在下午的晚些时候到我那儿喝上几杯——那时他住得离我很近——我们通常只是随意闲聊，而也就在这个时候，我会把我正在做的商业绘画或插图拿给他看。我爱听德讲话。他谈吐优雅，声音低沉，语调从容，每一个逗号和句号都落得恰到好处。(他曾在弗吉尼亚的威廉和玛丽学院 [College of William and Mary] 教哲学,又曾在纽约城市学院 [City College of New York] 教文学。)德让你觉得只要你一直听他讲,大概就能学到你此生所需知道的一切。我们会喝很多威士忌,用我那时待客常用的利摩日(Limoges)酒杯。德很能喝,我喝得也不少。

那时我在家工作。我的房子有四层,包括一个位于地下室的生活区,那是厨房的所在,我妈和她养的许多猫也住在那里——所有的猫我妈都叫山姆。(我妈有天晚上出现在我彼时住的公寓,带着一些行李箱和购物袋,向我宣布她离开了宾夕法尼亚,好来"和我的安迪住在一起"。我说好吧,你可以住下来,直到我置备一套夜贼报警器为止。我爱我母亲,但老实讲,我以为她会很快厌倦纽约市而思念起宾夕法尼亚和我的哥哥及其家人。结果她并没有,于是我决定买下这栋位于上城的房子。)她住楼下,我住楼上。我在客厅那层工作,那层一分为二,半是工作间,满是我的画和艺术用品;半是寻常的起居室。我总是把窗户的卷帘垂下来——窗户朝西,本就没什么光线进来——屋子的内墙上嵌有木板。整个房间给人一种阴郁的感觉。我有一些维多利亚时期的家具,错杂其间的是一匹老旧的旋转木马、一个嘉年华会上的那种拳击台、几盏蒂芙尼台灯、一个雪茄店印第安人偶、几个孔雀标本,还有几部投币游戏机。

我的画整齐地叠放在一起,我总是把它们整理得很好。我一直以来都是那种只能把东西整理一半的人,总要不停地与乱堆乱放的倾向开战,这里一堆,那里一摞,总有我还没来得及收拾的东西散在各处。

一天下午五点,门铃响了,德进了来,坐下了。我给我俩各倒了些苏格兰威士忌,然后我走到刚刚完成的两幅画旁,两幅画都是约六英尺高三英尺宽,面朝墙斜靠着。我把画翻过来,两幅并排靠墙放好,然后退到一旁自己先看了它们一看。它们中的一幅是个可口可乐瓶,在半高的地方有着以抽象表现主义手法做的一番涂抹。另一幅则只是硬生生的、以黑白两色勾勒的可乐瓶。我什么也没跟德说。我什么也不必说——他知道我想要知道什么。

"呃,你瞧,安迪,"他在盯着它们看了几分钟后开口了,"它们中的一幅就是一坨屎,什么手法都用上了点儿;另一幅则卓尔不群——它是我们的社会,它是我们所是,它绝顶地美,绝顶地直白,你必须把前面那幅销毁而展出这一幅。"

那天下午对我来说是个重要的下午。

在那天之后,有多少人看到我的画时迸发出了笑声,我甚至都数不过来。但是德从不认为波普是个笑话。

那天他离开的时候低头看了一眼我的脚:"你他妈到底什么时候才能买双新鞋?"他说道:"整整一年了你都这么穿着这玩意儿到处走。它们太破了,而且**令人作呕——你的脚趾头**都要顶出来了。"我很欣赏德的直言不讳,但是我没有去买新鞋——我花了好长时间才把那双穿顺脚。不过在绝大多数其他事情上，我总是听从德的建议。

五十年代后期我常去逛各种画廊，通常是跟我的一位名叫特德·凯里（Ted Carey）的好友。那时特德和我都想有一幅由费尔菲尔德·波特（Fairfield Porter）为我们画的肖像画，我们觉得如果让他给我们两人共画一幅，之后我们再把画裁开一人一半的话就能便宜不少。结果他给我们摆造型的时候，让我们两个在一张沙发上坐得太近，以至于事后我们根本没办法把画沿一条直线裁开，最后我不得不给特德钱，整张画才归了我。不管怎么说，特德和我一起追踪着艺术界的动态，随时关注着正在发生的情况。

一天下午，特德打电话来非常兴奋地对我说，他刚在利奥·卡斯泰利画廊（Leo Castelli Gallery）看到一张看起来像是漫画书中的画，他说我该马上去亲自瞧一瞧，因为那跟我正在做的几乎是一码事。

我和特德稍后碰了面，之后上楼去看那家画廊。特德准备买一幅贾斯珀·约翰斯的画，四百七十五美元，画的是灯泡，因此我们不用费太大劲就能说服画廊的人让我们到后室去瞧一瞧。在那儿，我看到了特德跟我说的那幅画——画的是一个在火箭飞船里的男人，背景里有个女孩。我问那个领着我们四处转的家伙："那边的那个是什么？"他说那是一位名叫罗伊·利希滕斯坦（Roy Lichtenstein）的年轻艺术家的画。我问他他怎么看那幅画,他说:"我认为它着实令人激动,你不这么认为吗?"于是我告诉他我也画类似的画,并问他是否愿意来我的工作室一趟,看看那些画。我们约了当天下午晚些时候见。他的名字叫伊万·卡普(Ivan Karp)。

伊万来的时候,我把我的商业艺术画作都藏起来了。既然他不知道关于我的任何事情,也就没道理主动谈起我的广告从业背景。我仍旧展出了那两种风格的画作——有着笔触和颜料点滴痕迹的更带感情的画,以及没有个人笔触的冷硬的画。我喜欢把两种风格都展示给人们,以激起他们对于画作的不同之处的评论,因为我仍然无法肯定,是否可以将笔触完全从艺术中拿去,变得不露声色、不表情态、不具名姓。我知道我绝对想拿掉从笔触中透露出的态度——这也是为什么我总是在同样的摇滚曲目的震天响中画画,一张 45 转的唱片,一放一整天——像伊万来的那天正在放的是迪基·李(Dickey Lee)的《我昨天看到了琳达》(*I Saw Linda Yesterday*)。轰响的音乐清空我的头脑,使我仅凭本能工作。事实上我不仅以那种方式使用摇滚,我还会以同样的方式用收音机放歌剧,并开着电视(但不开声音)。如果所有这一切还没能让我头脑变得足够空白,我会翻开一本杂志,摆在一旁,然后边读杂志边画画。我最满意的作品是那些"不动声色"的画。

伊万惊讶于我没有听说过利希滕斯坦。但他的吃惊远远比不上我的:发现有人也在以卡通和商业主题作画!

对伊万我很快就心生好感,引为知己。他年轻,对任何事都有着积极的态度。他就好像在随着音乐起舞。

起初的十五分钟，他略带迟疑地检视了我的画。之后，他理出了头绪并开始了分析："只有这些生硬的、直截了当的作品才是重要的作品，其他的那些不过是对抽象表现主义的致敬，它们无足轻重。"他大笑起来，又说："我是不是太自以为是了？"我们就我画作的新的主题一事谈了很久，他说他有预感就要有震撼性的事情随之发生了。我感觉很好。伊万有办法让你感觉很好，所以他走以后，我坐下来把他说的他最喜欢的那幅《小南希》（*Little Nancy*）卡通画包好，系上红色蝴蝶结，送到他所在的画廊。

第二天伊万带了一些人来，他们都是对放在卡斯泰利后室的利希滕斯坦的作品有兴趣的人（卡斯泰利尚未正式展出利希滕斯坦——一切都还不那么郑重其事）。

几个月之后，我向伊万询问了画廊后室的那些利希滕斯坦的画他最初是怎么弄来的。他说有一天他正在画廊向一些学院的学生讲授如何评估新艺术家的作品（你如何决定是否要展出它们），一个紧张兮兮的年轻人带着他的画出现在了门口——他看到有那么多的学生在，羞得不好意思进来。伊万不得不在走廊里看他带来的那些画。学生们自然想要看伊万通过这个现实的范例向他们展示他刚刚还在讲解的内容，他们自然期待看到那个一贯自信、沉着、镇定的伊万。但是当伊万看到利希滕斯坦的作品时，他困惑了——它们"古怪而张狂"，和他此前见过的任何画作都非常地不同,他告诉罗伊他想留下两幅,放在后室的架子上等卡斯泰利来看。

伊万,听他讲,自五九年开始为卡斯泰利工作。"我那时和玛莎·杰克逊(Martha Jackson)一起工作,"他告诉我,"一天迈克尔·松阿本德(Michael Sonnabend)过来找我,'伊万,你干这个太大材小用了,来跟我和我朋友一起吃个午饭,'我说,'为了这餐饭随便让我做什么都行。'午饭的地点是在我从没去过的卡莱尔(Carlyle),那儿有厚厚的桌布和餐巾,以及冷淡而略显倨傲的侍应,我愿意为这样的午餐做任何事。于是我就去为利奥·卡斯泰利(Leo Castelli)工作了,他那时还和伊利安娜是夫妻。(她后来成了伊利安娜·松阿本德[Ileana Sonnabend]。)用第一笔薪水,我买了套新西装。"

利奥有艺术史的教育背景和非常好的眼光,但是伊万令他变得乐于冒险,四处游逛新艺术家的工作室。伊万年轻,对新的可能持开放的态度;他尚未被任何狭隘的艺术哲学所桎梏。

伊万做到了"飘然"处事而不给人以漫不经心之感。而且他是那样地会说话。他的举止仪态仿如一位聪敏的贴身近侍,而这,人们喜欢。他以轻松的个人风格从事艺术品买卖,与波普艺术的风格非常恰切。多年以后,我明白了为什么他能成为一位如此成功的艺术品经纪人——也许听起来有点儿奇怪,但我相信这是因为艺术是他的第二所爱。他似乎更爱文学,他把他性格中的严肃一面都投注到那上面去了。六十年代,他写了**五部小说**——真是没少写。有些人做第二所爱的事甚至比做最爱的事做得好,这也许是因为当他们太过在意的时候,那件事就束缚了他们的手脚;但是知道有自己更爱做的事在等着则给了他们一定的自由。怎么都好,反正这是我关于伊万成功的理论。

在抽象表现主义和波普之间的那段日子的最后时期,艺术界仅有非常少的人知道哪些艺术家好,还有就是那些自己好的人知道还有哪些人好。总之一切都好像是私人信息,公共层面上,艺术界还未知晓这一切。一件偶然之事特别使我认识到,大致说来,艺术界对于这一切正在发生的事是多么地无知。

德在弗兰克·斯特拉(Frank Stella)还在普林斯顿念本科时就认识了他,两人一直是好朋友。(德提醒我说有一次他带弗兰克到我的住处,我指着弗兰克随身带着的一幅他的小画说"我要六张"。我不记得这件事了,但它一定发生过,因为我确实有六张那个画。)弗兰克的黑画系列(black paintings)中的一张挂在德位于东九十二街的公寓里。德的住所拐过一个街角住着一对精神病医师夫妇,我这里称他们为欧文(Irwin)和希尔德加德(Hildegarde)。他们是正统的折中的弗洛伊德主义者。[1] 我跟着德参加过一些他们搞的派对,那些派对真是非同寻

---

[1] 此处是一个文字游戏:straight(正统的)一词既有不偏离某一主义、学说之意,又有"异性恋的"之意。这对夫妇当然是异性恋,故而也可说是正统的。

常：宾客中除去精神病医师，就都是来自联合国或联合国教科文组织——用德的话说，"那些不切实际的社会改革组织"——的黑人。德曾大笑并发誓说把那些年他们所有的派对都算上，"我只遇到过**一位**迷人的女子，那是个容貌糟糕的群体"。

一天下午我打算顺路去拜访德，我到门口的时候，正赶上他打开门，冲着希尔德加德和她的一个住在街尾的女性友人嚷："给我出去！我再不想见到你们！"我搞不清楚究竟是怎么一回事，因为他和希尔德加德是很好的朋友，所以我就只是往里走，进了公寓，而她们则出去了。那是个美丽的雪天，窗户开着，雪花飘进来。

德解释给我说这一切都开始于希尔德加德指着墙上的斯特拉的画嘲讽地问"那是什么"。德告诉她，"这是我的一个朋友的画"。她和她的朋友笑喷了，"一幅**画**？？？"然后希尔德加德走过去，把它从墙上取下来，拿一瓶威士忌浇在上面。然后她拿起她们在巴西狂欢节大街上吸的乙醚小罐儿[1]——她特地给德带回来的——喷在画上。斯特拉的画被抹掉了。德不停地对我说，但其实他是说给他自己，"你能怎么办？你又不能打女人……"

德讲完这件事，我突然看到躺在角落里的毁了的斯特拉，不知说什么好。我就那么坐着，我的橡胶鞋套在地面上滴落出一小片泥泞。电话铃响了，巧的是，打电话的正

---

[1] 指以乙醚为基底的迷幻剂。

是弗兰克。德告诉他整件事。当听到德说那个和希尔德加德一起的女人是一个雕塑家的夫人时，我简直不敢相信——我是说这可不是一位清洁女工看到了一张乌漆抹黑的画然后试图用百洁布把它刮饬干净！德挂了电话，说弗兰克答应给他再画一幅"一模一样的"，但他并未因此而感到宽慰，他知道两张一模一样的画是不可能的。

这时门铃响了，是欧文，愧赧地拿着幅马瑟韦尔（Motherwell）。他说："可不可以拿这个赔你，再加上点儿钱？"德让他滚他妈的蛋。

一天晚上德和我在"21"用晚餐。我猜我那时总是多少有点儿天真傻气，老是让他讲他所认识的艺术家；而那晚他为我描述了他所去过的"最了不起的艺术展"。五十年代中期，贾斯珀·约翰斯有一次打电话给德，非常正式地邀请他"下周周三"共进晚餐。那时德和他的夫人——我想是第三位夫人——与贾斯珀关系很近，他们会打电话问彼此今天晚上打算做点什么，所以这个"下周周三"很不寻常，是他们从未有过的正式。（"贾斯珀这人有些拘谨，"德说，"但还不至于**那样**拘谨！"）到了那天，德和他的夫人去到贾斯珀和鲍勃·劳申贝格在珍珠街的住处。那时的珍珠街非常美也非常窄，要是有辆车停在那儿你就过不去。贾斯珀的敞间通常是颜料和各种材料散落一地，因为他在那儿住也在那儿工作；但是这个周三，那里一尘不染，他日常生活的迹象全然不见了，除了墙上挂着的他

**所有的**早期绘画——那大大的美国旗、他最初画的那些靶子、那些数字（对我来说，仅仅是想象当时的情景就已经激动不已）。"我懵了，"德说，"你心中有一些感觉，而对应的词语稍后才到来——**枯干，严峻**……竟有人在看到这些画时狂笑出声，就像他们笑劳申贝格！"

我总是在想那些看到惊人的新艺术能**笑出声来**的人费个什么劲儿非要跟艺术扯上关系。但是在艺术圈，你总是能碰上好些这种人。

德总是说这世上最难的事就是你有个艺术家朋友而他的作品你横竖看不上："你必须得终止和他们做朋友，因为看着他们的作品然后想'这太搞笑了吧'而还要跟他们保持朋友关系实在是件困难事。"所以德当作朋友的每个人他都看得上。一次，在他搞的派对上，我听到他接电话时跟那边说："对，我**确实**介意，因为我不喜欢他的政治态度。"是有人想带阿德莱·史蒂文森（Adlai Stevenson）过来。

我们坐在"21"（我记得我膝上摊着《国民大八卦》[*National Enquirer*]，我爱极了那些海豹肢症故事[1]）谈起了城中的艺术——克拉斯·奥尔登堡（Claes Oldenburg）和

---

1 指孕妇因服用治疗孕吐的药物沙利度胺（Thalidomide）导致婴儿畸形的相关报道。

吉姆·戴恩（Jim Dine）[1]在贾德森画廊（Judson Gallery）的街头展览，奥尔登堡在玛莎·杰克逊（Martha Jackson）[2]一个群展中展出的沙滩拼贴，汤姆·韦塞尔曼（Tom Wesselmann）"伟大的美国裸体"（Great American Nude）系列在塔纳格画廊（Tanager Gallery）的首次展出——但我的心绪总是回到德刚刚告诉我的那个贾斯珀为他在自己敞间做的展览。德与贾斯珀和鲍勃都是非常好的朋友，我觉得大概他能告诉我一个长久以来我都想要知道的事情：为什么他俩不喜欢我？每次我见到他们，他们都当我不存在。所以当侍应生端上白兰地的时候[3]我抛出了我的问题。对此，德回答道，"好吧，安迪，如果你真想知道，我就摊开了讲给你听：你太娘了，这让他们很不爽"。

我觉得很尴尬，但德没有停口。我十分肯定他看出了我为此话所伤，但对于我提出的问题，他打算让我听到全部答案。"首先，后抽象表现主义的感受力当然是有同性倾向的，但是这两个伙计是穿三粒扣西装的人——他们曾在陆军或海军还是哪儿服过役！第二，你让他们感到不安，因为你**收藏**艺术——传统上，艺术家不会买其他艺术家的作品。不管你怎么想，反正就是没人这么干。还有第三，"德总结道，"你是个商业艺术家，这非常困扰他们，因为当**他们**做商业艺术时——橱窗展示还有其他我给他们

---

[1] 吉姆·戴恩（Jim Dine），波普艺术家。
[2] 指由玛莎·杰克逊开的画廊玛莎·杰克逊画廊（Martha Jackson Gallery）。
[3] 白兰地通常作为餐后酒饮用，此处表示晚餐已用完。

找的工作——他们只是为了'糊口'。他们甚至不用真名。而**你**做商业艺术做到**得奖**！你以此**知名**！"

确实如此,德说的都没错。我以商业艺术家的身份广为人知。看到自己的名字在一本名为《1000个纽约名字以及该把它们放在哪儿》的新鲜热辣的资讯书中被放在"时尚"一栏下时,我心里别提有多来劲儿了。但是如果你想被当作"严肃"艺术家,人们认为你就不该与商业艺术扯上干系。德是我那时所知的唯一一个可以看透那些陈旧的社会区分而直接看到艺术本身的人。

德跟我讲的这些话很伤人。当我问他"为什么他们不喜欢我"时,我自然是希望能比现在这种状况有更好的台阶下来着。你问这种问题的时候,总是希望被问到的人会告诉你说你多虑了。我不知该说些什么好。最后我说了句蠢话:"我知道很多画家比我还娘。"德说:"没错,安迪,是有人比你还娘——同时才华不如你——不过也有不少和你同样有才而且不那么娘的,但不管怎样,你要明白,**明星画家**总是试图让自己看起来有正常的性取向;你扮娘娘腔——好像拿这当作你的盔甲。"

对此我无话可说。德说的都是事实。所以我决定不去管它,因为不管怎么说这些都是我不想要改变的事情,都是我认为我不**应该**想要改变的事情。做一个商业艺术家没什么错,收藏你欣赏的艺术品也没什么错。也许别人可以改变他们的态度,但我不会——我知道我是对的。而关于"娘娘腔"这件事,我一直以来都以此为乐——光是看着人们脸上的表情就能让我欢乐不已。你必须要见过那些抽象表现主义画家的做派和他们塑造的自我形象,才能明白当人们看到一个娘娘腔的画家时会有多震撼。我当然并非天生的猛汉,但我必须承认,我是故意装成另一个极端的。

抽象表现主义者的世界特别男人。那些常聚在校园地的雪松酒吧(Cedar bar)的画家都是些精力充沛、身强体壮的主儿,他们会一把搂过对方,说些诸如"信不信我打得你丫满地找牙"或者"明儿我就撬了你的妞儿"这样的话。从某种意义上来说,杰克逊·波洛克(Jackson Pollock)注定了要以他的那种死法而死——开着车,撞个稀烂;即使像巴尼特·纽曼(Barnett Newman)这样一位总是穿着西服套装、戴个单片眼镜的优雅之士,也强悍到在三十年代卷入政治,以多少是象征性的姿态参选纽约市长。坚韧强悍是他们的传统的一部分,与他们痛楚、苦闷的艺术相伴。他们总是在爆发着,为他们的工作和他们的爱情搏击。这整整贯穿了我刚到纽约的五十年代,那时的我做着能找到的无论什么广告工作,晚间在家赶工或是与一些朋友外出。

在我和拉里·里弗斯(Larry Rivers)成为朋友之后,我常问他那时那帮人到底是个什么样子。拉里画作的风格很独特——既非抽象表现主义,也不波普,它落在这两者之间。但是他的个性非常波普：他会骑着辆摩托车四处逛荡，而且他有幽默感——开别人的玩笑，也开得起自己的玩笑。我过去常在派对上遇到他。我记得有一次在贾妮斯画廊（Janis Gallery）参加一个开幕式，我们刚好站在室内一角，方向上正适合交谈，于是我让他讲讲雪松酒吧的事。我之前听说，拉里在要去上电视参加"64000美金问答"节目前曾放话说，如果他赢了，你能在雪松酒吧找到他；如果他输了，他就直接去五点（Five-Spot），他那会儿在那儿演奏爵士乐，吹萨克斯。结果他赢了——49000美金——他直接去了雪松请大概三百人喝酒。

我问拉里，杰克逊·波洛克这人怎么样。"波洛克？从社交的角度上来说，他非常垃圾，"拉里说，"交往起来让你很不舒服，人又蠢笨。他周二的时候总会在雪松——周二是他来城里见精神分析师的日子——他总是喝到烂醉，然后恶劣地对待每一个人。在汉普顿斯（Hamptons）那会儿我就已经知道他了。我过去在那片儿的小酒馆吹萨克斯，他有时会进到店里来。他是那种会坚持要你演出《我能给你的就只有爱，宝贝儿》（*I Can't Give You Anything but Love, Baby*）或者其他这类歌的醉鬼，乐手会觉得这些歌比他们的格调低，所以这种情况下你就不得不试着找一种不要**太过**作践自己的方式来演奏……他是个明星画家这没错，但也没道理把他说成是个令人愉快的人。雪松酒吧有些人会很拿他当回事儿，他们会每隔一秒钟宣布一次他正在做的事情:'杰克逊在那儿!'或者'杰克逊刚进了厕所!'"

"我告诉你他是什么样的人吧。他会走到一个黑人跟前对他说:'你觉得你的肤色怎么样?'或者他会问一个同性恋:'最近嚯了谁鸡巴了吗?'他会走到我跟前在他胳膊上比划一个扎针的动作因为他知道我那阵儿常会注射海洛因要一要。他有时还会非常愣。我记得有一次他走到米尔顿·雷斯尼克(Milton Resnick)面前说:'你个德库宁(de Kooning)模仿者!'而雷斯尼克则说:'你给我出去',真的。"拉里笑了,"你非得认识这帮人才能相信他们会为什么争吵"。从拉里的笑我能看出他对那整个圈子还有很深的感情。

"其他的画家又怎样呢?"我问他。"嗯,"他说,"弗朗兹·克兰(Franz Kline)每晚必到雪松酒吧。他是永远到得比你早又永远走得比你晚的那种人。他能做到跟一个人讲话而当此人起身离开的时候转向另一个人继续聊,而那个跟他继续聊的人也觉得一切顺顺当当,他会想'他跟他聊了挺久了……所以他过来跟我聊……',弗朗兹这种对待一切人不加区别的友好可能会有点儿吓着你,但话说回来他确实总是谈兴很高并一直微笑。在雪松总是有很棒的讨论,总是会有家伙抽出自己的诗读给你听。那场面十分沉重。"拉里叹了口气,"你一点儿也不会喜欢的,安迪"。

他是对的。那是种我宁可花钱以便能够从中抽身而出的气氛。但若只是听人讲讲倒是很迷人,特别是听拉里讲。

开幕式上的人渐渐少到了我们可以从站的角落里走出来。"不过你去雪松酒吧并不是要'看明星艺术家',"拉里补充道,"是,你可能会喜欢分享笼罩在他们头上的光环,但是你一夜又一夜地来雪松,只是来看你的朋友……弗兰克·奥哈拉(Frank O'Hara)、肯尼思·科克(Kenneth Koch)、约翰·阿什伯里(John Ashbery)……"

那时的艺术界确与今日不同。我试着想象自己在酒吧里大步走到,比如说,罗伊·利希滕斯坦面前,让他"给我出去",只因他侮辱了我的汤罐。我是说,这多傻啊!我很高兴那种凡事要争个明白的作风已经寿终正寝了——那不是我的风格,更不要说我也没那个能力。

拉里提到波洛克每周二会从村子里过来。那是"从城市搬到乡村去"风潮的一部分,这风潮在五十年代后期由抽象表现主义艺术家首发,那时他们已经开始名利双收,可以负担得起乡间的居所了。在这二十世纪的中期,艺术家还在遵循那躲进山林里做自己的事的传统。即使是拉里,也于五三年搬到了南安普顿(Southampton)[1],在那儿住了五年。这传统真是够根深蒂固的。但是六十年代把这一切又都变过来了,六十年代的风潮是从乡村到城市。

---

[1] 美国纽约市东南部的南安普敦村,位于长岛的东南岸,是夏日度假地。

在那年七月伊万带到我工作室来的人中，有一位是在大都会艺术博物馆"任职策展助理但没什么具体事情好做"的年轻人。亨利·戈尔德扎勒在曼哈顿长大，耶鲁念的本科，哈佛读的研。在从剑桥[1]回到纽约前，他去见了伊万，那时伊万在普罗文斯镇（Provincetown）[2]有家画廊。"我就要回纽约了，"他说，"我希望你告诉我我该去见谁，我该做什么，我该说什么，我该怎么做、怎么说、怎么穿戴、怎么思考、怎么继续……"伊万条分缕析又简明扼要地给他讲了三十分钟，等他们都回到纽约后，就开始一起四处逛艺术家的工作室。他们都热烈地期望在新艺术被送到画廊前就买下来——他们四处探访艺术家的工作室和敞间，为了在创作甚至还没完成前先看上一眼。就在伊万第一次去过我那儿的几天后，他发现了吉姆·罗森奎斯特（Jim Rosenquist），而亨利已经带他去看过汤姆·韦塞尔曼了。

亨利和伊万进来的时候，我看得出来亨利对于房间里的每一件东西都即刻展开了评估。他扫视了我收藏的所有东西——从美国民间艺术到我从卡门·米兰达（Carmen Miranda）个人资产拍卖会上拍得的厚底鞋（鞋长四英寸，有个五英寸高的跟儿）。亨利几乎像计算机一样快地把信息整合了起来，说："我们大都会博物馆有弗罗林·史提海莫（Florine Stettheimer）画作的收藏。如果你

---

[1] 指哈佛大学所在地，马萨诸塞州的剑桥市。
[2] 也在马萨诸塞州。

愿意明天来，我可以拿给你看。"我很激动。能够只扫一眼我的房间就知道我喜欢弗罗林·史提海莫的人一定绝顶聪明。我看得出和亨利交游将会很有意思。（弗罗林·史提海莫是个富有的、画风天真的画家，是马赛尔·杜尚[Marcel Duchamp]的朋友，一九四六年在现代艺术博物馆[Museum of Modern Art]有过她的个展，纽约城市博物馆[Museum of the City of New York]里她姐姐卡丽（Carrie）做的古怪别致的玩具屋我也特喜欢。）

亨利是个懂得过去的学者，但他还知道如何用过去来观察未来。很快我们就成了一天讲五个小时电话——"午饭时候见"——"快开电视看'今夜秀'（*Tonight Show*）！"的朋友。

显然，对一个年轻人来讲，支持新的想法是容易的。他初登舞台，尚没有必须捍卫或修正的立场，尚没有大量时间或金钱的投入。他可以做个不守章法的小子，说他想说的，支持他想支持的无论谁、无论什么，而不必顾虑"他们会不会不再请我赴晚宴了"，或是"这是不是跟我三年前写给《艺术论坛》（*Art Forum*）的意见相左"这类问题。在一九六〇年下半，亨利和我以各自不同的方式踏入纽约艺术圈，见识了圈中的大政方针并迎战了内中的阴谋诡计，所以那会儿光是谈这些每天就至少要讲上四个小时电话。

亨利对于我在作画时放的摇滚乐全都喜欢。一次，他告诉我,"我从你这儿学到了一种面对媒体的新态度——不加选择,就那么让一切涌进来"。而那些年我也从亨利那儿学到了很多,我总是向他寻求建议。他喜欢将我们的关系比作文艺复兴时期的画家与给他们的创作主题提供想法的神话学家、古典学家或基督教史学家之间的关系。

说真的,我从不为向别人询问"我该画点儿什么"而感到尴尬,因为波普来自外面,直接向别人要点子和从杂志里找点子又有什么不同呢?亨利明白这一点。但有些人在你向他们征询意见的时候则会蔑视你——他们一点儿也不想知道你是如何工作的,他们希望你保持你的神秘,这样他们就可以崇拜你而不必因为任何细节或内情而感到尴尬。

就拿我的商业绘画来说吧,直到伊万将我介绍给亨利为止,我一直都将那些画深藏在室内的另一处。因为有一次伊万带过来的一个人记起我做过商业绘画这回事并要求看看那些画,而就在我将画给他看的那一刻,他整个人的态度都变了。实际上,我都能感觉到他对我的创作的想法的改变,所以自那以后我就决定要严阵以待,不让别人看到那些画。即使是对亨利,我也是在对他的心智状况足够放心的情况下才把那些商业绘画拿给他看的——而那已是我们交往几个月后的事了。亨利明白真正作数的是画布上画了什么而不是想法从哪儿来或你在画它之前是做什么的。他明白我的风格,他自己本就有一种波普范儿。所以特别是让他给我出主意时,我从不会感到尴尬。(每次我着手一个新方案,我都会在好几个礼拜的时间内不停地向身边人询问他们觉得我该做什么。我现在仍这么做,这从来没有改变过。我听到一个词,或是误解了某人的意思,而就此生发出一个我自己的好点子。我问别人想法的目的是要让别人说个不停,因为早晚总会有只言片语把我带上思想的另一趟列车。)

是亨利给了我想法开始创作"死亡与灾难"(Death and Disaster)系列。那是个夏日的一天,我们在东六十街的"珍宝奇缘"(Serendipity)用午餐,他往桌上摆了份当日的《每日新闻》。那天的头条是《客机失事,129 人丧生》,而那开始了我的死亡系列——《车祸》(The Car Crashes)、《灾难》(The Disasters)、《电椅》(The Electric Chairs)……

(无论何时我重看那天的头版,都会为报上的日期所震颤:一九六二年六月四日。六年之后的那一天,我个人的灾难成了头版头条:《艺术家遭枪击》。)

我也向伊万征询想法。有一次他说:"你知道,人们想看**你**。你的样子成就了你名声的一部分——它引发了人们的想象。"由此我开始画最初的那些自画像。另一次他说,"你为什么不画些牛呢,它们是如此美妙的田园牧歌般的存在,是艺术史上经久不衰的题材"(伊万说话就是这么个调调)。我不知道他期望我画的那"田园牧歌般的存在"是个什么样,但当他看到那些我准备制成大卷大卷的墙纸的巨大牛头时——在亮黄色背景上的亮粉色——他震惊了。但过了一会儿,他爆出了如下字句:"它们**超**田园牧歌!它们荒谬!它们火焰般明亮又低俗!"我是说,他喜欢那些牛,在我的下个展览上我俩把所有的墙面都贴上了这牛做的墙纸。

在一个我已向十或十五个人征询了建议的傍晚,最终我的一位女性友人问出了那个正确的问题:"要让我说的话,这要看你最爱什么。"由此我开始画钱。

不过也有些时候我不采纳建议,比如当我告诉亨利我打算放弃以连环漫画为题材作画时他认为我不该。那时伊万刚刚给我看了利希滕斯坦以本·戴点彩法[1]画的作品,我想,"噢,为什么**我**没能想到呢?"于是我做出个决定:既然罗伊漫画画得这么好,我就该完全停止画漫画,转而尝试我可以先发制人的其他方向——比如数量和重复。亨利对我说:"噢,但是你的漫画非常动人——它们不是比罗伊的'更好'或'更差'——这世界可以同时容纳你们两人的作品,它们非常地不同。"然而晚些时候,亨利承认,"从战略和建立军事基地的角度而言,毫无疑问你是

---

[1] Ben Day dots 是以印刷业者本杰明·亨利·戴(Benjamin Henry Day)命名的印刷法。用青、洋红、黄、黑四色点的搭配组合进行彩色印刷。在二十世纪五六十年代的通俗漫画的彩色印刷中广泛使用,利希滕斯坦在他的作品中夸大地使用了这一方法。

对的。那片地盘已经被别人抢先占领了"。

伊万勾起了我们一大帮人去福克斯剧院(Fox Theater)看"K字头默里"(Murray the K)摇滚演出的兴致,在那儿演出的有玛莎和文德拉斯(Martha and the Vandellas)、戴恩(Dion)、小史蒂维·旺德(Little Stevie Wonder)、迪翁·沃里克(Dionne Warwick)、罗奈特组合(The Ronettes)、马文·盖伊(Marvin Gaye)、"漂泊者"(The Drifters)、小安东尼和皇家(Little Anthony and the Imperials),还有其他你想得到的所有人。每个团体表演他们的本周热门曲,除了当天演出的主角之外每个团体只许表演一两首,即使是当晚的主角,演出时间也不过大约十五分钟。我记不起那儿是有一个即席伴奏的乐队呢,还是他们全都跟着自己的唱片对口型——其实这是那会儿的孩子最喜欢的方式,每一个声响都与唱片上的分毫不差,比如说他们看水晶组合(The Crystals)的演出时,他们会希望听到菲尔·斯佩克特(Phil Spector)出品的唱片上的每一个最细微的嗒嗒声。

观众黑人白人都有,但是黑人的演出赢得的掌声最多。"K字头默里"会在舞台上叫嚷着他标志性的"啊~~喂!",谈论"潜艇大赛"[1],随着"舞女"[2]和"K字

---

[1] "潜艇大赛"(submarine races)是美国六十年俗语,去看潜艇大赛意指开车带女孩去水边亲热——因为真有潜艇大赛的话,在岸上也是看不见的。
[2] Dancing Girls,即上文提到的罗奈特组合。她们除了是女子合唱团外,那时还以K字头默里的"舞女"而为人所知。

头默里"的舞者演出一切他广播中惯常的套路。孩子们在我们身边发狂,伊万会和他们一起大叫,而转过头就说些诸如"这太天真了!精神高涨、节奏激昂,而传达的讯息只是人类最基本的感情:爱与疏离!这儿没有复杂的人情世故!这儿有的只是直截了当的东西,裹挟着巨大的力量和确信!"之类的话(就像我之前提到过的,他说话真就是这个调调)。

这样的场面我们经历了一次又一次。福克斯剧院真是个电影天堂,满是天鹅绒绳索和黄铜和大理石喷泉和紫色和琥珀色的灯——有点儿摩尔人风格,高高的昏暗的大厅,夏天总是那么凉爽,数千个孩子就在里面游逛,喝碳酸饮料和抽烟。伊万在数年后向我谈起,"那些日子对我而言特别有意义,因为我是如此地爱那些音乐"。

(当然,像其他所有人一样,我们也在六一年的秋天去了位于四十五街的薄荷厅 [Peppermint Lounge]。就像《品类》[Variety] 杂志的头条标题说的那样,"咖啡馆客舞新风——成人乐享青年新节拍"[1]。)

"这些年下来我可是损失了不少发财的好机会,都怪我对你太不客观了。"大卫·鲍登(David Bourdon)有一次向我抱怨。他的意思是因为我俩是如此要好的朋友以至于

---

[1] 原报刊标题为 NEW "TWIST" IN CAFÉ SOCIETY – ADULTS NOW DIG JUVES' NEW BEAT,此时扭摆舞方兴未艾,标题中"twist"一词一语双关,既有"新出现的变化"之意,又有"扭摆舞"之意。

他不知道该怎么看待我的艺术，就此错过了早年间在我的大量作品很便宜地出售时抢先买下的好时机。在最初那些对我的作品肆意嘲笑的人中没有大卫，不过那些对我说我的作品棒极了的人中也没有大卫。

大卫和我在五十年代通过一个我们都认识的、为邦维特勒（Bonwit Teller）[1]布置橱窗的朋友相识。大卫写艺术批评（这是在他为《村声》[Village Voice]工作之前、更是他为《生活》[Life]工作之前的事了），我们都收藏艺术。很快我们就结伴而行，到处逛画廊。

在五十年代末我有一年左右没见他，然后有一天他打来电话说："我刚看了本杂志，那里面说有一个叫安迪的新艺术家在画汤罐头。那说的是**你**吗？"我问他是否愿意过来亲自瞧瞧那说的是不是我。他立马从他住的布鲁克林高地搭地铁，不到一个小时就到了我那儿。我给他看我的画，等着他说点儿什么，但他只是站在那儿一脸困惑。最终他开口了："嗯，请你站在我的立场想一想：我一直以来只知道作为商业艺术家的你，现在我听说你成了画家，但是过来一看你仍然在画商业艺术题材。老实讲，这事儿我不知道该怎么看。"

至少他没放声大笑。我意识到从大卫的反应我也就可以知晓那些身在艺术界、对我的作品有所同情，但同时也抱有一丝怀疑的人是作何感想的。我想至少有一位有才智

---

[1] 纽约市的一家高级百货公司。

的怀疑论者朋友在身边，对谁来讲都是件好事——你不能只为支持者所环绕，不管你觉得你们是多么地英雄所见略同。

每次我在某个艺术专栏里见到我的名字，我都会打电话给大卫，"**现在**你承认波普作为艺术的正当性了吗？"他会说，"唉，我还是不能肯定……"这在我俩就好像一个游戏，一个套路。

（大卫告诉我说过去的我大体说来更友好、更坦荡、更直率，直到**六四年**。"那时你没有后来的你发展出的那种冷冷的、目光穿墙而过的、有距离感的样子。"可是那时的我不**需要**那一套，就像后来的我需要一样。）

伊万带利奥·卡斯泰利来我的工作室时，屋子里乱得一团糟，大幅的油画布散置于起居室各处——拿颜料在画布上作画比起在纸上用笔来画可是混乱得多了。利奥看了我的画，特别是"迪克·特雷西"系列（Dick Tracys）和"鼻部整形术"系列（Nose Jobs），然后说："唉，你实在不走运，我是说时机上很不赶巧，我们已经代理了罗伊·利希滕斯坦，如果把你们俩放在一个画廊那就冲撞了。"

伊万之前就提醒过我说利奥一定会跟我说"把你们俩放在一个画廊……"这种话，所以我听到利奥这么说时也不能说是全无准备，但我还是非常非常失望。他们买了我几幅小画算是对我的安慰，并且承诺虽然他们不会代理我了，但是他们会尽一切可能给我找到别的展出场所——这一切对我而言都实在是太好了,而这也就更让我希望能被他们代理了。

要成为一个成功的艺术家,你必须要让你的作品在一个好的画廊展出,这就好比迪奥(Dior)从不会把他的原作放在比如伍尔沃思(Woolworth's)[1]这种地方的柜台出售。其他的先不论,在哪儿展出是个市场营销的大问题。想想吧,假如有个家伙,打算花个千美元买上一幅画,他可不会在街上瞎走一气直到撞见一幅让他"会心一笑"的画。因为他想要买的是一幅会增值了又增值的画,而要想确保这一点就需要一家好的画廊,一家会为艺术家花心思的画廊,会替他宣传炒作的画廊,一家能让他的作品以恰当的方式展示给恰当的人的画廊。因为如果那位艺术家为人淡忘,那人的投资也就打了水漂。像通常的那样,德把这件事说得最透:"想想博物馆地下室里那些你从没见过的三流作品,还有那些被销毁的作品——有时就是艺术家本人亲手销毁的。我们今天看到的作品,不过是流传下来的由一个时期的统治阶级的品味恩准它们流传下来的作品,而那通常是在统治阶级的准绳和语汇的框架下最有效地创作出来的作品。回望乔托(Giotto)之前、契马布埃(Cimabue)的时代,有成千上万的意大利画家,但今天我们知道其名字的不过是少数。关心油画的普通人也许能说出五个,而学者也许能说出十五个,其余的全都是画作与

---

[1] 售卖廉价日用百货的连锁店。

其一同死掉的画家。"

所以你需要一个好的画廊,这样"统治阶级"才会注意到你,才会相信你有个光明的未来,这样收藏家才会买你——花上五百美元或是五万。不论你有多优秀,如果得不到好的营销,你将不会厕身那被记住名字的艺术家之列。

但我希望卡斯泰利能代理我还有超出此的原因,我没有只把这件事当生意看。我就像是个想要加入某个特定兄弟会的大学生或是一个想要自己的名字和他的偶像出现在同一张唱片上的音乐家。我知道若是能成为卡斯泰利的一员对我来说将是一件乐事,虽然他回绝了我,但我仍然怀抱希望他会在稍后接纳我。

与此同时,伊万四下里为我奔忙。他以个人的身份带着我作品的幻灯片和照片有时甚至是作品本身去找其他艺术品经纪人。对一位艺术品经纪人来说,像这样向其他经纪人推销一位艺术家是不寻常的,因为别人总是不免要想"如果他这么棒,为什么**你**不代理他?"伊万会把我的画留给他们"试试看";那些画廊会看着我的画说"这太粗鄙了!真低俗!",他们真就是这个意思;伊万只好把画拿回来,和善地对我说:"很遗憾他们看不出你作品中的更重大的内涵。"

亨利·戈尔德扎勒也在为我凿石铺路。他把我推荐给悉尼·贾妮斯(Sidney Janis),而他回绝了。他恳求罗伯特·艾尔肯(Robert Elkon)。("我知道我这么做是大错特错,"他对亨利说,"但我实在不能不如此。")他接触了埃莉诺·沃德(Eleanor Ward),她倒是好像有兴趣,但是又说她那儿没地儿放。没有人,就是没有人,接纳我。亨利和我每天都会在电话里讲起他那边的进展。这情况整整拖了有一年多。他会跟我说,"他们拒绝,因为你是如此的一位天才。他们害怕,因为你艺术作品和商业作品间的连续性太明显了。"又是这个……

我的"绿票"系列(Green Stamps)[1]和"金宝浓汤罐头"系列(Campell's Soup Cans)散放在全纽约的多家画廊,但我的第一个展览是一九六二年在洛杉矶的欧文·布卢姆画廊(Irving Blum)办的(这个展我没去,但第二年在那儿的展我去了)。欧文是伊万带到我工作室的最初的那批人中的一个,他看到我的《超人》,放声大笑。但是第二年情况就不同了,他在看到卡斯泰利代理了罗伊·利希滕斯坦之后,折返回来,为我办了展。

六二年八月,我开始做丝网印刷。就在忽然之间我觉得一直以来用于复制图像的橡胶印章术太过简陋了,我想要一个更强有力的、带有流水线效果的东西。

---

[1] 绿票是流行于二十世纪三十年代至八十年代美国的一种兑换券,消费者可在超市、百货公司、加油站等处消费时得到绿票。凭一定数量的绿票可向绿票的发行公司兑换相应商品。在六十年代,绿票的发行量是美国邮政邮票发行量的三倍,而其兑奖目录则是美国最大规模的出版物。

做丝网印刷,你要选定一幅照片,把它放大,在胶水中把它转印到丝网上去,之后用墨水滚过网面,墨水会穿过网面而不会穿透胶水,这样你就得到了一幅同样的图像,只是每次会微微有所不同。一切都是那么的简单——快捷又随意。我为此激动得发抖。我最初的试验包括特洛伊·多纳休(Troy Donahue)和沃伦·贝蒂(Warren Beatty)的头像,之后玛丽莲·梦露(Marilyn Monroe)碰巧在那个月死了,我就想到印刷她那漂亮脸蛋儿的主意——这就是最初的那批《玛丽莲》[1]。

亨利有天下午打电话过来说:"劳申贝格刚给我打电话问我丝网印刷的事,我跟他说'干吗问我,问安迪啊'。我说我会给他安排去你那儿看一看。"

当天晚上,亨利和劳申贝格一起来了。画廊业主伊利安娜和迈克尔·松阿本德也在,还有大卫·鲍登,以及一个和他们一起的瑞典的年轻艺术家。

任何与艺术圈有关的事儿大卫都不曾忘记,他后来巨细靡遗地向我复述那天的场景:"你拿出了《玛丽莲》,然后,因为劳申贝格从没看过你的东西,你又向他展示了你早期的作品,包括那幅巨宽的、在画布上重复了上百次的绿色可乐瓶。那会儿它还没上框,你那时没有足够的空间把大画上框,所以通常你都是把它们卷起来放。你给他看

---

[1] 中文里通常以"梦露"指称玛丽莲·梦露。提及这一系列作品也通常称为"梦露",但是英文里提到都是说"玛丽莲"(Marilyn),本书依照英文翻译。

了这个重复的可乐瓶,并告诉他你打算裁切画面让可乐瓶显出穿过画框的模样。他提议说另一个做法是在画布四边留出一道空白地带——如果你的本意是要向人们展示你所展示的那个数量的可乐瓶而不是无限多的可乐瓶的话。"之后的年月里,我越来越意识到劳申贝格是那种对新艺术家的作品慷慨给予意见的为数不多的艺术家。大卫继续道:"他对于丝网印刷非常感兴趣,他问你从哪儿学来的。直到那时为止,他都是通过把打火机液涂到杂志和报纸的插图上再把它磨蹭到纸上来转印图像的——那是个非常痛苦的过程。用丝网印刷可以得到比实物还大的图像并且你可以一次又一次地重复使用它,这给他留下了很深的印象。"

对于他们的那次到访,我所记得的是鲍勃跟我们说他晚上跟人有约所以要提前告退,之后没多久亨利和我决定去西五十五街的一家名叫斋藤(Saito)的日本馆子吃饭,而当我们进门的时候,一眼就看到了鲍勃——和贾斯珀·约翰斯坐在一起。这是那种典型的尴尬场面——你刚跟一个人道别没多久就碰巧又遇到了他。

那之后没过几天,亨利带贾斯珀来见我。贾斯珀非常安静。我给他看了我的作品,反正没什么特别的就是了。当然,劳申贝格和约翰斯都来看了我的画,这对我而言实在是太棒了,毕竟我是那么地欣赏他们。贾斯珀走后,大卫·鲍登说:"亨利真是努力帮你搞外联,不过看来贾斯珀对这事儿没么兴奋。"

"此话怎讲?"我问。

"你没看到你把画拉出来时他那张脸吗?写满了痛苦。"

"真的吗?"我想不真切。而且不管怎么说,这种事是没法确定的——有时候人们仅仅是在想着他们自己的麻烦事罢了。但是显然,和劳申贝格这种总的说来充满热情的人相比,贾斯珀是那种忧悒的类型。

最终是德说服了埃莉诺·沃德给我在纽约办了第一个展览,地点是在她的马厩画廊(Stable Gallery)。画廊那时设在麦迪逊大道(Madison Avenue),但之前画廊曾设在纽约最美的地方:第七大道和第五十八街交界处,紧邻中央公园南(Central Park South)。那画廊曾是个真正的马厩,富人们在此寄养他们的马。春天的时候空气潮湿,你仍然可以闻到马尿味儿——这味道可是永不消散的。楼梯建在以前马匹出入时走的斜坡之上。用一个真的马厩当画廊而且就叫它马厩画廊,这在五十年代还是个非常摩登的想法。五十年代总体而言还是个喜欢装腔作势的时代:人们重塑、改建,比如高校健身房在用作学年舞会时会被彻底改造一番,来掩饰它本来的样子。但是到了六十年代,你会保留事物的原样,让它直接登场,并且以此为乐。

比如说吧,在六七年我们帮人家搞过一个叫"健身房"(Gymnasium)的迪斯科舞厅,我们这么叫它因为它本来就是个健身房,所以我们把所有的健身设施都留下了——垫子、杠铃还有其他东西——就那么放在舞厅地板四周。(而六八年时有人开了个叫作"教堂"[Church]的迪斯科,在西区[West Side]的一栋古老的建筑里,他们把那个宗教场所里的所有固定设施都保留了下来——甚至包括告解室,他们将其留在原地,在里面装上了投币电话。)乐见事物的本然样子是很波普、很六十年代的。

不管怎么说,德在六二年的一个傍晚安排了埃莉诺来我工作室会面。我们坐着谈了大概一个钟头,边谈边喝着酒,直到德直截了当地问:"我说,埃莉诺,现在事情的关键是:你到底要不要给安迪办展?他这么出色,应该有个他自己的展览。"她拿出她的钱包,翻看放现金的那部分,然后她拿起一张两美元钞票,说:"安迪,如果你给我画这个,我就给你办展。"

埃莉诺走后,德提醒我说对她我可得留点儿神,因为她之前对劳申贝格和赛·通布利(Cy Twombly)可都不怎么样。德的意思是她对待他们可没有太上心,跟她对野口(Noguchi)[1]这类她的王牌可不一样。她展出劳申贝格的作品那会儿,简直拿他当画廊保洁——她让他拿着扫把四下打扫!

对于最终即将在纽约有自己的个展我感到很激动。埃

---

[1] 指日裔美国艺术家野口勇(Isamn Noguchi)。

莉诺是个美丽非凡、带有贵族气的女人。她本可以轻易成为名模或是电影明星的——她长得像琼·克劳福德（Joan Crawford）——但是她太爱艺术了，她简直是为艺术而生。她把她画廊的每一个艺术家都当成自己的宝贝儿，她管我叫"安迪糖糖"（Andy Candy）。

六二年秋，我的第一个纽约展，展出的有大幅的"金宝浓汤罐头"，那张画有一百个可口可乐瓶的画，几张"按数字填颜色"，"红色埃尔维斯"[1]，单幅的"玛丽莲"，还有大尺寸的金色"玛丽莲"。

到了六三年初，我在家里的工作区已经乱成一团糟。画布在起居室里四散着，丝网印刷的墨水粘得到处都是。我意识到必须要租一间工作室来作画了。我有个朋友，名叫唐·施拉德尔（Don Schrader），碰巧知道在东八十七街有间老消防站，有个人从纽约市政那儿以每年一百美元的价格租过来并愿意把那房子部分出租给我。我一把我的东西搬到那儿就开始四下里找助手。我开始问朋友他们认不认识需要工作的艺术院校的小孩。

我结识超现实主义诗人查尔斯·亨利·福特（Charles Henri Ford）是在他姐姐露丝·福特（Ruth Ford）——扎卡里·斯科特（Zachary Scott）的妻子——举办的派对上，派

---

[1] 埃尔维斯指埃尔维斯·普雷斯利（Elvis Presley），中国大众更熟悉的名字是"猫王"，本书译文遵从英文直译为埃尔维斯。

对地点是在她位于七十二街与中央公园西(Central Park West)相交处的达科他(Dakota)公寓。查尔斯·亨利和我就此开始结伴造访地下电影拍摄现场。一次,他带我去了玛丽·门肯(Marie Menken)和她先生威拉德·马斯(Willard Maas)——他们夫妇是地下电影制作人,同时还是诗人——在他们位于布鲁克林高地蒙塔古街(Montague Street)街尾的寓所举办的派对。

威拉德和玛丽是最后的了不起的波希米亚人。他们写作、拍电影、喝酒(他们的朋友称他们为"学术双醉"),与所有现代诗人都有联络。玛丽是在电影中采用静止时间(Stop-time)的最早的那批人之一。她拍了许多短片,有些是和威拉德一起拍的,她甚至拍过一部以我的一天为题材的片子。

他们夫妇俩待人热情、外向,无论谁都喜欢去他们那儿玩。他们住在一个美好、古旧、带有塔楼[1]的公寓楼最上层。他们的公寓有个很大的餐室,里面放着两人备好的如山的美食,餐室的一侧连着一个所有访客都爱的起居室,因为它位于一个圆形塔楼内。再有就是屋顶花园,花园后面则是个他们为玛丽盖的小农舍,她和狗狗们有时会躲进农舍去,那算是她的私密空间。

我和查尔斯·亨利第一次去他们那儿时,玛丽是在场的人中唯一一个之前听说过我的。她为我引见了诗人弗兰

---

[1] 塔楼(turret):建筑物上的小塔或塔形突出物。

克·奥哈拉和肯尼思·科克（Kenneth Koch），她以双臂环抱了我，告诉他们有一天我会暴得大名——这在我听来受用极了。不用说，我觉得她很棒。晚些时候，我在我的很多电影里都有用她演出，像《切尔西女孩》(*Chelsea Girls*) 和《胡安妮塔·卡斯特罗的一生》(*The Life of Juanita Castro*)。马里奥·蒙特兹（Mario Montez），那个地下电影明星，过去常常坚持说玛丽看起来就像是布罗德里克·克劳福德（Broderick Crawford）男扮女装。我知道现在你可以这样形容很多过了一定年纪的妇女，但是玛丽和布罗德里克·克劳福德样貌的相像是惊人的。

那时我的工作量很大：四月份，我才在华盛顿特区的现代艺术画廊（Gallery of Modern Art）参加了一个群展，九月就要在费鲁斯（Ferus）有另一场展出，另外我还有一个展览即将在马厩画廊开幕。我实在是需要助手帮忙。六三年六月，我再次询问查尔斯·亨利他是否知道有谁可以帮我做丝网印刷。查尔斯说他确实知道个人——杰勒德·马兰加（Gerard Malanga），史泰登岛上的瓦格纳学院（Wagner College）的学生，他介绍我们在新学院（New School）的一次读诗会上碰面。杰勒德，这个来自布鲁克林的小孩，将在我们的工厂岁月里扮演重要角色。玛丽和威拉德算是他的干爹干妈。

我喜欢杰勒德。他长得很甜，好像总在做着白日梦；他会让你时而想要冲他打个响指，把他带去各处玩儿。他写很多的诗。通过威拉德和玛丽，他拜会了很多知识分子。不过最棒的是,他好像确实懂得丝网印刷。他即刻开始为我工作,时薪一块二毛五,他总是提醒我那是当时纽约州法定的最低工资。他刚跟我没多久,让我无意间听到他和查尔斯·亨利通电话说他觉得我很吓人——我的样子,还有其他什么都是如此——接着他把声音放得更低,向查尔斯吐露他的担忧:"说真的,我觉得他会把我也变成那个德性。"

那个消防站的构造颇为骇人。你需要连续躲闪以通过地面上的一连串大洞。屋顶也是漏的。但我们其实没太注意这些,我们正忙着把埃尔维斯和利兹·泰勒(Liz Taylor)[1]的丝网印刷搞定,好运到加利福尼亚。那年夏天的一个夜晚刮起了强烈的雷雨风暴,第二天早上我去的时候,发现所有的《埃尔维斯》都湿透了——我只好一切从头来过。

那是段沉静的时光。我话不多,马兰加也是。他会把写诗当作工间休息——放下手头的事,躲到角落里写。有时有人来看我的作品,他会把诗读给他们听。我会听到他吟咏诸如"这里的一切都状况不定"这样的句子。

杰勒德会紧追城中一切与艺术沾边的活动与运动——所有散发了传单或在《村声》上刊登了广告的一切。他带

---

[1] 即女演员伊丽莎白·泰勒。

我去了许多阴冷潮湿、泛着霉味儿的地下室,在那里,戏剧正上演,电影在放映,诗歌被朗诵——他以这样的方式影响了我。他有时会以带有古意的文学腔说话,一定是他读古诗时学来的,有时则带着布鲁克林—波士顿口音,略去所有的 r 音。

我们在那年夏天去了几次康尼岛(在那儿我第一次坐了过山车),好多人都在:杰勒德;杰克·史密斯(Jack Smith),地下电影制作人兼演员;泰勒·米德(Taylor Mead),地下电影演员;温·张伯伦(Wynn Chamberlain),魔幻现实主义画家;尼基·哈斯拉姆(Nicky Haslam),《时尚》(Vogue)新上任的艺术总监。尼基是头一年随他的朋友大卫·贝利(David Bailey)从伦敦来的纽约,当时大卫·贝利带着他最新的模特吉恩·施林普顿(Jean Shrimpton)来为《时尚》工作。(不过《时尚》并没有马上采用他的照片。一开始他们只是让他为《魅力》[Glamour]工作,以吉恩·施林普顿为少女装模特。)

从尼基那儿我们第一次听说五九或六〇年兴起自英格兰的摩登新潮(mod fashion)。很可能尼基就是那个开褶皱饰边男装衬衫之先河的人,因为我记得他从布鲁明黛尔百货公司(Bloomingdale's)买来窗帘流苏把它塞进袖子里,然后每个人都问他从哪儿搞的那件"出挑的衬衫",因为这样的衣服他们之前谁都没见过。他让我们意识到新的男装时尚开始了——短款意大利夹克,尖头皮鞋——我们注意到的还有现时这班伦敦佬正以种种方式和上流社会交融在一起,事情正变得混同、狂野、有趣。尼基会说这儿和英格兰不一样,这儿没有真正的**年轻**人——这儿的孩子直接从少年变为"年轻的成年人",而在英格兰,十八九岁的孩子在狂欢,又或者正准备要狂欢——在那儿,有一套新的年龄划分法。

我们所有人会一起去布鲁克林福克斯戏院。我有一阵子没和伊万一起去那儿了。实际上,我已经不太常见伊万了,因为我现在更侧重于电影制作和文学圈,跟着杰勒德去各种各样的破房子参加活动。但我仍逛所有的画廊,也时刻关注艺术界的形势。

那个年月的我还没有真正称得上时尚的造型。我只是穿黑色弹力牛仔裤,黑色尖头皮靴——上面通常溅满颜料,上身穿衣领带有纽扣的牛津纺衬衫,外罩一件杰勒德给我的瓦格纳学院圆领套头运动衫。最终我从温那儿学来了一点儿时尚,他是把 SM 皮衣造型穿起来的第一批人。

那年夏天布鲁克林的女孩都漂亮极了。那是利兹·泰勒在《埃及艳后》(*Cleopatra*)中的造型风靡的夏天:黑色的长直发闪闪发亮,齐刘海儿,外加埃及风眼妆。布鲁克林浅草大道(Flatbush Avenue)一带的景象大致相当于格林威治村在第六大道和第八街交汇区的状况,那里的人群分为学生装打扮的孩子和"潮人"。再过去一点儿到了国王公路（Kings Highway）一带，是跟父母一起住的在布鲁克林上学的高中生，他们周末会到格林威治村游逛。

这是摩城之音[1]响彻云霄之前的夏天，这也是英伦风潮入侵前的夏天。在福克斯剧院我们看了罗奈特组合、香格里拉乐团（The Shangri-Las）、奇想乐团（The Kinks），还有小史蒂维·旺德。我们还看了"K字头默里"在作为与披头士（The Beatles）合作最为愉快的美国电台DJ而暴得大名之前的演出。

这个夏天着实棒极了。民谣歌手造型正当红——齐刘海儿女孩们穿着连衣裙、凉拖，还有黄麻布料的衣饰。回过头看这一切，我觉得也许通过《埃及艳后》的洗礼，民谣造型演变为更加华丽更加时尚的东西，并最终变为了几何风格的衣装。但是至少在这个夏天，民谣风和新潮还尚在融合之中。

肯尼迪总统跑到西柏林在墙下用德语说，"我是柏林市民"；两位"职业女性"被谋杀——她们跟我住同一条街，我还记得大批警车穿街而过的场面。这些也发生在那个夏天。这是轰炸越南之前的夏天，是民权大游行的夏

---

[1] Motown Sound, Motown 即摩城唱片公司，一家起自底特律的唱片公司。Motown 同时也是底特律的昵称"汽车城"，由汽车（motor）和城（town）两字拼合而来。由其公司推出的带有明显流行音乐影响的灵歌系列出品被指称为"摩城之音"。

天，是整个六十年代趋向疯狂前的夏天。这个夏天，我还没有搬到四十七街的工厂，媒体还没有开始描画那个在新的场景里、在所有那些超级明星环绕下的我。这六三年的夏天，世上还没有超级明星这回事；说起来，我才刚刚买了第一部16毫米宝莱克斯（Bolex）摄影机。

虽然直到六三年我才买了第一部摄影机，但在很早以前我就有了要做一个一切都自己来的电影制作人的想法，这大概是因为德。德的兴趣在六〇年左右开始从艺术转向电影。只花了五百美元，德就制作出一部名为《星期天》（Sunday）的影片。片子是他的一个朋友，丹·卓辛（Dan Drasin）拍的，讲的是那个警察突然出现，宣布正在华盛顿广场公园举行的民谣演出为非法的星期天。警察的理由是那场演出带来了太多不和谐因素——他们是指黑人和民谣歌手——于是所有人都聚集到那儿去抗议。那是六十年代早期"反抗运动"中的一次。《星期天》在电影制作人合作社（Film-Makers' Co-operative）放映时，德带我去看过。

电影制作人合作社的运营由一个年轻的名叫乔纳斯·梅卡斯（Jonas Mekas）的立陶宛难民负责。合作社设在一个敞间里，位于公园大道南和二十九街交界处的贝尔莫尔餐厅（Belmore Cafeteria）对面，那餐厅日以继夜都有出租车司机光顾，而合作社里则日以继夜地放映着影片。

乔纳斯实际上以社为家，窝在敞间的某个角落里：他曾跟我提起他睡在桌子底下。直到六三年年尾我才真正和他相识，但在那之前我就已经很频繁地去看他在合作社搞的放映了。我还常去的另一个地方是在东十二街的查尔斯戏院（Charles Theater），那儿是地下电影制作人的据点；还有就是午夜时分去布利克街电影院（Bleecker Street Cinema）。

一天晚上我从艺术用品店买了几把刷子后往家走，在约克维尔（Yorkville）看到几位身形矮小的德国老妇人在打扫人行道，忽然想起忘了给我妈买她的捷克语报纸了。我掉头往回走，碰巧撞见德，德说他刚刚向 CBS[1] 交付了五万美元。他为了要拍摄计划中的关于麦卡锡听证会[2]的纪录片《议事程序问题》（Point of Order）而初次和哥伦比亚广播公司接触时，对方否认拥有任何关于听证会的原始影像资料。但是当他向他们表明，他可以证明他们有全部的一百八十五小时影像存放在他们位于新泽西州李堡（Fort Lee）的仓库时，他们改口承认他们有，但是仍然拒绝卖给他使用权，因为有什么必要把这陈年旧事拿出来讲呢。过了一阵子，CBS 的迪克·萨伦特（Dick Salam）打电

---

1 哥伦比亚广播公司（Columbia Broadcasting System）的简称。
2 指美国参议院常务调查委员会在 1954 年 4 月至 6 月间举行的关于军方和麦卡锡相互指控的听证会。军方指控麦卡锡首席顾问罗伊·科恩（Roy Cohn）以非常手段向军方施压，要求军方优待 G. 大卫·沙因（G. David Schine）——麦卡锡的助手、科恩的朋友，而麦卡锡反诉军方的指控不实，是对他调查共产主义对军队的渗透的报复。

话给德说他们改主意了,他们决定卖给他,要价五万美元外加影片利润的百分之五十。德说可以,但条件是他们需要答应在未经他许可的情况下,他们绝不从中使用超过三分钟的影像资料。

我问德他是从哪儿搞到的那五万美元——这才是我真正最感兴趣的事——德说是从标准石油公司(Standard Oil)和普拉特艺术学院(Pratt Institute)的那个普拉特家族的埃利奥特·普拉特(Eliot Pratt)那儿拿到的钱。"埃利奥特·普拉特是个憎恶麦卡锡的左翼自由派,"德解释道,"我们一起吃午饭,我告诉他拍这部片子的打算,并表示最后要花多少钱我自己也不十分肯定,他说:'我给你开张十万美元的支票,够不够让你先着手开拍的?'我们那顿汉堡不到四美元,埃利奥特给了侍应十美分的小费。然后我们去了他的住处敲定钱的事儿。"有钱人花起钱来真够怪的。

德对电影制作最初的兴趣来自电影《采菊》(*Pull My Daisy*)。地下电影制作人罗伯特·弗兰克(Robert Frank)和抽象表现主义画家艾尔弗雷德·莱斯利(Alfred Leslie)凑到一起,与最初构思了这部戏的杰克·凯鲁亚克(Jack Kerouac)共同完成了它,所以关于这部片子到底是谁的作品总是争个不停——影片广告每次也都有不同的说法。德告诉我:"罗伯特拍的它,片子是他的风格,但是他不知道怎么把片子攒起来,所以艾尔弗雷德参与了最后的剪辑，而现在他们两个都想一人包揽影片的全部荣誉。但是就像大多数影片一样，这部片子也是不止一个人的作品。"片子是个名叫沃尔特·古特曼（Walter Gutman）的股票经纪人投资一万两千美元拍摄的。（此人原先以私人口吻书信体写非常出色的华尔街市场评论——他会这么说："买AT&T[1]会涨；还有，我觉得罗斯科[Rothko]的画也会升值。"）

罗伯特·弗兰克为这部片子给德打过电话："我讨厌能说会道的人，不过我碰巧喜欢你，我们需要帮忙。我们想给这部片子配上法语。你能过来一下吗？"我跟德一起过去了一趟，他们给他放了片子。作曲家大卫·阿姆拉姆（David Amram）有份出演，还有迪克·贝拉米（Dick Bellamy），那个艺术品经纪——他演一个主教，在波威（Bowery）向人们布道，拉里·里弗斯演一个铁路工人，金斯伯格（Ginsberg）和科尔索（Corso）也有出演，片中的德尔菲娜·塞里格（Delphine Seyrig）在美国国旗的吹拂下显得出奇地美。凯鲁亚克负责那天的法语配音，他声称能讲流利的法语，但当他开口的时候你能听出他那明显的马萨诸塞州口音——"我素贾克·开路雅客"——接着就大讲特讲他们家在十四世纪时是法国贵族的事，而这当然与这部关于波威的电影毫无关系，所以显得特别搞笑。

---

[1] 美国电话电报公司。

那年夏天的许多个周末我都是在康涅狄格州的老莱姆（Old Lyme）度过的。温·张伯伦那时租了埃莉诺·沃德的一套客房，终日在那儿招待一班朋友。一次，埃莉诺非常非常生气——她去造访那个客房时，男扮女装的泰勒·米德进到起居室里来，冲她宣布："我是埃莉诺·沃德。**你**是谁？"

那会儿杰克·史密斯在那儿大拍特拍，我从他那儿学到了日后用于我自己的电影的一些方法——他会顺手起用碰巧在场的随便什么人出演，还会不停地拍摄直到演员感到厌倦。人们会问他这电影是讲什么的，而他的回答就仿佛出自滑稽漫画里的"疯子艺术家"之口，他会说："地下电影不属意于好懂！"

他会花上数年时间拍一部电影然后再花上数年来剪辑。每次拍摄的准备工作都像一个盛大的派对——数小时又数小时的化妆、换装还有搭造布景。有一回，他让所有人一起花了周末一整天时间做一个房间那么大的蛋糕作为他的电影《寻常之爱》(*Normal Love*) 的道具。

我用我的 16 毫米摄影机拍的第二个东西就是以人们为杰克拍电影为内容的一部小短片。

导演之外，杰克还出演其他人的地下电影。他说他把演戏当作心理治疗，因为他负担不起"专业人士的帮助"；他还说像他这样在大庭广众之下接受心理分析难道不是勇敢的表现吗？

杰克在《吸血鬼》(*Dracula*) 里演吸血鬼，片子是我在那年晚些时候拍摄的。他真的进入了角色。他说他给自己上妆的过程,也就是慢慢地转化着自己的过程:让自己的灵魂通过自己的眼睛出去,进入到镜中,再返转回来,就此变身为吸血鬼。他还有个每个人都在一定程度上是吸血鬼的理论,因为人们总会"提出不合理的要求"。影片的拍摄花了几个月的时间。我记得有一幕,拍的是我的首位女性超级明星娜奥米·莱文(Naomi Levine)睡在床上,而杰克则在外面的阳台。他要做的是偷偷溜进来,走到床边,然后做点儿小动作——吃桃子或是葡萄,具体的我记不清了。那场戏大卫·鲍登也在,还有艺术品经纪萨姆·格林(Sam Green),另外有刚从某处打扮得美美地回来的马里奥·蒙特兹,还有艺评人兼影评人格雷戈里·巴特科克(Gregory Battcock)——他穿着水手服套装。他们四个是手擎罩着那张床的床幔的人形床柱。我用我那部宝莱克斯拍摄,三分钟时长的小卷胶片,每个人都要疯了,我们不得不拍了一遍又一遍,只因杰克无论如何就是做不好:他晕头转向,把握不对时间,怎么都不能在三分钟内从阳台过到床边来。最远的一次他走到了离枕头还有两英尺的地方。

因为每周末在老莱姆的通常都有四十人之多,所以那儿的床从来都不够用;不过话说回来,大部分来客根本不睡。我自己基本上也总是醒着——自从冬天我在一本杂志上看到自己的照片发现我非常胖以来,我开始每天吃四分之一片的傲百仇（Obetrol）[1]（我确实喜欢暴饮暴食——糖果以及只有几分熟的肉，这两样我都爱极了。糖或肉，有时候我会一吃一整天。）现在因为我总是醒着，我开始有更多的时间开吃了。

我总也无法最终确定，究竟是因为人们总是醒着（因为服用安非他明的人极多）所以六十年代才有那么多事情发生，还是因为有那么多事情要做所以人们才开始服用安非他明以便有更多醒着的时间去做。大概两种情况都有。我只是为了减肥而服用医生开给我的小剂量的傲百仇，然而那点儿药量就已经足以让你有极度兴奋的、愉悦的"冲冲冲"的感觉让你想要不停地"做做做"，所以我都可以想象那帮直接嗑药的人得是多么难以置信地亢奋。六五到六七年我每天只睡两三个小时，但我看到有人有时整整几天都不睡而且还会说些诸如"我已经九天没睡了，这感觉棒极了！"之类的话。

那年在老莱姆的夏天是后来一切疯狂的序曲。人们整夜不眠吸着大麻，四处游逛，或在屋后放唱片。每个周末都是不间断的派对——没有人把周末分成天来过，所有的事情都流淌着由一件进入到另一件。

看着一班人等时刻精神抖擞让我觉得睡觉正在变成陈年旧事，所以我决定最好马上拍一部一个人睡觉的电影。

---

[1] 一种减肥药，成分中含有安非他明（amphetamine）。安非他明是一种中枢神经兴奋剂。

《睡》(Sleep)是我拿到我的16毫米宝莱克斯之后拍的第一部电影。

约翰·焦尔诺（John Giorno）本是股票经纪人，洗手不干之后成了个诗人（六十年代晚期他开始了电话"打个诗"[1]）。约翰和我共同回忆了那个我拍摄《睡》的周末。那是史上最热的周末之一，蚊子到处都是。"我喝醉了进屋，睡倒过去，"约翰说，"我半夜醒来的时候，黑暗中你坐在屋内的一把椅子上看着我——从你的白发我能判断出那是你。我记得我问：'安迪，你这是干吗呢？'你说：'哎呀，你睡得太香了。'然后你就起身离开了。之后当玛丽索尔（Marisol）和我与你一起乘火车回纽约时，你说你打算买一部摄影机拍电影。"

待在温那里最棒的一点是没有人锁门——实际上他们也没有门可锁。所有人就那么走来走去，随随便便地睡在哪儿。当然这也就给了拍摄以极大的便利，因为当你想要找一个电影明星时，你要做的第一件事就是"看他有没有档期"。

款待宾客的人是实际上成就了六十年代的人。温·张伯伦广宴宾客，不仅在乡村，而且在他位于波威的住处——就在利尔的波威小剧场（Lil's Bowery Follies）附近。一进门你就能看到一幅温的画，画上是双棕白两色的鞋，

---

[1] Dial-A-Poem：一种电话服务，拨号之后会听到预先录好的诗歌朗诵，什么样的诗都有，有时则干脆不是诗。

从鞋里冒出的一个对话圈里写着"棕榈海滩……"。那会儿所有人都去温的派对——艺术家、舞者、地下电影制作人和诗人。

六二年年尾到**六四年**年初我在马厩画廊的时期,玛丽索尔和鲍勃·印第安纳(Bob Indiana)也在。我们会一起去艺展开幕式和派对,他们还出演过我早期的电影。那时每个人都接纳的、主宰着艺术界的绘画风格仍然是抽象表现主义。后抽象表现主义画家和硬边几何画(Hard Edge geometrics)早已出现,但在艺术界发生的并且被完全接纳的最后一个风格仍然是抽象表现主义。所以当波普出现的时候,甚至在它之前出现的风格都还没被完全接纳呢!对波普艺术家的愤恨十分强烈,而且这情绪不仅仅来自艺评人或买家,还来自许多抽象表现主义画家本人。

我在一次抽象表现主义画家举办的派对上彻头彻尾地见识了这种对波普的敌意。那次派对的发起人是伊冯娜·托马斯(Yvonne Thomas),请的主要都是其他的抽象表现主义画家。玛丽索尔也被邀请了,她带着鲍勃·印第安纳和我一同前往。她对我一直很好——比如我们一起外出时,她都坚持让出租车先送我回家而不是相反。我们走进派对房间,我四下里一看,看见的都是苦闷、沉重的学人。

忽地,屋内的嘈杂声一下子小了,每个人都转过头来看我们(就仿佛《驱魔人》[The Exorcist]中那个小女孩

44

走进她妈妈的派对房间在地毯上撒尿的一刻)。我看见马克·罗斯科(Mark Rothko)把女主人拉到一旁,我听到他指责她的变节:"你怎么能让**他们**进来?"

她很是抱歉。"但我能做**什么**呢?"她告诉罗斯科,"他们是跟玛丽索尔一起来的。"

为了我在洛杉矶费鲁斯画廊(Ferus Gallery)的第二次展览——利兹-埃尔维斯展——我从纽约出发,与温、泰勒·米德和杰勒德一起坐一辆厢式小客车来了次横穿美国之旅。天气好极了,驾车穿越美国正当时。我知道别人都以为我是怕搭飞机,但其实我不怕——五十年代我都是乘飞机在世界各地跑——我坐车只是因为我想亲眼看看美国,陆路我还没到过宾夕法尼亚以西。

温又高又瘦,是一位很出色的魔幻现实主义画家,开始对波普有了那么点儿兴趣。泰勒我只略有了解——那了解来自我们一起待在老莱姆的时光。他是最早的地下电影明星之一,五十年代从旧金山的北滩起家,拍了罗恩·赖斯(Ron Rice)的《窃花贼》(*The Flower Thief*)和维恩·齐默尔曼(Vern Zimmerman)的《柠檬心》(*Lemon Hearts*)——两部片子我都在电影制作人合作社看过。我们预定的出发日期前的某天,亨利与泰勒一起到我的工作室来了——亨利是在大都会博物馆附近撞见在那儿闲逛的泰勒的。闲晃是泰勒那会儿喜欢整日里做的事情——以人们称为小调皮、小精灵或小忧伤的方式在全城飘来荡去。他脸上总浅浅地挂着笑,两眼也微带笑意——其中一眼低垂,算是他的一个小标志。他一副长期悠闲度日的样子,让你觉得如果拎着他的后脖子把他提起,他的四肢就会晃荡起来。我的意思是,他看起来像是个缺少神经系统的人,这就是他的状态。他从没看过我的作品,但是他刚刚在《时代》(*Time*)上读了一篇关于我的《金宝浓汤罐头》的文章,当亨利介绍我们认识时,他说:"你是美国的伏尔泰。你给了美国它该有的东西——挂在墙上的一罐汤!"

泰勒同意跟温分担横贯美国的车程——杰勒德和我都不会开车。坦白讲,看着泰勒我无法相信他会开车——知道某人会开和不会开车总能让我吃上一惊。

我知道整个旅程会很愉快,特别是想到丹尼斯·霍珀(Dennis Hopper)答应我们,我们到那儿的时候会搞一个"电影明星派对"。

我是几个月前通过亨利认识的丹尼斯——和我把亨利介绍给年轻的英格兰画家大卫·霍克尼(David Hockney)认识是同一天。丹尼斯当场买了一张我的《蒙娜丽莎》(*Mona Lisa*),然后他、亨利、大卫和我一起去了位于西一百二十五街的摄影棚,那天电视剧《辩护者》(*The Defenders*)有一集他的戏要拍。

温、泰勒和杰勒德来接我上车。我们扔了块垫子到那辆厢型客车的后室，然后就出发了。

一路上收音机都开得震天响。说起来那个要求把收音机开得轰响的人正是我，因为我紧张他们开着开着车睡着了。来上这么一趟长途旅行，你一定会知道最佳歌曲四十首——一遍又一遍，老是那些歌：莱斯莉·戈尔（Lesley Gore），罗奈特组合，杰尼茨组合（The Jaynettes），加尼特·米姆斯和巫师（Garnet Mims and the Enchanters），奇迹乐团（The Miracles），博比·文顿（Bobby Vinton）……还有些很长的路段里尽是些乡村和西部音乐。还有就是我们开车穿行的每个地方都与纽约那么地不同。

詹姆斯·梅雷迪思（James Meredith）已在此前一年进入"小秘"（Ole Miss）[1] 读书，但纽约似乎还是与欧洲而非南方腹地更近。巴黎的跳舞俱乐部[2]正开始被称为"迪斯科"（discothèques），而巴黎街头随处可见切尔西范儿的打扮、爱德华七世复古风的衣着和卡纳比街摩登新潮（mod）[3]。这是那个新服饰、新音乐、新姿态很快就要被带进美国的夏天，因为"英伦入侵"（English Invasion）狂潮正在伦敦各处酝酿。拜直达喷气客机所赐，人们从欧洲各

---

[1] Ole Miss 是密西西比大学（The University of Mississippi）的昵称，字面意思是"嗨，小姐！"或"嘿，小姐儿！"詹姆斯·梅雷迪思是入读时还在实行隔离政策的密西西比大学的第一个非洲裔美国人，时为 1962 年。
[2] Dancing club，大致相当于现今中文所称"夜店"，但因"夜店"在内地是后起于"迪斯科"的对于跳舞夜场的称谓，考虑到下文，此处直译为"跳舞俱乐部"。
[3] 切尔西（Chelsea）在伦敦。英王爱德华七世 1901 至 1910 年在位，卡纳比街（Carnaby Street）也在伦敦。

处做短期旅行来美国,一年三四次,而不像过去要花十四个小时在路上的年代那样一年只来一次。这些欧洲客还开始在美国买房。飞机一落地,他们就直冲舞场——像是六三年开业的禁脔(L'Interdit),或是由奥利维耶·科克兰(Olivier Coquelin)经营的、为他的一班朋友的玩乐提供据点的"俱乐部"(Le Club)。贝德福德公爵(Duke of Bedford)、詹尼·阿涅利(Gianni Agnelli)、诺埃尔·科沃德(Noel Coward)、雷克斯·哈里森(Rex Harrison)、小道格拉斯·费尔班克斯(Douglas Fairbanks, Jr.)、伊戈尔·卡西尼(Igor Cassini)、博登·史蒂文森(Borden Stevenson),所有这些国际潮人都是奥利维耶·科克兰的座上客。我有一晚坐在"俱乐部",凝视杰姬·肯尼迪[1]。她穿一条黑色薄绸曳地连衣裙,发型出自肯尼斯(Kenneth)之手。然后我就想到现在发型师们正要去白宫用晚宴——那感觉一定棒极了。

"小秘"和纽约正在发生的这一切事情似乎有着相当遥远的距离。

我们在六三年十月驾车横贯美国时,姑娘们都还穿着小圆领羊绒衫和五十年代紧身直筒裙。那年月,新时尚从在纽约市出现到渗透遍及全国各地,时间上的间隔可达三年之久。(然而到了六十年代末期,由于媒体对于生活方

---

[1] Jackie Kennedy,美国第三十五任总统肯尼迪的夫人。

式流行资讯的报道既快又猛,这一间隔几乎消失。)

我们一路上经过的电影大篷在热映的片子有《埃及艳后》、《铁金刚勇破神秘岛》(*Dr. No*)和我特别喜欢的《江湖男女》(*The Carpetbaggers*)——离开纽约前这部片子我已经看了三遍了。

我们一路上每餐都到空白支票(Carte Blanche)旗下的餐厅吃饭。我有他们的签账卡,另外不管怎么说那些是我信得过的地方。但是泰勒吃腻味了。在车行至靠近堪萨斯的某地时,他开始以盖过收音机里的"甜心、宝贝儿"之声大叫:"如果我们不换换口味在**我**想吃的地方吃那我这就不跟你们一起走了!"他对于卡车停靠站和卡车司机心有所属。

泰勒说话平缓、从容,有一种他只是姑且一说也只当别人碰巧会姑且一听的态度。他说话的时候,只是很偶尔地看上温或杰勒德或我一眼;当他的小故事到了结尾处,他会把下巴抬高又抬高,转向一边,注视着车窗外的远方完成他的讲述。他给我们讲了六〇年他在麦克杜格尔大街(MacDougal Street)一个地下室剧场里演出的所有诗朗诵——演出全程剧场老板都会坐在不远处,膝上搁着把猎枪,因为当局正试图取缔他的剧场。一晚,泰勒说,来了伦纳德·莱昂斯(Leonard Lyons),那个报纸专栏作家,与他一起来的有安娜·马尼亚尼(Anna Magnani)、田纳西·威廉姆斯(Tennessee Williams)和田纳西的长期爱侣弗朗基·默洛（Frankie Merlow）。泰勒起身读了他的诗作《操他妈名声》（*Fuck Fame*），之后莱昂斯写了关于他的一整篇专栏。然后有一天，弗朗基走进来递给了泰勒几张一百美元的支票，签发人是田纳西。泰勒还讲了所有那些活跃在村子[1]里的诗人和表演者，他们的名字我彼时还几乎都没有听说过：像是留齐肩长发、弹夏威夷四弦琴的名叫小蒂姆（Tiny Tim）的家伙，还有一位年轻的民谣歌手鲍勃·迪伦（Bob Dylan），已经出了一两张唱片，但是还不算太出名。

"几年前我给了鲍勃·迪伦一本我的诗集，"泰勒说，"就在我第一次看了他的演出后。我觉得他是个了不起的诗人，我把这跟他说了。"收音机里正传出伍迪·格斯里（Woody Guthrie）的歌《再见，很高兴认识你》（*So Long, It's Been Good to Know You*），是这勾起了泰勒的故事。"**现如今**，"泰勒笑出了声，"现如今他已经引起了轰动，却来朝我要我的第二本书。我说：'你现在**有钱了**，你可以掏钱**买一本**！'而他说：'可我的钱是按季度支领的。'"

（多年后泰勒向我坦白："听到鲍勃·迪伦和他的吉他的那一刻，我想'就是它，这就是接下来要发生的，诗人们**已经**得到了它'。"）

泰勒二十二岁的时候辞去了在底特律美林证券

---

[1] 指格林威治村。后文除特别注明外，"村子""村子里""村里"均指格林威治。

(Merrill Lynch)的股票经纪人工作。我首先就想不出泰勒之前都在这么一个岗位上做点什么。"这个嘛,我爸,哈里·米德(Harry Mead),是密歇根的党魁,"泰勒解释道,"他是罗斯福的中意人选之一,他的正式职位是韦恩郡民主党主席,但他同时还是酒类控制委员会(Liquor Control Commission)和公共事业振兴署(WPA)在底特律地区的头儿。他帮美林证券驻底特律合伙人搞到了州财政部长的职位,所以那位财政部长觉得有必要给哈里·米德的儿子一个工作。"泰勒大部分时间都用来研究图表以便找出获得高于市场回报率的收益的办法。"我最终创建了一个体系,"他说,"把美林证券的那帮小子吓傻了。"我问他那是个什么样的体系。"我本可以大发一笔的,"他说,"我把这事儿告诉了我爸。问题是他一直没有抽出时间,直到本该**卖出**的时候他才买进我推荐的股票!而**那**,"泰勒漠然地说,"是我爸给我证明我自己的唯一机会。"

我无法想象泰勒钻研股市图表的样子,不过我也想象不出他能开车,但此刻他正坐在驾驶位上,把着方向盘。

泰勒辞去他在底特律的股票经纪人的工作时,兜里只有五十美元。"凯鲁亚克的《在路上》(*On the Road*)让我上路,"他说,"还有艾伦(Allen)[1]的《嚎叫》(*Howl*)——那会儿才刚问世,给了我很大的影响。"

五六年泰勒在旧金山时,"垮掉的一代"诗歌正盛。

---

[1] 指艾伦·金斯伯格(Allen Ginsberg)。

一天，他起身站到吧台上，以盖过满屋醉鬼的喧嚣的声音，开始叫喊他写的诗。罗恩·赖斯看到了那一幕，开始跟在他身后，用战争剩余的黑白胶片拍他。

"罗恩可真是个恶魔，"泰勒笑着说。（那会儿罗恩还活着，他的去世大概是一年以后的事。）"偷拿女朋友的生活费，卷走剧场的所有收入，为了拍到东西手持摄影机追着人们一路跑——可所有人都爱他。他在库珀联合学院（Cooper Union）上过电影课，然后他拍了部人们滑冰的电影。然后我们一起拍了《窃花贼》。我费了好大劲才说服他不要在片子上加蓝彩（blue wash）。我跟他说，'看看吧罗恩，要不了几年那种东西就会**玩儿完的**'。"

从旧金山，泰勒来到东海岸，在诸如"典型"（Epitome）这类村子里的咖啡馆中读书度日。到我们相识那会儿，他已经靠搭便车五次横穿美国，这也是为什么他知晓所有卡车停靠站。

我跟他说，行，可以由你来挑我们下一餐晚饭的地点。在指挥温左拐右拐了几英里后，他把我们引到一个大型卡车停靠站。我们坐在靠边的一个环形座位中，仿如登上了秀场舞台：我不确切知道到底是怎么回事，但是异端警报已然拉响，人们都扭过脸来看我们这群"怪胎"。我觉得我们看起来很平常——我们的衣着非常传统——但肯定是有**哪里**不对劲，因为**所有人**都盯着我们看。一个又一个，人们走上前来——都很友好，脸上挂着笑——仔细端详我们。漂亮的金发小孩,梳着马尾辫、穿熨烫过的衬衫的姑娘,留平头或是长长的、光亮的农夫式背头的小伙子,他们开口全是一句话:"你们从哪儿来?"当我们回答说纽约的时候,他们看得更加目不转睛了,只为了——用他们的话说——"好好欣赏欣赏我们"。有了这次经验,我们就又回去吃"空白支票"了。

我们越往西开,高速路两旁的景象就越波普。忽然间我们都感到自己是知晓内情的少数人,因为尽管波普到处都是——正因如此才称得上波普[1]大部分人仍不把它当回事,而我们为之目眩神迷——对我们而言,这就是新艺术。一朝波普,你就无法再以从前的眼光来看一块招牌;一旦波普,你就无法再以从前的眼光来看美国。

你给某物贴上标签的一刻,你就迈出了一步——我的意思是说,你就无法再退回去看到那个不带着标签的它。我们看到了未来,而且我们对此十分肯定。我们看到人们身处其间却不自知,因为他们还在以过去的眼光看问题,还在以过去的经验为参照来考虑问题。但你需要做的其实仅仅是**意识到**你正身处未来之中,而这就会使你置身于未来之中。

谜题已经解开,惊奇却刚刚开始。

我躺在厢型客车后室的垫子上仰视路灯、电线、电

---

[1] 波普英文 Pop 本意为"流行的、大众的"。

话线杆疾速掠过,看着满天星斗和蓝黑色的天空,想:"何以一位初入社交圈的美国名媛会跟人结婚,嫁到锡金去?"我为旅程准备了有五十本杂志而我刚刚读了篇写霍普·库克(Hope Cooke)的东西。真不知她是怎么做到的!美国真是个各种各样的事都在发生着的地方。我甚至从来就没想明白格雷丝·凯莉(Grace Kelly)怎么就离开了美国去了摩纳哥——比较起来,去摩纳哥还远没有去锡金那么惨呢。我无法想象住在一个偏僻狭小啥也不是的喜马拉雅山脉小国。我从来没想过要住到一个你开车驶过而沿途却看不见汽车穿梭餐厅、巨型冰激凌筒、热狗店和汽车旅馆招牌闪烁的地方去!

"你能把收音机开大点儿声吗?这是首我特别喜欢的歌。"我朝前座大声喊。其实我受不了那首歌,但我不想温开着开着车睡过去。

六三年秋我们驾车前往的好莱坞正处在过渡状态。旧好莱坞[1]已经结束,新好莱坞尚未开始。此时正笼罩在神秘光环之下的全是法国女孩:让娜·莫罗(Jeanne Moreau)、弗朗索瓦丝·阿迪(Françoise Hardy)、西尔维·瓦尔坦(Sylvie Vartan)、凯瑟琳·德纳芙(Catherine Deneuve),和她身材高挑容貌美丽的姐姐弗朗索瓦丝·多莱亚克(Françoise Dorléac,她将于六七年在一次惨烈的车

---

[1] 指二十世纪二十年代至六十年代、人称"好莱坞的黄金时代"这一时期的好莱坞。

祸中死去）。但这样的一个好莱坞令我**更加**兴奋——我是说它的空洞。空洞的、无意义的好莱坞是我一直以来想要将我的生活塑造成的样子——造作的，假模假式的，粉饰了又粉饰的。我想把我的生活过到《江湖男女》的剧本高度——如果能像那部电影里的演员那样走进一个房间，说那些美妙的模式化的对白的话，生活得是多么地轻松惬意啊。在好莱坞，我总是热情洋溢地和人们谈起那部电影，但是不知怎地，我把那部戏的名字记成了《霍华德·休斯的故事》（The Howard Hughes Story），所以没有人知道我在讲什么。

我们开到洛杉矶花了三天。我们到的时候，发现世界职业棒球大赛正在进行，所有的旅馆都住满了（那年夏天，棒球在纽约也是大新闻，不过那是因为大都会 [the Mets][1] 在第二季里输掉了过百场的比赛）。我们马上给丹尼斯·霍珀和他的夫人布鲁克（Brook）打电话，而她又打给她的父亲——身在纽约的制片人利兰·海沃德（Leland Hayward）——让他给我们他在比弗利山酒店（Beverly Hills Hotel）的套房（她母亲是漂亮的女演员玛格丽特·萨拉文 [Margaret Sullavan]，于此前一年自杀）。

丹尼斯让我们放心，那个说好的电影明星派对就在当晚开。

---

1 指纽约大都会棒球队（New York Mets），一支总部设在纽约市的美国职棒大联盟球队。

## 1960—1963

六一年那场有名的贝尔埃尔（Bel-Air）[1]大火彻底烧毁了霍珀夫妇的房子。他们在托潘加大峡谷（Topanga Canyon）的新房子装修得像个游乐场——那种让你觉得一定会有泡泡糖售卖机的、充满奇思异想的狂欢节会场。房子里满是马戏团海报、电影道具、上红色油漆的家具和上了虫胶的拼贴艺术。这还是在一切都变得缤纷明亮之前。这种整栋屋宇都洋溢着儿童派对气氛的房子，我们中的大多数人此前都没有亲眼见过。

布鲁克和丹尼斯由《曼丁哥人》(*Mandingo*)一剧相识，那是部只在百老汇演了几场就停掉了的戏。此时的丹尼斯还没有太多的电影工作，他这会儿忙的是摄影；还有，他是加利福尼亚为数不多的收藏波普艺术的人——他有一幅我的"蒙娜丽莎"，还有一幅罗伊的画。我初次见他是在五十年代他出演的华纳兄弟公司（Warner Brothers）出品的西部电视片《夏延人》(*Cheyenne*)或者《野马》(*Bronco*)或者《赌侠马华力》(*Maverick*)，要不就是《娘炮》(*Sugarfoot*)中他演"小子比利"（Billy the Kid）[2]，我还记得那时我就觉得他很惊人——眼神是那样地狂野。癫狂的比利。

霍珀夫妇对我们很好。彼得·方达（Peter Fonda）那晚也在派对，那个时期的他看起来像个私立预备学校着

---

[1] 洛杉矶富裕的住宅区。
[2] 指威廉·H. 邦尼（William H. Bonney，1859—1881），谋杀二十一人后被击毙，绰号"小子比利"。

装风格的数学家。(他之前刚在百老汇的一出戏里演了几季,与此同时他姐姐简也在百老汇进行着首次演出。)迪安·斯托克韦尔(Dean Stockwell)、约翰·萨克森(John Saxon)、小罗伯特·沃克(Robert Walker, Jr.)、拉斯·坦布林(Russ Tamblyn)、萨尔·米内奥(Sal Mineo)、特洛伊·多纳休以及苏珊娜·普莱薛特(Suzanne Pleshette),所有我想见的好莱坞明星都在。大麻满场都是;我们一路穿行而来在车载收音机里反复听到的歌声再次飘荡,人们随歌而舞。

这次派对是到那时为止发生在我身上的事中最让我感到兴奋的。我只是希望自己当时随身带了我的那部宝莱克斯——我把它留在旅店了。在那个派对上拍片似乎是再自然不过的事情了,毕竟,我身在好莱坞,并由一位地下电影明星——泰勒——陪同。不过,对于让人看到拿着摄影机的我,我总是感到很窘迫。即使是拍我认识的人我也会感到难堪,比如那些在温的乡间住处聚会的人。我唯一一次没有因拍摄而感到害羞是拍《睡》,因为演员在睡觉而周围又没有其他人。

在如此绚烂的派对之后,我的艺展开幕式注定显得平淡无味,而且不管怎么说,电影是纯粹的快乐,艺术则是做工。但是看到费鲁斯画廊前厅挂着《埃尔维斯》、后室悬着《利兹》,还是让人感到激动。

西海岸没什么人知道或是关心当代艺术,而且媒体对我艺展的报道也不太好。然而当我想到好莱坞说波普艺术是一场把戏时，我还是大笑起来。**好莱坞**也有资格说我？我是说，你看看他们那时候拍的电影，难道那些能当**真**吗？

马塞尔·杜尚在帕萨迪纳博物馆（Pasadena Museum）有一个回顾展，我们受邀参加开幕式。我们到那儿的时候，他们不想让泰勒进，因为他没有"按规矩"着装：他身穿一件对他来说过长的毛衣——那毛衣本是温的，温个儿太高了，他的毛衣穿在泰勒身上袖子盖住了手而下摆则长过膝盖。泰勒不得不把袖子高高挽起直到双手能露出来，那袖子看起来活像水上救生衣。过了一阵儿，门口的人发了慈悲让我们进去了。

洛杉矶所有的头面人物都到了。布鲁克和丹尼斯是仅有的"电影人"。一个《时代》或《生活》或《新闻周刊》(Newsweek)的摄影记者从泰勒身旁硬挤过去给杜尚和我拍照，而泰勒大叫起来："胆儿够大的啊你！胆儿够大的啊你！"

这是第一次，其后，我在六十年代无数次地听到人们这样的叫喊。六十年代一个冲突接着另一个冲突，直到每一个人为的社会障碍最终都受到冲击为止。我确信六十年代下半期大规模冲突背后的情绪就来自这类在通往派对门口发生的推搡扭打。任何人都有权利去任何地方以及做任何事，无论他们是谁以及他们有着怎样的着装——这个想法在六十年代是一件大事。青年造反在五十年代的观念里是摩托车、皮夹克和黑帮火拼——所有那些来自电影的东西——但说到底每一个五十年代的人都还是待在他们自己的地方,每个人都乖乖待在他们"从属"的地方。我的意思是,在南方,黑人们仍然坐在公共汽车的后半节车厢里。

派对临近尾声,当杜尚知晓泰勒是位有名的地下电影演员和诗人的时候,把他邀请到了他那一桌。我跟杜尚和他夫人说了不少话,他夫人提尼(Teeny)很迷人。泰勒整晚都在和帕蒂·奥尔登堡(Patty Oldenburg)跳舞。帕蒂和克拉斯这一整年都住在加利福尼亚,"换换环境",她说,这样他们可以为六四年初在悉尼·贾尼斯画廊的一个群展备好一间"卧室",以便到时候送展(克拉斯已于六一年在下东区做了《商店》[The Store],六二年他把射线枪制造公司 [Ray Gun Manufacturing Company] 更名为射线枪剧场 [Ray Gun Theater],并在那儿,在他的那些软雕塑旁,上演了《印第安人》[Injun]、《世界博览会》[World's Fair]、《公墓》[Nekropolis]、《远行》[Voyages]、《商场的日子》[Store Days] 等偶发剧 [happenings])。

那天的派对他们提供的粉红香槟味道极佳,我错喝了太多,以至于回去的时候我们不得不把车停在路旁,好让我大口大口地吐在花花草草上。在加利福尼亚,在夜晚凉爽的空气里,即使是呕吐你也觉得自己很健康——这和纽约太不同了。

大概就在这个时候,那个你可以视之为我的第一个超级明星的姑娘抵达了洛杉矶,她名叫娜奥米·莱文。她那时和雕塑家约翰·张伯伦(John Chamberlain)及其夫人伊莱恩一起住在圣莫尼卡(Santa Monica)。在我们离开纽约前,杰勒德和温已经在我们去第六大道和第十四街的生活剧场(Living Theater)看某个演出时介绍我们认识了,那之后我们一起去了现代艺术博物馆的一个要求宾客穿半正式礼服的开幕式。娜奥米在第五大道一家名叫 F. A. O. 施瓦茨(F. A. O. Schwarz)的玩具店工作,但她也在拍电影,她身上很有股电影学院学生气。乔纳斯·梅卡斯刚在他《村声》的专栏"电影日志"(Movie Journal)中提到,她的一部电影(还有杰克·史密斯的一部)被一家纽约胶片冲洗室以有裸露镜头为由罚没了——而且他们不仅仅是罚没了,他们更进了一步:直接把它销毁了。娜奥米说她来洛杉矶是为了给电影制作人合作社筹款。但是杰勒德和泰勒非说她是爱上了我才跟过来的,他们还说她对于我们没有邀请她同行一定很失望。

在好莱坞的日子,我一直在想他们在电影里处理性爱场面的那种傻了吧唧的不真实的做法。毕竟,早期的好莱坞电影里是有性爱和裸露的——比如说《高潮》(*Ecstasy*)里的海迪·拉马尔(Hedy Lamarr)——但是继而他们就意识到他们在白白浪费资源,他们本该在不景气的时候再用这招来撩拨观众。好比说,他们应该每十年在银幕上多露一点儿或者多说一句之前没用过的脏话,这样就能在一段相当长的时期内保证票房气势如虹,而不是像现在这样一次都露完。但是当外国电影和地下电影开始蓬勃发展的时候,好莱坞的如意算盘就落空了。他们本来想利用每一寸肌肤赚钱,让人们再多等个二十年才能看到全裸体。所以好莱坞开始声称他们要"捍卫公共道德",而实情是,他们一直以来都指着跳一个漫长的脱衣舞赚大钱而现在却不得不在仓促之间脱个精光,这让他们很恼火。

这时候我已经向大家坦白我带着我的宝莱克斯呢,我们决定在我们比弗利山酒店套房的浴缸旁拍一部人猿泰山的默片——泰勒演泰山,娜奥米演简。

温认识一个名叫丹尼斯·迪根(Denis Deegan)的来自哈佛的高个儿红发男孩,他认识约翰·豪斯曼(John Houseman),所以我们之后的拍摄有一些是在约翰家进行的。在那儿,我们碰到了杰克·拉森(Jack Larson),他之前在电视剧《超人》(*Superman*)里演过吉米·奥尔森(Jimmy Olsen),而此刻他正在写歌剧。我们全都来到泳池边,娜奥米一下子脱掉了她所有的衣服跳进水里,泰勒按剧情设计应该爬到树上去,但是他不会,所以就叫嚷着问有没有人能来当替身。丹尼斯[1]出现了,替他爬上树去摘椰子。(回到纽约后,泰勒看样片时说:"你知道,我一

---

[1] 指丹尼斯·霍珀。

直都喜欢丹尼斯的表演,但是他通常都演得太僵了。这次是我见过的他在银幕上最放松的一次。"六九年《逍遥骑士》[Easy Rider] 上映的时候,泰勒又再次跟我提起那天的事来。"我觉得那个在泳池旁的下午对丹尼斯来说是个转折点,"他说,"那为他的表演带来了新的可能。"也许吧,我想。你永远无法知道人们会从哪儿学到东西而从哪儿则不会。)

我们从比弗利山酒店搬出住到威尼斯码头(Venice Pier)去,那地方是泰勒在五十年代上帕萨迪纳剧场(Pasadena Playhouse)时住的。在那儿他仍然认识好多人。我们在旋转木马旁搞了个派对,派对算是泰勒策划的,而因为他是个素食主义者,所以准备的全是奶酪。但那天天很热而奶酪很味儿并且粘得到处都是,那天所有人都蹦来跳去把从木马上粘到的碎屑从身上择掉,把黏糊糊的奶酪从手上擦去。

在加利福尼亚的那两周里,另一个让我特别记得的派对是一个有点儿古怪的绿票公司(Green Stamps)继承人在他朋友的房子里为我们开的。路易斯·比奇·马文三世(Louis Beech Marvin III)正在那里建造他自己的房子,一个巨大的叫作"托潘嘉峡谷的月火牧屋"的圆形家伙,这庞然大屋有床一张,架在二十或三十英尺高的铁塔之上悬于空中,十四条德国牧羊犬护卫着整个地方。(他说他真正想做的是买一个岛然后把它弄成诺亚方舟,每种动物都搞上一对儿放在上面。他确实买了个岛,他也弄来了好多动物，不过在他那儿它们总是不停地死去。）在他建造这个难以置信的庞然大屋时，他就住在地上的一辆堆满脏衣服的拖车里。

六十年代早期有一段时间，在加利福尼亚，一个坚实的艺术圈似乎正在成长。甚至亨利·戈尔德扎勒觉得他有必要每年去加利福尼亚走一圈，看看那里正在发生着什么。但是那里没有足够多的经纪人，博物馆也不够活跃，而那里的人则根本不买艺术品——我猜他们光是看看自然风光就已经感到满足了。

我们依《逍遥骑士》的路线，取道拉斯维加斯，然后南下穿过南方各州回到了纽约。我们一回纽约就把《泰山》的胶片送去冲洗。（我们过去通过一个中间人——一位身形矮小的老妇人——为我们把胶片递到柯达。）样片送回来后，泰勒决定亲自剪辑，所以他开始忙剪接并在带子上加了一个同步声轨。之后的一天晚上，我们去了杰尔姆·希尔（Jerome Hill）在阿尔冈昆酒店（Algonquin Hotel）的住处放映了它。

杰尔姆是明尼苏达州铁路巨头詹姆斯·希尔（James Hill）的孙子，他很有钱，也很慷慨。他那时正在忙着用16毫米拍摄《打开门来看看所有人》（*Open the Door and See All the People*），泰勒在那戏里也有演出。他还拍过《沙堡》（*Sand Castles*），而且通过他的私人基金资助了许多艺术计划——像是生活剧场那样的团体。

## 1960—1963

《泰山》放映的时候,在场的人里有个叫查尔斯·吕德尔(Charles Rydell)的年轻演员。我们经一个共同的朋友——南希·马奇(Nancy March)介绍认识,那还是在数年之前我初到纽约的那个大雨倾盆的日子里。查尔斯那时在内迪克(Nedick's)[1]工作,而我则刚从匹兹堡来的长途客车上下来。那之后我就再没有见过他——至少没有同他交谈过。然而,我碰巧看到他同姬蒂·卡莱尔(Kitty Carlisle)在巴克士郡剧场(Bucks County Playhouse)上演的《嫦娥幻梦》(*Lady in the Dark*)里的演出,所以这次一见面我就跟他说了。他以为我在跟他开玩笑——他看着我,一副"噢,少来了,那出戏**没**人看到我"的表情。他是位壮汉,脾气大,有幽默感。他很能吼人,他那低沉饱满的嗓音也很适合吼人。《泰山》放映时有一个名叫莱斯特·贾德森(Lester Judson)的肥仔每隔几分钟就会指着屏幕说:"这算不得是电影——这是坨屎!你们管这叫电影?"终于,查尔斯受够了,他几乎把他吼到了地上:"噢,闭嘴,莱斯特!你在羞辱它!而全部的地下运动这才刚努力要起头!"

我喜欢查尔斯,我问他是否可以什么时候来演一部我的电影。他说当然可以,随时都行。

当你写你自己的人生经历的时候,你会发现这同时是

---

[1] 一家连锁快餐店。

一次自我教育。当真的坐下来，问自己"人生究竟是怎么一回事"的时候，你开始对那些最为显而易见的事情用力思考。比如，写书以来我就常常在想"什么是朋友？你**认识**的人？在某个时期因为某些原因你会跟他说说话的人？又或者是什么？"

当人们描述我的时候，如果他们不说"安迪·沃霍尔，波普艺术家"，就会说"安迪·沃霍尔，地下电影制作人"。或者至少过去他们是这么说的。但我甚至不知道**"地下"**这个词是什么意思，除非它的意思是你不想任何人找到你或打搅你，就像在斯大林和希特勒统治下那样。但如果"地下"是这么个意思，我看不出为什么我是"地下"的，因为一直以来我都希望人们注意到我。乔纳斯[1]说影评人曼尼·法伯（Manny Farber）是第一个在新闻界使用这个词的人——在一篇发表在《评论》(Commentary) 杂志上的谈论被忽略的好莱坞低成本导演的文章里，之后杜尚在费城某个开幕式的演讲中说艺术家创造出重大作品的唯一办法就是"去地下"。但是从人们冠之以"地下"这一称谓的诸多不同类型的电影中，你无法归纳出这个词的意思——当然，除了他们都是非好莱坞的、非工会的这一点而外。但是"地下"是否还意味着"艺术的""下流的""古怪的""无情节的""有裸体的"或是"极度粗俗

---

[1] 指乔纳斯·梅卡斯。

的"？当我自己用它来描述我们自己的电影时，我的意思只是非常低的成本、非好莱坞，而且通常是16毫米（好在六十年代末这个词寿终正寝而被"独立制作的电影"取而代之，也许一开始就该这么叫）。

当五九年那些独立电影制作人聚在一起成立新美国电影团体（New American Cinema Group）时，背后的推动力量来自乔纳斯·梅卡斯。NACG宣称团体旨在研究独立制作的电影可利用的所有融资手段及发行办法。乔纳斯·梅卡斯之外，最初的董事会成员还有雪利·克拉克（Shirley Clarke）、莱昂内尔·罗戈辛（Lionel Rogosin）和德。然而没过多久，同大多数运动一样，当团体成员意识到他们对于如何达成主要目标存在分歧，意识到他们在什么才是主要目标这一问题上相互之间一直以来都存在着误解时，派系就形成了。大体来说，有两类地下电影人：一类从学者或知识分子的角度来看自己的电影——把自己的电影视为艺术品，同时把他们自己视为"地下的电影制作人"，另一类将自己的电影看成是通向大众市场的媒介而把自己看作"独立的电影制作人和发行人"。以新美国电影团体的幸存部分为基础，乔纳斯创设了电影制作人合作社。

虽然起初乔纳斯似乎对于电影制作的学术与商业两个方面都有兴趣，但是到了六十年代末他很明确地表明了自己的立场：做一位学者。似乎仅仅是经营他的电影选辑档案（Anthology Film Archives）就能让他感到全然的满足。而那时的他，不用说，已然成名。

就像德跟我说的那样："乔纳斯非常聪明，特别是在提升自己的名气和地位这件事情上。他以零稿酬接手《村声》的电影专栏——那年头《村声》倒是本来也不给钱——因为他意识到这是个能吸引大批追随者的好地方。确实如此。但我们其他人则是在找寻独立于好莱坞制作电影、发行电影的方法，要让影片见观众而不是进**档案**！"

关于乔纳斯，泰勒是这么说的，"罗恩·赖斯和我给了乔纳斯《窃花贼》让他发行，结果你猜他在哪儿搞的首映？一直到了下东区的查尔斯戏院（Charles Theater）！而我们一心想的是麦迪逊大道！我们可没料到他会成为一个学究式的、埋身博物馆的档案狂人！我是说，像乔纳斯那样给观众整晚整晚地放斯坦·布拉克治（Stan Brakhage），谁会喜欢？我的意思是，看看这个象牙塔里的知识分子吧！"（泰勒对乔纳斯的态度在他有一年去了罗马后缓和下来，因为乔纳斯告诉费里尼 [Fellini]，泰勒是"美国最棒的男演员"，所以费里尼在他拍《朱丽叶与魔鬼》[*Juliet of the Spirits*] 的布景里以极大的排场为泰勒接风洗尘。）

然而要理解乔纳斯对于电影的态度，你必须要知道他从哪里来。对他而言，电影就好比是政治艺术。我甚至怀疑他是否曾把电影当成过娱乐。他是那种对任何事情都很严肃的人，甚至在笑的时候也是一样。

他十七岁的时候，苏联接管了他出生的那个立陶宛农场。两年后,德军赶走了苏联人,纳粹来了。在整个的德国人占领时期,他都参与了地下出版。就在他和他的兄弟阿道夫(Adolph)即将被军方逮捕的当口,有人给了他们假文件,他们因此得以进入维也纳大学(University of Vienna)读书。"但我们还是被抓住了,"乔纳斯告诉我,"并被送去汉堡近旁的强制劳改所,在那儿我们度过了战争的大部分时期,战后我们在不同的难民营里又晃过了五年。"

他在德国的美国占领区里学习文学和哲学,直到四九年联合国难民组织把他送到美国为止。"我们茫然无助,"他告诉我,"我们被不同的力量推去哪里就是哪里。"

在芝加哥,有工作等着乔纳斯和他的兄弟;但是当他们到了纽约后,他们决定留下来。他们在布鲁克林的工厂做工——卧床生产厂,水壶生产厂——"制造破玩意儿",在码头装车,清洗货轮;而从他们到纽约的第一天起,他们就开始去现代艺术博物馆看几乎每一场电影放映。

乔纳斯一点儿英语也不会,直到战后才开始学。有一次,当我问他何以这样痴迷于电影时,他说:"要以一种语言写作,你必须要在其间出生,所以通过写作我永远也不能进行真正的沟通。但是在电影中,你以影像来工作,我看到我可以用不同于文字的方式来大声喊出战争中发生在我和其他人身上的事情。"(他拍的第一部电影,六一年的《林中枪》[Guns of the Trees],里面满是叫喊和倾吐,仿佛他在把整个战争从体内清除。)乔纳斯像对待人生般严肃地对待电影。他是我能想到的六十年代最不波普的一个人,他可真是个知识分子。但他还是个出色的组织者,而且他给了那些拍小制作电影的人一个展示空间。

六一年乔纳斯在下东区 B 大道和第十二街处的查尔斯戏院搞电影放映时,戏院老板——一帮年轻人,允许他把放映搞成开放式的:人们可以放映任何他们想放的他们的电影。

这类人们可以聚在一起、交流想法的地方像极了派对。我去查尔斯看节目或是参加首映展直到它六二年关门为止,我还会和朋友去公园大道南的电影制作人合作社,我之前提到过,那里也是乔纳斯住的地方,在房间的一角——被迫在国与国间辗转多年之后,他终于觉得自己像是有了个家。

查尔斯关门以后,乔纳斯开始在布利克街电影院搞午夜放映,直到"他们觉得我们在毁他们生意,所以把我们赶走了",他解释道。从那时起,他们开始在东二十七街一家名叫葛兰姆西艺术剧场(Gramercy Arts Theater)的小型正规戏院搞放映,戏院从合作社转过一个街角就到。

我把《泰山和算是又到手的简》(*Tarzan and Jane Regained ... Sort of*)带到乔纳斯那儿,之后当我开始拍摄《吻》(*Kiss*)系列的时候,我把它们一个个地带到他那里,而他会在每部戏开映前放一部《吻》。我还把我拍的一些新闻短片式的舞蹈电影带到他那儿,然后我想,哦,为什么不把《睡》带过来放呢——实际上那部片子我作了假,我把胶片环接,所以虽然表面上看是一个人睡了数小时的觉,但实际上我没拍那么长。当有人在放映前发现了将要开始的片子是个什么状况并说他无论如何不会坐在那儿看完它的时候,乔纳斯找了条绳子把他绑在座位上以儆效尤。我猜乔纳斯事后发现该被绑在椅子上的人是我,因为当看到我在放映开始了几分钟后起身离开时,他简直不敢相信自己的眼睛。有时候我喜欢无聊,有时候则不——这要视我心情而定。我想对此每个人都有体会,有时候你可以坐在窗边望向窗外一看几个小时,而有时候你甚至无法安安静静地坐上一分钟。

我常被人引用的一句话是"我喜欢无聊的事情"。嗯,我说过这句话,也是那个意思。但这不表示我就不会厌烦。当然,我认为无聊的事情一定不同于其他人认为无聊的事情,比如我就受不了看电视上那些流行的动作戏,因为它们本质上是同样的剧情、同样的枪战、同样的伤口一遍完了又一遍。显然,大多数人喜爱看基本上一样的东西——只要细节上有所不同就行了。但是我正相反:如果要我坐下来看头一晚看过的东西,我不希望它本质上一样——我希望它**一模一样**。因为你越是盯着全然一样的东西看,意义就越是消逝,你就越发地觉得好而且空。

六三年末我决定拍《口活》(*Blow Job*)时,打电话给查尔斯·吕德尔请他出演。我告诉他要做的就只是仰靠在椅子上然后有大概五个男孩过来给他吹箫直到他射了为止，不过等放映的时候我们只会露出他的脸。他说："没问题。我来演。"

第二周周日下午我们准备好了一切，然后我们就一直等一直等然而查尔斯没有现身。我给他的寓所打电话他也不在，所以我就打给杰尔姆·希尔在阿尔冈昆的套房，他接了电话，我冲他嚷："查尔斯！你在哪儿？"而他说："什么我在哪儿？你知道我在哪儿——是**你**打电话给**我**的。"我说："我们准备好了摄影机，五个男孩也全到了，所有事情都准备好了。"他吓着了，他说："你疯了？我以为你**开玩笑**呢。我可不会干**那个**！"

我们最后用了一个长得不错的碰巧那天在工厂闲晃的男孩，多年以后我在一部克林特·伊斯特伍德（Clint Eastwood）的电影里还见过他。

六三年秋我开始和杰勒德一起越来越经常地去读诗会。只要听说有创造性的事情正在发生，无论是哪儿我都愿意过去瞧瞧。我们去第二大道上第九和第十街之间的大都会咖啡馆（Café Le Metro）参加保罗·布莱克本（Paul Blackburn）组织的周一晚间读诗会，在那儿每个诗人会读上五或十分钟。周三晚上则有一场单人读诗。诗人站起身来从他们身前的一叠稿纸里读出他们的人生。一直以来我都对可以把事情写下来的人着迷，而且我喜欢听用新方法讲的旧事和用老方法讲的新事。

## 1960—1963

六十年代几乎每一个群体活动最后都被称为"偶发剧",以至于至上合唱团(The Supremes)甚至写了首同名歌。偶发剧由艺术家首创,但是时装设计师泰格·莫尔斯(Tiger Morse)使其变得更加流行而没么艺术了——他在泳池里举行时装秀,开盛大的疯狂派对,并把它们都叫作"偶发剧"。

我猜我第一次去贾德森教堂(Judson Church)的"偶发剧"是因为劳申贝格——他负责那儿的灯光而我想看他是怎么弄的。我给大卫·鲍登打电话叫他跟我一起去这个由伊冯娜·雷内(Yvonne Rainer)演出、名叫《地形》(*Terrain*)的美妙的舞剧;事后大卫说这是他看过的舞蹈中最为摩登的一个。

一次在贾德森看完演出,大卫和我走去东二街克拉斯·奥尔登堡的住处参加一个更像是偶发剧的派对。那是个令人愉快的星期天下午,人们晃荡着来到屋顶——罗森奎斯特、露丝·克利格曼(Ruth Kligman)、雷·约翰逊(Ray Johnson),一大堆人。那天下午,在屋顶,克拉斯开始变得有点儿挑衅——那耍实骇人,因为他身型高大而屋顶又没有围栏而且每个人都喝了很多并开始互相推搡。克拉斯拿出把剪刀,就着罗森奎斯特的衬衫剪下了上面的口袋,然后他用剪刀夹着把它举起来,一边说"这是罗森奎斯特的心脏",一边带着点儿炫耀似地冲我们大家挥动那块布片。然后他走到屋顶边缘,张开剪刀。他松开了那块布,而我们所有人都看着它缓慢地飘到了街上。

我这时仍在那个消防站工作室并经常同杰勒德、查尔斯·亨利·福特和其他朋友一起去贾德森教堂看舞剧,在那儿我第一次看到詹姆斯·韦林实验舞蹈公司,他们正在演出一种新的"地下的"低成本芭蕾。

吉米(Jimmy)[1]用珠子和羽毛亲自动手做他自己的演出服,就那么把材料随自己的心意拼到一起。他住在下东区的汤普金斯广场(Tompkins Square)一带,在那儿你仍然能以三十或四十美元一个月的价格租到整层楼的屋子。我自己初到纽约时也在那块儿住过,A大道和圣马可之地(St. Mark's Place)。即使一个月只做一点点工作也足以支付你在那儿的房租。直到六七年夏天毒品进来之前,东村,从某种意义上来说,是个安宁的地方,满是欧洲移民、艺术家、爵士黑人、波多黎各人——所有人都在门廊旁或窗根儿下闲晃。这群有创造力的人并不急着工作,也不着意于"向上流动",他们乐得就那么在街上四处晃,看所有的东西、欣赏所有的东西——拉特纳的店(Ratner's)、杰姆的矿泉浴所(Gem's Spa)、波兰菜馆、旧货铺、纺织品店——也许回家后在日记里记下他们那天的玩乐或者就他们得到的灵感编一出舞。过去人们常说东村是西村的卧室——西村是行动而东村则是你休憩的地方。

到了六十年代早期,贾德森舞剧那帮人已经发展成一个专职的舞蹈剧院了。他们可以用不超过五十美元就制

---

[1] 吉米是詹姆斯的昵称,指上文的詹姆斯·韦林实验舞蹈公司的詹姆斯·韦林。

作出一整场芭蕾——孩子们会跑到朋友的公寓洗劫舞台道具再南下果园街(Orchard Street)挑选可以用来做演出服的材料。在妈妈咖啡馆(Café La Mama)和奇诺咖啡馆(Caffe Cino)这类地方演出的戏剧也是同样的状况,有不少贾德森的舞者在那儿演出——在他们不打工端盘子的时候。

这些地方的每一个出品都是低成本甚至无成本。乔·奇诺(Joe Cino)[1]在那儿的整个时期大概从来没有盈利超过五十美元的。到了月底,他会把他的职位出租以挣些钱——不过他倒是喜欢那样。他是个好人——矮个儿,毛发茂盛,总是在吃减肥药以干掉他吃意面长出来的膘。

在贾德森教堂附近我碰巧遇到了一个认识的人,名叫斯坦利·阿莫斯(Stanley Amos,我们有一个共同的朋友,在城市学院[City College]教警察艺术史,这样如果有谁的乔治王时期银器被盗,警察在外出行动的时候就可以知道他们要找的到底是什么。这位朋友因"在蒸汽浴室鸡奸"被捕,丢了这份教书工作。整个事件所有的报纸都给予了连篇累牍的报道,而且一直以来我都猜测这给了之后的一些广受欢迎的剧作以灵感。)斯坦利是从伦敦来的纽约,在伦敦他是一本名为《光环》(Nimbus)的文学杂志的出版人。现在他为一家意大利报纸写艺术评论。我们是

---

[1] 前文奇诺咖啡馆的老板,意大利裔美国人。

在参加周二晚间艺廊派对大巡游时混到一起的。我俩会在五十七街与大队人马暂别，跑去五十五街的温斯洛咖啡馆（Café Winslow）躲会儿清静。然后我们重回巡游队伍，接着再开小差与途中撞上的什么人一起去吃晚饭或是喝上几杯。我初识斯坦利时，他正在为自己的一间艺廊找赞助人，而且看起来他好像掘到了自己的那桶金，但是继而他那富有的赞助人——密歇根某马桶公司家族的一员——死了，而斯坦利就搬到了位于西三街的一间公寓里，从那儿转过街角就是贾德森教堂。他住的那层的前半部分是汤姆·欧霍根（Tom O'Horgan）的敞间。汤姆那时好像是位音乐学家还是什么（后来他导演了音乐剧《毛发》[Hair]），他爱好古乐器而且凭借一己之力重新组装了很多。（几年之后，地下丝绒乐队［The Velvet Underground］在那儿签过一个不那么正式的转租协议，所以斯坦利的住所成了许多派对和电影拍摄的地点。）

"我想我一直以来都是个也许能被称为波希米亚人的人，"一次斯坦利在回顾自己的时候这样说道，"我一直待在艺术世界的边缘，也没有对它有太多贡献。"斯坦利太过妄自菲薄了，他是另一个敞开自己的门给周围所有那些有创造力的人的人。在斯坦利的住处总有剧作家在屋子一角奋笔疾书，而贾德森的舞蹈演员则在排练，另有人在缝制他们的演出服。他没有太多钱——他搞一点儿古董买卖并做些自由撰稿的工作——但是他在自己的时间和居住空间上的慷慨已然无以复加。

当你说那些贾德森的表演者是个"舞蹈公司"的时候,会让他们听上去显得太有建制了。公司总是在演出即将到来的时候才攒起来,在其他时间,他们做些不固定的工作同时学许多课程。对我而言,想到纽约下城先锋艺术圈的规模相较于其最终产生的巨大影响而言是那么小,总觉得很是惊奇。往大了说也不过五百人,而这还是包括了朋友的朋友的朋友——既算上演出者也算上观众。如果你有超过五十个观众,就被认为是有很多了。

十四街以南,事情总是颇为随意。《村声》那时还是份社群报纸,有一个特定的社群作为报道对象——在格林威治村有数的几个街区,再加上整个自由思想世界,从麦克杜格尔大街的花箱(flower boxes)到丹麦的色情作品。极为本地的新闻与国际新闻的结合对《村声》而言效果很好,因为村子里的知识分子对于世界上发生着什么和街头转角处发生着什么同样感兴趣,而全世界的自由分子都对村子感兴趣就好像它是他们的第二个家。

为工厂早期注入个性与想法的主要的两群人,一伙来自圣雷莫(San Remo)贾德森教堂,一伙来自哈佛剑桥。村中位于麦克杜格尔大街和布利克街交汇处的圣雷莫咖啡馆(San Remo Coffee Shop)是我遇到比利·奈姆(Billy Name)和弗雷迪·海尔科(Freddy Herko)的地方。我是从六一年开始去那家咖啡馆的,当时那儿可比现在艺术多了——有着从五十三街和第三大道那片儿过来的一些诗人和一堆男同。那会儿,"到村里去"还是件大事,比如去煤气灯(The Gaslight)和一壶鱼(Kettle of Fish)这种地方。但到了六三年前后,你经由有着花朵纹饰的磨砂玻璃门走进圣雷莫,穿过长长的吧台和卡座,看到的全都是些通常坐在华盛顿广场公园围栏上的男妓,被带来圣雷莫喝上一扎啤酒。所有的安非他明男——"A男"[1]——光是想到去"男同酒吧"就要放声狂笑的嗑药的玻璃——爱死了圣雷莫,因为它实际上不是真正的男同酒吧,那里几乎没有男同世界的规矩俗套。

不用说,不是在圣雷莫的所有人都是同性恋,但是那里的明星绝对是。大多数顾客去那儿只是为了看演出。在圣雷莫的男孩有很多都给一份油印的小报写稿,报纸的名字叫作《下沉的熊》(The Sinking Bear,名字是从当时的一份名叫《漂浮的熊》[The Floating Bear]的诗歌杂志来的),最早的一批地下时事通讯/报纸,《下沉的熊》算是其一。写稿的男孩里有一个叫昂迪恩(Ondine)——或者"教皇昂迪恩",人们偶尔这样叫他。昂迪恩坐在一个卡座里拿着他的神奇马克笔(Magic Marker),为写信来向他咨询性疑问/性难题的他的专栏读者撰写答复,专栏名为"深受爱戴的昂迪恩给店中旧货的建议",而那些"疑难"就从周围其他的卡座里写在纸条上递过来,他答复完一条又一条,一天下午,昂迪恩冲进来,脸上一副"受惊"的

---

[1] 安非他明英文首字母为A,本书另有地方将嗨安非他明的人称为A-heads,译文除了用"A男"外,另有采用"安人"的地方。

样子,他一边把他的手提包放到桌上,一边指向身后的华盛顿广场公园,说:"一个家伙刚对我说,'你愿意跟我去男同酒吧吗?'!"昂迪恩摇着头,笑两声,一副不敢相信的样子,"太**可怕**了……"。圣雷莫几乎全都是 A 男。我说"几乎全都是",因为我记得就是在那里我经人介绍认识的"**女公爵**"(the Duchess),几分钟之后,店主走过来问我:"你认识她吗?"当我说认识的时候,他跟我说:"那么就带上你的朋友给我出去。"我后来也没搞清当时她到底做了什么,她实在是个可怖的人。她是纽约知名社交女(Post-deb),嗑药的兼职女同性恋,A 男到了她这儿也都得老老实实的。我经常光顾圣雷莫,在那里我识得了一些身段儿和脸庞,我将看到他们在之后的数年间日夜游荡进出于四十七街的工厂。

贾德森的舞者中我最着迷的是个极为热情的俊朗男孩,二十来岁,以舞蹈来观感一切,名叫弗雷迪·海尔科。他是那种人们乐意替他操办种种事情的可人儿,因为他自己的事自己从不记得。

他做许多事情都能做得很好,但他却无法以舞蹈或任何他的其他才华为生。他非常优秀但却无法自律——我将在六十年代一次一次又一次地卷入与这类人物的密切交往之中。你必须爱他们多,因为他们爱他们自己少。弗雷迪最终以安非他明燃尽了自己,他的性情无法驾驭他的天才。六四年年尾,在科妮莉亚街,他编排了自己的死亡之舞，跳出窗外。

我爱的人都是像弗雷迪这样的，娱乐业的剩余，被全城的试演所拒绝。他们一件事不能做第二次，但他们做的那一次比任何人的都要好。他们有明星的材质但没有明星的心智——他们不知道该怎样驱策自己。他们天资过高，无法过"平常的生活"，但是他们对自己又太不确定以至于从来无法成为真正的专业人士。

尽管如此，我还是奇怪像弗雷迪这样出色的舞者为什么没能进百老汇或是一个大的舞蹈公司。"难道他们看不出他是如此出众吗？"我会这样想。

他直到十九岁才开始学跳舞。他从纽约市北部的一个小镇高中毕业后，入读了纽约大学（NYU）的夜校——白天他给人上钢琴课。后来他转到茱莉亚音乐学院（Juilliard School of Music）学习，但是在那儿他过得不好，常常缺勤和旷考。但是当他看到美国芭蕾剧院（American Ballet Theater）演出的《吉赛尔》（*Giselle*）时——不算电视上那是他看的第一支舞——他忽然感到他必须成为一个舞者。他向美国芭蕾剧院学校申请奖学金，得到了，并且未满一年就已经在他们的一个项目里为自己编舞了。他还参与了一些外百老汇的出品——在新英格兰地区巡演并北上加拿大。没过多久，他已经上了电视出现在周日早间舞蹈秀里了。

之后他上了"埃德·苏利文秀"（*The Ed Sullivan Show*），怯场了。

可怕的是，你是如此频繁地在观众面前跳舞，以至于你怎么都不会想到在全国的电视摄影机前跳会彻底把你吓倒。当弗雷迪登上埃德·苏利文的舞台时,忽然之间——他向我坦白——他感到仿佛手腕里的血液都停止了流动,他不得不让身处后排的某人换到他在前排的位置上来。之后他跑出剧场,跑回村子里——回到那让他感到安全的地方。

那时他已经在服用很大剂量的安非他明了。他有服药后的典型症状:非常集中的注意力,但是!只能用在琐事上。这就是服用安非他明后发生在你身上的事:你的牙也许正从口中脱落,你的房东也许正把你扫地出门,你的兄弟也许就在你身边暴毙,**但是!** 你还是不得不,比如说,忙着把你的地址簿誊抄一遍,而且你绝不允许任何其他事情使你"分心"。这就是发生在弗雷迪身上的情况——不是将注意力集中在他舞蹈作品的构思上,而是一心忙于调整他演出服上的羽毛、镜子或珠子的排布上。一直到死他都没能再从事他的编舞工作。有一阵他实在是需要钱,决定卖大麻,但是在卖大麻这件事上他也无法集中精神,最后只好把大麻全都分给了朋友。

六二年,整个村子的舞蹈界已经非常活跃了。贾德森教堂演出一场接一场,而吉尔·约翰斯顿(Jill Johnston)则在给《村声》写舞评。

在贾德森教堂上演的不仅仅有舞蹈作品。汤姆·欧霍根，比如说，在那儿搞了一出美妙的、分成两部分的宗教清唱剧，名为《尘世龙头花园》(The Garden of Earthly Faucets)。按设想第一部分是把所有人都带入到表演中来，而第二部分则是表演本身。一个下半身封在箱子里的家伙穿过教堂，箱子里面则有某人给他吹箫。当他被吹着的时候，他向一大群事先安排好的人打出信号，他们出场，投入到合唱的赞歌、舞蹈和灯光变幻中来——观众都挥动着东西、扔着东西，你能想到的每一个舞台设备都调上场来而这时他在箱中达到高潮。

弗雷迪·海尔科为贾德森编的舞中有一出是莫扎特芭蕾。观众被限制在外围排成两排，这样中心区就有一个非常大的空间。扬声器中传出唱针被放置到唱片上的一响，之后莫扎特田园曲风的音乐就响起来了。牧羊女们身着罗曼蒂克的芭蕾短裙和经典的华托（Watteau）式裹身套装开始跳舞。但是就在这时，唱机出错了，她们不得不从头再来，只是这一次她们似乎总是搞不好。其余的舞者不管三七二十一也上场了，但是最终他们狂乱起来，全然无视唱机只是自顾自地跳，忽然间就只是他们自己嗒嗒嗒的脚步声在鼓动着他们了。他们跳的不是正规舞步，而是形成了一个圈，绕着教堂跑起来。并且，一点儿一点儿地，他们把全场的观众都拉进了长龙，一圈圈地在场间回旋。渐渐地，他们全都慢下来……停止了。

为了他的另一出芭蕾，弗雷迪遍访卖橱窗展示材料的店铺直至找到了他想要的反光小亮片为止——使用廉价的便宜货在当时还是个不寻常的想法,大家还很受陈腐观念的束缚。弗雷迪的这一作品开始于幽暗教堂中管风琴的一声轻音。一丝微光出现在楼厅包厢正中,而随着琴音渐增,光也逐渐变强,直到你看见一个女人俯身于光座之上。她被包裹在雪纺里,看起来更像一个光垛,垛上有一张脸,而非一个真实的女人。慢慢地,她举起双臂,拾起一些亮片,而随着琴音渐强,亮片的反光也渐强,直到她变成在光芒中闪耀的一朵云。之后,她渐渐地消失,消失到寂静与黑暗里。

斯坦利告诉我:"有一晚,我、比利·奈姆和弗雷迪在下东区的街上走。那天没有风,但非常冷,已经是冬天了。我们走到一群正在被拆除的建筑旁,其中有一栋是教堂。你可以从碎石瓦砾中辨认出一个类似祭坛的地方。弗雷迪冲过街道,跑到对面还在营业的商店里买了一美分的蜡烛,跑回来,脱掉所有衣衫,点燃蜡烛,在那背景中穿行起舞直到蜡炬成灰。"

六三年这年春,我结识了一位刚刚结婚、名叫简·霍尔泽(Jane Holzer)的芳龄二十二的美人儿。尼基·哈斯拉姆带我到她位于公园大道的公寓赴晚宴。大卫·贝利也在,他带了一个摇滚乐队的主唱来,乐队名叫滚石(Rolling Stones),那时正活跃在英格兰北部的一些城市。

米克·贾格尔（Mick Jagger）是贝利和尼基的朋友，当时住在尼基位于东十九街的公寓里。

"我们遇到他时，他在给克丽茜·施林普顿（Chrissy Shrimpton）当'女佣'，"尼基告诉我，"她是吉恩的妹妹，在报上登广告——'招清洁工一名'——而米克前来应征。他那时在伦敦政治经济学院（London School of Economics）就读，以做清洁工来支应生活。而之后她爱上了他。我们总是提醒她说'可是克丽茜，他长得太丑了'，而她则说也不是那么丑。"

这有点儿像是前史，因为那时候在美国几乎还没有人听说过滚石，抑或是披头士。在简·霍尔泽的晚宴上，我注意到贝利和米克，他们各自有着与众不同的着装方式：贝利一身黑，而米克则穿浅色不带衬里的西装配臀部紧绷的裤子和条纹T恤，都不是什么太贵的东西，但是他把它们搭配到一起的方式实在是棒极了——这双鞋配那条裤子，没有其他人会想到那么穿。另外，贝利和米克都毫无例外地穿阿内洛和达维德（Anello and Davide）的靴子，那是一家位于伦敦的舞蹈鞋制作坊。

我第二次遇到简，是在麦迪逊大道，她刚从那个盛大的六三年伦敦之夏回来——在那里，一切真的开始发生了。她兴奋异常地谈论着位于莱斯特广场后面索霍区（Soho）的一间俱乐部——随意（Ad Lib），那是个披头士乐队会经过你的桌旁的地方，也是个像玛格丽特公主

(Princess Margaret)[1] 那样的人进得门来却没有人会费力抬头看上一眼的地方,在阶级意识明显的伦敦,熔炉开始了工作。

简站在那儿一身新装,看起来标致极了:牛仔裤配毛衣。她的仔裤是黑色的——我猜这是她从贝利那儿学来的,她在伦敦的时候贝利给她拍了很多照片。我还发现她学来了他说话的腔调,除了伦敦东区口音,还有就是会加"诸如此类"在她句子的结尾诸如此类。她还谈到"来电的造型"(Switched-On Look),她说这是贝利发明的说法。

简说她迫不及待地想回欧洲。("去欧洲"是贯穿六十年代的一个主题,每个人或者刚从欧洲回来,或者正要去,或者正想方设法去,或者千方百计解释他们怎么还没去。)她真是个美艳女郎——皮肤好,发质也好,充满了热情——她什么事情都想做。我问她是否乐意出演一部电影,而她兴奋地答道:"那还用说!干什么都比当个公园大道的家庭主妇强!"

简为我演的第一部电影是《肥皂剧》(Soap Opera),在 P. J. 克拉克斯(P. J. Clarkes's)——一家位于第三大道的酒馆里拍的。电影的副标题是"莱斯特·珀斯基的故事"(The Lester Persky Story)以向莱斯特致敬,他最后成为了一位电影制片人。莱斯特在五十年代开创了一小时时长的电视广告——弗吉尼亚·格雷厄姆(Virginia Graham)向

---

[1] 伊丽莎白女王的妹妹。

你展示使用迈尔迈克（Melmac）[1]的所有不同方法，或是罗克·赫德森（Rock Hudson）示范用真空吸尘器打扫卫生。莱斯特允许我们用他旧日电视广告的片段，于是我们就在《肥皂剧》中间剪接进了电热旋转烤肉器和餐具的演示广告。

那年秋天肯尼迪总统被刺杀时，我从收音机里听到新闻，当时我正一个人在工作室作画。我想我一笔也没少画。我想知道事情的进展，但是我的反应就到这个程度。

过了一小会儿，亨利·戈尔德扎勒从他的寓所打来电话说他刚才在七十八街和麦迪逊大道处的正统派犹太餐馆吃午饭——大都会博物馆和纽约大学艺术学院的人总去那儿用餐——侍者以意第绪语说"总统死了"的时候，他还以为他说的是那家餐厅的主管[2]呢。

当他明白死的是肯尼迪时情绪变得非常激动，他马上跑回家，而现在他想知道为什么我没有更悲伤，所以我就给他讲了那次我在印度经历的事：我正走着，看到一群人在一块空地上开舞会——因为有一位他们非常喜爱的人刚刚死了，而我就此认识到每件事都取决于你如何看待它。

我为有肯尼迪这样一位总统而激动过——他英俊、年轻、潇洒，但是他的死却没有太困扰我。困扰我的是电视和电台引导人们以使人感到极度悲伤的做法。

---

1　一个生产蜜胺树脂餐具的品牌。
2　总统与主管英文都是 president 这个词。

似乎不论你多努力地尝试都无法躲开那玩意儿。我集合了一批人，让他们过来，我们一起去了八十六街的一家柏林酒吧吃晚饭。但是没有用，每个人都表现得特别沮丧。大卫·鲍登坐在艺评人苏西·加布利克（Susi Gablik）和剧作家约翰·奎因（John Quinn）对面，一遍又一遍地叹惜，"今后再不会有像杰姬这样有魅力的第一夫人了……"。来自哈特福德（Hartford）的沃兹沃思艺术博物馆（Wadsworth Atheneum）的萨姆·瓦格斯塔夫（Sam Wagstaff）则试着安慰他。雷·约翰逊，艺术家，不停地拿一角硬币蘸我们用来配德国法兰克福香肠的芥末，然后走出去把覆着芥末的硬币投到电话投币孔里去。

几个月之前，我就收到消息说那个消防站的大楼很快就得清空；十一月，我找到另一处敞间，在东四十七街二百八十一号。杰勒德和我把我所有的绘画装备——画框、画布、钉枪、颜料、刷子、丝网印刷设备、工作台、收音机、破布条等所有的东西都搬到了那个很快就会成为"工厂"的地方。

那个社区不是一个大多数艺术家会想要自己的工作室厕身其中的地方——正在市中心，离中央车站（Grand Central Station）不远，从联合国所在地沿街往南走就是。我的敞间在一栋肮脏的砖砌工业建筑里——你走进一个枪灰色门厅，右手边是个货梯：一个加了栅栏的升降平台。我们在顶层下面的一层，我们上面有个叫作"鉴赏家角落"的卖古董的地方。我们就在基督教青年会（YMCA）的街对面，所以周围总能见到拎着在汽车站常能见到的那种小型旅行箱的家伙，箱子里大概放着袜子和剃须膏。附近还有一家模特公司，所以那儿有很多带着自己作品集的女孩，还有相片冲洗室。

工厂长一百英尺宽五十英尺，沿四十七街有整整一溜窗户朝南。屋子可以说正在分崩离析，墙体的状况尤为糟糕。我在屋子前部窗户旁边摆上工作台确立起我的绘画区，不过我遮住了大部分从窗外射入的光线——那是我喜欢的方式。

就在我们往四十七街搬的同时，比利·奈姆和弗雷迪·海尔科也都搬离了他们在下城的公寓。弗雷迪搬去了村里的另一处地方，而比利搬上来住进了工厂。

敞间后半的空间逐渐变成了比利的地方。从最开始，那里就有种近似于神秘的氛围，你总也不很清楚那儿究竟发生着什么——陌生人物会走进来，问"比利在吗？"而我会给他们指指后面。

来的人里有很多都是我在圣雷莫认识的，过了一阵儿我知道了谁是常客：市长罗滕·丽塔（Rotten Rita the Mayor）[1]、宾汉姆顿小鸟儿（Binghamton Birdie）、女公爵、银色乔治（Silver George）、海龟斯坦利（Stanley the Turtle），还有，不用说，教皇昂迪恩。他们对于在后面做的事情总

---

[1] the Mayor（市长）是 Rotten Rita（罗滕·丽塔）的绰号。

是很谨慎。没有人会当着我的面嗑药,而且我从未看到过有任何人在我这里扎针[1]。我也从不需要亲自把事情讲明,对于我不想知道任何那类事情,我们之间似乎有一种默契,而且比利总是能把一切处理得很稳妥。在比利的区域里有几个马桶、一个倾倒污物的水池和一台总是存满了西柚汁和橙汁的冰箱——嗨了安非他明的人渴求维他命C。

工厂的A男几乎都是男同(他们最初是在布鲁克林的里斯公园[Riis Park]相互认识的),只有女公爵,她是个臭名昭著的女同。他们都异乎寻常地瘦,只有女公爵,她不可思议地胖。还有他们都是静脉注射,只有女公爵,她是皮下注射。所有这些,我都是事后才知道的,因为那时我很天真——我是说,除非你真的看过一个人扎针,不然你不会相信他们真会那么做。哦,我会听到他们用墙上的投币电话打给某人,问"我能过去吗?"然后他们就离开了,而我就当他们是去取安非他明了。但他们去了哪儿,我从来不知道。多年以后我问了那时常在工厂的一个人,到底那些安非他明是从哪儿来的,他说:"起初,他们的安非他明都是从罗滕那儿来,但是后来他的货质量变得非常差,他自己甚至连碰都不碰,而从那以后,所有人都从馄饨(Won-Ton)那儿拿货。"这个名字我常听到,但我从没瞧见过他。"馄饨个儿很矮,膀大腰圆,他从不

---

[1] 指皮下注射毒品。

离开他的公寓——他总是穿着同一条闪烁着绸缎光泽的宝蓝色詹特森（Jantzen）乳胶泳裤开门迎客。那是他穿过的唯一的东西。"他是同性恋吗？我问。"这个嘛，"那人笑了，"他那会儿跟一个女人住在一起，不过你会觉得他会跟随便什么人做随便什么事儿。他从事建筑业——跟韦拉札诺大桥（Verrazano Bridge）有些关系。"但是馄饨又是从哪儿搞来的安非他明呢？"这种事嘛，是没有人问的。"

比利和所有其他嗨安非他明的人都不同，因为他有着让你产生信赖感的行为举止：他很安静，事情在他身上总是很得宜，你觉得在使一切保持井然有序这件事上可以信任他，包括相信所有那些他的古怪朋友他都能处理好。如果有谁行为不当，他有即刻摆脱掉他们的办法。如果比利以一种特定的方式问"你需要帮忙吗？"，人们就真的会收手。他实在是个完美的监护人。

有段时间，杰勒德也住在工厂，不过那没持续多久。比利和他那一伙人掌控了那儿的局面。六四到六七年，推动工厂社交生活的巨大动力来自安非他明，而杰勒德不碰它。杰勒德是另一种人，虽然其实他通常都不嗑药，但如果他要来上点儿的话，他更倾向于吃像普乐西谛尔（Placidyl）那样的镇静剂——一些舒缓神经的镇静剂，一点迷幻药，一些大麻，但是都不经常。

安非他明不会让你心灵平静，但是它使得心灵不平静变得非常有趣。比利常说安非他明是希特勒发明出来让战壕里的纳粹保持清醒和快意的玩意儿,但是银色乔治会从他正在用神奇马克笔画的复杂的几何图案——另一个典型的安非他明强迫症——中抬起头来,坚称安非他明是日本人发明的,这样他们就可以出口更多的马克笔。不管怎么说,他们都同意这不是盟军发明的。

关于比利,我只知道他在贾德森教堂做过一些演出的灯光工作,还有他在珍宝奇缘做过侍者。在大多数人的印象里,他是颇有创造力的——先后涉足了灯光、报纸、艺术用品等领域。起先他只是如其他 A 男一般瞎忙,摆弄镜子、羽毛和珠子,花上几个小时给橱柜门这类无关紧要的东西上油漆——有时候他兴致很高,以至于都意识不到自己才刚刚给它上过一遍漆。他还没有开始钻研占星术、星象图或是其他什么超自然现象。

实际上我从比利那儿学到很多东西——仅仅是通过观察他。他话不多;而当他开口的时候,要么非常实际和平凡,要么就是如谜一般神秘——比如说如果他从楼下的比克福德(Bickford's)咖啡店叫咖啡,他说的话就明白易懂,但是如果你问他对某件事是怎么看的,他会平静地说出诸如"你不能肯定它如果你不同时否定它的话"这类话。

比利是个出色的垃圾客,他布置整个工厂的东西都是他从街上捡来的。那张在接下来的几年里将被一次次拍摄的巨大的弧形沙发——那张我们在我们的许多电影里都用过的毛茸茸的红色沙发——是比利从基督教青年会门口捡来的。

在六十年代,会捡垃圾是项技能。知道如何使用别人不用的东西,是一门你可以引以为傲的绝技。在其他年代,人们闪进救世军(Salvation Armies)或是善意(Goodwills)[1],生怕被别人看见;但是在六十年代,人们一点儿也不会为此感到难堪,他们为自己能从各处捡来东西而大肆夸耀。而且似乎没人在意东西脏——我看到过有的人,特别是孩子,直接用他们从垃圾堆里拣来的杯子喝水。

一天,比利不知从哪儿弄了台留声机。他收藏有许多歌剧唱片——我想他是从昂迪恩那儿学来的听歌剧。他们俩知道每一个不出名的歌剧演唱家——我是说从来没有人听说过的他们都知道——而且他们还常常光顾唱片店,淘绝版的和私家录制的唱片。不过他们最爱的是玛丽亚·卡拉斯(Maria Callas)。他们总是说她那种自毁嗓音、不加节制、不为明天留后路的唱法实在是棒极了。对此他们真的非常认同。当他们一刻不停地谈论着她的时候,我会想到弗雷迪·海尔科,想到他一直舞蹈舞蹈直至跳下楼去。安非他明人以将自己抛入到各种极端之中为美——唱至窒息,舞至力竭,梳头也要梳到手臂抽筋才止。

---

[1] 二者都是售卖二手衣物的慈善商店。

## 1960—1963

工厂的歌剧唱片和我作画时听的45转唱片交织在一起,而且他们放歌剧的大多数时候我都还会开着收音机,所以《糖屋》(Sugar Shack)或是《蓝色天鹅绒》(Blue Velvet)或是《路易,路易》(Louie, Louie)——不管当时放的什么——会与咏叹调混合在一起。

工厂的银色源出于比利。他用不同等级的银色薄膜覆盖住掉渣儿的墙面和水管——一些地方用普通的锡纸,另一些地方则用更高级的迈拉(Mylar)[1]。他买来许多罐银色漆料把每样东西都喷上了银色,包括厕所马桶。

为什么他这么爱银色,我不知道。那一定是安非他明闹的——每样东西都可以追溯到安非他明。但是那银色棒极了,那是个银色的完美时刻。银色是未来,是太空——宇航员穿银色套装。谢泼德(Shepard)、格里索姆(Grissom)和格伦(Glenn)[2]已经穿着它们上了太空,还有他们的装备也是银色的。银色也是过去——银幕——好莱坞女演员在银光闪闪的布景中拍照。

也许比起别的来,银色更是自恋——镜子底面涂的是银。

比利爱反光的表面——他会把镜子的碎片倚着放,放得到处都是,还会把它们粘到所有东西上去。这些都是嗨了安非他明后的瞎忙活,但有意思的是比利可以让这氛围

---

[1] 一个聚酯薄膜品牌。
[2] 三人分别为美国进入太空的第一、二、三人。

感染那些哪怕不嗑药的人——通常嗨了安非他明的人只能搞出他们自己看着好的东西，但比利做的超越了药物。可以近乎传递那时的工厂的样子和感觉的仅有的东西，除了我们在那儿拍的电影以外，就是比利拍的照片了。

那些镜子不仅仅是装饰物。它们被每个为参加派对而精心打扮的人频繁使用着。特别是比利，他会花很多时间照镜子。他把镜子放好以便能从各个角度看到自己的脸和身体。他有着舞者般的高傲步法，他喜欢在走动中检视它。

# 1964

六四年，一切都变得年轻。

孩子们扔掉那些让他们看起来像他们的父亲母亲的预科学校套装和华服，一切都在忽然之间反转了过来——爸爸妈妈竭尽全力把自己打扮像他们的孩子。甚至在艺展开幕式上，新的亮色连衣短裙抢了挂在墙上的画作的风头。为了衬新装，发型师或是给客人剪油光水滑的小短发或是梳非同寻常的蓬蓬头。而说到彩妆，唇膏已经不算什么了，时兴的是眼妆——色彩斑斓的、有珍珠般光泽的、金光闪闪的——所有那些在暗夜里闪耀的东西。

大体说来，女孩们还很健硕，但是随着苗条的新装不断面市，她们都开始减肥。在我的记忆里，这是能看到大量的人都选择喝低卡路里碳酸饮料的第一年。(让人称奇的是，许多变得苗条的人在十年后的六十年代末比在六十年代初看上去更好、更年轻。另外，大奶和肌肉也同脂肪一起出局了，因为它们在衣服里显得太过鼓胀。)因为减肥药是用安非他明做的，这就构成了安非他明在上流社会的女人间和在街头混子中都同样流行的一个原因。而且这些上流社会的女人还会把药丸分发给全家：给她们的儿女来帮他们减重,给她们的老公来帮他们更加勤奋地工作或在外待到更晚。来自不同阶层的许许多多的人都在用安非他明,而且尽管这听起来古怪,但我还是认为这里面有很大的原因是由于新时尚——所有人都想要保持苗条以及大晚上能保持清醒以便去所有那些新开的夜店炫耀他们的新装。

披头士的第一次美国巡演在那个夏天,而转瞬之间每个人都竭力想成为英格兰人。英国流行乐队,像是披头士、戴夫·克拉克五人组(The Dave Clark Five)、滚石、赫尔曼的隐士们(Herman's Hermits)、格里和带头人(Gerry and the Pacemakers)、奇想、冬青树(The Hollies)、搜索者(The Searchers)、动物(The Animals)、新兵(The Yardbirds)等,这些乐队的出现改变了所有人关于什么是新潮的想法:大城市青少年强悍风格的最后残存不见了,取而代之的是摩登新潮和爱德华七世风格。美国男孩会模仿伦敦东区口音来泡妞儿,而且不论何时只要他们遇上一个真正来自伦敦的人他们就会尽力让他不停地说不停地说以便能记下他的口音。

整整一夏,一位名叫马克·兰开斯特(Mark Lancaster)的年轻的英格兰男孩每天都会来工厂——头一年在帕萨迪纳的杜尚派对上与我相识的英格兰波普艺术家理查德·汉密尔顿(Richard Hamilton)叫他来拜访我——所以我有机会可以近距离观察英国崇拜。人们会走过来跟他聊天,而他则帮我准备那年秋天我在卡斯泰利的首次展览:《花

## 1964

朵》、小幅的黑蓝色《杰姬》、葬礼影像，还有一些大幅的有不同背景色的《玛丽莲》，以及一个《杰姬》《利兹》和《玛丽莲》的组合。马克和我会在莱斯莉·戈尔的《你不拥有我》(You Don't Own Me)、迪翁·沃里克的《一栋房子不算是家》(A House Is Not a Home)以及加里·刘易斯和花花公子们 (Gary Lewis and the Playboys)、博比·维 (Bobby Vee)等人轻快的热门曲目的伴随下工作。

严格说来，马克并没有伦敦东区口音，他甚至没有伦敦音——他从约克郡来。然而，孩子们问他的第一个问题总是"你知道披头士吗？"，而这会让他吃上一惊因为那时候在英格兰最为一票难求的是滚石，披头士已经是头年夏天的事了。

当马克刚下飞机，初次踏入工厂的时候，对于以下的情况很感不适："电梯"是银色的而且还需要自己操作，而那个在他之后上了电梯的女孩——宝贝儿简 (Baby Jane)[1] 有着巨大的蓬蓬头同时脚蹬高跟小皮靴。

我们正在拍《吸血鬼》中的另一幕。我和杰克·史密斯还有比利坐在沙发上，而舞者鲁弗斯·科林斯 (Rufus Collins)和昂迪恩在背景里的某处，还有杰勒德和简。杰克正忙着做他开拍前惯常的精心准备，把一些水果和篮子放到一起，而娜奥米·莱文则四下里跑动着，看起来非常

---

[1] 即前文的简·霍尔泽 (Jane Holzer)。

繁忙和兴奋。

我问马克的第一件事就是他是否愿意参演,他说当然,然后每个人都开始脱衣服。马克脱掉外套和别人一起开始用银色薄膜在内裤外缠绑成护体形状——看到人们穿着这银色尿布跑去接电话实在很是搞笑。格雷戈里·巴特科克,那位艺评人兼影评人,也到了;还有萨姆·瓦格斯塔夫,他看起来像永不显老的克拉克·肯特(Clark Kent);再就是萨姆·格林,那年夏天他在格林画廊(Green Gallery)工作。(他很是中意当他介绍说自己是"来自格林画廊的萨姆·格林"时,人们都当那画廊是他的。实际上,那画廊由迪克·贝拉米经营,而他背后的老板则是鲍勃·斯卡尔 [Bob Scull]。)

因为杰克负责组织,所以那天戏里戏外至少有十个人。我负责摄影机,拉近推远,我们拍完后,所有人都穿着薄膜坐了一会儿。然后,据马克回忆,他想着"嗯,真不错",然后穿上了他的外套并走过来对我让他过来拜访表示感谢。我则只是说"明天见"——我总是说"明天见"——所以那之后他每天下午都会来,而因为光那么闲待着太过无聊,他开始帮我绷画布。

那年夏天我们仍在拍摄《吻》系列,马克和杰勒德拍了一个。

我乐得将马克介绍给艺术圈的人,因为在他见过了他们之后,我们绷画布时就有更多的人可聊了。他会从弗兰克·斯特拉在果园街的工作室回来跟我谈起斯特拉正在制作的大型金属画,或是跟我讲玛丽索尔在雪松酒吧如何坐到了他身旁并问他"你认为我该去悉尼·贾尼斯画廊吗?"又或者谈谁又到了鲍勃·印第安纳的敞间,再不就是说说罗伊·利希滕斯坦的那有着云朵与地平线的海景画和他新的风景画系列。

那年夏天在法拉盛草坪公园举行的世界博览会上有我的《头十号通缉犯》(Ten Most Wanted Men)壁画,画在由菲利普·约翰逊(Philip Johnson)设计的建筑外墙上。菲利普给我的这个任务,但是因为某些我一直没搞懂的政治原因,官方把那些壁画用石灰水给涂了。我们一群人去法拉盛草坪公园看壁画,但是等我们到场的时候,能看到的仅仅是透过他们刚刚粉刷的涂料隐约显现的模糊影像而已。从一方面来说,壁画被涂掉了我也挺高兴:现在我不用为了某个通缉犯被人从我的画中认出而给扭送到联邦调查局负责了。所以之后作为替代,我做了张罗伯特·摩西(Robert Moses)的像,他是博览会的经营者——几十张边长为四英尺的方形梅森奈特(Masonite)纤维板——然而这个也被拒绝了。但是因为我已经把《头十号通缉犯》的丝网准备好了,我决定不管怎么样都还是接着干,把他们的画像给做出来。(那十个人肯定不会因为他们的画像在工厂展出得到的那点儿曝光率被捕。)

关于世博会,我记得最清楚的一件事是当我坐在汽车里时,身后的扬声器传出声音来。我坐在那儿听着从我身后而来的话语穿我而过,有了种我做访谈时常有的感觉:话不是从我这儿出来的,它们是从其他地方来的,从我身后的某个地方来的。

我猜那年夏天马克见了纽约艺术圈的所有人,不一定都是在工厂,但是大概都是因为工厂。"你站在那儿作画,"马克回忆道,"然后你会说'你觉得毕加索(Picasso)听说过我们了吗?'再然后你会把我派去见某个人。"我把他派到亨利·戈尔德扎勒那儿吃晚饭,通过亨利,他见了贾斯珀·约翰斯、斯特拉、利希滕斯坦和埃尔斯沃思·凯利(Ellsworth Kelly)。之后有一次,我把他当成祝愿康复的礼物派到罹患肝炎、正在贝尔维医院(Bellevue Hospital)住院的雷·约翰逊那儿。我们一起去位于华盛顿广场附近的露丝·克利格曼——她做过杰克逊·波洛克的女友,杰克逊车祸而亡时她就在同一辆车上——和他新婚丈夫塞贡多(Sanegundo)先生一起经营的艺术品画廊。他们每晚放映电影,乔纳斯也会到场,还有地下电影制作人如哈里·史密斯(Harry Smith)和格雷戈里·马科普洛斯(Gregory Markopoulos)这类人物。约翰·张伯伦和尼尔·威廉斯(Neil Williams)也常来,他俩看上去一模一样——穿的一样,都留有男人味十足的小胡子,还都总是醉醺醺的。

整个事情最搞笑的是马克自始至终都在做笔记和拍照片,因为他打算回到英格兰后巡回演讲并放幻灯片!他说那边的人们对他们耳闻的这边发生的事情的兴趣,就像美国人对伦敦一样浓烈。

一直以来我都喜欢做的一件事是听别人讲他们对彼此的看法——从中你对于说话者的了解和被说者的了解可以同样多。当然了,这就叫作八卦,这让我着魔。所以一天下午,当我们正在抻《玛丽莲》而马克谈起他认为杰勒德非常"复杂"时,我仿如电光一闪,问他他说的复杂是什么意思。

"这个嘛,"他说,"他不希望任何人像他那样跟你那么近。他有一次对我说,'当你跟安迪一对一的时候,情况非常简单,但是当你处于一群人之中的时候,安迪会在人们之间制造竞争,这样他就可以观赏继之而起的麻烦。他爱看人们争斗,爱看人们互相嫉妒,另外他还鼓动人们互相八卦'。"

"他这话是什么意思?"我问。

"嗯,比如说,就像我们现在,"马克笑了。"现在我跟你八卦他,之后某个时刻你会让**他**告诉你,他认为**我**这个人到底怎么样。"

"哦,是吗?"我说。

"当然。另外我想他的话还意味着,比如说,当我们今晚从这儿走的时候,你会要接着去某处,但你决不会直接说还有谁可以跟你一起去——你会巧妙地设计以确保你不希望他去的人不会去……你会一句话都不说地做到这一切，要不就是说些拐弯抹角的话——有人将就此明白他们不得不闪人，而另一些人则会知晓他们可以跟来。"

"哦，真的吗？"我说，就此让话题停歇——我是说，你总不能八自己的卦。

我们通常工作到午夜前后，然后去村子里的像是费加罗咖啡馆（Café Figaro）、新潮面包圈（Hip Bagel）、一壶鱼、煤气灯、奇异咖啡馆（Café Bizarre）或是奇诺这类地方。我会在凌晨四点左右到家，打几个电话，通常跟亨利·戈尔德扎勒聊上个把钟头，然后当天色渐明时，我会吃一片速可眠（Seconal），睡上几个小时，下午早间就回到工厂去。当我走进工厂时，收音机和唱片机会同时发着巨响：《别让太阳看到你哭泣》（*Don't Let the Sun Catch You Crying*）混着《图兰朵》（*Turandot*），《我们的爱情去了哪儿？》（*Where Did Our Love Go?*）夹杂着多尼泽蒂（Donizetti）或是贝利尼（Bellini），又或者滚石演唱《不消逝》（*Not Fade Away*）而玛丽亚·卡拉斯则唱着《诺尔玛》（*Norma*）。

许多人认为工厂的每个人都在围着我转，是我的巨大魅力引得大家来工厂的。但事实刚好相反：是我围着大家转。我不过是付房租而已，而大伙儿来工厂，只不过是因为工厂的大门是敞开的而已。人们并不特别对见我感兴趣，他们对见到彼此感兴趣。他们来是为了看还有谁来。

## 1964

我给自己买了台 35 毫米照相机并用它拍了几周的照片,但是对我来说它太过复杂——我对光圈、快门和读光感到不耐烦,所以就弃之不用了。但是比利开始使用那台相机,而他的"工厂照"捕捉到了发生着的一切的精确状态,如同将一个个动作泡入了福尔马林:烟雾缭绕的氛围、一个又一个派对、碎成一小片一小片的镜子、银色、天鹅绒、身体与脸庞的块面、冲突、玩笑,甚至是态度与沮丧。比利有着神奇的对时机的把握,可以把一切都在瞬间记录下来。在工厂,我们有一台早期的复印机——维拉法克斯(Verifax)——表面自然喷成了银色,而比利会摆弄着那台机子复印照片和底片。起先他把照片送出去冲洗,但后来他弄了一个暗房,他开始越拍越多,越拍越多。比利不常出门。如果他需要胶卷或是别的什么,他或者打电话叫或者让杰勒德或是其他什么人帮他买。

"我深爱比利,"马克数年后跟我说,"他用了那么多安非他明,待人方式却从未改变。他几乎从不说话,然而他们知道,他是他们的朋友。那年夏天结束我走的时候,他给了我一张他的玉照,照片上的他硬了。他可真甜。"

每个人都深爱比利。亨利·戈尔德扎勒告诉我,有一次地下电影明星保罗·美国(Paul America)[1]给了他他人生第一颗迷幻药后就离开了,比利路过时发现他一个人躺在浴室地板上陷入了迷狂,他把他揽在怀里好几个小时,直

---

[1] 真名为保罗·约翰逊(Paul Johnson)。

到他神游结束。

马克去了几趟科德角（Cape Cod）。迪克·史密斯（Dick Smith），那位英格兰艺术家，正在那儿度蜜月，伊万·卡普也在那儿；马瑟韦尔和他夫人海伦·弗兰肯塔勒（Helen Frankenthaler）住在普罗文斯镇[1]。在那儿，沃尔特·克莱斯勒（Walter Chrysler）在一座老教堂里开了间博物馆，而梅勒和马瑟韦尔夫妇住在同一条街，在他们南边。马克已经爱上了布鲁明黛尔，他所有的衣服都是从那儿买的，但是普罗文斯镇的每个人只要一听到他的口音就对他"出挑的英格兰着装"赞不绝口。一个星期一的下午，在工厂，马克告诉我梅勒在一次周末派对上走到他跟前给了他肚子一拳。

我颇为震动。"诺曼·梅勒（Normal Mailer）真的给了你一拳？"我说。"真不错……为什么？"

"我也是这么问的**他**。他说是因为我穿了件粉色夹克。"

诺曼·梅勒是我真正喜欢的为数不多的知识分子。

那年夏天我没有像头一年那样在周末的时候离开城市。我想："有什么能比你可以一边完成工作一边又有你认识的各方宾客纷至沓来更有乐趣的呢？"这需要一栋开

---

[1] 在科德角最北端。

放的房子,就像是儿童电视节目的那种形式——你只管在一个地方待着而你认识的不同角色会前来拜访。

当然,一栋"开放的房子"有它的危险之处:

六四年年末的一天,一个之前我可能见过几面的三十多岁的女人走了进来,走到我倚墙叠放了四张方形《玛丽莲》的地方,拿出一把枪,把那叠画打穿了一个洞。她朝我这边看过来,笑了笑,走到货梯那儿,离开了。

我甚至没感到害怕,整件事我都好像在看一出戏。我问比利:"那个人是谁?"比利告诉了我她的名字。昂迪恩和我翻看了那叠画,子弹打穿了两张蓝色的《玛丽莲》和一张橘黄色的。我说:"不过她是做什么的?她有工作吗?"昂迪恩和比利异口同声地答道:"据我们所知,没有……"

比利的朋友不守规矩,无视道德。你有多信任比利就需要多不信任他认识的这帮人。然而这倒不是个问题,因为他们也从不指望别人会信任他们——他们明白自己的荒唐可笑。不过他们靠不住的程度倒是有分别。他们中的一些人会直接伸手到你的口袋里偷走你所有的东西;一些人则只会偷走一半儿;一些人会给你一张空头支票或是试图把一台坏了的电动打字机卖给你("说实话,你所要做的不过是修修带子");一些人则只从大型连锁店偷。他们之间有无数的暗语你永远不会搞懂,而且时不时地他们会撞上你放松警惕的时候,你会想"这次他们是认真的,他们换了零钱真的会马上回来"。

即使他们没打算偷,你仍然会丢东西,因为就像他们说的,"我们不是偷,我们只是搬"。这倒不是虚言,他们会从你这儿拿走东西而在他们的住处你会发现其他人的东西。事情就仿如他们觉得自己是住在一栋有四百间房子的公寓里一般——他们不把自己游逛的那些公寓区分为各个独立的地方。即使是比利也是这样——他们都嗑药嗑得昏头昏脑的。他们拿东西不是为了钱或是什么,他们只不过是,比如说,拿了我的夹克把它留在某人的房子里,之后又拿了他的金质打火机把它给我留在工厂的沙发上——他们就这么在全城搬来搬去。

我初识罗滕·丽塔的时候,他还有工作,在一家制造纺织品——天鹅绒或是什么——的工厂上班,他会拿着几尺这个几卷那个来工厂。这是在他开始偷车之前,但是大概已经是他的空头支票时期了。

那阵子,他和宾汉姆顿小鸟儿总是结伴而游。罗滕大约六英尺高,长了张学生脸,看起来像个傻头傻脑的电脑维修员——五官的棱角分明得仿佛漫画里的一般。小鸟儿模样英俊,外加肌肉发达,看起来像是从健美杂志里走出来的人物。

比利并不总是待在工厂,他在工厂和亨利·戈尔德扎勒位于西八十几街的公寓间来回住——亨利出城时,他负责给亨利看房。人们如此信任他可真够疯狂的——我是说如果你想想他的交游圈子的话（整个纽约城，他最要好的朋友恰好就是那些你让他替你看房时最需要提防的人），但是人们确实信任他。亨利像包括我在内的所有其他人那样信任比利，他身上就是有某种东西让你觉得他能负起责任。

比利替亨利看房时，罗滕、小鸟儿和昂迪恩常去。一年夏天，亨利从普罗文斯镇度周末回来走进房间时看到"一个大胖女人赤身裸体"躺在他片麻岩大理石桌子上正往屁股里扎针（那时是夏天，石桌表面是屋子里能躺的最凉爽的表面了）。他就是这样认识的女公爵。

"那时，"亨利数年后对我说，"我想'我可真是疯了，竟然让这种事发生到我头上'，我想了想道德，之后我又想'上帝啊，我要继续去上班、写文章、做讲座，这样我就遇不到这种事了'。"（他像往常一样每天早上起床去大都会博物馆上班，当他晚上回来的时候，他的应答服务会告知他"市长来过电话"或是"女公爵会再打给你"——接线员对于他的社交生活留下了深刻的印象。）

比利给亨利看房的时候，会在食指和小拇指间夹一个卷烟烟嘴（看起来好像是在演奏笛子），在客厅滑行而过查看有没有东西不见了，特别是那幅挂在狭小的厨房墙上的阿尔·汉森（Al Hansen）以好时巧克力包装纸作的小画——A男们尤其喜欢它。起居室墙上挂有一个巨大的张伯伦的车祸雕塑，屋内还有一张安乐椅，亨利会坐在那上面吸雪茄。女公爵回来工厂宣告些诸如"'退学生黛比'（Debbie Dropout）已经在亨利·戈尔德扎勒那儿躲了一个星期了因为'西班牙埃迪'（Spanish Eddie）要宰了她"之类的事情。我永远都不明白亨利怎么能让那帮家伙这么折腾他的房子。我永远不会走那么远——工厂和我住的地方是截然不同的两处空间——我绝对不会想要在回家时回到那样的疯狂里。

亨利是我们那儿最早有高架床的一个，带梯子的那种。床的高度位于地面与十四英尺屋顶的中间。一天晚上他回到家打开通往他卧室的滑动门，他床上躺着裹在天鹅绒里的比利、昂迪恩和银色乔治（他们都不可思议地爱天鹅绒成痴）。唱机正在以最大音量放着《托斯卡》（Tosca），昂迪恩唱着/喊着"马—里—奥、马—里—奥！"一个倒栽葱从床上掉了下来。

如果你从侧面或是背面看昂迪恩，他很是摄人，因为他有着漂亮的、意大利人的深色头发。他穿人人都穿的普通的T恤和牛仔裤，通常还会拎一个航空公司的飞行包。他的脸本来可以很英俊，但是全让一个滑稽处给毁了：他的嘴一看就知道是他的，那是一张古怪的鸭子嘴，两旁还有很深的笑纹。

而说到银色乔治，他看起来像是个人类学项目：身形高大（超过六英尺高），尼安德特人模样，胸口有毛，眉骨突出，披头士发型的头发一个月要换着色度染三次。

银色乔治那年夏天回到他布鲁克林的家参加他母亲

的葬礼,他发现他父亲看起来很"沮丧",所以他就趁他爸去冰箱取牛奶的时候往他的米脆片(Rice Krispies)里加了点儿梅泰德林(Methedrine)[1],他爸立马开始在家里飞奔打扫房间。过了一会儿银色乔治打电话给比利,报告说:"病人的反应很好。我敢肯定这个葬礼他会很享受。"

还有一次,亨利去了欧洲旅行,他的秘书路过他寓所顺便进门查看,发现比利缩水到大概只有九十磅。他给高架床围了一圈黑色天鹅绒,人则躺在床顶,仿如一个灵柩台——那场面看起来就像是从西班牙绘画里出来的。那个女孩叫来精神病医师厄尼·卡夫卡(Ernie Kafka),他诊断比利为严重脱水并给他开了好几种维他命。

美国地下电影真正"地下"之处——我是说,在需要避开某些政府机构的这个严格的政治意义上来说——是在六十年代早期需要面对当时实行的针对裸露的审查制度。五十年代是《洛丽塔》风波的时代——甚至晚至五九年,格罗夫出版社(Grove Press)出版《查泰莱夫人的情人》(*Lady Chatterley's Lover*)以及亨利·米勒(Henry Miller)《北回归线》(*Tropic of Cancer*)都还能引起轩然大波。这个国家的审查制度一直以来都让我很是困惑,因为无论何时你走进一家四十二街的窥淫秀(peep show)都能看到你想看的鸡巴、小穴、奶子和屁股,然而忽然之间,法庭会择出

---

[1] 中枢神经兴奋剂,安非他明的衍生物。

一部有些下流镜头的大受欢迎的电影批为"淫秽"。

有些地下电影制作人实际上有点儿希望警方能够查封他们的电影这样他们就能因为"言论自由"受迫害而得到所有媒体的报道——这种事情总是被认为值得一搏。但是警察抓谁不抓谁很大程度上是个偶然事件,过了某个点之后所有人都对这种事腻烦了。

我第一部被查封的电影是个两分四十秒的带子,内容是我在老莱姆拍的参与杰克·史密斯《寻常之爱》拍摄工作的人们——人们为了那片子做了个足足有整个屋子那么大的蛋糕然后爬到顶上。实际上,我的片子是被错封的——那次警察行动的目标是杰克的《燃烧的生物》(*Flaming Creatures*)。

乔纳斯的影人合作社已经从葛兰姆西艺术剧场搬到了位于波威东南角圣马可之地上的一座黛安娜·迪普里马(Diane di Prima)和一些其他诗人使用的建筑里。《燃烧的生物》被查封后,影人合作社的放映停了一阵儿。之后乔纳斯租了位于第二大道和波威之间第四街上的作家舞台(Writers Stage)并在那儿放映了热内(Genet)的《情歌恋曲》(*Un Chant d'amour*)[1]。"我知道杰克的官司会很难打,"乔纳斯告诉我,"因为没人真的知道他是谁,而我感到热内——不管这是对是错——将会好弄得多,因为他是位名作家。事后证明我是对的——当他们以淫秽为由棒打我们

---

[1] 法国作家让·热内 1950 年自编自导的描述男囚同性恋爱的作品。

时，我们赢了。"

在吃了诸多官司之后，乔纳斯意识到他需要一个可以做保护伞的非赢利组织，所以他创建了电影文化非赢利组织（Film Culture Non-Profit Organization），组织出版有《电影文化》(Film Culture) 杂志并赞助影片拍摄和其他事情。那个时期他们在"可敬的"地点如华盛顿广场露丝·克利格曼的艺术品画廊组织电影放映，这样他们就不至于被警方再次查封。在露丝的艺廊，乔纳斯放映了许多玛丽·门肯的片子，那年秋天我们在那儿第一次公开放映了《口活》。

乔纳斯在警方查封《燃烧的生物》之前已经在圣马可之地和波威那儿的那栋建筑里放映了他拍摄的生活剧场出品的《禁闭》(The Brig)。我对他使用的设备产生了兴趣：只用了九百美元，他以同期声拍摄了全片。作品时长八十分钟，他用的是被新闻记者广泛使用来拍摄实时状况的奥瑞康（Auricon）摄影机，因为它可以直接把声音记录到胶片上——你要做的全部事情就只是端好摄影机而已。当然了，音质非常粗糙，但是不管怎么说，毕竟是同期声。乔纳斯向我演示了如何操作奥瑞康而我马上就用它来拍摄了，拍一切东西，比如《帝国》(Empire)——那片子没有对白[1]。一个叫约翰·帕尔默（John Palmer）的男孩给了我

---

[1] 这部放映时长为八小时五分钟的片子只是一刻不停地拍了帝国大厦（Empire State Building）。

拍那个片子的主意,我们从《时代》和《生活》杂志所在大楼的一间办公室里拍摄帝国大厦,那间办公室是我的一位名叫亨利·罗姆尼(Henry Romney)的朋友的,他那时候正力图买下《发条橙》(A Clockwork Orange)的版权,说要让我用努列耶夫(Nureyev)、米克·贾格尔和宝贝儿简·霍尔泽(Baby Jane Holzer)作明星拍成电影。

六四年六月滚石来美国的一些城市演出,这次巡演很是令他们失望。他们的巡演结束于在卡内基大厅(Carnegie Hall)与博比·戈尔兹伯若(Bobby Goldsboro)、杰伊和美国人乐队(Jay and the Americans)同台。他们的《告诉我》(Tell Me)大受欢迎,而且也确有追随者,但是他们在美国还算不上是超级组合——在这儿,人们关注的只是披头士。十月,他们又来美国做再次的尝试:他们在十四街的音乐学院(Academy of Music)演出,二十五号又被安排首次登上埃德·沙利文秀的舞台。为了让他们有更高的曝光率——这是他们那时急需的——在他们上沙利文秀之前,尼基·哈斯拉姆和他们的另一些朋友为他们在公园大道南的杰里·沙茨贝格(Jerry Schatzberg)的摄影工作室安排了一个派对,时间定在周五晚。(埃德·沙利文一定从他五十年代拒绝了年轻的猫王那件事上学到了一课——那会儿他可以很便宜地请到他,只须付上晚些时候的他的一张唱片钱——因为在六十年代英伦流行组合来美国时,埃德总是请他们上节目的头一个。)那周五还是宝贝儿简·霍尔泽的二十四岁生日,所以事情最后变成了给她开生日派对,滚石则是受邀到场的明星嘉宾。简刚刚开始出现在《时尚》的跨页报道里,而《纽约先驱论坛报》(*New York Herald Tribune*)周日增刊的编辑克莱·费尔克(Clay Felker)已经安排了汤姆·沃尔夫(Tom Wolfe)以她为题写篇文章。

尼基此时已经离开了《时尚》到A&P[1]继承人亨廷顿·哈特福德(Huntington Hartford)的短命杂志《秀》(*Show*)做艺术总监。亨特[2]亲自面试的尼基:"他首先分析了我的笔迹[3],"尼基告诉我,"然后他让我吻他的妻子以便他观察她的反应,然后他给了我那份工作。"尼基用简做了一期《秀》的封面:一张大卫·贝利拍的照片,照片上简戴着顶快艇帽和一副世博会太阳镜,一面美国旗咬在唇齿间。

米克这次还是住在尼基在东十九街的寓所,基思·理查兹(Keith Richards)也住在那儿,他常邀罗奈特组合的罗妮(Ronnie the Ronette)来玩儿,一待待上好久。罗奈特组合那会儿已经很红,她们的《做我的宝贝儿》(*Be My Baby*)和《雨中漫步》(*Walking in the Rain*)都是大热曲目。

派对的主题原定的是"摩登派对摩托党"(Mods vs.

---

[1] The Great Atlantic & Pacific Tea Company,大西洋与太平洋茶叶公司,经营连锁超市和酒品零售店。
[2] 亨廷顿的昵称。
[3] 笔迹分析:一种判断书写者性格的方法。

Rockers），所以派对当晚，为了让场面看起来更真实，尼基去了位于三十三街和第三大道的一家名为铜壶（Copper Kettle）的虐恋皮装酒吧（S&M leather bar），在那儿他碰到了他的一个朋友简·奥姆斯比-戈尔（Jane Ormsby-Gore）打扮成个男孩模样（她是英国驻华盛顿大使的女儿），他邀请所有那些皮装男孩去参加派对，但是为了营造出一个真正的摩登派与摩托党的冲突，他让他们稍后来的时候一定要吵嚷喧嚣着硬往里闯。那些皮装男孩倒是来了，不过因为甚至没人露出半点儿要阻止他们的意思，他们就那么晃荡进来了——没有麻烦，也没有冲撞。

103　　至于派对的演出乐队，尼基去了位于西四十五街的马车轮（Wagon Wheel）邀请那儿的驻场乐队——身穿金色重叠金属片外套、足蹬细高跟儿的全女子组合戈尔迪与姜汁小饼（Goldie and the Gingerbreads），问她们是否愿意来派对演出。她们说愿意，并且一直演到了第二天凌晨五点，整栋楼的地板都为之剧烈震颤，我们对她们充沛的精力很感惊奇。

派对大获成功，虽然滚石因为害羞大部分时间都待在楼上杰里的公寓里。所有的报纸都报道了这场派对，它给宝贝儿简带来的好处跟给滚石的一样多——汤姆·沃尔夫的《年度女孩》一文对派对做了特别报道，将简定义为六十年代的波普新女孩，此文后来成为他《糖果色橙色亮片漆流线型宝贝儿》（*Kandy-Kolored Tangerine-Flake Streamline Baby*）一书的篇章。

# 1964

不单单是滚石在海外遭遇过宣传困境。我想起我自己也曾遇到过:我在加拿大的一家画廊办过一场重大展览,一幅画都没卖出去。杰勒德和我一起乘火车去多伦多。开幕式那天,我们在画廊里干等着,但就是没人来——一个人也没有。杰勒德出去四下里察看,回来时拿着好几本只有在加拿大才能买到的诗集(有一本诗集的作者名叫莱昂纳德·科恩 [Leonard Cohen],在美国还没有人听说过他),所以他很激动,但我则觉得自己像个十足的废物点心。画廊就要关门了,所以你可以想象当一个脸颊泛着潮红的矮胖高中生手握由三个金属环装订的笔记本上气不接下气地向我跑来时我有多欣慰了,他大口喘着粗气对我说:"噢,感谢上帝你还在这儿!我这学期的论文写你!"到了这步田地能够看到这么个人我也是很激动的。他说他选我作论文题目是因为他的堂兄头一年在洛杉矶看了我的埃尔维斯·普雷斯利展,但同时也是因为我还没有太多作为所以他不必为论文做太多研究工作。这件事让我想到的就只是如果在加拿大我都还是这么一个无名小卒,那么毕加索肯定还没有听说过我。这绝对是个打击,因为那时候我估摸着他大概已经听说过我了。

所有人都总是跟我提起那时的我会四处走动着哀鸣道"噢,我什么时候能成名啊?什么时候能到我啊!"诸如此类的话,所以我那会儿肯定老这么干来着。但是你知道,你总是念叨着一件事并不就意味着你真的想要这事儿发生。我努力工作并且使尽浑身解数,但我的哲学一贯是认为如果有事情注定要发生那么它就会发生,如果它没要发生而且没发生,那么会有另一些事发生。

我的艺术作品仍被视为是古怪的,我在卡斯泰利画廊的第一次展出卖得不是很好。但是之后的花朵展上,有好多画卖出去了,虽然似乎仍然没有一个人愿意为我早期的那些卡通画出个像样的价钱。

我在卡斯泰利的日子过得很愉快,我知道他们在为我尽其所能,但是伊万觉察到我的画卖不出好价钱时我的不适。一天他对我说:"我知道你觉得你的早期作品没有卖出一个合理的价钱,但是当下人们仍然觉得那些画太古怪太张狂,而且画作主题也不妥当——他们受不了。而现在你又开始用丝网印刷,这他们也不喜欢。他们不明白你在做什么。但是你很有耐性,安迪,而且我想今年事情就会有所变化。"

听了他的话我很高兴。我打算换个话题,就对他说:"哎,伊万,你真的应该什么时候来我这儿看看我们。你现在都不来了。"

伊万接下来对我说的话让我第一次意识到他不喜欢工厂。一直以来我都以为他是因为太忙了没时间——路过到市中心区来——毕竟,我过去的工作室离他的画廊要近得多。但是现在我不得不正视这样一个事实:把伊万隔开的并不是距离。我开始明白这一点,当他对我这样说的时候:"安迪,我知道有很多人都觉得你的工作室是个散发着迷人光彩的所在,但是对我来说,它只是个——阴郁之所。你的艺术中有部分是窥阴的,这当然是完全正当的——你一直以来都喜欢诡异之事、古怪之物,还有最最自然的、无所遮掩的人们——但这并不很能吸引我。我不需要看那么多那种东西……现在你有一群人围绕在你身边,他们本质上来说是具有破坏性力量的。不是他们注定要破坏,但是……"伊万摇了摇头,没有停,"我更愿意在一小群人里见你或者就像现在这样单独见你。我想我是个全然地置身于艺术圈的人——艺术圈是健康的,身处其中我感到舒服。"

我和伊万不曾停止过做朋友哪怕一秒,但是从那时起我们明白,真的只有艺术才是我们的共同点。而且忽然间,我发现亨利·戈尔德扎勒是我唯一的一个从一九六〇年一路过来的、到现在还常常见面的朋友。或者说至少我还常常跟他讲电话——每天三到五小时。他参与我所参与的所有事情——艺术圈以及工厂/电影圈。他是个像我一样着迷于古怪事物的人——我们都乐得与疯子交往。

整个六四年,弗雷迪·海尔科都在大量摄入安非他明。像许多用了安非他明的人一样,他会觉得自己在做有创造性的事情,然而实际上并非如此。他会坐在那儿拿着个罗盘、一支速绘牌(Rapidograph)绘图笔和二十或三十支派通(Pentel)笔在一块满是脏兮兮的手印的小垫子上设计复杂的几何图样并认为他自己在做着什么聪明又漂亮的活计。

弗雷迪常来工厂看比利。他在那儿的一个箱子里留下了他的一些衣服和戏装——都是些安非他明的丁零当啷，碎镜片做的花、斗篷、带羽饰的帽子和黏合起来的珠宝——有人曾经形容弗雷迪为"十七世纪的纨绔子弟"。他把他的其他财物散放在他下城几个朋友的公寓里。他会走进工厂，飞快地说话，肩包挂在身后，坐下来，向我展示他的绘画，然后一跃而起——不论去哪儿他都是跳跃着前进。安非他明表现出来的症状对我来说还是很陌生的事情，我甚至没有识别出来，我甚至不知道安非他明强迫症会让人们画小图样。我只是想："哎呀，这个人可真是个不可思议的舞者。也许精神高度紧张还有些神经质，但是确实有创造力。"

和弗雷迪在一起的最伤感的时刻之一是杰勒德和我还有其他一些人同他一起去看他姑妈哈丽雅特。她的公寓在五十几街，室内有许多大镜子，所以弗雷迪在屋子里东跳西跳的，对他来说一定像是在上舞蹈课。而不论什么时候，只要他静下来的时间足够长，姑妈哈丽雅特就会拥抱他。

当我们要走的时候，她给了弗雷迪一些钱，而之后就到了最最伤感的一刻：她在我们每个人的手中都塞了张一美元纸币，因为她说她希望弗雷迪的朋友也可以有点儿什么。

我三次拍摄弗雷迪。第一次只是个在屋顶上的简短舞蹈。第二次是为《十三个最漂亮的男孩》(*The Thirteen Most Beautiful Boys*)拍摄的片断,片中弗雷迪紧张兮兮地坐在一把椅子上三分钟,吸一支烟。第三次拍的片子名叫《旱冰鞋》(*Roller Skate*),弗雷迪是这部片子的明星。他在一只脚上穿上旱冰鞋,然后我们拍他穿着冰鞋滑遍全城,滑到布鲁克林高地,日日夜夜,以舞姿滑行,看起来就好像汽车引擎盖上的小雕塑一样完美。我们拍摄他滑啊滑,摄影机一刻不停。当该脱下旱冰鞋的时候,他的脚在流血,但整个滑行的过程里他都在笑,而且他脱掉鞋子时也仍然在笑,身上穿一件 WMCA 的好家伙[1] 圆领套头运动衫。

弗雷迪死前几个月和一个跳舞的女孩住在圣马可教堂(St. Mark's Church)附近的一间公寓里,他安非他明越用越多。他开始待在室内,不再外出。他不再笑了。他从整间公寓退到一个房间,然后从那个房间退到走廊的尽头,又从走廊的尽头退到步入式衣帽间里——他会跟他那乱作一团的织物、串珠和唱片一起待在衣帽间,一待就是几天。噢,他会偶尔出来跳上几支芭蕾,然后就又退回到衣帽间里。最终,那个跳舞的女孩叫他离开,于是他搬去了下东区更南边的地方。

一天晚上,他出现在黛安娜·迪普里马的住处借一张唱片并邀请在那儿的所有人去看一场演出。他说他要从他那栋位于下城的建筑的楼顶跳下来。

---

[1] WMCA:纽约一家电台名,好家伙(Good Guys)是此电台成员在六十年代为自己打造的集体形象。

几天之后，十月二十七日，他出现在科妮莉亚街的一间公寓，公寓是约翰尼·多德（Johnny Dodd）的，他负责贾德森教堂演出的灯光。约翰尼公寓的前门上着拴并且用钉子凿入门框将门封了起来，但是有一块板子，大概有十英寸宽三英尺高，带合叶，如果你使劲屈身是可以通过的。门成了这个样子都是因为弗雷迪，此前他曾几次踹门而入。

弗雷迪进去之后先洗了个澡。公寓里塞满了舞台道具和各种材料的拼贴——金色织物覆盖着裸露的砖墙，丁托列托（Tintoretto）[1] 般的十八世纪巴洛克天堂场面绘于屋顶上，一幅描摹芭蕾舞女的以马桶座圈镶框的画，布利克街女巫奥赖恩（Orion the Witch of Bleecker Street）的一张相片，一面可以移动的贴满邮票的墙，诸如此类的东西不一而足。洗完了澡，弗雷迪在高保真音响上放上莫扎特的《加冕弥撒》（*Coronation Mass*）。他说他有一出新的芭蕾要练，他需要一个人待着。他把人们赶出房间。当唱片放到《三圣颂》（*Sanctus*）时，他一跃而起舞出了开着的窗，那一跃的力量是如此之大，他跳过了半条街跌落到五层楼下的科妮莉亚街。

弗雷迪死后的二十六个夜晚，黛安娜·迪普里马那儿的那群人都在迪普里马的公寓里正式集会，为弗雷迪念《西藏度亡经》（*Tibetan Book of the Dead*）。仪式包括献祭，

---

[1] 十六世纪威尼斯画家。

# 1964

大部分人拔出几缕头发将它们点燃。

贾德森教堂为弗雷迪举行了纪念活动,但是因为太多人到场,所以就在工厂另外举行了一个。我们放映了那三部影片。

(回过头去看弗雷迪在生命最后一年退入衣帽间这件事让人感到十分地不同寻常,因为在六八年比利·奈姆做了完全同样的事,退入一间暗室之中,不再出来。)

斯卡尔夫妇俩(The Sculls)——鲍勃(Bob)和埃塞尔(Ethel)是波普艺术的大——很大,最大的——收藏家,理所当然他们认识所有的波普艺术家并且通过收藏认识所有其他艺术家,在繁荣的六十年代艺术圈占有举足轻重的地位。为了庆贺菲利普·约翰逊为现代艺术博物馆新做的建筑的开幕,斯卡尔夫妇俩举行了一个派对,派对上埃塞尔·斯卡尔将自己安排到林登·约翰逊夫人(Mrs. Lyndon Johnson)[1]身旁就座。她们就在那儿,那样地坐在了一起。就在几年前,还**没有人**——甚至包括**八卦专栏作家**——知道埃塞尔·斯卡尔是谁,然而在六〇到六九年这段时期,斯卡尔夫妇比任何人都更能象征艺术收藏层面上的成功。许多赶潮流的摩登夫妇都在六十年代开始收藏艺术品,而斯卡尔夫妇是这些人的英雄和模范。鲍勃·斯卡尔拥有的波普艺术收藏已然是个传奇。他经营出租车生

---

[1] 彼时在任的美国总统林登·约翰逊的夫人。

意，但是他比所有那些在博物馆工作的人更有眼光。他实现了任何搞收藏的人的梦想：他在所有人之前看出了波普艺术的潜质，以很低的价格打造了绝佳的收藏。

埃塞尔·斯卡尔（在那些日子里，她喜欢人们称她为"尖儿"[Spike]）举行了许多盛大而慷慨的派对。在那些派对上她总能鼓动起小阴谋和小争端，并且令这些阴谋和争端在一个尴尬的场面下达到高潮。她有一种意在制造紧张的戏剧性场面的"你是我本周'好'友"的作风。

比如那次我在他们还在长岛巨狭（Great Neck on Long Island）住时去他们的住所参加的派对。那是他们在艺术界办的首次派对——我想是因为他们的收藏终于宏富到了他们想要炫耀一番的地步。派对的地点非常棒，收藏的艺术品无与伦比，房间四处都布置有美丽的鲜花。派对进行到中间，吉姆·罗森奎斯特的夫人随手从摆放在桌子中间的花束中拔了一支康乃馨。埃塞尔瞄准了她大声喊道："你给我马上放回去！那些是**我的**花儿！"埃塞尔是那种总能给人以谈资的人。

为了庆祝我在卡斯泰利的"花朵"展开幕，埃塞尔和那个来自南方的满城飞的女孩玛格丽特·拉姆金（Marguerite Lamkin）一起在工厂为我开了个派对。直到她们一起开派对那一刻，这两个女人还都是好朋友。她们找来美食胜（Nathan's Famous）提供餐食，热狗车、炸薯条、汉堡包——搞出了林间木板小径般的气氛。到场的有参议

# 1964

员贾维茨（Javits）和他活力四射的老婆玛丽昂（Marion），头戴苏格兰无檐帽的艾伦·金斯伯格也在，还有吉尔·约翰斯顿，《村声》的舞评人，在派对上沿着银色水管往上爬。来自《村声》的弗雷德·麦克达拉（Fred McDarrah）在现场拍了许多照片。甚至警察都顺路进来凑了凑热闹。

两位女士从平克顿（Pinkerton）侦探事务所雇用了侦探并把他们安排在楼下，你必须出示你的请柬否则他们就不让你进门。我事前告诉了一堆朋友让他们来——我是说，我没料到派对竟会有安保人员——他们一个不差地都在门口被挡了回去。他们为我没有到门口把他们迎进来而很生我的气，但是不管什么时候，如果状况看起来会变得棘手，我通常都会极力避开。

德是玛格丽特的约会对象——他们是很要好的朋友。他给她找了些写作的活计，而当下她是一些英国报纸驻纽约的通讯记者。（她有一张曼哈顿市中心区的地图挂在她家的墙上，上面有很多小旗子，人们会打电话来告诉她他们正在哪儿吃午饭或晚饭，而她就把小旗子在地图上挪来挪去。）

玛格丽特、德和我站在室内一角，观望场子里各种事情的进展。我们看到鲍勃·斯卡尔身穿一件带格纹的夹克满场跑来跑去。他走到一位卓越的青年画家前，塞给他一张五十美元钞票说："我们快没苏打水了——去买点儿。"那个年轻人就那么直直地盯着他瞧，仿佛在说"操你妈"。

德摇了摇头。"那家伙永不受伤。"他说。这是真的，没有什么失礼的举止会影响到他。德说:"从某种意义上讲,圈里所有人中最怪异的就数他,因为他可以说是粗鄙得无法形容——或者简直可以说是难以想象!然而从另一个角度说,他真的看懂了正在发生的事情,并且掏了钱。"说到这儿,德笑了,然后补充道:"非—常非—常少的钱,就那么一丁点儿。但已然买到了最好的——说到他你不能不想到这一点……"

谈论人群中的某人然后远远地看着他们以你正在描述的方式行动是件古怪的事。鲍勃·斯卡尔就在我们眼前,肆意践踏着,发号施令。谁又能说清何以一个在社交上如此无礼的人会有这般敏锐的艺术感受力呢?

那一晚的后续事件如下:埃塞尔和玛格丽特为各自为这场派对花费了多少钱争论了好几个星期——计算热狗,清点酒瓶,从垃圾箱里把纸杯逐一掏出来数个数——她们以彼此憎恶告终。真是场美妙的派对。

那年秋天,大卫·鲍登开始为《村声》写艺术评论。当我听说他们要找一个人写艺评时,我把他介绍给了《村声》的戏剧评论人迈克尔·史密斯(Michael Smith),迈克尔是我从圣雷莫/贾德森教堂那伙人中认识来的。

大卫拿下了那个工作不久,打电话给我:"我说,现在我已经在为《村声》工作了,你觉得我是否足够耀眼,如果我开个派对的话人们会不会一路赶来布鲁克林高地参加呢?"

## 1964

　　杰勒德和比利和昂迪恩和我乘一辆加长豪车去了布鲁克林高地。我们刚一到那儿,比利就向大卫宣布他的派对只是我们当晚巡游中的一站,大卫为此非常不快,为我们的"不够投入"而恼火。那之后他语带讥讽的问题问个不停,比如我们是否确定我们没有分配给他太多的时间。但是那种很受伤的、迫害妄想症般的态度是大卫幽默感的一部分——将他自己扮成一个能说会道的无望弱者。

　　他的派对来了一大帮人——这时弗雷迪·海尔科刚死,而他也几乎就是唯一没有到场的贾德森舞者了。当我看到苏珊·桑塔格(Susan Sontag)时,我问大卫怎么请到她的,因为她被认为是那一年最耀眼的知识分子。她刚刚在《党派评论》(*Partisan Review*)上发表她论述高、中、低三档"坎普"(camp)的不同之处的著名文章[1],她非常有影响力——她写文章谈论文学、色情作品、电影(特别是戈达尔(Godard)、艺术以及一切事物。大卫告诉我,他听说她认为我的画不怎么样——"我听说她怀疑你的真诚",他说。嗯,这倒不出奇,因为许多耀眼的知识分子都这么觉得。我没有过去跟她讲话,但是我从我坐的地方观察她。她的样子不错:乌黑笔直的齐肩长发,深色的大眼睛,穿剪裁非常讲究的衣服。她还非常喜欢跳

---

[1] 文章题为 Notes on Camp(《关于"坎普"的札记》,后收入《反对阐释》[*Against Interpretation and Other Essays*] 一书,此书中译本已由上海译文出版社出版)。本书后面的译文中出现这个词时,根据文意译为"三俗"(庸俗、低俗、媚俗)或者"夸张做作"等。我认为经郭德纲在《我要反三俗》中的调侃,"三俗"借用来译 camp 一词在许多时候有着比此前诸译法更好的效果。

舞;她在整个场内蹦来跳去的。那时候每个人都在跳扭摆舞(frug)或是折客风格的舞蹈(jerk-style dances),大多是伴着披头士乐队和至上合唱团的歌。但是每个人都想听了再听的歌是《跟潮人一起我很潮》(*I'm In with the In Crowd*)——他们把这首歌夹在其他所有歌之间放了一遍又一遍。

整个六四年我们都在拍无声电影。电影、电影、更多的电影。我们拍得实在太多,甚至都不愿费事给它们中的许多起名字。朋友们路过工厂进来瞧瞧,结果就会在摄影机前成为那天下午那卷带子的明星。

德自从开始做电影,就没有再回到艺术圈。过去的一年里我们只见过几次面,还是在派对上。不过之后有次我在街上撞见他,我们去俄国人茶室(Russian Tea Room)打算喝上一杯。我们坐在那儿闲扯着我们最近都在忙些什么,然后我提议既然我们现在都做电影,何不一起做上一个。如今,那些认识我的人都知道我以提议合作这种事闻名。(我还以不讲清合作办法而闻名——不讲清谁做什么——许多人都告诉我那让人很感搅扰。但是实际情况是,我从来都不确切知道我想要做的是什么,而且照我看来,既然计划有可能毫无结果,何苦事先操心一些具体问题呢?先做,再看看你得到了什么,**再然后**才是操心谁做了什么。但是大多数人都不同意我的看法,他们说在一开始就达成协议会更好。)当我向德建议搞一个联合制片时,我只是一时冲动。但是德总是脚踏实地的,他立即击碎了我的提议,他说我们的生活、风格、政治立场(我记不清他是否自称为一个马克思主义者了)和哲学都太过不同。

我看起来一定很失望,因为德举起酒杯说:"好吧,安迪,我会为你做一件我敢肯定从来没人提过要为你做的事,你可以把它拍下来:我会在二十分钟内喝掉整整一夸脱[1]苏格兰威士忌。"

我们直接去了四十七街,拍了部七十分钟的片子。德在我中途换带子前就干掉了整瓶酒,但是尚且没有醉意。然而就在我把更多的胶片放进摄像机中的那么一丁点儿时间里,他突然就倒在地上了——高歌、咒骂兼挠墙,不断试着起身但就是无法做到。

事实上,当他告诉我"我会为你冒生命危险"时我并不知道他到底是什么意思,甚至是看到他手脚并用地在地上爬的时候,我也只是把那当成一个酩酊大醉的人的反应。这时正巧在旁边的罗滕·丽塔说:"有海军军官就像这样死翘翘了。你的肝儿受不了这个。"

但是德没有死,而我把这部片子叫作《喝》(Drink),这样它就和我的《吃》(Eat)和《睡》(Sleep)一起构成了三部曲。当那个我们用作中间人的矮小老妇人从冲洗室回来后,我给德打电话叫他过来看。他说:"我会带我的

---

[1] 相当于 0.946 升。

女人和一位英国朋友同去,我希望没有其他人在场。"正好那时候工厂没有人,除了比利、杰勒德和我还有一些看起来就要离开的人。但是我刚刚挂了电话,一群杰勒德的朋友碰巧过来了,而当德到达的时候,在场的已经有大约四十个人了。我们放了片子。片子结束后,德对我说:"如果你再公开放映它,我大概就要告你了。"我知道他不会告我,这是当然的事,但那是他在以他的方式告诉我不要拿它做拷贝。

六四年年尾,我们拍了《妓女》(*Harlot*)——我们第一部**有声**的有声电影;而《帝国》——对着帝国大厦的八小时拍摄,是我们第一部**无声**的"有声"电影。现在我们有了让我们的电影带声音的技术,我意识到我们将需要很多对白。有时候,找到事情解决之道的过程出乎你的意料。杰勒德和我去大都会咖啡馆参加星期三晚上的读诗活动,在那儿,我们碰到了一位名叫龙尼·塔韦尔(Ronnie Tavel)的作者在读他小说的一些篇章和诗。他看来备有许多写好的稿纸,他那显而易见的庞大的写作量给了我很深的印象。他一边读,我一边想:正当我们需要为我们的有声电影找"声音"时就遇到了这样一位多产的作家,这是多么美妙的事啊。朗读刚一结束,我就问龙尼是否可以来工厂,在我们拍马里奥·蒙特兹演出《妓女》时坐在镜头外的长沙发上聊天,而他说可以。我们离开大都会时,杰勒德嘲讽道:"你的标准有时可真够荒唐的。"我猜他是认为我对于龙尼的产量太过赞叹了。但实际情况是,我也喜欢龙尼写的内容,我认为他很有才华。

马里奥·蒙特兹,《妓女》一片的明星,出演过许多连外百老汇戏剧都算不上的戏剧,还与杰克·史密斯、罗恩·赖斯、乔斯·罗德里格斯 – 索尔特罗(Jose Rodriguez-Soltero)和比尔·维尔(Bill Vehr)演出了一堆地下电影。而所有这一切,他告诉我,都是在他的日常工作之外做的:他在邮局有一份差事。马里奥是我所遇到过的最棒的天生的喜剧演员,他每次都本能地知道如何制造出笑声。他是天生的真诚与精神错乱的混合体,而这绝对是最绝妙的喜剧组合之一。

马里奥的许多幽默都来源于这样一个事实:他极度喜欢打扮成一个魅力四射的女皇,然而与此同时他又为男扮女装感到痛苦,感到尴尬(如果你说"男扮女装"这个词的话,他会觉得遭到了冒犯,他管这叫作"穿上戏装")。他总是说他知道男扮女装是一项罪——他是波多黎各人,一个非常虔诚的罗马天主教徒。他准许自己这样做的唯一的精神安慰是依照下述这个逻辑推论得到的:尽管上帝一定**不喜欢**他男扮女装,不过如果他真的非常憎恶他的话,那么他一定已经劈死他了。

马里奥是个非常有同情心的人,非常驯良,虽然他确实有一次对我暴怒。当时我们正在看他在我们名之为《十四岁的女孩》(*The Fourteen-Year-Old Girl*)的电影中演出的一幕,而当他看到我在拍摄时拉近了镜头给他的胳膊来了个特写,清楚地显露出他那浓密乌黑、充满男性气息的体毛和血管时,他变得异常愤怒,感到很受伤害。他以高傲的拉丁美洲的方式指责了我:"我明白你是试图把我最坏的一面带出来。"

龙尼·塔韦尔来到《妓女》的拍摄现场,他和其他一些人就那么在镜头外像平常一样地聊天。有时他们聊天的内容就是关于我们当下的拍摄的,而其他一些时候则与拍摄无关——我喜欢无关的对白产生的效果。在那之后,龙尼为我们写了不少故事大纲:《胡安妮塔·卡斯特罗的一生》、《马》(Horse)、《黑胶唱片》(Vinyl)、《十四岁的女孩》、《海迪》(Hedy,又名《窃贼》[The Shoplifter])、《卢佩》(Lupe)、《厨房》(Kitchen),还有其他的一些。我享受和他一起工作,因为当我提些像是"我希望它简单、模式化并且是白色的"这样的要求时,他能立马明白。不是每个人都能以抽象的方式思考,但龙尼可以。

# 1965

六五年一月，我结识了伊迪丝·明特恩·塞奇威克（Edith Minturn Sedgwick）。她头年夏天才刚来的纽约。她不久之前出了场车祸，右臂尚打着石膏。我们的相识是经由莱斯特·珀斯基介绍，但我们是注定要相识的，因为剑桥/哈佛那伙人我认识不少，而她是那群人中的一员。他们中的很多人常待在圣雷莫。

伊迪（Edie）家族的历史可以一直追溯到早年间来美国创建殖民地的英国清教徒——她家和卡伯特家族（Cabots）、洛奇家族（Lodges）和洛厄尔家族（Lowells）都有关联。她的叔公埃勒里曾任《大西洋月刊》(*Atlantic Monthly*) 的编辑，而她的太姥爷恩迪科特·皮博迪牧师（Reverend Endicott Peabody），则是格洛顿学院（Groton School）的创建者。她曾祖母一系中的某人在基础工业上有过诸如有轨电车或是升降机这类的发明，所以他们这一系也很富有。伊迪的父母从新英格兰迁移至他们所能到的最远的地方——加州——但是她的兄弟在哈佛大学念本科，她本人也在剑桥市¹。她师从莉莉·斯旺·萨里宁（Lily Swann Saarinen）——著名建筑师埃罗·萨里宁（Eero Saarinen）的前妻——学雕塑，住在布拉特尔街（Brattle Street）的一间小工作室里，那条街上有朗费罗（Longfellow）²以及像他那样的人曾经寓居的辉煌的老宅。她会开着奔驰穿城而过去参加派对——很多派对就是她自家兄弟开的。这一对塞奇威克都是样貌俊美的有钱人家的孩子，知道如何在剑桥过快乐的日子。

唐纳德·莱昂斯（Donald Lyons）那时在哈佛研究生院读古典学，仍记得伊迪在整日的狂欢痛饮的草坪派对后，带着一帮朋友去丽思卡尔顿（Ritz-Carlton）酒店用晚餐的故事。她忽然之间起身在桌面上跳起舞来，饭店经理非常非常客气地请他们离开。他们把能拿到手的所有银质餐具统统塞入了自己的口袋，然而就在他们离开的时候，伊迪在台阶最上层绊了一下，所有的刀叉勺就那么从她的手袋里一涌而出，雪崩一般散落到台阶上。即使是这样，经理仍然对她很客气，因为他们知道她父亲是谁。他们只是叹着气，劝说她"下次可别这么干了，宝贝儿"。

伊迪的二十一岁生日派对，唐纳德告诉我说，她"包下了查尔斯河（Charles River）船坞，请了得有两千人。'伊迪在剑桥'——简直是《了不起的盖茨比》的篇章"。

---

1 哈佛大学在剑桥市。
2 亨利·沃兹沃思·朗费罗（Henry Wadsworth Longfellow）：十九世纪美国著名诗人，著有《海华沙之歌》（*The Song of Hiawtha*），译有但丁的《神曲》。

# 1965

丹尼·菲尔茨(Danny Fields)是首批在六十年代早期从剑桥来纽约的人中的一个。他从哈佛法学院退了学,搬到纽约来生活,所以对其他来纽约的剑桥孩子来说,他就好比是中央情报局。

我是在七十二街的一个派对上认识的丹尼。那是个星期天,有家报纸的增刊以我的《金宝浓汤罐头》为主打故事,而丹尼碰巧随身带着那份报纸。我坐在个长沙发上,身边是杰勒德和华尔街洛布家族的阿瑟·洛布(Arthur Loeb)。我朝丹尼借了那份报纸,看他们对我的浓汤罐头怎么说。与此同时,一个疯狂的美艳时装模特如蛇一般扭动着身躯爬向阿瑟,俯伏在他身前跟他说她有多爱他,并且乞求他一定一定要娶她。

丹尼斯·迪根在我们对面。我们六三年秋在加州的时候他也在。他是个大高个儿,性情随和,红头发蓝眼睛,一副爱尔兰人模样。他和一位朋友住在第十九街靠近欧文地(Irving Place)的地方,而当你问他他是做什么的时候,他会灿烂地笑笑,回答说"也不做什么"。在六十年代,年轻、迷人的孩子不工作。你不能说他们"待业",因为他们甚至连工作的念头都没有。然而他们总是穿着最好的衣服,乘飞机去所有他们想去的地方旅行。那时的有钱人对于钱看得很开,他们会资助他们喜欢相伴其左右的孩子,因此那些孩子会在下午起床,打几个电话,听几张唱片,决定他们稍后要做些什么,开整宿的派对,然后第二天一切又这么从头再来一遍。

丹尼说他会永远记得我们相识的那个星期天下午，因为就是在那时他决定要好好地认识认识这群人。"你坐在那儿读我的报纸，杰勒德跟丹尼斯聊着天，阿瑟拿他那条好腿踹在那个美艳的法国模特脸上。她发了狂，跑向一扇从上面开着的窗户并爬到了窗台外。没有人对她投以哪怕一点点关注。你从报纸上抬起头瞟了一眼，十分平静地说'哦，你们觉得她会真的跳吗？'然后就又继续读报了。最后我实在受不了了，跑过去，从下面把窗户推上去，把她拖进来。而当我转过身来的时候，每个人都仍坐在那儿聊着天，然后我就想，'啧啧，这帮人真够酷的。我想我也要朝这个方向努力……'"

"我第一次见伊迪，"丹尼说，"她才刚刚和汤米·古德温（Tommy Goodwin）从波士顿开车过来，他们把车停在哈尔·彼得森（Hal Peterson）和大卫·纽曼（David Newman）转租的位于河畔车道（Riverside Drive）七十八街附近的公寓前。世界博览会刚刚开幕，我们打算第二天全都去那儿看看。收音机震天地响着，沙滩男孩（The Beach Boys）在唱着《我四处晃》（I Get Around）。当伊迪进到屋子里看到她的女朋友们时，她开始蹦跳起来。很快，每个人都跳上跳下，相互拥抱亲吻。她们全都一副学生模样——设得兰（Shetland）羊毛衫、圆形胸章，还有短小的百褶裙。伊迪是那么漂亮，大大的眼睛，兴高采烈的。每个人都彻夜不眠，沿着河畔车道漫步、聊天。

# 1965

"汤米·古德温那时和我住在一起,"丹尼继续道。"天哪,他太美了。在哈佛每个人都爱他。他的母亲和父亲都是非常有名的医生。他和查克·魏因(Chuck Wein)还有他身边的那伙人是好朋友,他在纽约四处闲晃,带着相机,让每个人都爱上他。伊迪在汤米在的时候,在我那儿住了大概有两个星期——她大部分时间都坐在窗台上,整日拿着电话有说有笑,还有就是不停地抽烟。她有一张照片,上面是她的一些家庭成员,照片是在他们于同一时期入住同一家上流社会精神疗养机构——银山(Silver Hill),如果我记得不错的话——时拍摄的。费用是每人每天三百美元,她告诉我,所以非常舒适。"

伊迪过去常常把她的童年时光讲成好像是直接从狄更斯小说中出来的一场噩梦。最初,我总是相信孩子们告诉我的关于他们父母的一切,但是随着时光的流转而我又不时地与这些父母中的一个或另一个结识,我开始变得不那么确信。

"当我初次遇见伊迪时,她完全是一副青葱模样,"丹尼继续道,"她会喝上几杯,但也仅此而已了。"然后他又补充道:"然而我看得出来,她**想要**试试别的东西。从剑桥来纽约的人总是带着LSD[1]——那会儿这甚至还不违法,说起来真是很久以前的事了。LSD 在方糖上呈棕色,那帮人就把药放在我冰箱里——它看上去是那么地无害,

---

[1] 一种迷幻药。

但是那大概够两千次的剂量了。他们会拿着医用滴管坐在我厨房桌子上,肩膀随着至上合唱团的歌声摇摆着,把 LSD 滴在小块的鸡尾酒方糖上。伊迪住在我那儿的时候也来了点儿 LSD,算是初入社交圈的一件乐事吧。

"之后的某天,她们开始把她的行李箱往我那儿搬,而我为此多少有些紧张。但是到了九月,她就已经住到位于东六十三街她自己的公寓里了。她已拿定几分主意,决意要成为一名模特。"

有一位和那个剑桥群体中的每个人都是朋友的人这样总结了那伙人的关系:"整件事就是漂亮的常春藤联盟的男孩、聪明的、爱着他们的男同,还有那被漂亮的常春藤联盟男孩爱着的初入社交圈的漂亮女孩。"

为什么他们都要来纽约?"这些从剑桥来的二十出头的孩子,"丹尼说,"代表着继承来的财富、继承来的美貌以及继承来的聪明才智。他们是全美国最迷人的年轻人。我是说,他们是**那么地**富有**那么地**貌美**那么那么地**聪慧。还有那么地**狂野**。但是在剑桥,所有的所有,他们所能想到的一切,就只是'噢,上帝啊,我们无聊透了,我们腻味透了去上课。我们想要搬到**真实的世界**里去'。他们说的'搬到真实的世界里去'的意思是要让他们的照片出现在报纸上,以及让有关他们的报道出现在杂志上。"

我一直以来都着迷于有钱人家的孩子的想当然。他们中的很多人把自己的生活方式看得稀松平常——因为那是他们仅知的生活方式。我爱观察他们动心思。有钱人家的

## 1965

孩子分两种：一种总是扮穷，并且力图证明他们和其他人没什么两样，他们总是在心中隐隐担忧人们喜欢他们只是因为他们的钱；另一种则轻松处之、花钱享乐，甚至大张旗鼓、大肆挥霍。第二种更有趣。

伊迪模模糊糊地决意要成为一名模特并不让人感到意外。"做模特"这一想法在这一年比此前任何时候都更能让一个伊迪这般年纪的女孩感到兴奋。一直以来，做模特都是件有魅力的事——但是现在，做模特还可以很狂放。很快，伊迪将革新她的打扮——那是《时尚》《生活》《时代》以及所有其他杂志都将拍摄的打扮：长长的耳坠，廉价店里买来的 T 恤罩在舞蹈演员穿的紧身裤[1]上，外加一件白色貂皮大衣罩在所有这些外面。

一家名叫昂迪恩（Ondine）的迪斯科（只是名字上的巧合——和我们的昂迪恩没有关系）[2]于六五年年初在东五十九街开业。就是在那儿，你开始看到许多漂亮姑娘身着超短裙（虽然那会儿它还不叫这个名字）：短小的、打褶的、带条纹的、带波点的、大色块的，还有弹力纤维的。

每个人都立马开始去昂迪恩，所有城中的名流。那儿

---

[1] "舞蹈演员穿的紧身裤"原文为 dancer's tights，后文提及伊迪的着装都只说 tights，依照今日中文通行说法译为"袜裤"以与修身剪裁的、布质面料的紧身裤相区别。此处首次出现的 dancer's tights，还是直译为"紧身裤"。
[2] Ondine 是水中精灵、仙子的意思。本书采用和人名 Ondine 同样的音译"昂迪恩"。

的姑娘漂亮——有一晚,杰勒德在那儿搭上了初次来纽约做模特的马里萨·贝伦森(Marisa Berenson)并把她带到工厂来试镜。

伊迪总是去那儿,在起初她还有钱的时候大把花钱,每晚为多至二十人买单。她胳膊上还打着车祸后的石膏,而她就那么把胳膊摆来摆去,站在桌子上。她总是保持双脚牢牢地立在桌面、地面或什么平面上,好像恐怕如果她抬起一只来就会失去平衡跌倒,她在那儿的时候总是坚如磐石,就只是喝酒,享受时光。她的舞蹈动作有点儿埃及风,把头和下巴以恰当的、美丽的方式歪向一边。人们管那叫作塞奇威克舞,而伊迪是唯一跳它的人——其他所有人都随着《姓名游戏》(The Name Game)、《留意我》(Come See about Me)和《全部白天与全部夜晚》(All Day and All of the Night)跳折客舞。

我们整宿派对,但是我们整个下午也在提前派对——就那么在工厂闲晃。女公爵总是让安非他明搞得很兴奋,任意一件小事都能激起她来个一小时长的独白,而我就坐在那里看她表演。二月,马尔科姆·埃克斯(Malcolm X)在哈莱姆区(Harlem)[1]被枪杀,记者们在他位于特雷莎酒店(Hotel Teresa)的总部采访众人。当这消息从收音机中传来被女公爵听到时她就讲开了:

---

[1] 纽约黑人区。

"特雷莎酒店！就是在那儿我做的上次人流。"

"你去哈莱姆区做人流？"我倒抽一口气。"为什么你不回你第一次做人流的第五大道上那位有派头的医生那儿去做？"

"因为我那第一次是我整个人生中的最大苦痛。他手拿着那些香蕉状器械直直地捅到我的身体里。**得有十分钟**？简直是受刑。"

"他没给你打麻药？"我问。

"**什么也没打**。他不希望我昏死在他的诊室不能回家。"

"但是怎么着不都比去哈莱姆区做人流要强吗？你就不害怕吗？"

"我不能再次面对我第一次受的那种痛苦了，"她说，"但是在特雷莎酒店的经历之后，我的乖乖，我多希望我重遭了那种痛苦。有个女人给我缠绑了一番，告诉我回家去做运动，不要就躺在床上，如果十七个小时内感到产前阵痛就给她打电话。第二天一早一起床后头一件事——我就沿着布鲁明黛尔百货公司的自动扶梯跑上跑下足足跑了有五十趟。然后我回到家，产前阵痛把我弄得发疯，我投向电视机的一只鞋把电视都砸穿了。最后它在厕所里掉出来了，我的乖乖，从那以后我就没再怀过孕。"

就在这时，从工厂后面，我们可以听到昂迪恩的声音，为一个恶作剧道歉，"但是看看它有多大，不过我要抱歉它在你身上没起作用"。

大卫·惠特尼（David Whitney），一个在卡斯泰利画廊工作的年轻的孩子，和两个看起来有着浓厚郊区气息的、从康涅狄格州来的对我的艺术"感兴趣"的女人从电梯间里走出来。我站在那儿一边忙着为五月份就要到来的巴黎展做几幅《花朵》，一边跟那两个女人说着话，这时昂迪恩从后面拿着一大罐凡士林走出来，并开始对男扮女装者和异装癖发表长篇大论的激烈演说，他坚称如果你不能**什么也不穿**——**至少**是不穿女装——而随心所欲地做你想做的事，那么你就应该干脆忘掉做爱这回事。

之后他看看那两个女人——她俩肯定也都在看着他——要求道："最后说一次，什么是'同性恋酒吧'？它**是**什么？你们能告诉我吗？"两位女士就么盯着他看，一位看起来对话题很感兴趣，而另一位则全然面无表情。昂迪恩继续道："作为一个同性恋，我不会去同性恋酒吧——我为什么要被隔离？！"

"你说得对——"女公爵表示赞同，"——你应该被**孤立**……"


"那是六十年代最棒的派对。"莱斯特·珀斯基如此评价他于一九六五年春在工厂为"最美的五十人"举办的派对。"肯定没有比它更好的派对了。它一直持续到第二天下午五点。有人写了单子记下都谁到场了么？"莱斯特想要知道。当然没人。

朱迪·加兰（Judy Garland）绝对在场。我看着五个男孩用肩膀抬着她从电梯间出来。说来奇怪，那天晚上，因为某种原因,似乎没人注意她。然而我注意到了她。我总是注意着朱迪·加兰。

有钱人家的孩子使我着迷,娱乐业的孩子使我更加着迷。我是说,朱迪·加兰是在米高梅(MGM)的摄影棚里长大的!能结识一位像朱迪这样——她的真实是那么地不真实——的人物是一件激动人心的事。她可以让一切在一秒钟之间点亮又熄灭,她是你所能想象的她生命的每一分钟的最佳女演员。

尽管莱斯特是主办人,但因为他不得不去接朱迪,所以那天直到很晚他才赶来自己的派对。朱迪以"还没准备好"而闻名。她什么事都迟到。摄影机不到她踏入镜头绝不会开始运转,所以她一生中的每一件事情都应该等她就是很自然的了,不是么?她那时住在萨顿地十三号米丽娅姆·霍普金斯(Miriam Hopkins)那栋有着红色甬道的房子里,人们过去常租住在那儿。你走进房子,等上几个小时,她就几乎已经准备好可以开始准备了。

那天晚上把她抬进来的男孩们终于把她放下来让她自己站立时,她开始摇晃,所以之后他们把她再次抬起来,放到长沙发上。我走向莱斯特,问他怎么这么晚才来。当然,我清楚地知道他怎么这么晚才来——等朱迪——但是我希望我的问题能让他开口,而他确实开口了:

"我去接她来着。"莱斯特说,握着他的酒杯,环视敞间,试图看清都谁来了。大卫·惠特尼搭着鲁道夫·努列耶夫的臂膀舞过我们面前。"然后过了大约一个小时,我说:'朱迪,你难道不认为我们最好现在就动身吗?'她告诉我不,不,现在肯定还没人到场呢。我说:'但是,朱迪,我是**主办人**。我**必须**得到场。'最终,**最终**,我们来到街上,我抬起手来叫出租而她男朋友冷冷地挥挥手把车支开了。所以我再次举起手,一辆出租停下来,她男朋友再次把它支开了……"田纳西·威廉姆斯搭着玛丽·门肯的臂膀舞过我们。

莱斯特和我讲话的时候,一些男孩伺候着朱迪。她发现了我们,开始起身,但她又陷入到长沙发里。莱斯特愉快地挥了挥手,飞了个吻给她,继续大倒苦水。"**最终,三四辆出租车之后,我问那个家伙,'你是想要拦一辆恰克**(Checker)出租车[1]还是怎么?'而他说,'哦,不,加兰小姐已经有**几年**没有搭乘**公共**交通工具了。'然后我说,'好吧,你看,我不是在建议我们乘**公共汽车**——这是出租车!'但是她不肯走。她甚至连考虑都不肯考虑。我绝望了。我对她说,'好吧,那么,我们可不可以走过去?仅仅八个街区。''不,'她说……

"她男朋友走回房里,给一家位于布朗克斯区(Bronx)、过去给米高梅提供加长型豪华轿车服务的破公司打电话,所以我们不得不再花一个小时等加长型豪华轿车过来……"

伊迪那晚看起来美极了,和布赖恩·琼斯(Brian Jones)

---

[1] 车身上带有黑白相间的格子饰带,格子的英文为checker,故名。

一起，开怀大笑。杰勒德和女公爵死死地盯着朱丽叶·普劳斯（Juliet Prowse）看，她刚刚和弗兰克·西纳特拉（Frank Sinatra）分手。她也是位非常惹人注目的女人。

朱迪走在向我们这边来的路上，在离我们还有几步远的时候，她向莱斯特宣布："我绝对会出演田纳西的戏。"莱斯特向我低声道她整晚都在为这事儿兴奋——她已拿定主意要出演《每站都停的列车不再在这儿停了》（*The Milk Train Doesn't Stop Here Anymore*）一剧中的福洛拉·戈福思（Flora Goforth）一角（拍成电影时片名改为《富贵浮云》[*Boom*]）。之后的几分钟里，她给我们讲了她可以用来演绎这一角色的种种方法，直到莱斯特打断她并跟她开玩笑："好笑的是，朱迪，田纳西认为你是个出色的**歌手**而非一位出色的**演员**。"好笑的是，这确实是田纳西那时的感受，我听他这样谈起过。

就在话刚出口的那一刻，莱斯特立马意识到他已酿成大错；朱迪不会放过他。接下来的几个钟头都是"他什么时候说的？他什么意思？他脑子想什么呢？他好大的胆子！他人在哪儿？"——所有你能想到的关于这一主题的变奏。

最终朱迪走向田纳西站的地方，他身边是艾伦·金斯伯格和威廉·伯勒斯（William Burroughs）。她用手往回一指莱斯特，"**他**说**你**说我不会**演戏**！"

莱斯特要疯了。"我的上帝啊！她把一句**评点**变成了彻头彻尾的**天谴**！"他走向他们一众人等站的地方，这出戏剧性场面我至少又能看上一个小时了。

与此同时，我最喜欢的人之一，布里吉德·伯林（Brigid Berlin），走了过来并开始忙乱地给我讲一个故事。然而直到她全部讲完前，我都没明白她为什么要讲这个故事，而就像布里吉德惯常的情形一样，讲完这故事花了很长一段时间。

"有一次，"她说，"我和一位自命优雅的娘娘[1]外出，他说他去过一次我挥霍着我所有的钱财的那年夏天在火岛（Fire Island）上搞的臭名昭著的午宴。"她说的是那个她嫁给了一位橱窗布置师，接手了一个信托基金，并把所有的钱都花在樱桃林（Cherry Grove）的派对和租用直升机飞到纽约去取她的邮件的夏天。布里吉德又是一个那种我喜爱的、不拿钱当回事儿的人，她知道如何花钱享乐。当然，她来自一个富有的家族，而且她知道即使他们不太资助她，她仍然总是会与钱有亲密接触的。

布里吉德的父亲是理查德·E. 柏林（Richard E. Berlin），赫斯特国际集团（Hearst Corporation）主席，而她就在第五大道、在自己的父亲和数任美国总统的电话交谈声中长大。她告诉我她第一次在《绿野仙踪》（*The Wizard of Oz*）中见到朱迪·加兰，是在圣西米恩（San Simeon）[2]的放映室，才刚十来岁的伊丽莎白·泰勒（Elizabeth Taylor）就紧

---

[1] Queen，指称男同性恋者的无礼称呼，但本书中很多地方——比如此处——用到这个词的时候时并不含有无礼的意味。

[2] 位于加州的一个镇，其地标是由赫斯特国际集团创建人威廉·伦道夫·赫斯特（William Randolph Hearst）在二十世纪初兴建的山顶城堡。

## 1965

挨着坐在她身边。但是到我遇到布里吉德的时候,她住在两星级酒店里,酒店多数是在西区,她以布里吉德·波尔克(Brigid Polk)的名字登记入住。她的父母嫌恶她那年夏天花掉那么多钱的那种方式,除了基本的酒店开销之外不再继续为她买单了。不过布里吉德和她的妹妹里奇(Richie)从来就没有和她们的父母融洽相处过,而到了这个时候,她们每个人都被告知"你过你的生活,你父亲和我则过我们的生活"。当布里吉德带着她的橱窗布置师未婚夫回家见家里人时,她母亲让门房告诉他去马路对面中央公园的长椅上去等。然后她递给了布里吉德她的结婚礼物——一张一百美元钞票——让她拿这些钱去伯格道夫(Bergdorf's)[1] 给自己买点儿新内衣。然后她补充道,"祝你和那位小仙女儿[2] 好运"。然而,就在那之后,一位她家族的老朋友过世了,留给了柏林的四个孩子每人一大笔信托基金。布里吉德的那份儿到了十月就全花完了。但是她是那么地迷人,她总能做到让别人帮她付计程车费。

所以当我听到她说,她有一辆加长型豪华轿车的时候,我就明确地知道她在谈论的是她的哪个人生阶段了,因为她当然已经不再拥有加长型豪华轿车了。

"不管怎么说,"她说,"这位同我一起外出的娘娘邀请我顺便走访他的联排别墅。他说,'我同蒙蒂一起住',而当我听到他这么说的时候,我想,为什么不去一趟呢?

---

[1] 一家位于第五大道的售卖高级商品的百货公司。
[2] Fairy,对男同性恋者的蔑称。

因为自从我在樱桃林为蒙蒂·罗克三世（Monti Rock III）做炒鸡蛋后我就再没见过他了。我们一进那联排别墅，他就立马上楼去了，留我一人在起居室里。那时大概是早上六点，阳光就快要透过窗户射入室内，而我就坐在那里，等着蒙蒂·罗克三世。一个头发乱蓬蓬、戴角质框架眼镜的家伙穿着蓝色毛圈布睡袍走下楼来，跟我和善地说你好，然后放上了音乐……"我看向伊迪，她正在把布赖恩·琼斯的头发拨弄得一团糟并和唐纳德·莱昂斯一起大笑。

"安迪，**听着**，很逗的！"布里吉德说。"有个人走过来，在长沙发上靠着我坐下，而我就坐在那儿等蒙蒂。这个时候，带我来的人走过来，开始准备饮料。我很欣赏一个微型法式座椅摆件，而他说，'这是利兹给的礼物，'就这样我也没反应过来，直到我转过脸，才意识到这个搂着我的家伙是蒙哥马利·克利夫特（Montgomery Clift），我整个人都**懵**了。我能想到说的唯一一句话就是'你在《纽伦堡审判》（*Judgement at Nuremberg*）中棒极了！'。"

"那儿！"布里吉德说，指向房间的另一端，而这时我才明白他为什么要给我讲蒙蒂·克利夫特（Monty Clift）[1]——他此时也在工厂。我问布里吉德她有没有过去跟他问好，而她说，"没有，你没看他正飞着么"。

突然我听到朱迪大叫，"鲁迪[2]！"然后她蹒跚向前，双臂伸向努列耶夫，而努列耶夫也大喊一声回应道"朱

---

1 即蒙哥马利·克利夫特。
2 指鲁道夫·努列耶夫。

迪！"，然后走向她，之后就是蹒跚／向前／鲁迪！／朱迪！来来去去直到她跌向他，双臂环于他的颈后，说："你个卑鄙的共产主义者！你知道吗，田纳西·威廉姆斯认为**我**不会演戏，咱们这就去找他问问，看他认不认为**你**会跳舞……"

这场"他说我不会**演戏**到底是什么**意思**"的戏码一直闹腾到了第二天，她让莱斯特那晚给她备一餐晚宴以便她可以继续和田纳西对质。

朱迪最爱吃的是意大利细面条，但是那时的我不知道——我总以为是莱斯特抠门儿才总给我们吃意面的。但意面实际上就是她想要的全部。我们常去东五十八街的尼科尔森咖啡馆（Café Nicholson），甚至店面已经打烊了，约翰尼·尼科尔森（Johnny Nicholson）也会特地前来为朱迪烹制他的特制意大利细面条。他甚至会到莱斯特的住处为她烹煮意面——那天晚上就是这样。我们都围坐在桌旁，朱迪给我们讲迈耶先生——她总是称路易斯·B.迈耶（Louis B. Mayer）为迈耶先生——让她数年间一直做精神分析，而田纳西就问她，"是么，有什么用吗？"

"没有，很明显没用，"她对田纳西说，"因为据**你**所言，我仍然不会**演戏**。"然后她转向我们其他人，继续道："但是又怎么**可能**有用呢？我是决不会跟他讲实话的。"

田纳西对此很感惊愕。"你跟你的精神分析师说谎？噢，那是犯罪，那是罪！"

朱迪说她事后发现她精神分析师的名字在米高梅的薪水名册上,迈耶先生付钱给他让他跟她说,"不要与你的雇主们争执——他们是爱你的"。而莱斯特听说了这个,怎么都难以接受,他不停地一遍又一遍地念叨,"这真是太可怕了……真是太可怕了……"

这时朱迪放声大笑起来,大张着她的嘴,几绺意大利细面条溢出嘴角,并且开始唱歌:"**在某处 / 在彩虹那边**"——我简直无法相信。我想:"这太荒唐了。**朱迪·加兰**就坐在我对面,满嘴意面,大声唱着《彩虹的彼端》(*Somewhere Over the Rainbow*)!"

杰勒德总说就是在"最美的五十人"派对上,明星过时而超级明星登场——那场派对更多的人盯着伊迪而不是朱迪。但对我来说,伊迪和朱迪有一个共同之处,即把每个人都完全卷入她们自己的麻烦中去的方式。当你在她们身边的时候,你忘掉你有你自己的麻烦,你深深卷入她们的麻烦之中。她们每时每刻都在出状况,而人人都乐于帮她们从中脱身。她们的麻烦甚至让她们更加迷人。

在六十年代,你无须买东西。你几乎可以免费得到任何东西:一切都是"促销"。人人都在推销着什么,而他们派车来接你、喂you、款待你、给你礼物——如果你被邀请了的话。如果你没被邀请,情况也差不多,只是他们不会派车来。金钱在流动、流动。

# 1965

一个搞市场推广的人有次问丹尼·菲尔茨:"我怎么才能把工厂的那帮人弄来这个开幕式呢?"丹尼告诉他:"这没什么难的。你甚至都不必跟他们说是什么事。直接派辆加长型豪华轿车过去,再告诉他们下楼。我敢保证车停的那一刻他们一准儿鱼贯而入。"确实如此。

我还记得那年春天萨姆·格林不得不在一日之内一分不花把他的整所公寓布置一番的事。当时他对于乔迁新居倍感兴奋,以至于在邀请了数百宾客于第二天晚上来他的新住处开派对后,才想起他没有供宾客落座的任何东西。所以他跑来工厂打了一整天电话。我听到他打给一家又一家的幼儿园,绝望地说些诸如"但那些小宝宝在上面小睡的垫子呢?我就不能租一些吗?因为你看,我第二天下午就能把它们还回去……"之类的话。他挂了电话,悲鸣道:"我有什么办法?我支票账户里只有五十六美元!"我告诉他他会想到办法的。

"但是听着,"他说。"我已经给所有的地方都打了电话——包括赫兹垫子出租铺(Hertz Rent-A-Cushion),可全都太**贵**了。"我告诉他,"你在犯傻,萨姆。如果你乐意付钱,他们就知道你没钱:有钱人不**付钱**。告诉他们你要**免费**的。别跟个废柴似的,要像有钱人那样想事儿。打给帕克——贝尼特(Parke Bernet)[1],打给大都会博物馆!"

---

[1] 美国最大的拍卖行。

萨姆想出了一个更好的点子。他打给了一位他在前一周的派对上结识的知名皮草设计师,自报了家门,然后直奔主题道:"明晚我会搞一个派对……什么?……哦,不,不,我不是要**邀请**你,我只是被点儿生意上的无聊事儿缠上了——为了几个艺术收藏家,不过《生活》会派摄影师来报道这个派对,他们想要派对能多少有个主题、有点儿质感或者什么。他们看过了沃霍尔的银色工厂,他们觉得他们想要某种铺天盖地的效果,所以我就告诉他们我会为他们把我的公寓弄成塑料的、皮草的或者什么的。要看起来'上相',你懂的……"

第二天早晨,一辆货车停在了萨姆位于西六十八街的新居门口,车上满载着价值四万两千美元的皮草,连带一纸保险合同,他签收了它们。他把它们扔得到处都是——甚至铺到了庭院里。那天晚上,所有人都躺在貂皮、猞猁皮、狐狸皮和海豹皮上,周围是数百只燃着的蜡烛和壁炉的火光——那地方看起来绝了。

到场宾客中有一些穿着最新的天鹅绒和丝绸衬衫,但是这样的人不多——男孩们仍然大多穿着蓝色牛仔裤和领尖系有纽扣的衬衫。伊迪带了鲍勃·迪伦来派对,他们自顾自地挤在一个角落里。迪伦那时有很大一部分时间都待在他的经纪人阿尔·格罗斯曼 (Al Grossman) 临近伍德斯托克(Woodstock)的住处,而伊迪不知怎的也同格罗斯曼有来往——她说他会做她的经纪人。

我之前已经通过麦克杜格尔大街 / 一壶鱼 / 里恩齐咖

啡馆（Café Rienzi）/新潮面包圈/费加罗咖啡馆的圈子认识了迪伦，我跟那个圈子的关系据丹尼·菲尔茨所言是始于他和唐纳德·莱昂斯在麦克杜格尔大街看见埃里克·安德森（Eric Andersen）的那一刻，他们觉得他实在是有够英俊的，所以他们走上前去问他是不是愿意参演安迪·沃霍尔的电影。"我们用过多少次这招啦？"丹尼大笑起来。而那之后，埃里克对伊迪有了兴趣，而忽然之间我们就一起在村子里游逛了。但是我想，伊迪认识迪伦其实是因为博比·纽沃思（Bobby Neuwirth）。博比是个画家，他起初在剑桥唱歌和弹吉他只是为了挣钱来画画，他有一次这样告诉我说。而后，他跟迪伦混到了一起，并且成为那伙人中的一员——他算是兼有迪伦的巡演经纪人和密友的双重角色。而博比又是伊迪的朋友。

在萨姆的派对上，迪伦穿蓝色牛仔裤、高跟皮靴和运动夹克，而他的头发可有几分长。他眼袋明显，而且甚至当他站着的时候，他也完全是耸肩驼背的。他那时大概二十四岁，孩子们都才刚刚开始像他那样说话、动作、穿着和大摇大摆。但是除了迪伦，没什么人可以脱掉这套反叛行为的外衣——而且如果他不在状态的话，他也做不到。我认识他的时候，他已经有点儿浮夸，绝不质朴了——我是说，他那会儿常穿波点图样的绸缎衬衫。他已经出了《把所有的都带回家》（*Bringing It All Back Home*），所以这时他已经开始了他的摇滚之声，不过他还没有在新港民谣音乐节（Newport Folk Festival）或是福雷斯特山

（Forest Hills）演出，那是他因走向电子乐而遭到老式民谣人嘘声的地方，但也是孩子们为他而开始真正疯狂的地方。此时正在《像一块滚石》(Like a Rolling Stone)面世之前。我喜欢迪伦，喜欢他创造出杰出的新风格的方式。他没有把自己的职业生涯花在向过去致敬上，他非得以自己的方式做事不可，而这正是我所尊敬的。我甚至在他刚出现在我们左右的日子里送了我的银色《埃尔维斯》系列中的一张给他。然而稍后，我开始非常纠结——当我听到流言说他在乡间用那张画当飞镖靶子的时候。当我问"为什么他要那么做？"时，我总是会得到道听途说来的类似回答，诸如"我听说他觉得你毁了伊迪"，或是"去听《像一块滚石》——我觉得你就是'骑在铬马上的善于交际的人'中所指的男人"。我不确切地知道他们的意思——我从来都不太关注歌词——但是我从人们告诉我的话里明白了大意——迪伦不喜欢我，他将伊迪嗑药归咎于我。

不管人们是怎么想的，实情是我从来没有给过伊迪毒品。甚至连一粒减肥药都没给过。什么也没有。她确实在使用大量的安非他明和镇定剂，但是她绝不是从我这儿拿到的。她是从那个给城中每一个上流社会的女子扎针的医生那儿拿到的。

时不时地会有人指责我邪恶——让人们自我毁灭而我则在一旁观看，这样我就可以拍摄下他们或录音记录下他们。但我不认为我自己邪恶——我仅仅是现实而已。在我

## 1965

还小的时候,我就学到不论何时当我变得过于自信并试着告诉某人应该做什么的时候,什么都不会发生——我就是做不到让人家听我的。我学到当你缄默不语的时候其实更有力量。因为至少那样,人们也许会开始怀疑他们自己。当人们准备好了的时候,他们会改变。他们绝不会在那个时刻到来之前改变,而有时候他们还没有改变就已经死了。如果他们不想,你无法使他们改变,这就像当他们确实想要改变的时候你无法阻止他们一样。

(我最终搞清了迪伦拿那张银色《埃尔维斯》干什么了。十多年后,当一幅我的类似画作被估价到五或六位数时,我在伦敦的一个派对上碰到了迪伦。他对我很和善,总体来说他成了一个更友善的人。他承认他把那张画给了他的经纪人,阿尔·格罗斯曼,而之后他惋惜地摇了摇头,说:"但是如果你再给我一张的话,安迪,我不会再犯这种错误了……"那时我以为故事就这样结束了,但是没有。就在那之后我碰巧跟罗比·罗伯逊 [Robbie Robertson] 聊了起来,他是乐队 [the Band] 的吉他手,当我告诉他迪伦刚刚跟我讲的事儿时,他脸上开始漾出了笑容。"没错,"罗比笑起来。"只不过确切说来他不是把画儿**给**了格罗斯曼——他**交换**了它。换了张沙发。")

不过总体说来六五年是友好的一年。城中的所有人都混在一起,混同成一体。萨姆的皮草派对有玛丽索尔在场,帕蒂和克拉斯·奥尔登堡也在,还有拉里和克拉丽丝·里弗斯（Clarisse Rivers）。萨姆走来走去喂人们吃葡萄，跟每一个问起的人讲皮草是哪来的。这非常六十年代——以免费得到东西为傲。在五十年代，人们力图使别人相信他们为某物花了大价钱，但是在六十年代如果他们花了大价钱他们将羞于承认。

在伊迪位于六十三街靠近麦迪逊的住所，我们拍了许多电影。像是《美人》（Beauty）系列——片子拍的是伊迪与一连串的漂亮男孩在她公寓里嬉戏喧闹、相互交谈——这个系列的想法是让她在面试新男友的时候旧男友也在场。当我回想那些跟伊迪拍的电影时，所有的片子都那么地天真，它们的氛围更像是睡衣派对而不是任何别的东西。

伊迪在摄影机前的表现是惊人的——全因她动作的方式，而她从来都不停止动作哪怕一秒。甚至当她睡觉的时候，她的双手也全醒着。她有充沛的精力——她在自己的生活中不知道该拿它来干什么，但是对于拍电影来说这棒极了。伟大的明星是那些他们做事的每一秒钟都有看头的人，即使仅仅是她们眼神中的一点变化。

不论何时你去伊迪的住处，你都觉得自己要被逮捕或是什么了——她住的那个街区总有许多警察在巡逻（他们是在护卫街对面的领事馆）。我刚认识她的时候，她总在门口停一辆加长型豪华轿车，车上有个待命的司机。但是不久之后，加长豪车就没了。之后，她不再买高级定制服装。有人告诉我她终于花完了她全部的信托基金，从现在开始，她不得不靠家里给的每月五百美元的津贴过活了。

但我仍然弄不清她到底是有钱还是没钱。她开始穿廉价店买来的 T 恤而非设计师品牌的服装，但那仍是每个人都想要拥有的时髦装扮。而且她仍然每晚为每一个人买单——她会为我们去的所有地方的所有花销签单。但对此，我搞不清是她认识各处的经营者呢还是有人替她付所有的账单，或者是其他什么情况。我是说，我搞不清楚她是我认识的人中最富的还是最穷的。我所知道的一切，就是她身上从没有现钱，但是话说回来，这又是**非常**富有的一个标志。

我拍了一部电影——《可怜小小富家女》(*Poor Little Rich Girl*)[1]——伊迪演一个刚刚花完了她继承的遗产的初入社交圈的女孩，讲电话，走回到她的床上，炫耀那件她标志性的白色貂皮大衣。

我一直想拍一部片子，拍伊迪生活里的一整天。但是话说回来，这是我想跟大部分人做的事情。我从不喜欢挑出一些场景和一些片断的时光然后把它们放到一起，因为那样拍出来的东西与真正发生的事情是不同的——它就是不像生活，它看起来特别好笑。我喜欢的是大块大块的时光全都在一起，每一个真实的片刻。一次，有人问马里奥·蒙特兹和我一起工作是什么样，我是不是"排练"演员等，而马里奥告诉他们既然排练是和修改相关联的，那

---

[1] 电影名中的"poor"一语双关，既有"可怜"之意，又有"贫穷"的意思。

么很自然，一个不剪辑自己电影的人不会预先排练[1]。说得太对了。我只是想要找到出色的人，然后让他们做他们自己，谈谈他们通常所谈论的，而我则拍他们拍上一段时间——而这，就是一部电影了。在那些日子里，我们的一些电影用龙尼·塔韦尔的剧本，而另一些，我们则只有一个想法或是主题交给人们去做。在电影中出演那个可怜的小小富家女，伊迪不需要剧本——假设她需要一个剧本的话，那就说明她不适合这个角色。

"冒险"（L'Aventura）是一家位于布鲁明黛尔附近的餐厅，我们过去常去那儿消磨时光。在六五年，我们每晚都会去那儿或者姜汁小人儿（Ginger Man）待上一阵儿——从工厂出发，我们八或十个人——许多剑桥的孩子，通常还有杰勒德。

我们的情况是这样的：杰勒德影响了我们在工厂之外所做的一切，而比利则对工厂本身有着最主要的影响。杰勒德紧追时尚与文艺，并且他对于把我们遇到的所有名人请到工厂来很在行。而且因为他无条件地膜拜名气与美丽，他让名人们感觉很好——即使在工厂闲晃的其他人没有一个认出他们是谁。

五月的一天下午，当我们在"冒险"拍摄一部电影时，一个名叫斯蒂芬·肖尔（Stephen Shore）的年轻人前

---

[1] 此句中"修改"和"剪辑"英文都是 edits。排练是为了有所更改以求达到最好效果，所以说排练和修改相关，又说不剪辑的人不排练。

来给我们拍照。他此前制作了一部短片，在电影制作人合作社放映过，那是二月的一天晚上，当晚放映的还有我的《胡安妮塔·卡斯特罗的一生》。片子放完后，他走过来问我他可不可以走访工厂——他在搞摄影，他听说我们那儿有很多事在发生。

我那时正忙着为在月底举办的巴黎展制作《花朵》系列，此外还在做《自画像》系列和大牛图案的墙纸。我会数小时地待在桌子旁，裁剪彩色纸张以观察事物在不同颜色下会有怎样不同的面貌，而斯蒂芬拍了好多这时的我。杰勒德通常都待在一个角落里以别人作品里的词句为基础写诗，所以他会一手拿着本打开的书，另一只手写个不停。比利则待在敞间后面，从放留声机的金属柜台下面成堆的黑胶中挑选歌剧唱片并在他朋友过来的时候和他们聊天。偶尔他会挂起块上面写着"此处禁止闲晃，禁用毒品"的牌子来劝阻那些不够慎重的朋友，特别是在我在工厂的正中看到一个我此前从没留意过的家伙在给自己扎针而大发雷霆之后。我绝对不想惹警察方面的麻烦，而比利知道这一点。

斯蒂芬永远都受不了工厂这帮人。一次我听到他跟某人讲："他们就坐在那儿。不是在看书，不是在冥想，甚至不是在观察周遭的事物：他们就那么**坐着**——盯视着虚空并等待晚上欢宴的开始。"

为我的巴黎展，伊利安娜·松阿本德本要给我一张船票，但是我劝说她改为给我四张机票，这样伊迪、杰勒德和查克·魏因就能和我一起去了。查克是个高个儿的哈佛男孩，长得好看，金发碧眼。他和伊迪常常待在一起——他给她"职业发展方面的建议"，她说。

在法国，人们对于新艺术不感兴趣，他们大多退回去喜欢印象派了。这是让我决定送"花朵"系列给他们的原因，我认为他们会喜欢。

伊利安娜是罗马尼亚人。她嫁给利奥·卡斯泰利已经很多年了，而现在，她在巴黎有一家自己的画廊。她乐意给我额外的机票，她说，因为她知道一个艺术家会得到更多的关注——特别是在巴黎——如果他的胳膊有个漂亮姑娘挽着的话。

伊迪和我在四月份去了大都会博物馆"美国绘画三百年"的开幕式。拉迪·伯德·约翰逊（Lady Bird Johnson）[1]和许多头面人物都到场了，但是摄影师似乎把火力对准了我们。伊迪把她的头发剪得非常非常短并且染成了银色以与我相配，而且那天晚上她看起来尤为出众——她只穿了连体丝袜，外面罩一件粉色睡衣。我们被大肆报道了一番——我们甚至还和拉迪·伯德照了相——所以我们非常渴望去巴黎看看在那儿会发生什么。

---

[1] 美国第三十六任总统（1963—1969 在任）林登·约翰逊的夫人，婴儿期时因照看她的护士说她"美得像只小瓢虫（ladybird）"从此 Lady Bird 成了她的名字并相伴一生。她的父亲和兄弟姐妹称她 Lady，而她的丈夫称她为 Bird。Bird 也是她结婚证上登记的名字。

# 1965

我们住在左岸一家小旅店的套房里,旅店名叫皇家比松(Royale Bison),是个像简·方达(Jane Fonda)那样的年轻的电影明星会住的地方,离伊利安娜位于伟大的奥古斯丁河堤三十七号(37 Quai des Grandes-Augustins)的画廊很近。

我们在巴黎很开心,彻夜不眠,逛诸如卡斯泰尔(Castel's)和新吉米(New Jimmy's)——后者是雷吉娜(Régine)[1]经营的——这类夜店。在卡斯泰尔有如此这般的疯狂之事:音乐突然停下来,然后每个人都跳进舞池开始互相感受对方——一场所有人都可以参加的性感大乱摸——裙子撩上去,裤子扯下来。这样的事儿一晚上搞了三四次。他们刚刚在卡斯泰尔拍摄了《风流绅士》(What's New, Pussycat?)的片断,整座城里似乎都是明星:像是特伦斯·斯坦普(Terence Stamp)、厄休拉·安德烈斯(Ursula Andress)、彼得·塞勒斯(Peter Sellers)、伍迪·艾伦(Woody Allen)、罗密·施奈德(Romy Schneider)、卡皮西纳(Capucine)、雪莉·麦克莱恩(Shirley MacLaine)、彼得·奥图尔(Peter O'Toole)、达利(Dali)、佐乌·佐乌(Zou Zou)、唐纳德·卡梅尔(Donald Camel)、瓦迪姆(Vadim)、简·方达、凯瑟琳·德纳芙、弗朗索瓦丝·多莱亚克(Françoise Dorléac)、弗朗索瓦丝·萨冈(Françoise Sagan)和吉恩·施林普顿。

---

[1] 指雷吉娜·齐尔贝博格(Régine Zylberberg),法国歌手、夜店经营者。

伊迪穿着 T 恤和连裤袜，外罩一件白色貂皮大衣，手提一个小手提箱抵达巴黎。当她在酒店打开手提箱时，我看到她随身携带的唯一一件行李是另一件白色貂皮大衣！那天晚上她穿着一件貂皮大衣去卡斯泰尔，当有人询问她是否要寄存她的大衣时，她紧紧抓着它裹住自己，说："不！我身上就只穿了这么一件！"她有着低沉沙哑的嗓音，听起来总好像是刚刚哭喊过。法国人爱慕她，而她爱慕巴黎；她十九岁的时候在那儿住过一阵子，学习艺术。

我在巴黎过得很开心，我决定就在那里向外界宣布我几个月来都想着要宣布的消息：我要停止绘画了。

艺术对我而言不再有趣；现在让我着迷的是人，而我想要把我的全部时间都用来待在他们身旁，听他们说话以及拍摄他们。我跟法国的媒体说："现在，我想要做的就只是拍电影。"但是当我第二天看报时，他们说我要"把我的生命奉献给电影事业"。法国人有他们自己理解英语的方式——我爱这个。

我们没有直接回纽约。所有人都想去丹吉尔（Tangier）[1]。所以我说好那吧。一个我们在巴黎碰巧遇到的家伙——沃尔多·巴拉尔（Waldo Balart）——决定跟我们一起去。

沃尔多的姐姐曾是菲德尔·卡斯特罗（Fidel Castro）

---

[1] 摩洛哥北部城市。

的妻子——卡斯特罗在即将成为总理之前与她离了婚。有迷人的谣言说沃尔多从古巴逃出来时带了一百万美元在一个手提箱里。(他非常慷慨,而且他确实资助了许多人,所以如果那个手提箱真的存在的话,有好多人是靠它过活的。)我们那一年早些时候在他位于村子里西十街的房子那儿拍摄了《胡安妮塔·卡斯特罗的一生》,用的是龙尼·塔韦尔从沃尔多那儿汲取灵感写出的剧本,而沃尔多本人也有出演。古巴在那时候是一个被不断提起的政治话题。就在上一年的十二月,切·格瓦拉(Che Guevara)在工厂南的联合国大楼才做过一个演讲(我记得他们才刚刚在那儿安上了马克·夏加尔[Marc Chagall]的彩色玻璃花窗)。

我们的电影里有一群人谈论"甘蔗种植园的劳工"。所有人想到劳尔——菲德尔现实生活中的弟弟——都乐不可支,他是国防部部长或是个什么类似的官儿,而外界都猜测他是个异装癖,所以这实在是很三俗(camp)。而更三俗的是菲德尔确凿的、试图成为一位好莱坞明星的努力——我们曾试着在一部埃丝特·威廉斯(Esther Williams)的电影里把他找出来,沃尔多发誓说菲德尔作为临时演员在那部片子里演出来着。

我在我们离开巴黎前往丹吉尔的时候很是愉快,因为我感到十分肯定的是,有鉴于我们在法国媒体上得到的所有宣传和报道,毕加索最终一定听说了我们。(一天下午,我们坐在一家咖啡馆设于人行道旁的座椅上,小帕洛马·毕加索 [Paloma Picasso][1] 从我们身旁走过。杰勒德因为在《时尚》中见过她的照片而立刻认出是她。）毕加索是整个人类历史上我最为钦佩的艺术家,因为他是那样多产。

丹吉尔的每一寸土地闻起来都如屎尿一般,但无疑所有人都认为它很棒,因为那儿有各种毒品。

当我们最终上了返回纽约的飞机——已将座椅安全带系好,还有其他的一切备妥。查克一跃而起,说:"稍等一下,我马上回来。"他跑下飞机舷梯,消失了。飞机起飞。飞越大西洋的整整一路上,我都在想是不是有什么事情是他知道而我们不知道的,像是,比方说,机上有炸弹或是我们的行李袋里有毒品。当我们过海关的时候,他们实实在在地检查了我,"从丹吉尔来?"还有诸如此类的问讯。我肯定他们会找伊迪那两件白色貂皮大衣关税上的麻烦——我是说,毕竟这是**六月**——但是他们甚至都没有查她。

查克是乘下一趟航班回来的。我意识到他突然跑掉也许只是因为他一时的玄想,认为我们的飞机要坠毁。他毕竟来自哈佛,那儿是 LSD 的早期王国。然而我一直都没能弄清确切原因。

我们从丹吉尔带回了很多阿拉伯式带兜帽的斗篷——是带有条纹的款式,许多人穿着它出现在我们那个时期的照片和电影中。我们从机场开车直接去了村子里看《一夜

---

[1] 毕加索的女儿。

狂欢》(*A Hard Day's Night*)和《铁金刚大战金手指》(*Gold Finger*)的连场电影,然后去了亚瑟(Arthur)——甚至都不操心把我们的行李收好,我们直接把那辆车留了下来。

当你走进亚瑟,在你正前方的是餐厅,而舞厅在右手边。舞厅闪着隐秘的光。没错,这是西比尔·伯顿·克里斯托弗(Sybil Burton Christopher)的俱乐部,而西比尔是个乐观而又外向的女人——总是有趣!妙!一场舞会!!——一个希望每个人都能开心的精力充沛的英格兰女人。在亚瑟,我遇到了如此多的明星——索菲亚·罗兰(Sophia Loren)、贝特·戴维斯(Bette Davis)——除了利兹·泰勒·伯顿(Liz Taylor Burton)[1] 的所有人——但是最激动人心的是遇到一位宇航员,斯科特·卡彭特(Scott Carpenter)。(就在六五年六月的一开始,美国太空计划绕地飞行的两位宇航员刚刚完成了首次舱外"太空行走"。)

当我回到纽约安顿下来后,伊万和我就我决定停止作画一事有过一次交谈。我以朋友的身份跟他讲,"我真的已经停止作画了,伊万。也许我还会偶尔做一个委托件或是一幅肖像画,但是目前我厌倦了"。伊万明白我的意思——我不想持续不断地重画成功的主题。他对我说我能够在电影上为自己另外搞出一番事业是十分了不起的。

---

[1] 即伊丽莎白·泰勒,伯顿为夫姓。

我再次问他是否想要什么时候出演我的电影,而他:"哦,不,安迪,我实在太过健康了。"

在我宣布停止作画的时候,波普艺术最终开始得到来自艺术史家和博物馆方面的严肃对待。

六月的末尾,一个极其闷热的夜晚,为了约翰·拉布罗斯基(John Rublowsky)和肯·海曼(Ken Heyman)的新书——《波普艺术》(Pop Art),一场盛大的派对在工厂举行,而敞间热得令人窒息。我身边的女孩穿一件库雷热(Courrège)塑胶连衣裙,出着汗,对我说穿着它就仿佛裸身坐在一把厨房的椅子上;它直往她身上粘。她有本那书并叫我在上面签名。当我翻着书页看着那些彩色图片时,我对我的退出感到全然的满意:最基本的波普宣言已经发表了。

六五年,很多姑娘都是大宝贝儿(Big Baby)打扮——穿着带泡泡袖的短款小女孩连衣裙——与之搭配的是浅色袜裤配一字系带校园平底鞋。不过那袜裤不是真正的袜裤,因为当姑娘们弯腰的时候你可以看到她们袜子的上端系着吊袜带。很难相信年轻姑娘仍然穿着像是高腰束腹裤那种玩意儿,但是她们确实穿着。(内裤不到六六年不会全然消失,到那时候像是国际丝绒[International Velvet]那样的姑娘会在数九寒天不穿长筒袜也不穿内裤就那么走过街头。我承认,她们会穿皮毛大衣——但是话说回来,那些可是皮毛**短**大衣!)

## 1965

越来越多的潮流小店(boutiques)在纽约、巴黎、伦敦、罗马勃兴。新的服装风格问世的速度是如此之快,潮流小店是那些真正有创造力的设计师让自己为大众所知的最快、最赚钱的方式。**六四年**让服装产业困惑——大型厂商不知道新装最终会持久占据多少市场份额。他们不知道这些新装仅仅是大家私下里穿穿的新奇玩意儿还是说姑娘们会开始穿着它们去上班。大多数拥资数百万美元的厂商在一开始的时候非常谨慎,这也是很自然的;而当他们犹疑不前的时候,潮流小店抢占了市场。

"装备"(Paraphernalia)在六五年的晚些时候开业,而另一个趋势开始了——店铺在早上很晚才开,甚至中午才开,而一开开到大概晚上十点。"装备"有时候会一直开到凌晨两点。你走进店中,试穿衣服,而店里可能正放着《从我的云朵上下来》(Get Off My Cloud)这类歌——你在与你将穿着这些衣服的氛围一样的氛围中挑选它们。而这类潮流小店的店员总是非常新潮、非常悠闲,就好像店铺不过是他们公寓里的另一个房间——他们会在四下里坐着,翻杂志、看电视、抽大麻。

这是《满意》[1]的夏天——滚石从每一家的门口、窗户、小室和汽车中传出来。流行音乐听起来如此机械,着实让人兴奋,从现在开始,你可以凭声音而非旋律分辨每

---

[1] 指滚石乐队的《(我无法)满意》([I Can't Get No] Satisfaction)。

一首歌：我是说，你在第一个音符还没奏完就能知道这是《满意》。

迪伦在这一年的夏天演出了他的第一场电音演唱会。飞鸟乐队（The Byrds）已经翻唱了他的《手鼓先生》（*Mr. Tambourine Man*），而海龟乐队（The Turtles）则翻唱了他的《那不是我，宝贝儿》（*It Ain't Me, Babe*）。他出民谣、入摇滚，而且他已经从社会抗议歌曲转到了个人抗议歌曲。而他越是个人，他就越受欢迎。事情就仿如他越是说"我只是我"，孩子们就越是说"我们也只是你"。如果迪伦只是一个没有吉他的诗人，说同样的那些话，他不会成功；但是当诗歌窜上了十大热门曲目的榜单时，你无法忽视它。

那年夏天，真真正正地头一次，大麻四处都是。但是迷幻药还没那么普遍，肯定尚且还没到从直升机上往下撒的地步。要搞到它，你仍然要"认识人"。

村子里的大街上还没有那么多的大麻在人们手中流转，不过女公爵有一个朋友带着M&M巧克力豆在华盛顿广场四周转悠并跟那儿的孩子们说："这是超级大麻，不过**不要嚼**，因为如果你嚼它的话你就会死。明白么，它必须要**等到**到了你胃里再融化。"他还会把糖卖给布鲁克林来的小女孩——他甚至都不耐烦把它碾成末儿，他会就那么从夹克里拿出一盒多米诺（Domino）牌的砂糖然后把它倒进什么里。他是怎么办到的？"我是老黑嘛，"他解释道，"她们崇拜我。她们想要扎针，我说，姑娘们你们应该用嗅的,这样能兴奋得更久,随便问问谁吧。"

孩子们在六五年对毒品还很陌生。还没有人知道该怎么买大麻——但是很多人显然已经知道该怎么卖。

当《黑胶唱片》那年夏末在位于拉斐特大街的实验影院(Cinemathèque)放映时,杰勒德带了一位名叫保罗·莫里西(Paul Morrissey)的年轻的电影制作人过来看。保罗在地下电影圈已经混迹多年。他住在位于下城东四街的一个老旧的铺面房里,他和唐纳德·莱昂斯曾经一起在布朗克斯区的福德姆大学(Fordham University)读书。六〇年的一天,唐纳德告诉我,当时他们已是大四的学生,"保罗弄到一部8毫米摄影机并从福德姆教堂圣坛后面偷了几件牧师的法衣,然后我们跟另一个朋友一起去了植物园,保罗拍摄了我们——我演一个牧师,举行一个简短的弥撒,给圣坛助手发圣餐,然后把他推下悬崖。那是部无声短片。保罗叫它《梦和白日梦》(*Dreams and Daydreams*)"。唐纳德后来继续到哈佛研究生院读古典学,而保罗则待在了纽约,起先在一家保险公司工作,而后在社会服务部(Department of Social Services)供职。

(在我认识他很久以后——六九年,就在他要拍摄《垃圾》[*Trash*]之前——我看了一些他其他的早期电影,那是一天下午在工厂他为了高兴而放映的。一部是彩色影片,拍的是个五十年代阿飞式的孩子,梳着光亮的背头,眼睛离得很近地看一本漫画书,看得很慢很慢,因此看起来只是粗通文字的样子。另一部是黑白电影,拍在机关枪剩余胶片上——那种他们用在飞机上拍摄敌方领地的胶片。片子拍的是他社会工作的一些案例,一个黑人男孩和女孩静脉注射海洛因然后迎来快感。放这个的时候,保罗随片播放一开盘式磁带 [reel to reel tape],上面是迪翁·沃里克唱的《走过》[Walk On By] 和《如果你伤了我的心你就永远上不了天堂》[You'll Never Get to Heaven If You Break My Heart]——他说他放这片子的时候总是配这带子。)

说回杰勒德在六五年夏天《黑胶唱片》的放映活动上介绍我们认识。保罗正跟昂迪恩大聊特聊,而我说,"你怎么认识昂迪恩?"他则说,"你怎么会**不**认识他?"

他们在聊一个最中意的话题:罗马天主教会,而有人则发出了不和谐之音,"像你们俩这样讨人厌的家伙竟在教会里"。昂迪恩抬起他的头,变得非常傲慢,变身教皇,并告知那个"异教徒"道:"教会有像我俩这样的讨厌家伙在它**里面**,比起我们在它外面与它为敌要好得多得多!"然后他转向保罗,伸出一根手指向他劝告道,"我的孩子,我们必须从这件事上学到重要的一课……"

保罗和昂迪恩在教会之外还有一个很大的共同点——他们都是说个不停的人,而当他们在场的时候,所有其他人都会闭上嘴以便让好戏上演。但是对保罗来说事情更加微妙,因为他不能算是在表演,他只是天生非常地坦率和机智。

保罗不碰毒品——实际上,他反对每一种药甚至阿司

## 1965

匹林。他有一个独特的理论用以解释为什么孩子们在忽然之间开始嗑药[1]嗑得这么凶,他说那是因为他们厌倦了健康,既然现如今的医学已经根除了绝大多数儿童时期的疾病,他们想要弥补被他们错过的病痛。"为什么他们管这叫作尝试**药**?"他问道。"这不过是在尝试**病**!"

他有着一张十足的"愤怒的年轻人"的脸,特别是在照片上——总是皱着眉头并且下巴内收。他穿军装剩余式的衣服——十三粒纽扣的海军裤和高领套头毛线衣——而我们其他人则穿牛仔裤和 T 恤衫。他不常照镜子。他是个高个儿,长得有一点像鸟,他刚刚开始留长他的鬓发,并照着迪伦的样子弄乱。

在曾在工厂晃悠的所有人中,保罗对电影研究的批判方法和历史方法知道得最多——特别是好莱坞电影。他知道所有好莱坞琐事,所有的性格演员,所有大明星出演的所有不知名电影中的所有不知名片段。他喜爱乔治·丘克(George Cukor)、约翰·福特(John Ford)和约翰·韦恩(John Wayne)。他知道所有的电影摄影师——外国的和美国的。他是个十足的电影狂热爱好者。

保罗对所有的事情都有明确的主见。他在对抗中茁壮成长。他有个习惯,说话时总是以"不,但是……"起头——以防有人刚好说了什么。而且他神秘莫测。一个持续不断被人提起的问题是,他有没有性生活?每个认识他

---

[1] "药"和"毒品"在原文里都是 drug。

的人都坚称他绝对什么也没做过，而且他的日常生活也为这样的说法提供了佐证，但是保罗是个有吸引力的家伙，所以人们总还是要问，"**那**他都做什么？他总得做点什么……"

当他介绍我俩认识的时候，杰勒德说："这是我的一个朋友，保罗·莫里西，他很懂得怎样把事情做成。"而保罗立即开始在我们拍摄电影的时候来工厂，看我们怎么做事以及他是不是可以以什么方式参与进来。起初他只是拖地或者看幻灯片和照片。他一直以来都想要开拍自己的有声电影，但是他没钱租那些音效设备。他对我们的设备很着迷，并问了巴迪·沃特沙夫特（Buddy Wirtschafter）——我们那时的音效师——一堆问题。杰勒德说得对，保罗确实很懂得怎样把事情做成——最后到了令我们觉得神奇的地步。

那年夏秋两季的几个月间，我们在工厂坐拥一台录像机器。它是我见过的第一台家用录像设备——而在那之后我也绝没有再看到过那样的东西。它不是便携式的，它几乎等于是固定在那儿。它在一个长柄之上，有个虫子一样的头，你坐在控制面板前，而那摄影机自我连接起来如蛇一般，又如给画板打光的灯一样弯成某一个角度。它看起来棒极了。

北美飞利浦公司（Norelco）给我这台机器让我摆弄。然后他们为它搞了个派对。然后他们把它拿走了。他们的想法是要让我把这个展示给我那些"有钱的朋友"看(它卖大约五千美元一台)并能让他们买上一台。我把他们展示给罗滕和小鸟儿看,而他们想要偷走它。我记得拿它拍过比利在逃生梯[1]上给伊迪理发。它在一周左右的时间里是我们的新玩具。

为这台机器搞的派对地点设在地下,在废弃的纽约中央铁路(New York Central Railroad)公园大道(Park Avenue)这一站,华尔道夫酒店(Waldorf-Astoria)之下。你从大街上的一个洞口进入。现场有一个乐队,伊迪穿着短裤,但是身穿礼服的女士们则尖叫着闪躲老鼠、蟑螂和其他东西——毫无疑问,那些都是真的。还有一份名为《磁带》(Tape)的杂志在这个派对上做推广,它才刚刚起步——也同时正在结束,当然这是就事后来看。它是一本随刊附有磁带的杂志,其构想是你在读它的同时播放磁带,只是这想法没能流行起来。

这年八月,在史蒂夫·保罗(Steve Paul)位于西四十六街的"现场"(Scene)有一个盛大的派对。史蒂夫此前是为薄荷厅做市场推广的。杰姬·肯尼迪一天晚上出现在"现场",史蒂夫为此在多家报纸上大讲特讲了一番,而这让他那地方暴得大名。

我甚至不知道是谁搞的这场派对又或者是为什么搞的

---

[1] 为火灾时逃生使用的、连接于建筑外墙上的楼梯。

这场派对——和往常一样,我们只管去就是了。有人说是为摇滚乐狂热乐迷[1]搞的——为向所有那些在那儿晃荡的骨肉皮姑娘们致意——但是之后我在某本杂志上读到这派对是彼得·斯塔克(Peter Stark)搞的,他是电影制作人雷·斯塔克(Ray Stark)的儿子,范妮·布赖斯(Fanny Brice)的外孙,这场"回到校园时代"的派对是他为自己举行的。在派对期间,"现场"那帮人在墙上投影了我们的几部片子,都是伊迪仅着内衣的电影。

莉莎·明内利(Liza Minnelli)和彼得·艾伦(Peter Allen)都在场——我想他们那儿已经订婚了,是朱迪帮他们牵的线。(莉莎的事业才刚起步,在百老汇演出《福洛拉,红色威胁》[Flora the Red Menace],在腿上还打着石膏的情况下跳舞。那晚在"现场",我看到一些家伙指指点点,将莉莎和伊迪的腿评为纽约之冠。)简·霍尔泽也在场,还有玛丽昂·贾维茨(Marion Javits)、亨廷顿·哈特福德、温迪·范德比尔特(Wendy Vanderbilt)和克里斯蒂娜·保罗齐(Christina Paolozzi),她是首位裸体登上《哈珀市集》(Harper's Bazaar)[2]的模特。到场的还有琼·本内特(Joan Bennett)和沃尔特·万格(Walter Wanger)二人美丽的女儿斯蒂芬妮(Stephanie),她嫁给了温斯顿·格斯

---

[1] Groupie:指追随摇滚乐团巡回演出的狂热乐迷,特别是年轻女性,又有依其发音及暗含的意思译为"骨肉皮"的。本书后面也有采用"骨肉皮"这种译法的地方。

[2] 内地版名为《时尚芭莎》,本书直译为《哈珀市集》。

特（Winston Guest）高大英俊的儿子弗雷迪（Freddy），加里·库珀（Gary Cooper）的女儿玛丽亚（Maria），以及梅琳达·穆恩（Melinda Moon）和一位自新港（Newport）来的顾圣（Cushing）[1]家族身材高挑、双腿修长、一身贵气的女孩。

梅尔·朱费（Mel Juffe）是一份下午出刊的报纸《美国人报》（*Journal American*）的晚间记者。他在报道这次派对时决定把它完全写成一个谜，既然似乎没有人知道派对是谁搞的以及为何而搞。而且即使在他的报道出来之后，这派对仍然是个谜。照片洗出来后，他告诉我，所有《美国人报》本市新闻编辑室的家伙都凑了过来试图猜出哪个是"伊迪"，哪个是"安迪"。

那时我们已经恶名昭彰，因为我们在城中的每一个派对上都会出现。记者很爱写我们，给我们拍照片，但好笑的是，他们不知道到底该说我们点儿什么好——我们看起来"很有故事"，但是他们并不真的知道我们是谁又或者我们都忙些什么。而大感困惑的并不只是记者。埃里克·埃默森（Eric Emerson），一个我在六六年结识的舞者，告诉我他花了整整一年的时间紧追泰格·莫斯参加派对的脚步，因为他以为她就是"安迪·沃霍尔，那个可以把我弄进地下电影圈的人"。他曾向某人询问我看起来是什么样，那人告诉他说，"他大概这么高，银色头发，戴墨

---

[1] Caleb Cushing（1800—1879）顾圣，又译"顾盛"。美国政治家、外交家，在担任驻华特使期间（1843—1845）签订《望厦条约》（又称《中美五口贸易章程》）。

镜",而就在那时埃里克忽然想起了泰格,她正好也符合那描述。

梅尔就是在那次"现场"的派对上结识的伊迪,他对她一见倾心。当他写那篇报道时,他用了好几次**"光芒四射"**这个词来描述她。很久以后,他对我说他觉得她非常弱也非常强——一个当她想的时候真的可以把持局面的小女孩。他写完那篇稿子后跟我们在亚瑟约见过一次。而在之后的几个月里,他常在我们左右,神魂颠倒,望着伊迪。

"当我遇到你和伊迪的时候,"他提醒我,"你们俩作为媒体情侣正处在巅峰时刻。**你们**从六五年的八月到十二月在各处引起轰动。没人搞得懂你们,甚至没人分得清你们——然而除非有你们两个在场,否则城中任何有点儿重要性的事件都没法进行得了。人们欣然为你们买单,车接车送——做任何事、做所有事来款待你们。你们那会儿最喜欢开的一个玩笑就是把不同的人推到前面去,说他们是你们……"

我记得一天下午,我们一伙人——我、伊迪、杰勒德、梅尔和英格丽德·超级明星(Ingrid Superstar),一位才刚出现在圈子里的、来自新泽西州的高大的金发女郎——走去参加在西五十七街林肯艺术剧场(Lincoln Art Theater)举行的《宝贝儿》(Darling)首映。像往常一样,我们到时电影已经放完了。梅尔指着大厅桌子上放着的两瓶香槟和六个一次性纸杯大笑道:"这**毫无疑问**是本季最没品的派对……"而就好像还嫌不够糟似的,经理正要对着一群似乎是从街面上随便晃荡进来的人讲话——甚至还拿了麦克风。一定有人跟他讲了"伊迪和安迪在场",因为他花了足足两分钟对我们的到场表示了热烈的欢迎,毫不吝惜溢美之词地对我们能来表示了感谢,然后他抬头四望,一脸茫然,说:"现在,呃,可否请安迪和伊迪向前一步?"他肯定对于我们是谁一点儿概念也没有。所以伊迪和我就把英格丽德和杰勒德推向他,而那位经理就又对着他们再次感谢了一番。这就是典型的"能请到你们出席我们激动万分。你们是**谁**啊?"但是全城都是这么个情况——人们为我们能出席他们的派对而感到高兴,但是他们不知道他们到底为什么应该感到高兴。这实在是很好笑,因为这实在是很荒唐。

在这场奢华的首映式后,我们去了位于克里斯托弗大街(Christopher Street)的一个只维持了几个星期的叫作假面剧(Masque)的地方。那儿的侍应身穿锡箔纸,而他们那儿唯一供应的东西是可口可乐。经营那个地方的家伙曾请布里吉德去那儿做老板娘,但是她拒绝了。在假面剧彻底关张之前,英格丽德在那儿搞过一次诗朗诵,当她看到迪伦走进店里来时激动不已。

英格丽德只不过是个一般漂亮的女孩,从新泽西州来,有着宽大的骨架,摆出一副魅力人物和派对女郎的姿态——而了不得的是,这招还真奏效了。她是个特别有趣的姑娘。她会观察所有其他的姑娘,然后多少有些做作地学着她们的样子做。看着她坐在伊迪或者之后的妮可(Nico)和国际丝绒身边,全然照着她们的样子上妆或者涂睫毛膏,交换耳环和其他小物件,交流美容心得,实在是逗趣极了。那就好比像是看着朱迪·霍利迪(Judy Holliday)和维苏卡(Verushka)[1]在一起。我们总是拿她寻开心,像是告诉她她有望当选下一年度的"年度女孩"。

"太好了!"英格丽德说,"我该做点儿什么才能确保当选呢?"

"离群索居。"有人建议她。

"我没法儿**离群索居**——我**现在**的状况就已经够孤独的了!"

从她那所有的矫情与做作之中,她会突然像这样伴着正中要害的全然的坦诚出现。在内心深处,英格丽德绝不是个自命不凡的人。

我们去哪儿都带着她,她总是那么欢乐,那么好相处——那种不管如今已是什么年月了都会一跃而起跳波尼舞(pony)的女孩。她穿勾勾靴(go-go boots),她真的穿。她作的诗也很好,真的好,一半是诗歌一半是喜剧。而我们每到一处,她都觉得她认识那儿的某人。你都能想出来她那个样子:"那不是那谁吗?那人看起来很像

---

[1] 原文如此,应为 Veruschka,指德国模特、女演员维苏卡·冯·伦多夫(Veruschka von Lehndorff)。

是那谁，不是吗？……不是？好吧，不过他**看起来**真的像那谁……"

那年的夏天和秋天，伊迪开始说她不高兴自己出现在地下电影里。一天晚上，她叫梅尔和我同她在俄国人茶室碰头"开个会"。她希望他能在她向我解释她对于她的事业的感受时做出公断。这是她惯常的伎俩——让所有人为她该做这个还是该做那个操心。而你真的会为之操起心来。那天晚上，她说她已经决定绝不再为工厂拍任何电影了。

乔纳斯·梅卡斯刚刚为我们在实验影院提供了一连好几个晚上的放映机会，我们想拿来做什么都可以，而我们想说，如果搞个伊迪·塞奇威克的回顾展，那可真是棒极了——所谓回顾展，也就是放映所有她在过去的八个月里拍的电影。当我们最初想到这个主意时，我们都觉得这实在是很欢乐——包括伊迪。实际上，我记得就是伊迪自己最先想到的这个点子。但是现在，这天晚饭的饭桌上，她宣称我们只是想要让她出丑。侍应生把莫斯科驴[1]挪到一边，给我们上晚饭，但是伊迪把盘子往旁边一推，点燃了一支烟。

"纽约的每个人都在嘲笑我，"她说，"我难堪到甚至都不想出门儿。这些电影让我出尽了洋相！所有人都知道

---

[1] 一种鸡尾酒，以伏特加、青柠汁、姜汁啤酒混合而成。

我在片子里什么也不做就那么站着,而你则把它拍下来,这算是哪门子才华?考虑考虑我的感受!"梅尔提醒她那时她是纽约所有女孩羡慕的对象,她绝对是——我是说,所有人都在模仿她的打扮、她的风格。

之后她特别针对"伊迪回顾展"这个主意开始了抨击,她说这不过是我们让她出丑的又一个方式。到了这个份儿上,我脸已经涨得通红,她搞得我情绪激动得几乎说不出话来。

我跟她说:"但是难道你就**不明白**吗?这些电影是艺术!"(梅尔后来告诉我,当他听到我说这话的时候着实吃了一惊,"因为你通常的原则是让别人说你的电影是艺术,"他说,"而不是自己说。")我试图让她明白如果她出演足够多的这类地下电影,好莱坞的某人也许会注意到她,从而让她出演一部大片——重要的是要出现在银幕上,并且让所有人都看到她有多棒。但是她不接受这个说法。她坚持说我们就是要让她出丑。

可笑的是,起初我们拍所有那些电影背后的想法就是要它们荒唐可笑。我是说,伊迪和我都知道那些电影是个笑话——这正是我们拍它们的原因!但是现在她却说如果它们真的荒唐可笑的话,她不想在其中出现。她搞得我要发疯。我不停地提醒她**任何形式**的曝光都是好的曝光。之后,大约午夜时分,所有这些愚蠢的争论把我搞得发狂,我离开了。

梅尔和伊迪继续谈话直到天明,最终她总算是做出了一些"决定"。"但是,你永远都不能指望伊迪能有很有条理的想法,"梅尔事后告诉我,"因为第二天下午我打电话给她时,所有她'决定了的'一切都彻底变了。"

这是伊迪最主要的问题:情绪多变,想法也多变。当然,她那时用的所有那些毒品与这种状况有很大的关系。

不管怎么说,她还是和我们一起又拍了一些电影。

整个夏天我们都在工厂和电影制作人合作社——这时已搬到拉斐特大街——放映我们的电影,如《试镜》(Screen Test)、"美人"系列和《黑胶唱片》。虽然我们自己不到最后一分钟都不知道我们要放哪部片子,但是不知通过何种方式,就如同有人施法,片子里的人或是他们的朋友总会到场。(《试镜》拍的是不出镜的龙尼·塔韦尔采访男扮女装的马里奥·蒙特兹,而在最后使得他承认他是个男人。而《黑胶唱片》**则是**我们对于《发条橙》的诠释,杰勒德演一个穿皮衣的少年犯,说着诸如"耶,我是个少年犯——怎么着?"这样的台词。)

劳工节[1]那个周末,我们去了火岛拍《我的男妓》(My Hustler),保罗·美国主演。莱斯特·珀斯基在那家名叫昂迪恩的迪斯科发现的保罗并把他带来了工厂。保罗长得令人难以置信地好看——就像是一幅描摹美国先生的漫

---

[1] 九月份第一个星期一,美国和加拿大为劳动者设立的节日。

画，棱角分明、英俊、身材非常匀称（他好像正好六英尺高，体重也是个恰到好处的整数）。我不记得他保罗·美国这个名字是怎么来的了，如果不是因为他那时住的位于西四十六街上、第六和第七大道间的美国酒店（Hotel America）的话——那是家超级古怪的中城酒店，是莱尼·布鲁斯（Lenny Bruce）那样的人会住的地方。

我们一下火岛渡轮，就拖着我们那些装着电影设备的死沉的金属箱，赶去樱桃林一家同性恋酒吧见罗滕·丽塔的一位名叫蜜饯小仙女儿（Sugar Plum Fairy）的朋友，好让他给我们指路，告诉我们怎么去我们要住的房子。当两个保罗——莫里西和美国——将箱子高举在头顶走进酒吧，左右腾挪穿过人群时，有人大喊道："快看呐！好个度蜜月的一对儿！"

我们以黑白片拍的《我的男妓》。片子讲的是一个老玻璃把一个颇有男子气的金发男妓带到了火岛度周末而他的邻居们都试图把那个男妓勾引走的故事。

多年以后，我在《纽约时报》读到一篇保罗·美国的访谈，他说他在拍摄期间都在嗨 LSD。这我那会儿倒是不知道，但我确切知道的是，那个周末在我们的拍摄地有**很多**迷幻药。我们又一次和剑桥的孩子们在一起了，而他们把那玩意儿随手丢进所有的东西里。我确保自己只喝自来水，并且我只吃我可以分辨出包装是否被打开过了的巧克

# 1965

力糖块儿[1]。相信我,我太了解这帮人了,你跟他们一起度周末而不小心谨慎的话肯定得被他们的迷幻药来上一下。

说到迷幻药,杰勒德在我们六四年一月搬到工厂后不久,经历了他的初次神游。一天,我走进工厂,看到他正在那儿手拿一把笤帚大喊着打扫敞间。这——扫地——是杰勒德从没干过的事。如果只说绷画布或是给东西打包的话,杰勒德是个好劳力,但他的一大缺点是有时会非常邋遢(你如果拉开他桌上的抽屉,在笔记本和纸张中就混杂着他没洗的脏衣服),所以当我看到他实实在在地拿着笤帚打扫卫生时,我惊呆了。我问比利:"他这是怎么了?"比利抬起头,缓慢地转向我这一边,说:"他在……神游。"显然,比利也在神游。

说到那个周末谁吃了迷幻药谁没吃,每个人都有不同的讲法。所有人都一致同意的是,我们日夜不休地在放一张水晶乐队的唱片《他打了我一下(而这就像是个吻)》(*He Hit Me [and It Felt Like a Kiss]*),这唱片我们每个人都喜欢,因为歌词实在有够病态。杰勒德说迷幻药被放进了炒蛋里而每个人都吃了那炒蛋包括他自己。斯蒂芬·肖尔说他看到蜜饯小仙女儿把药放进了橙汁里而每个人都喝了,除了他。那个周末过去了几个月后,杰勒德仍然坚称迷幻药被放进了炒蛋里而我吃了一些。我们为此吵了很久。

"每个人都吃了那炒蛋,安迪。**保罗吃了那蛋,我吃**

---

[1] Candy bars:士力架(Snickers)一类的零食。

了那蛋,**你**吃了那蛋——我们每个人**都**吃了那蛋!我**看到**你吃了。承认吧!"

"我**没有**,"我坚持说,"我知道他们会把那玩意儿放进蛋里,所以当然**我一点儿也没吃**。我在那儿压根儿就什么都没吃!"

"安迪,我**看到**你吃了。"

"你在神游,对吧?所以你是在幻觉中看到我吃了,因为**我**一点儿都没吃。"

"为什么你就不承认呢?"杰勒德会继续说道。"那很美妙,神游美妙得很。没有人有不快的神游,甚至保罗·**莫里西**!我是说,当我们在木板路旁发现了如胎儿般蜷缩着的他时,他在**微笑**……"

"听着,杰勒德,也许**保罗**吃了那蛋,也许**你**吃了那蛋,也许**樱桃林里的每个人**都吃了那蛋,但**我没有**!"

"安迪,我们走进厨房的时候,你在地板上正用一种非常孩子气的、非常古怪的方式往垃圾袋里装垃圾。"

显然杰勒德认为人们神游的时候一定得打扫卫生。我永远也不能说服他我绝对没吃那玩意儿,我没法让他相信那个周末我真的只是靠巧克力糖块儿和自来水为生。

不过看着他们所有人神游是件好笑的事。那晚所有人都吃了迷幻药,他们从住处向海滩进发,开始了一场跋涉,假装自己是哥伦布或者巴尔沃亚或者随便什么人,外出探寻新世界——所有的一切都很有远古气息,直到有人低头在火岛的海岸上看到一罐凡士林为止。

# 1965

这是我所知道的唯一一次保罗·莫里西被人下药,来上了一剂 LSD,而且我注意到在那个周末之后,他对于自己在派对上的饮食更加留心了。我之前也说过,保罗反对**所有的**药品,而且他那次也绝对并不想碰 LSD,所以他对于发生的一切感到非常难堪,以至于最后开始否认整件事情。然而,我看到他蜷缩成婴儿一般睡在木板路旁,而且,实话跟你说,他**确实**在笑。

到这个时候我们已经完全被好莱坞的神秘迷住了,被它所有的那些夸张和做作。我们和伊迪一起拍的最后的那些电影中有一部叫《卢佩》。伊迪饰演影片的同名角色,我们在潘纳·格雷迪(Panna Grady)位于中央公园西和西七十二街交界处的古老而非凡的达科他公寓里拍摄这部片子。潘纳是一位六十多岁的女主人,她把上城的知识分子和下东区的那类角色拉到一起来——她似乎格外欣赏和毒品有牵连的作家。我们都听说了卢佩·维莱斯(Lupe Velez)——墨西哥急性子[1]——的故事:她住在好莱坞一个墨西哥式的宫殿里面,决意进行一次史上最为优美的天堂鸟式自杀——带有圣坛和燃着的蜡烛的那种。她布置好一切,服毒之后躺卧下来等待那美好的死亡前来攫走她。但是当最后的时刻来临时她开始

---

[1] Mexican Spitfire:墨西哥急性子,是卢佩·维莱斯 1940 年的一部电影名。片中她扮演一个急性子,这部片子之后又拍了六部续集——同样的片名、同样的主演,于是卢佩·维莱斯就有了"墨西哥急性子"这个昵称。

呕吐,最后死时,她的头探在马桶里。我们觉得这故事妙极了。

伊迪仍然在享受和我们一起拍电影的夸张作态与担心她的形象之间摇摆,我用"摇摆"这个词是指她会在数小时间来回变换多次。她可以站在那儿跟记者聊着天,望向我们这边并咯咯一笑,然后告诉他诸如"我不介意当一个公开的傻瓜——只要我是在传达我自己并且让人们看到"这类顽皮的话。这是她的一面——拿媒体寻开心。但是十五分钟之后,她可能就会狠狠地发上一阵脾气,说她没有被作为一个女演员严肃对待。实在是有点儿神经。

九月,拉里·里弗斯在第五大道的犹太博物馆(Jewish Museum)有一个回顾展,而我总是会想起那个回顾展上人们的衣装。拉里兴奋地戳了我一下,说:"快看那个姑娘!姑娘们在展示着她们此前从未在公开场合展示的身体部分!你有欲望,之后有个东西以某种方式抓住了这欲望,再之后你就迎来了这不可思议的大爆发!"拉里四下里看着,像我一样为那些明亮的色彩和所有那些款式感到兴奋。(他谈论的是姑娘,因为男孩们还没那么勇敢。但是几年之后,你可以随意到一个派对上用同样的那些话来形容男孩。)人们穿成这样来参加艺展开幕式实在是很不错。不过,再过上一年,人们会一起略过开幕式直接奔去

1965

马克斯（Max's）[1]——那儿成了人们这种心态的展示所。

我们在**六四**和六五年去了几次费城。萨姆·格林在那儿认识很多人，我们整车整车的人开车过去找他。六五年，萨姆当上了宾夕法尼亚大学（University of Pennsylvania）当代艺术学院的展览负责人。我们以费城为背景拍了很多电影，而且我们也在那儿放映了不少我们的电影。有时萨姆富有的远房表兄亨利·麦基尔亨尼（Henry McIlhenny）会在他位于里滕豪斯街区（Rittenhouse Square）的联排别墅内设宴款待我们，我们穿着皇后学院（Queens College）的套头运动衫坐在那儿，每人身后都立有一位待召男仆。（一次晚宴上，塞西尔·比顿 [Cecil Beaton] 也在场，当我问他能不能给他画张肖像时，他说当然，于是我们立马上楼开画。在画他的脚时，我在他的脚趾间画上了一朵玫瑰花。）

当萨姆开始工作时，学院里有一个顾问委员会和一个从大学下派的管理机构，其中的一些人想要搞一个高更（Gauguin）和雷诺阿（Renoir）的回顾展。萨姆告诉我："幸好他们没有足够的资金，所以搞不成这种无聊玩意儿。"作为替代方案，他向委员会建议搞一个安迪·沃霍尔回顾展。他们起初非常不愿意，所以他就跟他们讲如果他们同意这个波普展的话，他们可以在之后搞一个抽象

---

[1] 指 Max's Kansas City，一家夜店兼餐厅，后文会提到。

表现主义的展览,这样不就皆大欢喜了嘛。最后他们决定他们无法自己做决定,所以他们决定派一个代表去一趟纽约帮他们做决定。

萨姆有个好朋友名叫拉利·劳埃德(Lally Lloyd),她丈夫是霍拉肖·盖茨·劳埃德(Horatio Gates Lloyd),中情局的头目之一,而她本人则是比德尔(Biddle)家族的一员,来自主铁路区[1],拥有大片地产。萨姆介绍我和她认识是在艺术品商人亚历山大·艾欧拉斯(Alexandre Iolas)为尼基·德·圣佛莉(Nicky de St. Phalle)在尼科尔森咖啡馆举办的晚宴上。(他在晚宴开始前对我说:"一会儿**千万别**给我玩儿羞涩把所有的事情都搞砸了。")劳埃德女士跟我说着得知我考虑在她们那小小的博物馆办展(实际上这将成为我首次非画廊展出)她感到万分荣幸时,我突然问她是否愿意出演一部我的电影。

"她问你她都需要做些什么,"萨姆提醒我,"而当你面无表情地说'和萨姆做爱'时,她觉得你可真够放肆的。从那一刻起,一切都进展得很顺利——其实最主要的是她喜欢你的作品。她让博物馆的顾问委员会拨四千美元的款给你做这个展览。当然,最后花的远不止这个数,但是我们自己筹得了其余款项——通过让你为展览制作绿票招贴以及用印刷有绿票图案的丝绸制作女士衬衫,最后甚至还剩了一块足够大的绸子给我做了一条领带。之后,记

---

[1] Main Line:指连接费城和匹兹堡的主铁路段。

得吧,我从金宝浓汤罐头公司(Campbell's Soup Company)弄来了一堆真正的标签,在背面印刷了这场展期为十月七日至十一月二十一日的展览的请帖。"

萨姆在展览之前安排了大概足有四个月的宣传期。他在城中的一些影剧院和宾夕法尼亚大学校园里放映我们拍的电影,还派了不止一个费城社会新闻记者到纽约采访我们。"我跟他们说务必要拍些见不得人的照片回来。"

萨姆有一副上流社会的牙齿和胡子,他特别喜欢那些极度渴望摆脱无聊生活的上流社会的女士。他会跟她们说些诸如此类的话:"有个疯子叫沃霍尔,他会带着他的整班人马进入你的房子,用一个下午就拍出一整部片子来。你一定得见见他。"而且因为萨姆知道异装皇后[1]和其他许多出格的事儿,上流社会的女士们都认为他有意思极了。跟着萨姆,我认识了很多出来找乐子的名门闺秀。

值得一提的是,在工厂你永远都不必摆拍。你想拍的一切都会自己发生。六五年几乎随便一个午后,你都能见到比利在那儿听着卡拉斯,杰勒德在写诗或帮我绷画布,一个名叫乔伊·弗里曼(Joey Freeman)的替我们跑腿儿的高中生手提颜料进进出出干得起劲,昂迪恩踱着步往来于比利、我和电话之间,还有一些孩子伴着诸如《她不在那儿》(She's Not There)和《烟草路》(Tobacco Road)这类歌

---

1 drag queen:男扮女装的异装癖。

跳舞混过整个下午,而伊迪也许在对着镜子化妆。宝贝儿简也常来,虽然她从不待一整天。除此之外,总还会有些艺术品买家模样的人——穿三件套西装的男子身边伴着豹皮短大衣女郎四下里走动,从一边看到另一边,"检视一番"。

记者和摄影师会前来探访,试图弄清这里在发生着什么。

因为我自己从来都不知道这里在发生着什么,所以我很爱读那些报道文章。看哪些记者会将焦点集中于哪些人物从来都是件很有意思的事——看他们是对男孩还是女孩感兴趣,看他们对哪个男孩或哪个女孩感兴趣。他们对于要写谁有他们自己的选择,所以读他们的东西,比起对工厂的了解,你对那个记者的了解会更多。工厂把人们身上的古怪东西带出来。我用"古怪"这个词并不特指"狂野"或"放荡不羁"这类意思,我的意思是"不寻常"——比如说,工厂甚至可以带出一个人身上他此前毫不知晓的道德洁癖。一位《华盛顿邮报》(*Washington Post*)的记者有一次跟我说,当她还是个在哥伦比亚大学新闻学院读书的学生时,曾经选了"安迪·沃霍尔的工厂"作为一次作业的主题,而在完成这次作业的过程中,她精神崩溃了。她去找她的教授,告诉他她觉得自己当不了记者,说她打算放弃了,她无法完成作业,不知道该对工厂说些什么,无法保证客观,等等。她说,教授让她坐下来,并告诉她:"听着,你刚刚经历的是一次极为特殊的非常规事件——这种事是不会再发生的。你挑了'沃霍尔的工厂'作为你的主题,可即使是经验老到的记者在那儿花上几天时间都不知道该怎么写——他们离开时甚至都不知道自己该怎么拼'**工厂**'这个词!忘了它吧。另挑一个题目来写,事情会好起来的,你试试就知道了。"

萨姆就这么把费城的记者弄了过来,他们带着笔记本四处看。那会儿几乎没人在做新闻访谈的时候用录音机,他们代之以记笔记。我更喜欢这样,因为当文章写出来时,总是会和我实际上说过的话有所不同——对我来说读起来也就更有意思。比如说,如果我实际上说的是"在未来,每个人都能出名十五分钟",写出来可能就变成了"每个人只用十五分钟就能出名"。

到这时为止,伊迪已经上过《时代》和《生活》两本杂志了,而且很多费城人已经看过我们拍她的电影,并且所有的记者都刺激了每个人关于工厂实际上是个什么样的想象。然而,我们还是没有料到那天开幕式上最终发生的群情骚动的场面。

我一直没能得到一份以学生视角对那次开幕式进行的观察,直到六八年我遇到一位为《东村另一家》(*The East Village Other*)[1] 工作的名叫利塔·埃利秀(Lita Eliscue)的女

---

[1] 东村相较于西村(格林威治村)是"另一家"(the other),而这本刊物相较于《村声》也是"另一家"。刊物封面上的刊名印刷为 The east village Other,其中 east

孩。六五年时的她是宾夕法尼亚大学的一名本科生。("和坎迪丝·伯根[Candice Bergen]同班。"她主动提到。)她告诉我:"那些你的支持者都是些在校园里掀动潮流的人物,是已然在社会上做着富有魅力的事情的人,而魅力,显然是每个人都追求的。所以当我们听说你们要来时,我们都想要亲眼见识并亲自感受一下纽约!神话!魅力!"利塔是个很小巧的女孩,不到五英尺高。我过去向别人介绍她时总说她是莫奈珠宝(Monet Jewelry)继承人,因为她父亲拥有莫奈服饰珠宝公司(Monet Costume Jewelry)。(我有一次问她为什么她父亲给公司起了这个名字,她说是因为他喜欢法国印象主义。)六八年,她向我讲述所有这些的时候,已经二十几岁了,但看起来还只有十二岁——她的脸还是一副孩子模样,说话的声音也柔柔弱弱的,还会时不时地咯咯笑起来。"当人们面对神话的时候,"她继续道,"他们自己会想要变成它的一部分。学校里的有些孩子假装他们实际上认识你,安迪。如果他们在一生中曾到过一次纽约,他们现在就会突然宣称曾经到过一个你也在场的派对,更有甚者,有些人还会实际描述起工厂的样子来——那部分来自他们读的杂志,部分出自他们自己的想象。"

当我们走进费城开幕式时,探照灯投向我们,电视摄

---

(接上页)village 字号很小,The Other 字号很大,所以刊名似乎也可直接译为《另一家》。有评论者谈到此刊的反文化(countercultural)程度让《村声》看起来像是教堂的宣传册。

## 1965

像机对准我们。那天很热,我穿了一身黑——T恤、牛仔裤、短夹克,是我那会儿的惯常打扮——而我戴的黄色镜片太阳/滑雪两用镜没能将强光挡住——这一切,我还没准备好。

四千个孩子挤在两间屋子里。他们不得不把我所有的画——我的"回顾展"——从墙上取下来,因为它们就要被挤坏了。这可真是绝了:一个艺展开幕式,但没有艺术品展览!萨姆身着白色夹克和丝质绿票领带站在那儿——顾问委员会的成员身着丝质绿票衬衫四下奔走——告诉媒体说没关系,反正也没人是为了看艺展来开幕式的。音乐开得震天响,所有的孩子都在那儿伴着诸如《欢腾雀跃》(Dancin' and Prancin')、《所有的一切都结束了》(It's All Over Now)和《你真让我兴奋》(You Really Turn Me On)这类歌跳折客舞。

当孩子们看到我和伊迪走进来时,他们开始尖叫。我简直不敢相信——昨天你还在多伦多的画廊一整天都没个人来看你,然后突然间人们看到你竟歇斯底里起来。真够疯狂的。身穿晚礼服的长者旁边站就是穿着牛仔裤的孩子。工作人员不得不引领我们穿过人群——我们不至于被挤着的唯一一个地方是通往一扇封住了的门的铁质楼梯上。他们在铁梯底布置了守卫,这样就没人能冲上来。跟我们一起从纽约来的所有人都站在铁质楼梯的台阶上——保罗、杰勒德、查克·魏因、唐纳德·莱昂斯、大卫·鲍登,还有萨姆。伊迪那天穿着一件粉色的鲁迪·格恩莱克

(Rudi Gernreich）曳地连衣裙，料子是卢瑞克斯式（Lurex-type）那种有弹力的。衣服那有弹性的袖子本应在穿的时候挽上去，但是伊迪把一只袖子放了下来，袖口长过她胳膊约有十二英尺——这时候正派上用场，因为她可以一手握着饮料，另一手把她的袖子在人群头顶上垂下来、吊下来、悠来荡去弄一番。她在演出她的人生戏剧。每个人都想上来和她站在一起——她在人群里找寻她认识的一个在那儿上学的人，喊他的名字什么的，你可以从所有男孩的脸上看出来他们非常嫉妒那个不管是谁的什么人。

我们在那台阶上站了至少足有两个小时。人们递东西上来要签名——购物袋、糖果包装纸、地址簿、火车票、汤罐头。我签了一些，但是伊迪一个人签了大多数，在上面直接写"安迪·沃霍尔"。没有办法离开——我们知道只要我们一下来肯定给人一拥而上，围得动弹不得。最终，工作人员打电话叫来消防局的人用撬棍破开我们身后封住的门，我们被引导着从那里离开，穿过一个图书馆，来到屋顶，跨到毗邻的建筑上，顺着逃生梯下到等候我们的警车里。事情到了这一步，实在是有趣得很。

我很想知道是什么让那帮人尖叫的。我之前见过孩子冲着埃尔维斯尖叫，还有披头士和滚石——摇滚偶像和电影明星——但是发生在**艺术**展览开幕式上的尖叫实在令人难以置信。哪怕这是个波普艺术展的开幕式。不过话说回来，我们不仅是**在**艺展现场——我们就**是**艺展本身，我们是艺术的化身，而六十年代关注的真的是人而非他们做的事——歌手而非歌,诸如此类。甚至没有一个人在意所有的画都被从墙上取下来了。我真为我已经改行做电影了感到高兴。

我的老朋友大卫·鲍登亲眼见到这一切发生并像我一样感到惊奇。他无法相信真的会有人对我这样的人一拥而上。"他们把你当明星一样对待……"他说,感到很困惑。但是之后他从理性的角度出发对事情做出了解释。他说这是因为那是我首次在美国带着一位魅力四射的超级明星出现在公众面前——这倒是真的。"你看,去年宝贝儿简作为'年度女孩'得到了很多关注……"(汤姆·沃尔夫的《糖果色橙色亮片漆》[1]出版了,内中有关于宝贝儿简的传记文章。那本书很畅销,因此简得到了很高的曝光率。)"而现在,"大卫继续道,"伊迪是六五年的年度女孩……所以时尚杂志都因为这些女孩而对你感兴趣,所以我猜现在的你横跨了艺术、电影**和**时尚……"大卫还可以提到的是,我那会儿刚刚买了一部录音机,为的是打算出本书。我之前收到了封老朋友的信,上面说我们认识的每个人都在写书,而这让我也动了出书的念头。所以我正走在即将跨足文学界的路上。(想象一下人们在斯克里布纳[Scribners]——那家位于第五大道的美丽而古老的书店尖叫的场面吧。)

但是这一切并非出自什么精巧的计划,而仅仅只是事

---

[1] 指前文提到过的《糖果色橙色亮片漆流线型宝贝儿》(*Kandy-Kolored Tangerine-Flake Streamline Baby*)一书。

情发展出的结果而已。你无法操控事情：就我所知道的来说，我很确信所有的报纸和杂志都可以从现在起把我从每张照片中剔出去，而把伊迪和，比如说，杰勒德，作为"新的一对儿"印在一起——如果他们想这么办的话他们真的可以，你无法**让**人需要你。大卫讲得好像我一手策划了一切。但是他谈到的这一理论很有趣：报纸或杂志上有越多版面有理由围绕你写一篇东西出来，你就越有可能得到曝光，你只需将自己铺展得非常开，然后也许你做的**某些**事情就会让你走红。如果我预先想到这一切的话，我会觉得自己是个公关天才。然而就我所能想到的而言，所有这一切就这么发展起来的原因在于，我们真的对每一件正在发生的事情都感兴趣。波普的想法，归根结底，是随便谁都可以做任何事，所以很自然我们尝试去做所有的事。没人想待在一个领域里，我们都想尽其所能地伸入到每一个有创造性的领域里去——这就是为什么当我们在六五年底遇到地下丝绒时，我们也全都乐意踏足音乐圈。

费城的事过了也就一个礼拜，我在娱乐产业和波普范儿这两件事上都上了真正的一课。就在你以为自己正在变得远近闻名之时，有人出现了，并让你看上去活像一场票友之夜上的暖场演出。教皇保罗六世。要说高级公关，这可是几百年才有一次的事！

六十年代最波普的在公众面前进行的观光绝对是教皇造访纽约市的那次。所有的事他都在一天内做完——

# 1965

一九六五年,十月十五号。那是整个宗教史上(大概也是娱乐产业史上)计划最周全、报道最详备的抛头露面。"本国前所未有!仅此一天!教皇在纽约!"

对我们来说特别搞笑的,当然是昂迪恩在我们的圈子里被认为是"教皇",而他最为知名的例行公事是"发表教皇废话"。

(真)教皇以及随行的侍从武官、媒体和摄影师一大早搭乘一架意大利航空公司的DC-8从罗马启程。八小时二十分钟后,他们在肯尼迪机场落机,教皇亮闪闪的袍子在风中飘荡。他们的车队驶过皇后区(Queens)——街道两旁站满了人——穿过哈莱姆的人群,之后向南抵达圣帕特里克大教堂所在地,那儿整街区整街区地挤满了人,教皇似乎有意下车到"观众"中间去,但是你看得出来他的侍从武官劝他打消了这个念头。忙完了大教堂的所有事项,他继续前行来到华尔道夫酒店,约翰逊总统正在那里等候。他们互赠了礼物并就一些世界性的问题交谈了不到一个小时。之后,他向联合国大会讲话(总结他发言的大要是:和平,裁军,不要避孕),去扬基体育场(Yankee Stadium)在九万人前做弥撒,再去即将闭幕的世界博览会,在米开朗基罗的《圣母怜子像》[1]被运回梵蒂冈之前,在波普背景中看上一眼,之后回肯尼迪机场搭乘美国环球航空公司(TWA)的飞机,而在被记者问到他最喜欢

---

[1] 又译《哀悼基督》。

纽约的什么时，他说"Tutti buoni"（"一切都好"），而这正是波普哲学。他在当晚就回到了罗马。在如此短的时间里以如此风范做了如此多的事——我想不出能有比这更波普的了。

我们在工厂的电视上观看了教皇的纽约之旅的大部分。他在去联合国的路上刚刚好从我们的窗户下经过——特勤局（Secret Service）的特工在屋顶上跳来跳去。昂迪恩为真教皇进城发了疯，他身披斗篷往返跑动于窗前。伊迪对着手里握的一面小镜子在长沙发上化妆，摆弄着垂在肩头的耳坠。（她的头发非常短而耳坠却长及肩头，所以她就把它们当成长发一般摆弄。）英格丽德坐在她身旁，做着差不多同样的事情。查克·魏因也在，还有艾薇·尼科尔森（Ivy Nicholson），一位美丽的时装模特，穿着库雷热[1]短靴。娜奥米·莱文在我身边站着，一心想要跟我争论波普艺术，争论我是否是"欺世盗名"，最后她晃悠开了，而我一个人就那么站在那儿想着教皇保罗六世本人怎样地在那天下午经过工厂——我是说，那可是**教皇，真的教皇**！[2]

田纳西·威廉姆斯迟些时候顺路来访，我们聊了聊自杀。就在那天，我们为某人放映了一部名为《自杀》（Suicide）的我们的电影，片子拍的是一个手腕上有十九

---

[1] 指安德烈·库雷热（André Courrèges），通常被视为勾勾靴（go-go boots）的发明人。

[2] 沃霍尔信仰天主教，其所在教会承认罗马教廷。

道疤痕的孩子逐一指着每一道讲那次他为什么要自杀的故事。我跟田纳西说了弗雷迪·海尔科怎样地跳出了窗外——田纳西是谈论**那件事**的合适人选。

保罗·莫里西走到田纳西跟前跟他说,我们对于买不起他的任何著作的使用权而世界上又没有人能想出更好的名字感到很失望,所以,"你打算为区区几个名字要多少钱?"田纳西觉得这很搞笑,他免费给了我们"The"的使用权。

在我费城艺展开幕式之后的几个星期里,萨姆预订了当地很多影院放映我们的影片,与此同时展览仍在继续,而他通过向媒体保证我们很快会再回来公开露面而让我们的曝光度持续不减。十一月九号,我们乘一辆下午始发的火车又去了费城。

萨姆备了数辆加长豪车接站,载我们去位于里滕豪斯街区我们此前下榻过的巴克利酒店(Barclay Hotel)。上次我们住的时候,伊迪和我叫了五十份早餐给所有来看我们的人,并把账记到了当代艺术学院的头上,但是之后酒店在向学院要账的时候费了很大的力气,所以他们不太高兴看到我们又来住了。我们这次甚至都没打算在那儿过夜——萨姆只是预订了几个房间供我们用来盥洗和更衣。起初,酒店方面坚持他给我们每个人单独订一间房,但是最终他让他们同意只订两间——但他们坚持如果这样的话,那么就只能一间房女孩用,另一间房男孩用,而"访客"只能造访和他们相同性别的房间。这实在荒唐——简直像五十年代的卧房喜剧。但是当我们抵达酒店的时候，事情一下子变得六十年代起来，因为酒店方面以我们的头发为据做出了重大的裁决。

酒店管理者看了我们一眼，然后就在酒店大堂那儿开始凭着我们头发的短长决定我们每个人的"性别"。他们把咯咯笑着的伊迪护送到"男孩房"（她那天穿着长裤，这让他们最后敲定了性别），把杰勒德和保罗送去"女孩房"因为他俩都留着长鬈发。他们将我在伊迪之后送去了"男孩房"——我俩是进那屋的唯一的两个人，不过萨姆可以"拜访"我们，因为他留着短发。

我们为此大笑不止。当保罗和杰勒德正在走廊里跟某人起争执时，之前已经打开了电视的伊迪开始兴奋起来，她说美国东北部八个州以及两个加拿大省都在大停电，而我们就这么错过了！我们都想即刻回纽约去，但是我们已经被安排好要去一场放映活动，还要摆姿势让媒体拍照。所以我们马上办了离店手续，跑去戏院，快速走了个过场，然后跳进一辆加长型豪华轿车往回赶。

整个返程途中，我们都在盼着抵达时停电仍在继续。我们不能走任何海底隧道——广播里说没有电力所以无法给隧道通风换气——当我们到达大桥时，整个曼哈顿天际线一点儿光亮都没有，有的只是车头灯的光。那天是满月，不知怎的，所有这一切就像是个大派对——我们开车驶过村子，每个人都在兴奋地四处跑，将蜡烛点燃。果仁儿满满咖啡馆(Chock Full o' Nuts)在烛光照耀下看起来优雅极了。没有交通信号灯,所以所有的车辆都行驶得非常缓慢——公交车完全是在爬。身穿西装手拿公文包的人们睡在了大门口,因为所有的旅店都住满了,州长洛克菲勒(Rockefeller)不得不将军事训练基地开放给人们。

可爱的国民警卫队兵士帮助困于地下铁的人们从中脱身,我想困在那儿恐怕是所能置身的最糟的地方了——唯一一件会破坏掉大停电这个美妙主意的事情。这是六十年代最大、最波普的偶发剧,真的——它将每个人都卷入其中。

我们开车逛了一会儿,然后去了昂迪恩,之后又去了"俱乐部"[1],在那儿一直待到大概凌晨四点来电。然后,整个纽约城开始苏醒过来,就好像睡美人城堡一般。

那之后的第二天,女公爵告诉我,停电时她正在她第五大道的医生诊室里。过去许多人都常去找这个医生——他给他们想要的东西。

"我当时正在药丸儿医生[2]的诊室里,我很激动。我想:'机会来了,得干上一票大的。'我趁他去外面察看怎么回事儿时把我能拿到手的东西尽可能多地都塞进了手提袋里,然后我从那儿跑出来跑到街对面的公园,在大都会博物馆旁坐下来。我等不及要看看我都搞到了什么。结果

---

[1] 指夜店昂迪恩(Ondine)和俱乐部(Le Club)。
[2] Doctor Pill,女公爵对这位医生的戏称。

只是些绿色的补铁药丸儿。一些菲瑟海克斯（Phisohex）[1]和许多那种医生用的绿色肥皂。唉，亲爱的，**我什么都没弄到**。但是呢，在漆黑一片时，那可真是个好地方啊……"

"他是**合法的**医生吗？"我问，因为我知道所有的孩子都从那儿弄到毒品，而且我听说有些异装皇后在他那儿注射荷尔蒙——我是说，听起来那儿简直像是个社交俱乐部。

"嗯，显然他在给人做人流时不合法，但是他是个合法的医生。"

"他从没被警察找过麻烦吗？"

"哦，他们**知道**他，但要抓他还得花上几年工夫。他们一定得有证据——他们几乎就要抓到他干这个了……"

"但是为什么一个真正的医生会愿意冒这样的风险呢？"

"他需要钱，他赌博。他每天都赌马——钱就那么花了。所以他不得不做人流手术并为了赚钱而给人开药。但是如果我给他，比方说，一张旧时的初入社交圈的舞会请柬——那种华丽的雕版印刷的那种——他就会免费给我一瓶安非他明，因为他想要在朋友前炫耀。"

"噢，"我说，"他一定是个怪人，不是吗？"

"不。实际上，我很喜欢他。"

---

[1] 一种治疗痤疮的药。

"你在那儿的人流花了多少钱?"我问她。

"很多。八百美元。但是那晚他送我回家,他们通常都不那么做,你知道吗?他们通常手术一完就把你赶走。但他把我送回家,给我倒了橙汁和茶,而且从那天起连续五天他都会过来给我注射盘尼西林。相信我,那八百花得值。他的诊室挂有电影明星画的画,他们太过知名我都不好讲他们的名字。"她大笑起来,然后讲了他们的名字。

十二月中旬的一个星期三的晚上,美国国家广播公司(NBC)播出了一档名为《赫德森河畔的好莱坞》(*Hollywood on the Hudson*)的节目。整个工厂只有保罗在看——著名的电影摄影师黄宗霑(James Wong Howe)正在接受访问,他是他的最爱之一。某人正在把《我们得从这地方离开》(*We Gotta Get Out of This Place*)从唱机上取下来放上披头士的新专辑《橡胶灵魂》(*Rubber Soul*)。之后是更多的访谈——达里尔·扎纳克(Darryl Zanuck)、布兰奇·斯威特(Blanche Sweet)、道格拉斯·范朋克(Douglas Fairbanks)、悉尼·吕梅特(Sidney Lumet)、罗克·赫德森。突然保罗跳了起来,说有一段关于我的节目正开始播,于是我们都跑过去看。(之后我想,如果我事先知道我要上电视并且坐在那儿等,那么连一半的兴奋都不会有——我想,"这就是总发生在名人身上的事儿——从一台电视机旁经过时正好碰巧听到他们自己"。)

第二天当我沿着第五十七街走的时候,我意识到电视是多么地强有力，因为有许许多多在为圣诞节采购的人对着我指指点点："是他""不，不是他，你看头发""你说得对，但是你看那墨镜"，还有诸如此类的"是他，不是他"。到那时为止，我已经上过《时代》和《生活》了，而且经常出现在报纸上，但是都没有像这样让我被这么多人认出来，现在不过是上了几分钟电视就有了这样的效果。

十二月的一天晚上，电影制作人合作社放映了我拍亨利·戈尔德扎勒抽烟的一部片子。亨利和我仍然是好朋友，我们仍然每天在电话上聊上几个钟头，但是就在大约这个时候，亨利认识了一个名叫克里斯托弗·斯科特（Christopher Scott）的男孩，而且他们开始住到了一起，没有什么比这更让人沮丧的了：你数年以来一直打电话给一个人，无论白天还是夜晚，在任何你想打给他的时候，而忽然之间有另外的人接起电话来，说"是，请稍等"——这把其中的乐趣抽掉了。所以亨利和我开始渐行渐远起来，减少了电话聊天的时间——他不再随时"有空"了。我只能和独身的人成为非常好的朋友，我这个人就是这样——如果他们结婚了或是和谁同居了，我就忘掉他们，通常。而且他们也通常会忘掉我。亨利和我保持了朋友关系，但是我们之间的亲密在减少。

那场放映之后，乔纳斯和我谈起了电影的发展。他才刚在他《村声》杂志的一篇专栏文章上写道，他认为电影在六〇到六五年这段时期"成熟了"。现在他跟我谈起作为"二元性艺术"的电影制作,他说有两种电影——抽象的、视觉的算一种,叙事的算另一种。而**我**认为此刻正在发生的事情是商业电影制作人在不断学习和吸收着地下电影的技艺,而地下电影却没有以他们本可以做到的程度来发展他们的叙事技巧——所以商业电影走在了前面。商业电影制作人一直以来都明白,一部电影如果没有一个连贯的故事情节就无法获得巨大的成功,只不过现在他们开始以更加灵活的方式来叙事。

上：莱斯特·珀斯基，田纳西·威廉姆斯和安迪。"当莱斯特告诉朱迪·加兰田纳西对她演技的看法时，意大利细面条飞射到电扇上，四溅开来。"照片：大卫·麦凯布（DAVID MCCABE）。

下左：安迪和昂迪恩。昂迪恩很出色。"我跟着他四处转悠，用磁带录了他二十四小时，把录音做成一本书。"照片：工厂照片（FACTORY FOTO）。

下右：英格丽德·超级明星和伊迪。"英格丽德是个逗趣的人。不论如今已经是何年月，你都能让她起身跳上一段波尼舞。"照片：工厂照片。

埃米尔·德·安东尼奥在六十年代后期于美国参议院跟拍一次示威。"我的艺术训练来自德。"照片：洛兰·格雷（LORRAINE GRAY）。

伊万·卡普在工厂。"人们喜欢伊万从事艺术品买卖的方式——轻松，有人情味儿。我们一起去看摇滚演出。"照片：工厂照片。

正要开拍前的亨利·戈尔德扎勒。"亨利和我每二十四小时就要讲上五个小时的电话。"照片:工厂照片。

贾斯珀·约翰斯和安迪。"我一直想知道贾斯珀到底怎么看我。"照片:工厂照片。

安迪和杰勒德·马兰加。"杰勒德写诗,他会带我去村子里的很多读诗活动。"照片:工厂照片。

右:查克·魏因。照片:斯蒂芬·肖尔。
下:伊迪·塞奇威克和安迪在"现场"。"伊迪把她的头发染成银色以与我的相配,摄影师分不出我俩谁是谁。"照片:工厂照片。

妮可。"她出演了《甜蜜生活》。有人说她唱起歌来像'有着嘉宝口音的IBM电脑'。"照片：保罗·莫里西。

"在工厂，摄影师从不需要摆拍——他们需要做的就只是过来，然后拍。"
照片：斯蒂芬·肖尔。

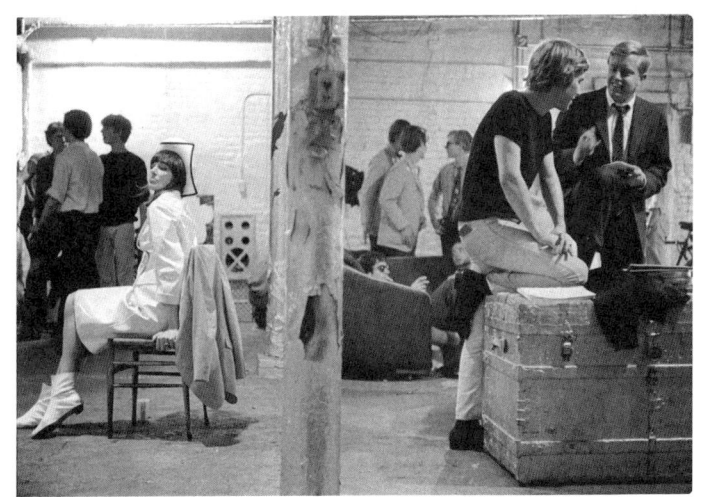

薇拉·克鲁斯。照片:工厂照片。

安迪,弗雷德·休斯,帕特里克和泰勒·米德。"六四年时,泰勒说我作为电影导演'不够格',然后走掉住到巴黎去了。"照片:工厂照片。

照片：工厂照片。

遭枪击后住院的安迪。"我动了大概五个小时的手术。有一刻,我死了,他们把我又拉了回来。一连几天,我都不确定我是真的活着呢还是已经死了。"照片:工厂照片。

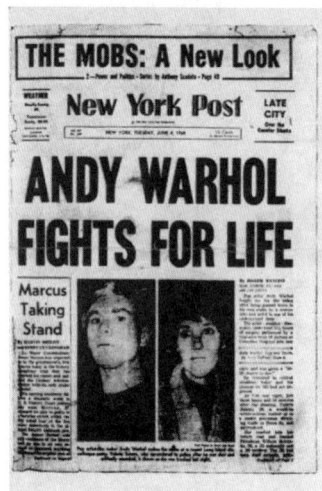

经《纽约邮报》许可重印。
©1968,纽约邮报有限公司。

经许可重印。
©1968,纽约新闻有限公司。

杰基·柯蒂斯,她。
照片:工厂照片。

杰基·柯蒂斯,他。
照片:桑迪·丹尼斯(SANDY DENNIS)。

鲍勃·迪伦在工厂。"我非常喜欢迪伦,喜欢他创造出那杰出的风格的方式。但是当我听说他把我送给他的一张《埃尔维斯》当飞镖靶子的时候,我很纠结。"照片:工厂照片。

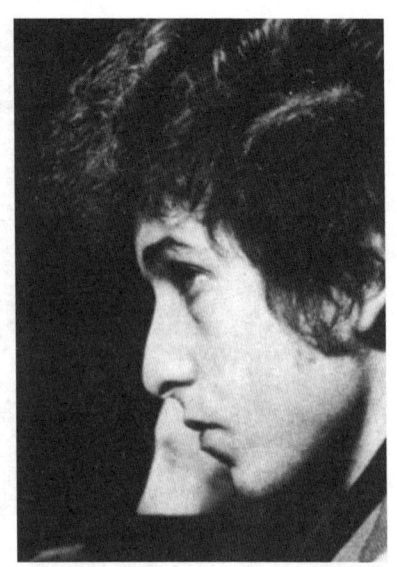

安迪和保罗·莫里西。
照片:工厂照片。

苏珊·博顿利,以"国际丝绒"一名为人所知。"苏珊会花上几个小时刷她的睫毛膏。"照片:工厂照片。

埃里克·埃默森。"埃里克让人搞不懂,充满了矛盾。"照片:工厂照片。

英格丽德·超级明星。"英格丽德写有一些很好的诗。"照片:工厂照片。

上:《澡盆女孩儿》(*Tub Girls*)一片中泡澡的维瓦和布里吉德。照片:工厂照片。

左:维瓦。"六七、六八这两年,有那么几个月维瓦和我形影不离。"照片:工厂照片。

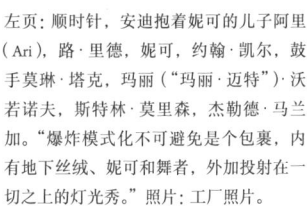

左页:顺时针,安迪抱着妮可的儿子阿里(Ari),路·里德,妮可,约翰·凯尔,鼓手莫琳·塔克,玛丽("玛丽·迈特")·沃若诺夫,斯特林·莫里森,杰勒德·马兰加。"爆炸模式化不可避免是个包裹,内有地下丝绒、妮可和舞者,外加投射在一切之上的灯光秀。"照片:工厂照片。

汤姆·贝克和奥特拉·维奥莱特。"奥特拉有着紫色的头发和法国口音。"照片:工厂照片。

埃里克·埃默森,汤姆·霍姆普兹和乔·达里桑德罗。
照片:工厂照片。

宝贝儿甜心。"甜心是我所见过的最为让人惊异的异装皇后。她状态好的时候,你简直无法相信她曾是个男人。"照片:彼得·比尔德。

# 1966

随着六五年转到六六年，有一伙自称地下丝绒[1]的音乐人惹起了我们很大的兴趣。大年夜，丝绒一伙、伊迪、保罗、杰勒德和我一起去了位于哈莱姆区的阿波罗戏院（Apollo Theater），然后冲回下城等着看我们自己上晚间新闻。最终，我们在电视机前睡了过去。之后，当我走上街头想要回家的时候，发现打不到出租车，因为交通工人大罢工在那天午夜开始了。其时约翰·林赛（John Lindsay）——这位英俊如好莱坞明星般的、爱看漫画的新市长才刚走马上任。这是另一场偶发剧，某种程度上就像大停电——人们走几百个街区去工作，要么就骑车，又或者搭便车。

一月，乔纳斯将电影制作人实验影院从拉斐特迁至西四十一街。他正在做一个叫作"扩展的电影"（Expanded Cinema）的系列，由杰克·史密斯、拉蒙特·扬（La Monte Young）和罗伯特·惠特曼（Robert Whitman）这类艺术家将电影影像和探照灯与现场表演和音乐结合起来。我记得

---

[1] The Velvet Underground，另译"非法利益的"，意思上更准确。

奥尔登堡做的那出是他从影院的最后一排沿着过道把一辆自行车拖下来，与此同时一部电影在放映；另外我记得劳申贝格的那次，他作为走动着的光的象征，看起来真是太美了，通着电站在玻璃砖上，手持电线和数根荧光灯管——艺术家阿尔曼（Arman）为他制作了玻璃鞋以防他电着。

我们认识丝绒一伙人是通过乔纳斯的一位名叫芭芭拉·鲁宾（Barbara Rubin）的电影制作人朋友，她是使纽约对多媒体燃起兴趣的最早的那批人之一。她认识很多摇滚和民谣歌手，她有时会带像多诺万（Donovan）和飞鸟乐队那样的人来工厂。

地下丝绒给一些电影制作人做过磁带，在他们放映自己的电影时使用，他们还在拉菲特街实验影院的一些放映活动上在银幕后面现场演奏。但我们最早真正意识到他们的节目有多么的惊人和狂乱是在位于西三街的奇异咖啡馆——"在勾勾街（Go-Go Street），每晚挣九美元"。卢·里德（Lou Reed），某种程度上他算是地下丝绒的主脑，如此说道。

当芭芭拉·鲁宾请杰勒德协助她拍一部丝绒一伙在奇异咖啡馆演出的电影时，杰勒德请保罗·莫里西帮手，而保罗说为什么我不跟着一起去呢，所以我们就全都去那儿见了他们。奇异咖啡的经营者对他们不怎么感冒。他们的音乐太出格了——音量太大又太癫狂，对任何面向游客经营的咖啡馆来讲都是这样。人们会带着眩晕和受伤的表情离开。不管怎么说,丝绒一伙就快要给人炒了。我们那晚跟他们聊了一小会儿,与此同时,芭芭拉和她的团队在观众间穿梭来去把晃瞎人眼的射灯和摄像机镜头对着人们的脸,问他们"你被惹毛了吗?你被惹毛了吗?"直等到他们做出反应,而人们或是变得更加愤怒或是更加畏缩或是跑掉或是什么,她就那样端着摄像机和射灯对着人们一直拍。

我们喜欢丝绒一伙,并邀请他们过来工厂。

保罗想和他们一起做些演出。赶巧的是,有位制作人才跟我们接触过,他想把刚接手的一个位于长岛的电影摄影棚改成一家迪斯科舞厅。他声称这个摄影棚原先是个飞机棚,说林德伯格(Lindbergh)[1]就是从那里起飞的。那地方约有17000平方英尺,能容纳三千人,他打算叫它"K字头默里的世界"。他说他希望工厂的人能为迪斯科带来好运,希望我们每晚都在那儿晃悠晃悠,拍拍电影,这样他那地方就能得到媒体的宣传曝光。保罗觉得既然乔丹·克里斯托弗(Jordan Christopher)在亚瑟的驻场乐队做得那么出色,那地方也应该有个驻场乐队才是,而且那个制作人说了,如果我们可以带一个乐队过去的话,也许他就会把那地方叫作"安迪·沃霍尔的世界"。

所以我们那次去奇异咖啡见地下丝绒的时候,保罗力图做的是要分析出他们在一个用作迪斯科的大飞机棚里演

---

[1] 查尔斯·林德伯格(Charles Lindbergh),单人不间断横跨大西洋飞行的第一人。

出会是怎样的效果,以及他们会不会被孩子们喜欢。如果说当时有一支乐队可以用他们震天响的声音填满17000平方英尺的空间的话,那它就是地下丝绒。我们喜欢他们的鼓手是个女孩这一点,这十分不寻常。斯特林·莫里森(Sterling Morrison)和卢·里德——甚至包括莫琳·塔克(Maureen Tucker)在内都穿牛仔裤和T恤衫,但是约翰·凯尔(John Cale),来自威尔士的电子中提琴手,有着更具地方性的打扮——白衬衫,黑裤子,人造钻石饰品(一个狗项圈式的项链外加一个手镯)和长而黑的尖尖的头发,另外他有些英国口音。卢长得不错,那时看起来一副才到青春期的模样——保罗认为长岛上的孩子们会对此有认同感。

去见地下丝绒时,我们脑子里的另一个想法是他们也许会是个可以在妮可身后演奏的不错的乐队。妮可是一位不可思议的德国美女,刚刚从伦敦来到纽约。她的样貌看起来就好像她是乘一艘维京帆船站立于船头来的纽约——她就是有着那样的身体和脸庞。虽然随着六十年代的推进,妮可越来越多地有了一副湍流激荡的海角和中世纪修道院的模样,但是她初次登场时,穿得非常摩登和时尚:白色羊毛裤装、双排扣运动夹克、米色高领羊绒衫,以及那种有着大方扣的早期清教徒移民式样的鞋。她有长及肩头的金色直发,刘海儿,蓝色的眼睛,丰满的嘴唇,颧骨很宽——如同一道防御工事。她有着非常奇特的说话方式。人们对她嗓音的形容有说怪诞的,有说温和柔顺的,有说缓慢有回声的,有说像"排水管中的风声"的,有说像一台"有着嘉宝(Garbo)[1]口音的 IBM 电脑"的,不一而足。她唱歌的时候也以这同样古怪的嗓音发声。

杰勒德那年春天在伦敦认识的妮可并给了她工厂的电话号码以便她什么时候来了纽约可以联系。她在一家墨西哥餐馆给我们打的电话,我们立马过去见她。她坐在一张上面放了个敞口瓶的桌子前,把她纤长而美丽的手指伸进桑格利亚[2]里去,拈出浸透了酒汁的橙子瓣儿来。看到我们时,她把头侧向一边并用另一只手向后梳了下头发,同时缓缓地说道:"我只喜欢在酒~~~里漂~~浮的食物~~"

吃晚饭的时候,妮可告诉我们她在英格兰上过一档叫作"准备,稳住,跑!"(Ready, Steady, Go!)的电视摇滚秀,说到这儿她从包里拿出一张 45 转唱片小样,录的是首名叫《我会把它和我有的放在一起》(*I'll Keep It with Mine*)的歌,她说歌是鲍勃·迪伦为她写的,那时他正在那儿巡演。(那是有迪伦弹奏钢琴的不多的唱片之一,而最终朱迪·科林斯[Judy Collins]录了那首歌。)妮可说阿尔·格罗斯曼已经听过那唱片了,并告诉她说如果她来美国,他会做她的经纪人。当她说这个的时候,我们听起来都觉得前景并不很明朗,因为我们已经听伊迪说过太多次她签约在格罗斯曼之下,然而她似乎一直没什么进展——

---

[1] 指葛丽泰·嘉宝(1905—1990),瑞典裔美国女演员。
[2] 一种用葡萄酒和白兰地、果汁、糖、苏打水混合的饮料。

有一位知名的经纪人决不是你能成事儿的保证。(我们仍然常常和伊迪碰面,但是我们不再放映她的片子了——在实验影院搞伊迪·塞奇威克回顾展已经没戏了,看起来似乎我们能贡献给"扩展的电影"系列的将是和地下丝绒一起搞的什么。)

妮可在伦敦灌录过一张名叫《我不是说》(*I'm Not Sayin'*)的唱片(安德鲁·奥尔德姆 [Andrew Oldham],滚石的制作人,做的那张唱片),她还参演过《甜蜜生活》(*La Dolce Vita*)。她有一个没多大的儿子——我们之前听谣传说孩子的父亲是阿兰·德龙(Alain Delon)。保罗立刻问她有没有这回事儿,因为德龙是他最喜爱的演员之一,妮可说是的,传言是真的,那个男孩现在在欧洲和德龙的母亲一起住。我们离开餐馆的那一刻,保罗说我们应该在电影中用妮可并找一个乐队为她伴奏。他以难以自持的热情说她是"有史以来最美的生物"。

妮可是女性超级明星的又一类型。宝贝儿简和伊迪都是外向的、美国的、善于社交的、伶俐的、兴奋的和爱聊天的,而妮可则古怪且不爱说话。你问她个什么事的话她也许五分钟以后才回答你。当人们形容她的时候,会用"死亡的象征"和"阴森森"这类词。她不是会跳上桌子跳舞的那种,像伊迪和简那样;实际上,比起站在桌面上跳舞,她宁愿躲在桌子下面。她神秘而欧洲,真的是月亮女神那种。

# 1966

纽约临床精神病学协会（New York Society for Clinical Psychiatry）一年一度的宴会活动主席邀请我在宴会上讲话。我告诉他我愿意"讲"，如果我可以通过我的电影讲的话——我会放映《妓女》和《亨利·戈尔德扎勒》(Hnery Geldzahler)，他说可以。之后当我认识了地下丝绒，我决定改为以他们来"讲话"，而对此他还是说可以。

所以一月中旬的一天晚上，工厂的每个人都去了宴会所在的德尔莫妮可酒店（Delmonico Hotel）。我们到的时候宴会刚刚开始。在场的约有三百位精神病医师和他们的伴侣或约会对象——而他们被告知的仅仅是他们会在晚宴后看电影。就在主菜端上桌的那一秒，地下丝绒开始发出巨响而妮可开始嚎啕。杰勒德和伊迪蹦上舞台开始跳舞，门被撞开，乔纳斯·梅卡斯以及芭芭拉·鲁宾和她的团队带着摄像机和打光灯风暴般涌进宴会厅，冲到所有的精神病医师跟前问他们这样的问题：

"她的阴道抽插起来感觉如何？"

"他的阴茎够大吗？"

"你会给她舔下面吗？为什么你这么尴尬？你是精神病医师，你不该感到尴尬啊！"

伊迪是和博比·纽沃思一起来的。当芭芭拉的团队在拍摄而妮可在唱她那首迪伦写的歌时，杰勒德注意到（他事后告诉我）伊迪也尝试着要唱来着，但是即使是在那样的喧嚣声中，她很明显还是开不了口。杰勒德总是回顾那一晚，将之视为伊迪和我们一起出席公共场合的最后一次，如果不算这儿一场那儿一场的派对的话。他觉得她那晚感到自己被抢了风头，她意识到妮可已是新一任的城中女孩。

妮可和伊迪是那样的不同，真的没什么理由好将她们做比较。妮可是那么的酷，而伊迪是那么的欢腾。但令人感到悲哀的是，伊迪这时在大量服用药劲儿很大的毒品，正在变得越来越暗淡。她对药物的名媛姿态已经变为了瘾君子心理。她的一些好友试图帮她，但是她听不进他们的话。她说她要有一份"事业"而且她会得到一份事业，因为格罗斯曼在做她的经纪人。可是当你无法有自制力地从事任何工作时，你又怎能有一份事业呢？

杰勒德注意到了在那晚的精神病医师宴会上伊迪有多失落，但我真不能说我注意到了；我看那些精神病医师看得入了迷。他们真的被惹毛了，他们中的一些人开始离场——身着长晚礼服的女士和打着黑领结的男士。就好像地下丝绒的音乐——实际上，是回声——还不够把他们逼走一般，打光灯晃瞎了他们的眼，而那些问题让他们涨红了脸并开始结结巴巴——那些孩子们不肯放过他们，他们就那么不停地提问。而杰勒德表演了他臭名昭著的鞭舞（Whip Dance）。我爱死了所有这一切。

第二天在《论坛报》（The Tribune）和《纽约时报》（The New York Times）上同时刊出了关于那场晚宴的长篇报道：《给精神病医师的休克疗法》（SHOCK TREATMENT FOR PSYCHIATRISTS）和《德尔莫妮可酒店的流行症候

群》(SYNDROMES POP AT DELMONICO'S)。真的再没有更合适的一群人被这么搞上一下子了。

一月,实验影院搬到四十一街后,地下丝绒和妮可又一次一起做了场演出,演出时我们在背景上投影了《黑胶唱片》《帝国》和《吃》,而芭芭拉·鲁宾带着她的团队一如往常那样带着摄像机和打光灯满场跑。杰勒德在舞台上手握一长条磷光磁带[1]如鞭子一般在空中抽打。整场活动被称为"安迪·沃霍尔玩儿大的"(Andy Warhol Up Tight)。

这会儿你仍可以身无分文过活,而这也几乎就是地下丝绒的状况。卢告诉我说,有时他和约翰会一连几个星期除了燕麦粥什么也不吃,而且为了弄到钱,他们会卖血或是给每周发行的小报摆姿势拍照用来图解那上面耸人听闻的故事。卢的一张照片下配的文字说他是一个疯狂性杀手,杀了十四名儿童并录下了他们的尖叫以供他每晚在堪萨斯的一个谷仓里听着录音带手淫;约翰的照片配的故事是讲一个男人杀死了他的爱人因为他的爱人将与他妹妹结婚而那个男人不想她妹妹嫁给一个基佬。

保罗问卢地下丝绒怎么会有一个女鼓手,卢说:"很简单。斯特林认识她哥哥,他有一个吉他箱头,他对我们说如果我们让他妹妹给我们打鼓的话我们就可以用那个箱

---

[1] phosphorescent tape,在黑暗中发绿光。

头。"然而他们需要更多的箱头,我们打给了几家器材店试着不花钱搞几个来,但是我们得到的最佳待遇,是以现金支付的话可以便宜些。之后,丝绒一伙人开始在工厂操练起来:鼓、小手鼓、口琴、吉他、齐特琴、沙球、卡祖笛、汽车喇叭和一些供他们击打的玻璃。

一名记者有一次问保罗我们是否付钱给地下丝绒,而当保罗回答说"不"的时候,那位记者想知道那么他们靠什么过活。保罗为此不得不思考了一秒钟,然后他回答道:"这个嘛,他们在派对上吃很多。"

我逐渐得到了个名声,即无论去哪儿都带着不少于二十个人随行,包括——应该说,特别是——去派对。当我们到场的时候,那情形就好像是一个派对走进另一个派对。不过倒是没人真的介意,他们一开始邀请我的时候就知道我不会一个人来。

那年二月,滚石乐队在纽约。布赖恩·琼斯是妮可的好朋友,一天下午他和迪伦一起来了工厂。丝绒一伙在排练,而我正在为四月份将在卡斯泰利举办的一个展览忙着制作我的《银色枕头》(Silver Pillows)。大卫·惠特尼和大卫·怀特(David White)——两位都来自画廊——在我旁边。(我此前在一个莫斯·坎宁安[Merce Cunningham]的舞蹈演出中也使用了枕头,它们对我来说有着特殊的意味:正是在我制作它们的时候,我感到我的艺术事业飘出窗外离我而去，就好像画作离开墙面，飘走了。）

工厂的一角有两个女高中生，在将几卷开盘式磁带边听边用打字机巨细靡遗地打出来。磁带是我在六五年的夏末为我的录制小说制作的。我一开始的想法是我和昂迪恩一起混上整整二十四小时并录下来——他从不睡觉——但是我没能一下子完成二十四小时，所以不得不又花了一天时间把它补足。

我在此前从没有和打字员打过交道，所以我不知道这些小姑娘应该以什么样的速率工作。但是当我事后回想起来，我意识到她们大概故意拖慢进度以便可以在工厂待上更多的时间，因为这些姑娘实在**太**慢了——我是说，大概一天就只打出一页半来。

布赖恩和迪伦进来的时候，小乔伊[1]——工厂的跑腿儿——也在，他激动得发狂。他才刚满十五岁而这两位是他的偶像。（滚石这会儿的作品是《从我的云朵上下来》、《任泪水滑落》[*As Tears Go By*] 和《第十九次精神崩溃》[*19th Nervous Breakdown*]。而迪伦正在他《61号公路》[*Highway 61*] 和《无数金发女郎》[*Blonde on Blonde*] 两张专辑之间，后者要到那年夏天才会发行。他是我印象中第一个完全靠专辑而变得超级受欢迎的摇滚歌手——他除了《像一块滚石》之外没有一首大热单曲，虽然那时候他的《就在第四街》[*Positively 4th Street*] 不时出现在收音机里，歌里唱着他

---

[1] 即前文提过的乔伊·弗里曼（Joey Freeman）。

在村子里碰巧遇到一个老朋友并羞辱了他一番的故事，孩子们很爱这首。）那两个打字的小姑娘也发了疯，试图走到这边来好好看上布赖恩一看。这时艾伦·金斯伯格和彼得·奥尔洛夫斯基（Peter Orlovsky）也刚好顺路来访。

女公爵狂暴起来，因为没有一个人注意她，没人关心她是否该减一百磅以及是否该把头发梳成马尾辫或者只是把胭脂的颜色从蜜色琥珀（Honey Amber）换成黄褐桃红（Tawny Peach）。她对迪伦还有滚石都没什么感觉，因为她已经三十多岁了而且她从来不听摇滚——如果她能决定听什么的话。她瞟了一眼身形瘦小的迪伦以及甚至更加瘦小的布赖恩，他苍白的肤色和他软软的金红色头发，以她所能发出的最大音量说："我的天啊，这些根本不算**男人**。我喜欢像格雷格·派克（Greg Peck）[1]那样高大、沧桑、仪表堂堂的男人。"之后女公爵上了一辆别人靠墙放着的自行车绕着红色长沙发开始骑起来，这时简·霍尔泽进来了。我向布赖恩问起一位我们两人都认识的漂亮却没什么脑子的英国女演员。

"我们听说你跟她经常见面。"我说，意有所指。

他拿起了一个银色枕头。

我在录音，把麦克风凑到他前面，"痛快点儿，布赖恩。你上过她吗？"

"我得说……"他开始说话，缓慢地。

---

[1] 即格利高里·派克（Gregory Peck）。

"你可以撒谎。"艾伦·金斯伯格冲这边喊。

布赖恩拒绝了这项提议。"我得说有那么两次,仅此而已。谁又没上过呢?"他拿起我的手腕看红宝石袖扣,我总是把它们佩在胸前带有褶饰的白衬衫上——衬衫罩在T恤外,画画时穿。"她我可以承认,但是有些人我不能承认。总有些人是我们不能承认我们做过的,你不这样认为?"他淡出了对话,看向四周。

我试着把他的注意力带回来。"那么你是在哪儿上的她?"我问。

"在某人的乡间别墅——各种年纪的人都被邀请来参加的那种英式派对,玩疯了的、跳舞如母鸡一般的老祖母们向你蜂拥而来的那种……"他面无表情地瞧着女公爵,她正一边骑车一边拿着个注射器一把扎进自己的屁股里。她真的太想要得到关注了。

我们给布赖恩和迪伦做了试镜,而与此同时杰勒德和英格丽德·超级明星正在就这次该谁付麦乳精饮料钱吵个不停:那个可怜的比克福德的外卖小子站在那儿,一副不知所措的样子,直到亨廷顿·哈特福德到来并最终支付了账单。英格丽德拥抱了他并献上一个大大的香吻。亨特[1]此前才刚邀请我们在无论什么时候想要一个充满异域风情的拍摄地点时,使用他在巴哈马群岛的天堂岛(Paradise Island)。

---

[1] 即亨廷顿·哈特福德,亨特是亨廷顿的昵称。

女公爵看到亨特，把吸引别人注意这事儿放到了脑后，决定专注于从他那儿弄五十美元来花。他们认识一位精神病医师，他跟她有这样的约定：只要她让他监听她跟别人说下流话，他就给她开歹色心（Desoxyn）[1]。所以她就跟亨特串通好，只要她打电话给他时说上一句暗语，他就装成个被她的下流话撩拨得兴奋难耐的蠢货——而之后她就能搞到她那份药。亨廷顿·哈特福德也是英格丽德的好朋友——他很懂欣赏漂亮姑娘，他喜欢不时来工厂瞧瞧，看谁碰巧在场。

实际上，漂亮又上相的姑娘是杰勒德招来的。他会在杂志或是派对上看到一个姑娘然后特地弄清他是谁——他会把他这方面的兴趣转化为某种诗意的"追寻"。之后他会写关于这些姑娘的诗，并告诉她们所有人她们来工厂时会得到一次试镜的机会。

妮可为布赖恩和迪伦唱了几首卢和约翰刚刚为她写的新歌——有《我将是你的镜子》(*I'll Be Your Mirror*) 和《所有明日的派对》(*All Tomorrow's Parties*)。

保罗不是那种对着镜子精心打扮的人，但是当我们要和妮可一起外出时，你一定会看到他数次在镜子前检视自己的容貌。但是如果说他认为妮可是世界上最漂亮的女人的话，很多人都会同意他。不论什么时候他在杂志上看到她为广告拍的照片——比如前一年她为伦敦雾（London

---

[1] 歹色心（Desoxyn）为商品名，成分为甲基苯丙胺，俗名冰毒。

Fog)的风衣拍的那些,他都会告诉她千万**千万**不要在拍照的时候笑——保罗认为美人儿在照片里决不该笑或是看起来高高兴兴的样子。但好笑的是,保罗大概是世界上唯一一个常常能让妮可大笑的人。另外他们总是为嗑药的事"争论"不休——正像那天下午的情况那样。

"如果你老这么吃 LSD,妮可,"保罗警告道,"你下一个孩子生下来会是畸形。人们正在注意到这类情况。"

"不,这不是真~~~的,"妮可说。"我们会有越来越好的药,而且会生出**超棒的**[1]小孩儿。"

与此同时,工厂的电话铃声正在比往常更频繁地响起,因为我们在《村声》上投了一条广告,上面写道:"我会为以下任何物品以我的名字背书:衣服、交流直流转换器、香烟、小录音带、音响设备、摇滚唱片、任何东西、电影和电影设备、食品、氦气[2]、鞭子、钱。爱你们的安迪·沃霍尔——吻。XX5-9941。"那时候我们已经有太多的人长期在工厂闲晃,我想着为了让他们所有人都有饭吃,我们必须得找到人资助他们——比如找一家希望我们长期在那儿出没并为我们免费提供饭食的餐馆。

现在我们的人太多了,甚至开始在去派对时遇到麻烦。人们不介意我像原来那样胳膊上挂着十或十二个孩子出现,但是当人数开始超过二十,他们会试图把一些

---

[1] 原文 fantastic 又有"奇妙的""奇异的"之意。

[2] 沃霍尔《银色枕头》中的枕头填充的是氦气,所以这里说他可以为氦气背书。

人扔出去。我们才刚去了一个由一位和温斯顿·丘吉尔（Winston Churchill）有某种亲缘关系的姑娘搞的派对——有杰恩·曼斯菲尔德（Jayne Mansfield）在场——却被人给拒之门外了。他们说**我**可以进去，但是其他人不行，所以我们就全都离开了，而这难过死我了因为我十分想见杰恩·曼斯菲尔德。

整个一月和二月，我们都在与迪斯科制作人碰面，讨论四月份在罗斯福机场为那个飞机棚迪斯科做开幕演出"喷发（尚且还不是'爆炸'）模式化不可避免"（E.P.I）[1]一事。那位制作人于地下丝绒在"扩展的电影"系列中演出的那天晚上来实验影院看过。那是他第一次看丝绒一伙人演出，虽然当我们问到他觉得演出怎么样时他连声说"好极了，好极了"，但是回过头去看，我看得出他一定厌恶那场演出，但是在找到我们的替代品之前又不想与我们解除合作。

三月，我们开车去罗格斯大学（Rutgers）[2]，在他们学校的电影协会演出，同行的人有保罗、杰勒德、妮可、英格丽德·超级明星、一位名叫纳特·芬克尔斯坦（Nat

---

[1] Erupting Plastic Inevitable，后来改称为 Exploding Plastic Inevitable。其中 plastic 一词意思是带有明显人工痕迹的、不自然的、雕凿的、假模假式的，沃霍尔喜欢这种"假模假式"，所以译为"模式化"。网上通行译法译为塑胶、塑料等，恐不确。
[2] 一所公立研究型大学，是新泽西州最大的高等教育机构。

Finklestein)的摄影师,一个名叫苏珊娜(Susanna)的金发女孩、芭芭拉·鲁宾、一个负责灯光的名叫丹尼·威廉斯(Danny Williams)的毛头小子,以及一个名叫约翰·威尔科克(John Wilcock)的英格兰人——他是最早报道反文化的记者之一。我们在演出开始前走进罗格斯大学食堂吃饭,学生们无法把目光从妮可的身上拿开,她漂亮得不像真人;学生也盯着苏珊娜看,她走来走去从他们的盘子里拈了食物像吃葡萄一般放到嘴里。芭芭拉·鲁宾在拍摄那些孩子,而保安则紧随其后叫她停下。然后有人出来要检查我们的"就餐卡",杰勒德开始对他们大叫大嚷,一时间一片混乱。不用说,我们被轰出去了。但幸运的是,这么一折腾,弄得所有人都想要去看我们的演出,而到那时为止预售票一直卖得不是很好。

我们为超过六百五十号人演出了两场。在妮可和地下丝绒演出的同时,我们放映了他们的片子以及《黑胶唱片》和《卢佩》两部电影。看妮可伴着投影在她身后的她巨大的脸庞唱歌实在是美妙极了。杰勒德拿着两个发光的长手电筒跳舞,一手握一个,如指挥棒般在空中挥动。观众完全被迷住了——当有个学生手握火柴靠近火警感应器触发了警报时,没有一个人在意。

*192*

我身处一部放映机之后,将投射出的影像四下里移动。孩子们在跳舞上遇到了很大的麻烦,因为歌曲有时会以一个拍子开始但之后丝绒一伙会变得异常兴奋和狂乱并最终精疲力竭,而在那之前他们早已将观众弃置一边。他们就好像是声音施虐狂,观赏着跳舞的人竭力追赶音乐的样子。

几天之后,我们离开纽约,开着一辆租来的厢型车前往安娜堡,去密歇根大学演出。妮可开车,那真是一次不寻常的经验。我到现在都不知道她那会儿是否有驾照。那时她才刚来这个国家没多久,她不时会忘记这是美国而按英国的习惯开到左边去。而且那辆厢型车实在有够麻烦的——不论何时停下来,再要发动就难了,而我们这帮人中没有一个哪怕懂一点儿车的。

一名警察在一家靠近托莱多(Toledo)的免下车汉堡店拦下了我们,因为我们不停改单把女招待惹烦了,她向那警察投诉来着。当他问道"你们这儿谁说了算"时,卢把我向前一推说"我们所有人都听吸血娘(Drella)的!"("吸血娘"是某人给我起的一个外号,在我身上用得久到超出了我所乐意的程度。昂迪恩和一位名叫多萝西·戴克[Dorothy Dyke]的人物总是用它——他们说这名儿是结合"吸血鬼"[Dracula]和"灰姑娘"[Cinderella]而来的。)我们在那附近的一家汽车旅馆过的夜,又一次碰到了"男孩一间女孩一间"的状况,尽管有人不停地跟经营那家店的小老太太说"可我们都是同性恋"。

在安娜堡,我们遇到了丹尼·菲尔茨,他刚刚出任一家名为《记事册》(*Datebook*)的青少年杂志的编辑。他在那儿准备报道这次演出。我有一阵子没见过他了。

# 1966

"唉,"他笑起来,"我总算是有个身份了。一直以来,我都只不过是个狂热的摇滚乐迷,没有真正存在的理由。"

"想到你开始了你的事业,"卢提醒他,"真是从加长型豪华轿车**错误的一边**下了车。"

当我们到安娜堡时,妮可的车开得真是太疯了。她横穿人行道,压过人家的草坪。我们最终停在了一栋美好的、看起来很舒服的大别墅前,然后每个人都开始从厢型车上往下卸货。丹尼无法相信会有任何人让"一卡车的疯子"把车停在自家门前然后径直走进他的家门,直到一位美丽的女士跑出来迎接我们。她是安·魏赫尔(Ann Wehrer),她的丈夫约瑟夫(Joseph)参与了早期的"偶发剧",是他安排的 E.P.I 的这次行程。

安娜堡疯狂了。地下丝绒终于引起了轰动。我在演出的间歇坐在大厅的台阶上,接受来自当地报纸和学生报纸的记者采访,他们问起我的电影,问我们在尝试做什么。"如果他们能受得了十分钟,那我们就演上十五分钟,"我解释道,"这就是我们的方针。确保他们听到的比想听的多。"

丹尼记得有一个采访者问,我的电影是否受了三四十年代的电影的影响,而我回答道:"不,是一〇年代。托马斯·爱迪生(Thomas Edison)实实在在地影响了我。"实际上,这次演出我们第一次用上了频闪灯(strobe light)。那个我们朝他租聚光灯的人此前把频闪灯带到工厂展示给我们看——此前我们没一个人见过这玩意儿。它们还没被用在夜店里。频闪灯是迷人的,它们和地下丝绒演奏的混乱的音乐很搭,而且杰勒德此时跳舞用的喜万年(Sylvania)牌的长长的绿色荧光带如鞭子般抽打着,在频闪灯照到时看起来棒极了。

我们回到纽约后,保罗试图和那个迪斯科制作人敲定一个确切的开幕日期,但他只是不停地跟我们说"别担心"。在那之后,我们发现他已经雇用了"年轻的流氓"(The Young Rascals)[1] 为他做开幕演出了。

保罗和我去费加罗咖啡馆找丝绒一伙人——他们就住在那条街上的一所公寓里——告诉他们演出的事没戏了。当我们走进咖啡馆时,他们已经在那儿了,戴着他们弧形"看妞儿专用"深色太阳镜,一个个心情都很好,满脑子都是那场开幕演出的计划和方案。

"我们有一首新歌会用上约翰的雷声机(thunder machine),"我们坐下来时卢说,然后他大笑起来,"本周已经是第二次了,警察前来警告我们。他到我们的公寓来,告诉我们如果要搞这种玩意儿的话应该去乡下找个地方。而就在这之前的一周,他在我们正要出门时拦住了我们,指责我们从窗户往外扔大便……糟糕的是,那还**真有可能**……"卢说话的声调没有起伏,也不带感情,他对语速的拿捏常能产生逗趣的效果,颇有点儿杰克·本尼

---

[1] 乐队名。

（Jack Benny）的风范。

"我们打算在一片黑暗中演出，这样音乐将成为唯一的东西。明天我们要去二手车售卖场买上几百个车喇叭，再把它们全都接上电线，这样到时候喇叭声将响个不停。"

"好，不是，这主意很不错，但是吧——"保罗准备要告诉他们，但是卢自顾自地讲个不停，越讲越兴奋。

"我们打算演些已经没人听了的粗野的歌儿——那些在我们通常演出的那些歌曲下面流淌着的歌儿——像是《你香烟飘出的烟》（Smoke from Your Cigarette）、《我需要一种星期天式的爱》（I Need a Sunday Kind of Love）和《等会儿就到你了，宝贝儿》（Later for You, Baby）所有人都在为那些蓝调老人着迷，但是让我们不要忘记獚乐队（The Spaniels）和像他们那样的人。另外我们正试着促成施特尔（Sterl）再次演奏小号，他近来一直忙着找一个精神病医师把他从部队里弄出来。"斯特林坐在桌子对面，正在跟约翰讲他的一个患有恐水症的朋友的故事：他在汉普顿斯住，每晚睡在充气床垫上以防海平面上升把他淹死，同时他在自己的汽车后座上常年放一副潜水用的橡胶脚蹼，以防哪天他驾车驶过第五十九街大桥时赶上大桥垮塌。"他觉得有了脚蹼，他就不会玩儿完……"斯特林是个时断时续地修读着英语文学的学生[1]，但他给你的印象是一个全神贯注于科学的那种人。他的思维模式似乎非常有条

---

[1] 斯特林在雪城大学（Syracuse University）主修英文，在那儿认识了同是主修英文的卢·里德。斯特林后来退学了。

理，给你的感觉就好像他早晨起床时如果有了某个想法，他会在接下来的一整天都不停地思考它——他会，比如说，停下来整整一个小时，但是当他再次开口的时候，会说"附带说一点"或者"需要澄清的是"，而不管其他人在这一个小时里又说了些什么。

我注意到保罗在偷听邻桌的两个人谈话。令人难以置信的是，他们在谈论一个他们刚刚租来的位于圣马可之地的巨大的波兰舞厅，他们不知道该拿它来干点儿什么。保罗转到他们桌并做了自我介绍。他跟他们说他在那附近住，却从没注意过那儿有一个大舞厅。那两个人也做了自我介绍——杰基·卡桑（Jackie Cassen）和鲁迪·斯特恩（Rudy Stern）。他们说他们是做"灯光雕塑"的，他们租下的这个巨大的波兰舞厅叫作"斯坦利的家"（Stanley's the Dom，Dom 在波兰语里是"家"的意思），但是他们要到五月才用，他们不知道四月份该拿它来做点儿什么。保罗问可否这就去看看。我们把丝绒一伙留在了费加罗，没跟他们提飞机棚的演出泡汤了的事——等你有了好消息再告诉别人坏消息永远都是更好的做法。

那"家"十分完美，正是我们想要的——它肯定是曼哈顿最大的迪斯科舞场，而且还带一个俯瞰全场的露台。我们立刻从杰基和鲁迪手里把它转租了过来——我给他们开了支票，保罗就保险的事和房主吵了一架，然后我们签了几纸文件，第二天，我们就已经在那儿给墙刷大白了，这样我们就可以把电影和幻灯片投影到墙上。我们开始从

## 1966

工厂把道具之类的零七八碎的东西拖过来——五部电影放映机，五架旋转木马式的投影仪，就是那种可以每十秒钟更换一张图片而如果把两张图片放到一起它们会交叠起来的那种。这些彩色的玩意儿会投在五部电影上面，而有时我们会让音轨加进来。我们还带了一个那种过去在非法酒馆[1]里用的大大的旋转镜面球过来——之前它被闲置在工厂，我们觉得如果能把这玩意儿恢复起来那就太好了。（这些球在我们重新启用之后真的流行起来，很快它们就成了每一家迪斯科的标准配置。）我们让一个家伙带着我们要租的更多的聚光灯和频闪灯过来，计划在演出时把它们打到地下丝绒和观众身上。不用说，对于人们是否会一路南下到圣马可之地来过夜生活我们并无把握。下城的动作一直都是在西村，东村则是老太太的包头巾——与潮流无缘。但是，把"家"租下来我们就不用担心经营者是否喜欢我们了，我们就可以只管去做我们想要做的事。丝绒一伙人激动极了——在"家"里，驻场乐队总算有个场了。他们甚至可以走路来上班。

　　丝绒一伙住在一栋位于西村第三街的公寓里，公寓在一个消防站的楼上，街对面是金虫（Gold Bug），附近有一家轻帆（Carvel）[2]和一家药店。公寓是汤姆·欧霍根的，但是汤姆把它分租给了斯坦利·阿莫斯，斯坦利住在后半

---

1　指 1920 年至 1933 年美国禁酒时期非法售卖酒类饮品的酒馆。
2　冰激凌连锁店。

部分（前后两部分公寓由一个半隐蔽的过道在中间连通），汤姆的家具和固定摆设者仍放在里面。在地下丝绒的早期岁月，工厂的每个人都把大量的时间花在了那间公寓里，闲晃，凌晨两点去唐人街，然后四点钟去第二大道上五十几街处的轻拍（Flick）吃冰激凌，或者去啤酒餐馆（the Brasserie）。

汤姆的公寓看起来就像是个舞台布景。起居室高出一些来，门两旁有长长的镜子，屋顶上吊挂着的原始乐器垂下来映在镜子里[1]。还有许多干花，一口巨大的黑色棺材和几把扶手上雕着狮头的椅子。屋子本身很空，仅有几件大个儿的家具。然后就是供暖系统：一条十五英尺长的金龙筑于屋顶，加热器的火焰从它大张着的口中喷出来。

嗨安非他明的人不住房，他们住"窝"——通常一或两间房里装上十四或四十个人，每个人都疑心别人会偷了他们藏的东西或是他们仅有的玫红色神奇马克笔，又或是害怕有人让浴缸里的水溢出来淹了楼下的药房。

约翰·凯尔常坐在前面的房间里拿着他的电子中提琴一坐就是好几天，几乎动也不动。莫琳——莫（Mo）——那个打鼓的女孩，是我搞不懂的一个人：她非常纯真，甜美且害羞——既然这样，她在这儿待着干吗？

斯坦利位于后面的公寓门厅很黑，门厅墙上挂了只鹦鹉标本，同时绘有丛林主题的壁画，画着几只猴子在吃橙

---

[1] 前文曾提到汤姆自己修复古乐器。

子。唯一的光来自一个巨大的黑蜘蛛台灯,蜘蛛的尾部是开关。你若穿过另一个小厅堂就来到有着毛皮地毯、珠饰台灯和砖墙的书房,再往里是最大的房间,那儿放着一件极为出色的约翰尼·多德的艺术品——一面可移动的墙,上面是六万一千张使用过的印着乔治·华盛顿的邮票,头统统被用指甲刀剪去了(约翰尼在《村声》登广告弄到的所有那些邮票)。那儿还四处摆着蒂芙尼台灯;另有新艺术风格(Art Nouveau)的穆夏(Mucha)[1]版画,米色或墨绿色的画上是有着飘动的长发的女人;拧紧发条就会嘭嘭打响手鼓的印第安小人儿;还有很多挂毯和波斯地毯。整个屋子看起来就好像是室内装潢师之间的一场战争。

有个打扫卫生的男孩会每隔几天来一次,斯坦利解释道,他是个同性恋,一个罗马天主教徒,同时还是个酒鬼。他会穿着水手服外出猎艳,但是在那之前他一定要喝醉,否则他会感到太过罪恶。他把斯坦利的公寓打扫一新以挣到更多的钱买醉。斯坦利有他这么个人也是件好事——特别是在亮片狂欢之后。

斯坦利柜橱的一个抽屉里塞满了整袋整袋的亮片——没有衣服或其他东西,光是亮片。(那是弗雷迪·海尔科为他的舞蹈演出存放在那儿的,弗雷迪自杀以后,斯坦利把抽屉里的东西原封不动地留了下来。)他会打开抽屉,取出袋子,那儿的人大概有一半会吞下迷幻药然后将亮片

---

[1] 指阿尔丰斯·穆夏(Alphonse Mucha,1860—1939),捷克新艺术画家和装饰艺术家。

抛撒到空中，直到整个屋子都被它们覆盖，而贾德森的舞者会头上插着花满屋跑，整个地面都会改变颜色因为那些亮片是彩色的。厨房的窗子外，们在吊床上摇来荡去，吊床的两端系在没有出口的小巷墙上。大多数人都很平静——寻常的玩笑和歇斯底里的大笑——英格丽德·超级明星总会走到镜子前，双手放在脸上，开始陷入因迷药而起的幻觉之中，不停地说"我长得太丑了，太丑了"，而这时人们为了让她高兴起来会掏出鸡巴表演口技，让它们开口跟她说话——**这**总能让她放声大笑——但是她只能为此分神几分钟，然后他们就不得不再想别的主意——那情形就如同哄一个小孩让他不哭一般。

屋子里的另一半人嗨了安非他明正在惊恐多疑，盯着嗑了迷幻药正在神游的那一半人看。他们各自是对方的观众。

卢和昂迪恩则就要不要拿歹色心换傲百愁陷入到狂暴的争论之中——歹色心的价格是傲百愁的两倍，含有十五毫克的甲基苯丙胺，而傲百愁显然也有那么多的甲基苯丙胺，另外大概还有个五毫克的硫酸盐。我从没弄明白过他们争的是什么，到底哪个好。

罗滕·丽塔会带着他自制的每个人都知道是世界上最糟的安非他明过来。每过一段时间，他都会以给别人退钱的方式来提升自己的信誉，但是第二天，他会在那儿试着把同样的东西再卖给他们，只是这次他会宣称这批货的质量要好上很多，所以自然也要卖得贵些。但是就像卢说的,"那地方有罗滕这样的人做那样的事也是很自然的。这也是为什么他叫'罗滕'[1]"。一次我问女公爵为什么罗滕被叫作市长,她说:"因为城里面每个人他都要敲上一笔。"

海龟在一家中等规模的中城酒店做电话接线生,但是他还另外做毒品买卖。他会拿海洛因跟某人换普乐西谛尔(Placidyls)[2],然后后退几步看着他们静脉注射并就此睡着。之后,趁着他们昏睡不醒,他会把剩下的从他们那儿掳过来,并且在他们醒来后向他们发誓说:"老兄,你可真够疯的,你连着来了**三次**。"

女公爵会一把扯掉上衣,从包里抽出瓶伏特加,灌上一口,然后给自己屁股来上一针安非他明,直接扎穿她的牛仔裤,然后把裤子脱下来向所有人展示脓肿之处(甚至男孩们也多少会有点儿吓到)。她在哪儿都能来上一针——排队等电影入场时都行,只要她觉得想。

里奇·柏林(Richie Berlin)会坐在屋内一角静静地写东西,穿着卡其布短裤,及膝长袜,打着个小领带——有点儿像外出观鸟时的行头——她会跟任何试着跟她说话的人说:"回欧洲去,别烦我。"

斯坦利不怎么喜欢音乐。他那儿只有不多的一些唱片——一张叫作《钟》(*Bells*)的先锋爵士和一些经典的印度音乐(这时正在西塔琴大热之前)以及两张45转唱

---

[1] 罗滕(Rotten),英文 rotten 有腐烂的、散发恶臭的、堕落的之意。
[2] 一种镇定剂。

片——一张是六三年的《萨莉绕着玫瑰花》(*Sally Go Round the Roses*),还有一张叫作《做鸵鸟》(*Do the Ostrich*)的东西,那是卢在读了尤金妮亚·谢泼德(Eugenia Sheppard)写的说鸵鸟毛在那一季将大热的一篇时尚专栏后写出并录制的。(卢之前曾为一家小成本唱片公司工作,就是那种制作"三张只要99美分"的唱片在廉价商店售卖的小公司。以"沙滩疯子"[The Beachnuts][1]为名,他把吉他的所有弦都调成一个调,然后像发了疯一般地叫喊"做——鸵——鸟——!"直到唱片公司的人让他停下。但是过了一阵儿,当公司缺少作品时,他们又听了它一次并决定说为什么不呢,也许它最终能成为热门歌曲也说不定。所以他们刻录了它,但是人们不断把它退回店里要求退钱,因为那盘刻得有毛病。总有些新来斯坦利公寓的人不知道那唱片是什么,他们会说"噢,这是什么?"然后把它拿出来放。)

银色乔治总是在嗨安非他明,把他一半儿的头发染成另一个颜色,趴在床上一手把一个衣架高高举起贴住一个透明灯泡,另一手则紧紧握住一株硕大的植物。他有两个心仪的理论:一是日本人推动的安非他明的使用,这样他们就可以让他们的战后劳力昼夜不停地工作;二是植物需要电力补充。他的想法是用金属衣架把电力从灯泡里吸出来并通过他的身体传导给那株植物。那植物摆在一个木

---

[1] 调侃沙滩男孩(The Beach Boys)乐队起的名字。

1966

头架子上,它是那么地大,我总是在想他是从哪儿弄来的——他大概是从哪个办公楼的大厅里直接顺出来的,但他说不是,他说他只是"很友好地对待"了它。不管谁走过房间,他都会跟人家讲:"看,它在动。你看到它动了吗?就现在,**看**!我没开玩笑。"有一次,我不得不承认,我确实看到它抽搐了一下。

每天凌晨两点都有一个在医院做勤杂工、身高六英尺六英寸的金发男子穿着他的白大褂走进斯坦利的公寓。他是实际上贡献房租的唯一的人——他之前是个人种学者,在加拿大为加拿大政府工作,整天同爱斯基摩人待在一起,但后来他们把他转去做案头工作了,所以他决定搬来纽约。在他在圣文森特医院(St. Vincent's Hospital)找到工作前,他在联合广场上卖热狗。他不嗑药;他就那么坐在那儿跟无论在那儿的谁惬意地谈谈天,然后大概凌晨五点的时候就去睡觉。他在那儿住了约有两个月,有一天,他没有再回来。

另一个算是长期待在那儿的是个叫作龙尼·卡特龙(Ronnie Cutrone)的年轻孩子,他和女朋友住在公寓后部。他来自布鲁克林,从十一岁起就一直在村子里混——"因为我喜欢所有那些在第六大道第八街那片儿的拉拉,她们卖给我吐一诺(Tuinals)[1]:恐怖者奥加(Olga the Terrible)、桑尼(Sonny)、汤米(Tommy)……"

---

[1] 一种镇定剂。

龙尼告诉我他过去常跟着那个女同性恋圈子的朋友在城中巡游,从女子拘留所(Women's House of Detention)出发——在押的女囚会从那栋巨大的装饰艺术风格的建筑里透过窗户向下呼喊她们的爱人,那建筑位于一个三角地带,所有的街道都在那儿交汇:第八街,第六大道,克里斯托弗和格林威治——然后去到霍华德·约翰逊(Howard Johnson's)和普莱克西(Prexy's),之后再去帕姆帕姆(Pam-Pam's)——一家位于第六大道的整晚都营业的小餐馆,还有就是拉拉们喜欢聚会的像是82号俱乐部(Club 82)那样的地方。

我记得一年前在麦克杜尔大街的一个寻常的派对上初次见到龙尼的状况。我正在往外走而他正往里进,我们撞上了,从鲍勃·迪伦的头上跨过——他正巧躺在楼梯上,看起来喝醉了,正在享受好时光,把手伸向从他身边经过上楼去派对的女孩的裙子下面(有些女孩喜欢这个,有些则不——不管哪种情况,他只是放声大笑),龙尼和我谁也过不去,所以他就向下看向迪伦,跟他说:"朋友,我可真喜欢你那疯狂摇摆(rolling)的器官。"

龙尼是个不好理解的人,因为他总是有一个固定的女朋友,但同时他又真的特喜欢待在那些安非他明娘娘周围。公认的,他的女朋友总是那种假小子类型,我猜他就是喜欢那一型的。"有一阵,我真的试着做个同性恋来着,"他告诉我,"因为我认识的每个人都是同性恋而且看起来那有意思极了,但是我没能成功。"他很早就是个超级博普爵士乐迷,舞也跳得非常棒——有什么新的舞蹈俱乐部开业,他都会去。

我们一大帮人会很晚离开"家",然后去村子里超时营业的俱乐部——卢对这类地方门儿清。在"第十次总是"(Tenth of Always)(这个名字是比着约翰尼·马西斯[Johnny Mathis]的歌《第十二次决不》[Twelfth of Never]起的)总是会有一个小个儿的金发男孩每晚喝醉,然后转向卢,问他说:"喂,你是同性恋不是?我是,而且我为此自豪。"然后他会把杯子摔碎在地上,店方则叫他走人。还有一家叫厄尼(Ernie's)的店:没酒、没音乐、没吃的——就一间后室,桌子上放着一罐又一罐凡士林。

我们拿出那个星期的《村声》上的半页纸广告,上面这样写着:

### 来点儿刺激的

银色梦工厂首次呈现

## 喷发模式化不可避免

有

安迪·沃霍尔

地下丝绒乐队

和

妮可

我们的《我的男妓》在上城西四十一街沃利策大厦（Wurlitzer Building）的电影制作合作社放映。而甚至更上城一点儿的地方，是在那周六的卡斯泰利画廊，墙上铺满了我的黄粉色大牛墙纸，是我充填氦气的银色枕头展的开幕式（在"家"的开场演出的完整广告里，清楚地讲明了周六晚上没有演出，"因为上城的艺展开幕式"）。

所以这时，用一件事或是另一件事，我们接触到了住在城里各处的人，都是不同类型的人：那些看了电影的人会好奇于画廊的展览，而在"家"跳舞的孩子会想要去看电影，人群正在彼此混合起来——舞蹈、音乐、艺术、时尚、电影。现代艺术博物馆的人挨着十来岁的追赶流行乐潮流的小姑娘挨着安非他明娘娘挨着时尚杂志编辑，这景象看起来有趣极了。

我们都知道有革命性的事情正在发生，我们都感受到了它。如果没有藩篱被打破，事情不会看起来如这般古怪和新奇。"这就像是红～海～～～"妮可一天晚上在我旁边、在"家"的俯瞰着一切的露台上如此说道，"分～～开～～～"。[1]

整整一个月，加长型豪华轿车停在"家"外。"家"里面，丝绒一伙演奏得如此大声如此疯狂以致我都无法想象这分贝图得是个什么样。四周都是投映的影像，一个叠着另一个。我通常都从露台上向下望，或是在放映机

---

[1] 上帝救希伯来人出埃及，分红海为两半让其通过。

那儿把不同颜色的滤光板放到镜头前,把像是《妓女》、《窃贼》、《长沙发》(Couch)、《香蕉》(Banana)、《口活》、《睡》、《帝国》、《吻》、《鞭子》(Whips)、《脸》(Face)、《三俗》(Camp)和《吃》这类电影变为不同的颜色。斯蒂芬·肖尔和小乔伊还有一个哈佛的名叫丹尼·威廉斯的孩子轮流操控聚光灯,而杰勒德、龙尼、英格丽德和玛丽·迈特(沃若诺夫)(Mary Might [Woronov])拿着鞭子和手电筒跳着虐恋风格的舞,丝绒一伙人在演出,不同颜色的催眠的光点图样打在墙上旋转着跳动着,频闪灯不停闪烁,你闭上眼,可以听到铜钹声、皮靴踢踏声、鞭子抽打声以及手鼓如铁链般哗哗的响声。

昂迪恩和女公爵会给人群里的人扎针,如果他们看到谁有点脸熟的话。一次,从露台上,我在频闪灯的光束中看到血溅出来,飞过保利娜·德·罗思柴尔德(Pauline de Rothschild)和塞西尔·比顿身旁。过了一会儿,昂迪恩从厕所里跑出来大叫着他失手把他的"长钉"[1]掉到马桶里了。保罗大叫一声"好!",他真的是这个意思——我们都怕他们刺到不认识的人。

人们会从人群中走过来,向我做自我介绍,那整个场景都很不真实。你在当时不会想什么,但是频闪灯会把那些时刻凝固在你的脑海里,而数月或数年之后你会把它们提取出来。好比"我叫卡伦·布莱克(Karen Black)",而

---

[1] 指注射器。

那一秒会以某种方式在你第二年看到同一张脸出现在《你是个大男孩了》(*You're a Big Boy Now*)里时闪现出来。

"家"的孩子们看起来棒极了,在光的照耀下闪烁着,身上穿着橡胶衣、翻毛皮、皮衣,穿着裙子、靴子和亮色网眼长筒袜,还有漆皮皮鞋、银色和金色的刚刚能遮住屁股的迷你裙,以及帕科·拉巴纳(Paco Rabanne)那塑料片连缀起来的薄薄的连衣裙,还有许多喇叭裤和穷小子毛衣[1],以及从肩部下展、远没到膝盖就结束的短短的连衣裙。

有些在"家"的孩子是那么年轻,我对于他们从哪儿弄来的钱买那些时髦衣服甚感不解。我猜他们一定常常从店里偷。我曾听到留着刘海儿的小女孩说过这样的话:"为什么我要**买**它——我是说,它明天就会散架了。"到了六十年代末,针对店内盗窃的侦查工作是个很重要的行业,但是在**六六年**,一切仍还很原始,通常只是店门口站着守卫——而与此同时,孩子们可以在试衣间里大偷特偷,把他们的包包或者手袋塞满,因为新衣服全都那么地短小轻薄。

潮流小店开始在圣马可之地开张,还有二手皮草店,当然还有"监禁"(Limbo)。"监禁"是那片儿最受欢迎的地方,因为它基本上是个陆军海军剩余服饰店(起初是),而所有的孩子都在此前开始了穿军装的风潮。我回

---

[1] Poorboy sweaters,紧身罗纹毛衣,因为其短小紧身的效果好似买不起新衣服穿的穷小子,故名。

想起一篇霍华德·史密斯（Howard Smith）在《村声》专栏上的文章里面谈到"监禁"的销售策略/心理学——那文章就孩子们的想法说出很多东西：那家店有一堆看起来很搞笑的黑帽子卖不出去，于是一天早上，他们做了一块牌子，上面写道"波兰拉比[1]的帽子"，而到了那天下午帽子就卖光了。

一天晚上，在"家"，保罗和我待在我们通常的位置上，站在露台俯瞰所有的孩子跳着舞，就在这时我们看到一个健壮的小个儿金发男孩做了一个芭蕾舞中的跃步动作，这一跃就跨过了整个舞厅。我们下楼去跟他说话。他名叫埃里克·埃默森，而且我们发现他跟龙尼·卡特龙和杰勒德都是朋友。

几天后，保罗和我顺路去下东区A或B大道上的一间铺面房看他，就在那时的《东村另一家》办公室所在地一拐角。埃里克一个人在那儿建了隔墙，做了所有的木工活儿，而完成了这一切男人的工作之后，他拿出了一台小小的缝纫机开始做连衣裙——埃里克就是这种你无法把他放到任何一个类别中去的人。

"你从哪儿学的筑造？"保罗问他。

"我爸是新泽西的建筑工人，他总是让我切割木头块儿给他用，"他有些害羞地比划了一下，"我会观察事物，

---

[1] 犹太教神职人员。

然后按着记下来的样子去做,所以现在我总是能知道东西是怎么造的。"他耸了耸肩,笑了。

"但是你从哪儿学的跳芭蕾呢?"保罗问他。

"我母亲,她一直坚持送我去芭蕾学校,你能想象吧。我先后在北新泽西(North Jersey)的乐山舞蹈团(Music Mountain Group)以及奥伦奇(Orange)的新泽西芭蕾剧团(New Jersey Ballet Company)跳过舞,演出过像《南海天堂》(*Brigadoon*)、《命运》(*Kismet*)和《最幸福的男人》(*Most Happy Fella*)等剧目。"

"但你又是从哪儿学的**缝纫**呢?"

"去年我在加利福尼亚遇到了一个美妙的女人,她告诉我说,'只管做你爱做的,然后不管那是什么东西,你一定能把它卖出去'。她是我一个朋友的母亲,她丈夫是生产雷鸟(Thunderbirds)上用的头灯的。她真的知道很多事情,我们非常亲密。她教会了我缝纫,她还向我展示了如何记日记,把我的想法写下来。"埃里克给我们看了他的"神游录",上面写满了他LSD药劲儿发作时写的诗、画的画。

"她多大年纪?"保罗问。

"五十五岁吧,大概。"

"你跟她做爱来着?"

埃里克不回答这个问题。"对我来说,她非常美。"他说,简单地,也是真诚地。

## 1966

四月底,一家叫作"猎豹"(Cheetah)的俱乐部在百老汇第五十三街开业。那是个大手笔,能容纳一千五百人,做得非常漂亮:彩色的灯光、从房顶垂下来的橡胶彩带,电影、幻灯、闭路电视,还有附属的电视房和潮流小店。

乐队也都很出色——丝绒一伙在开幕式上也有演出。我看到蒙蒂·罗克三世穿着一身闪亮的金色套装一晃而过,他说他是在找琼·克劳福德(Joan Crawford)。

"猎豹"是奥利弗·科克兰(Oliver Coquelin)想出来的点子,在谋划此事的时候,奥利弗曾找过我和伊迪让我们做那儿的主人和女主人——"安迪伊迪来了"(Andy & Edie's Up),他打算叫这名儿来着。但是他和他的赞助人都是出色的商人而那时候的我们则不是——我们对于计划、安排和合同这类东西一向很散漫。另外,我们从不想把自己交托给任何人。我们想要做的只是四处跑,度过快活的时光。所以我再次得到消息时,就是他们堂皇的俱乐部开张了——没我的事儿——而且引起了轰动。

在"猎豹",男孩的穿着显示出了他们在追赶女孩。跳着迪斯科的他们一身新造型——波点图案的衬衫、喇叭裤、皮靴和小帽子。

但最值得注意的是,那儿一滴酒也没有(他们考虑到没法逐一检查上千个全都是在合法饮酒年龄上下的孩子的身份证),也没人想念它。说到底,孩子们这会儿已经不怎么喝那么多的酒了——他们脑子里想的都是药;酒似乎过时了。

我们自己支付了制作地下丝绒的首张专辑的前期款,盼着会有唱片公司跟进,买我们的带子。我们租下位于百老汇的一个小型录音棚几天时间,而负责操作台的只有保罗和我。小乔伊和汤姆·威尔逊(Tom Wilson)——他给鲍勃·迪伦制作过唱片,碰巧是我们的朋友——他们俩只是在那儿非正式地帮帮手。

起初地下丝绒关于他们自己作为一个摇滚乐队的想象里并不包括妮可——他们不想变成一个女歌手的伴奏乐队。但不凑巧的是,卢给妮可写了最棒的歌——像是《蛇蝎美人》(Femme Fatale)、《我将是你的镜子》和《所有明日的派对》——她的声音、那些歌词,还有地下丝绒制造的声响配合在一起,实在太神了。

专辑出来棒极了,成了经典,然而制作的整个过程里似乎没人觉得高兴,特别是妮可。"我希望自己听起来像博~~~迪~~拉~恩~(Bawwwhhhh Deee-lahhn)[1]"她嚎啕,为她做不到而感到烦躁。

因为我们在"家"的一个月租期满后有个在洛杉矶的"神游"(Trip)的演出安排,因此我们只有在那个百老汇录音棚录制半张专辑的时间——《所有明日的派对》、《她又来了》(There She Goes Again)和《我在等我的男人》(I'm

---

[1] 指鲍勃·迪伦。

Waiting for My Man)。(我们到了西海岸才最终完成,在那儿我们又录了几首,而后米高梅决定赞助我们余下的制作经费。)我一直担心专辑出来的效果会太过专业了。但他们是地下丝绒,我本不该有这样的担忧的——他们一个特别牛的地方是他们总能听上去原始而粗糙。

原始而粗糙是我希望我们的电影看起来的感觉,而在那张专辑的声音和《切尔西女孩》的质地之间有某种相似性,后者也是那个时期制作的。

"神游"是多诺万上次来工厂时跟我们提起的一家位于日落大道(Sunset Strip)上的俱乐部,而就在那之后,一个名叫查理·罗斯柴尔德(Charlie Rothchild)的经纪人跟保罗说他可以安排地下丝绒在那儿演出,从五月三号到二十九号。所以保罗就先我们一步前去勘查,最后从杰克·西蒙斯(Jack Simmons)——一个在不动产方面很有头脑的演员——手中租下了"城堡"(The Castle),供丝绒一伙下榻。而远在工厂的我们打包了鞭子、链子、频闪灯和镜面球,跟着就出发了。

地下丝绒的演出开始后,很多人都怀疑他们能不能撑上那整整三周的合约期,批评家写出这样的话:"地下丝绒应该回到地下去好好练习练习。"但是丝绒一伙戴着他们的弧形太阳镜、穿着紧身条纹裤,仍继续演出他们发狂的纽约音乐,尽管闲适的洛杉矶人并不欣赏;他们中有些人说那是他们听过的最具破坏力的东西。在开幕演出当晚,飞鸟乐队的几个成员在观众群中,吉姆·莫里森(Jim Morrison)[1]也在,看起来对演出很有兴趣,而瑞安·奥尼尔(Ryan O'Neal)和卡斯妈妈(Mama Cass)[2]则在那儿踢踏着他们的鞋跟儿。我们在第二天的报纸上读到一篇雪儿·博诺(Cher Bono)的出色的评论,我们把它拿过来做了我们的广告——"它替代不了任何东西,也许除了自杀之外"。但是桑尼(Sonny)[3]似乎喜欢那演出——他在她走后仍留了下来。

地方司法长官关掉神游的时候,丝绒一伙才在那儿演出了不到一个星期——突然神游的门上就贴上了个告示让大家去街尾的"威士忌管够"(Whiskey A Go-Go)[4]看约翰尼·里弗斯(Johnny Rivers)——"威士忌管够"的所有人就是神游的两位所有人。报纸上说两位所有人中的一位,老婆跟他感情不和,对他提起了诉讼,要求他偿还她声称他欠她的钱。我们全都准备好要离开洛杉矶了,这时有人建议我们留下来这样我们就可以得到整个签约期的全部酬劳,但是如果我们离开那么我们就拿不到了——那儿的音乐家工会可以根据一个什么规则要求资方付我们钱,于

---

[1] 大门乐队(The Doors)的主唱。
[2] 卡斯·埃利奥特(Cass Elliot),妈妈爸爸组合(The Mamas & the Papas)成员之一。
[3] 桑尼和雪儿(Sonny & Cher)是个夫妻二人流行乐组合,唱歌、演戏、做电视节目;这里说女的提前走了,男的留了下来。
[4] A Go-Go 一语双关,在"充足的""要多少给多少的"之外同时有"夜店"之意。

是我们就在那儿待了下来并让本地47（Local 47）[1]帮我们要钱。（结果花了三年时间，不过他们确实帮我们拿到了钱。）也就是这样，我们不得不在洛杉矶坐等到五月底。

丝绒一伙待在"城堡"，我们中的一些人则住在圣莫尼卡林荫大道（Santa Monica Boulevard）上的热带风情汽车旅馆（Tropicana Motel）。"城堡"是个建在好莱坞山（Hollywood Hills）上的一座中世纪风格的石头建筑——地下有牢房，庭院也漂亮。在那儿能看到格里菲思公园（Griffith Park）和整个洛杉矶的风景，而对面就是贝拉·卢戈希（Bela Lugosi）住过的由弗兰克·劳埃德·赖特（Frank Lloyd Wright）设计的宅院。许多摇滚乐队都在"城堡"住过——迪伦才刚在那儿待过——而整个六十年代还会有很多乐队在那儿住下来。我们在"城堡"和我们的汽车旅馆间往返。和纽约比起来，那儿似乎没有那么多事情好做，所以我们都盼着回家。其间，比尔·格雷厄姆（Bill Graham）几次给我们打电话，邀请我们去旧金山的菲尔莫尔（Fillmore）和杰斐逊飞机乐队（Jefferson Airplane）同场演出——那会儿他是杰斐逊飞机的经纪人（格雷丝·斯利克 [Grace Slick] 这时还没加入，那会儿乐队另有一个叫西涅 [Signe] 的女歌手）。但是卢说他讨厌飞机乐队，决不会和他们同场演出。（之前的那个月，在"家"，只要丹尼·菲尔茨在丝绒一伙演出间歇放飞机乐队的早期唱片，

---

[1] 即上文说的音乐家工会，全称为"专业音乐人本地47"（Professional Musicians Local 47）。

准会把卢弄得发疯。丹尼指责他是嫉妒,而卢说不是,不是那么回事儿,他只是受不了他们的音乐。)

我们不停地跟比尔·格雷厄姆说我们不想去旧金山,我们只想回纽约,我们确实是这么想的——杂志上有对乐坛新风貌的长篇报道,全都特别关注地下丝绒,我们觉得再在旧金山这么待下去未免太傻了,我们本可以在此刻、在如此密集的曝光下招摇一番的。

我们在"城堡"里干坐着的时候,我的银色枕头展在拉西内加(La Cienega)的费鲁斯画廊开幕了——整个房间都是填充了氦气的银色枕头在地板和屋顶间的不同高度上漂浮,屋内一角放着个绿色的箱子,里面都是氦气。我的本意是希望所有的枕头都飘散开——全都正好位于房间高度的一半这个水平面上——但是它们全都给扎成了一束束的,而且有一些甚至漏了气,就那么躺在地上。我们花了整整一下午把钓鱼用的铅坠儿系在枕头上,让它们在半空中飘浮、移动、碰撞,但是要想让它们老老实实待在半空实在是不可能的,总会有一个飘走,引发一连串的连锁反应。房间内的一面墙上有一幅银色和黑色的照片,拍的是我;另一面墙上则是一幅黑白照片,拍的是枕头飞出了我们纽约工厂的窗户。

比尔·格雷厄姆到了月底仍在试图让我们去旧金山——他甚至南下洛杉矶来劝说我们。

## 1966

"我给不了你们太多钱,但是我和你们一样相信那些美好的东西。"他动情地说着,环视了我们所有的人。

保罗最终妥协了,说好吧,我们会去。但是等格雷厄姆走后,我们每个人都开始拿西海岸的修辞打镲——我们还不习惯那种说话的方法。"他是**认真的**吗?"保罗大笑。"他真觉得我们实际上**信**这个?**什么**'美好的东西'?"

这一点也正是很多人从来都没有明白过我们的。他们以为我们会把我们认为有价值的东西特别当回事儿,但我们从来都不——我们又不是知识分子。

保罗将幽默在六十年代的衰落归罪于 LSD。他说嗨了 LSD 还能保有幽默感的人只有一个,那就是蒂莫西·利里(Timothy Leary)。

从某种角度来说,他是对的。因为去了旧金山后,我们发现不管什么时候我们试着跟某人逗逗乐子,他们的反应都是:"你好大的胆子竟敢开我的玩笑!"似乎每个人都拿"宇宙的玩笑"[1]太过当真,他们不喜欢你开那些不宇宙的小小的玩笑。但是另一方面,嗨了安非他明的孩子确实看起来很快乐,享受所有简单的事物,比如拥抱、接吻和大自然。

旧金山的音乐现场是乐队和观众其乐融融、一同分享时光的景象,而地下丝绒的风格则是疏离观众——他们甚

---

1 Cosmic Joke,意指人生。

至会在演出中拿后背对着他们!

总之,我们绝对是脱离了适合我们的环境了。

"他们管这叫**灯光表演**?"保罗说,看着飞机乐队正在演出的舞台,他们透过有液体流动于其上的玻璃打光。"我宁愿在自助洗衣店里看衣物烘干机。"

在比尔·格雷厄姆与我们之间产生了许多摩擦。纽约和旧金山对待事物有着态度上的不同。好笑的是,格雷厄姆做生意的风格是纽约式的——迅捷、大嗓门的操控者那种——但是他说的内容却全然是旧金山花朵儿童式的东西[1]。一切的结束发生在我们站在菲尔莫尔的后场看某支本地乐队在台上演出的时候。保罗以贬斥 LSD 的口吻,持续发表着他已经进行了整日的评论——我看得出那评论真的在激怒格雷厄姆。

"他们干吗不来点儿海洛因呢?"保罗建议道,用手一指台上的乐队。"所有真正**好的**乐手都吸海洛因。"格雷厄姆一言不发,只是蕴积着怒火。保罗知道他正在把他逼向彻底的愤怒,所以就继续道:"你知道,我真的力挺海洛因,因为如果你小心着点儿的话,它甚至不会对你的身体造成影响。"他从兜里拿出个橘子,一下子剥掉橘子皮,

---

[1] 花朵儿童(flower children),主张爱与和平,以非暴力形式进行反越战的年轻人。他们在衣饰上配以花朵,并向公众分发作为爱与和平的象征的花朵。"花朵儿童"也用来泛指嬉皮,后文的花朵力量(flower power)和爱爱儿童(love children)也本此意。

任皮掉落在地。"有了海洛因,你就不再感冒了——它一开始在美国就是用来治感冒的。"

保罗说着他想得出的所有的话刺激着比尔·格雷厄姆的旧金山神经,但到了最后,是把橘子皮扔到菲尔莫尔地板上这一动作——他完全是无意识的——引出了最终的大爆发。小事意味大。格雷厄姆低头看了看那橘子皮,狂怒起来。我不记得他确切的词句了,但是他开始叫喊类似这样的话:

"你个恶心的纽约来的病菌!我们在这儿,试着清扫干净一切,而你带着你那令人作呕的心思和**鞭子**跑到我们这儿来——!"还有其他诸如此类的话。

在回家的飞机上,保罗反思道:"你知道,关于旧金山和它那些一切都是爱的少年儿童,有很多可说的。当人们联结在一起的时候总是那么乏味。你一定得**独处**才能发展出所有那些属于你个人的特性来,而也正是这种特异性让一个人有趣。在旧金山,与我们想象的不同,一个嗑药的人不是**理应**变成被社会离弃的人从而形影相吊,而是结成社群大家一起嗨。然后这伙人就开始变得自命不凡、自立宗派——再然后他们就变成了毒友里的道学家先生,说有些药是好的其他的则是坏的……"

"洛杉矶我喜欢,"保罗继续道,"因为在那儿,堕落的人都各自待在他们彼此分隔开的郊区的房子里,那可真是美妙,因为那样现代得多——人们处在彼此隔绝的状态里……我不知道那帮嬉皮士是怎么想的，竟要在二十世纪中期'重归部落状态'。我是说，在纽约和洛杉矶，人们嗑药仅仅是为了**舒坦**，而且人们对此直言不讳。在旧金山，他们把嗑药变成了'事业'，真够无聊的……关于决绝的纽约堕落者还可以说上很多。只要在旧金山待上一天你就会意识到纽约那帮人是有多清新多谦逊……但是我真正企盼的，是旧日那美好的狂喝痛饮的风气盛大回归……"

加利福尼亚之后，丝绒一伙人去了芝加哥——在一家位于老城区（Old Town）的名叫"可怜的理查德"（Poor Richard's）的俱乐部里演出。妮可去了伊比沙岛（Ibiza）[1]，卢则因为肝炎住了院，但是英格丽德·超级明星在，还有马里·迈特和安格斯·麦克利斯（Angus Maclise），后者代替卢演出。那家俱乐部为演出打出广告，让爱跳舞的人来"试试看"——这不过是个把孩子们弄进来、弄到舞场上的小花招。

"可怜的理查德"在一家旧教堂里——那里面实在是很热——我们从二楼露台上投影电影和幻灯片。我们在那儿遇到了两个就住在芝加哥城外的孩子——苏珊·派尔（Susan Pile）和埃德·沃尔什（Ed Walsh）——他们在《时代》和《新闻周刊》上读到过我和伊迪的事迹，并在《时

---

[1] 位于地中海西部。

尚》看了许多宝贝儿筒的照片,我猜所有这些对他们来说一定非常有魅力——《金宝浓汤罐头》、派对,以及一夜成名。他们尝试着以尽可能"纽约"的方式做所有的事情。

每一个地下丝绒在那儿演出的夜晚,埃德和苏珊都会来,而且每过一晚他们的装备都变得更加精致,更加银光闪闪——以锡箔纸制成的"鞭子"以及铝箔质感的套装(那时"装备"在芝加哥已经有一家门店了)。每个人都当他俩是演出的一部分。"这实在太棒了,"埃德说,"只一夜,我们就在芝加哥成了明星——这正是我们曾经幻想的如果我们遇到安迪·沃霍尔会发生的事情。"

对E.P.I来说,在芝加哥的酷热里,于一家没有空调的俱乐部演出的经验并不很美妙,而"家"也没有空调,所以保罗就告诉斯坦利,"家"的房主,我们会等上一等,待到秋凉时再租。

那年夏天,工厂对我来说比以往任何时候都更古怪、更陌生。我爱它,我在那里茁壮成长,但是那儿的气氛却是全然地难以理解——即使你就身在其间,也还是无从知道到底正在发生着什么。

空气几乎不动。我会坐在角落里一坐几个钟头,看着人们进来、出去、停留,我自己则一动不动,试着形成一个全面的看法,但是一切都仍只是碎片,我永远都搞不清楚状况。我会坐在那里倾听每一种声音:货运电梯在机井里升降的声音、栅门在人们进出时开合的声音、楼下四十七街上持续的车流声、放映机的运转声、相机快门的咔嚓声、杂志翻过一页、某人划着一根火柴、层层叠叠的彩色滤光板和银色纸张被风扇吹起又落下、负责打字的高中生每隔几秒敲击一下键盘、保罗剪下关于 E.P.I 的报道粘到剪贴簿中去时剪刀的响动、比利暗房里冲洗底片的水流、嘀嗒作响的计时器、运转着的电吹风、有人在试图让马桶工作、男人们在后间里做爱、姑娘们合上粉底盒和化妆箱。机械声和人声混合在一起,让所有的一切都变得不真实,如果你听着一部放映机运转而同时看着某人的话,你就会觉得他们一定也是电影的一部分。

这是我穿着蓝白条纹 T 恤作冲浪者装扮的第二个夏天。如果我不是正在作画的话,大多数来见我的人甚至不会在第一眼认出我,因为我在报纸上的照片里通常都是穿着从村子里的皮装男(Leather Man)那儿买的皮衣。但是那时正是夏天——事实上,是一勺乐队(Spoonful)的《城里的夏天》(Summer in the City)走红的夏天。要是保持我标志性的着装的话,实在是太热了。所以就因为我看起来不像他们预期的那个样子,人们通常注意不到我。

一天下午,我看到一个有着深色鬓发的高个儿从电梯里走了出来,胳膊下面夹着个大号的浅黄褐色信封。他穿着从邦威特勒新开张的皮尔·卡丹(Pierre Cardin)男装店里买来的西服套装。孩子们四下里躺着,或在读书或在发呆,保罗在手忙脚乱地摆弄着放映机。没人从他们正在忙的事上抬起头来——从没有人那么做——所以那个家伙不知道该跟谁说话,于是他开始四处走动,看看画儿、看看银幕、看看黑胶唱片、看看塑胶制品,还有起皮的墙面。如果说在工厂有人"接待"来客的话,那就是杰勒德,但是他刚刚出去寄他读诗会的邀请函去了。那家伙走了工厂的四分之三才看到坐在角落里的我,几乎被吓了一跳——天气实在太热,我一动不动有一个小时了。他递给了我那个信封。

信封是从米高梅唱片公司(MGM Records)的插画部门带过来的。

那个夏天我在为《地下丝绒与妮可》做唱片封面,就是最后设计成你可以把粘上去的香蕉皮剥掉、看到肉色的香蕉的那个护封。(我最初考虑过那个封面做一个整形手术系列,我派小乔伊和他的一个名叫丹尼斯的朋友去医疗用品店弄些鼻部整形术、胸部整形术和臀部整形术的照片和插图——结果他们给我带回来数百幅!小乔伊这个夏天在工厂全职工作,每天上午十一点三十分来我家接我。从我们秋天见到他那会儿算起,他长了几英寸的个儿,掉了大概有二十磅的婴儿肥。)

那个带着信封来的家伙说他名叫纳尔逊·莱昂(Nelson Lyon),并解释说他是最近在米高梅工作时(他之前为他们设计的《日瓦戈医生》[Doctor Zhivago]的原声唱片的封面刚刚得了格莱美奖[Grammy])听说的有人要找个信使到工厂去走一遭。纳尔逊自荐由他把包裹带来。"我想要见你。"他那天这样告诉我。

数年之后,他成了我的一个好朋友,跟我详述了那天的事:"你们的'家'初开张时我就在场,所以那天我到工厂大楼的时候认出了正往外走的杰勒德·马兰加。他跟我说'就在六楼',我看了看穿着皮衣套装的他,又看了看那个电梯笼,想'他妈的,这简直是地狱的入口'。之后当我走进那个银色之地时,没有一个人有所动作,每个人都一副事不关己的样子。你知道,我可能是地方检察官或者《纽约时报》的记者,又或者是缉毒探员,怎么都好——但是根本没人关心。然后我就看到了**你**,坐在那儿,银色头发、深色太阳眼镜,嘴微微张着,与周围的一切混同在一起……我无法解释,但那时的工厂有某种东西……那是历史的时刻;你想要待在那个氛围中并成为它的一部分,然而你甚至不知道它是什么。而且你知道,你越是卷入其中,它就越是一个谜。"

七月的一天,苏珊·派尔来到工厂。那是她第一次来纽约,她刚刚去了上城的晨边高地(Morningside Heights)提前看了一下她将于九月份入学的巴纳德/哥伦比亚校园[1]。之后她要去新港民谣音乐节,因为那会儿小道消息传得正盛说迪伦会再次登台。

"你是说,"我问她,"你大老远从芝加哥到罗德岛实际上就为了看鲍勃·迪伦?"

她大笑。"不是,是为了**有可能**看到他。"

---

[1] 指隶属于哥伦比亚大学(Columbia University)的巴纳德学院(Barnard College)。

保罗之前已经走了过来,听到她说这个,摇了摇头,发出一声叹息。

苏珊告诉我们地下丝绒在芝加哥演出之后,杰斐逊飞机乐队也来了芝加哥做他们首次旧金山范围外的巡演,另外一个叫作老大哥和控股公司(Big Brother and Holding Company)的新乐队也刚刚在韦尔斯街(Wells Street)演出过。

"你看起来真时尚。"我对她说。她穿着一条贝齐·约翰逊(Betsey Johnson)的格子迷你连衣裙,大袖子,深 V 领。她咔嗒一声打开手提箱,一件银色连衣裙闪出一道银色的光——另一件贝齐·约翰逊的衣服。她说老大哥和控股公司的新主唱——一位名叫珍妮斯·乔普林(Janis Joplin)的姑娘——实在是没衣服穿,所以她借了这件银色的连衣裙给她上台演出。她和埃德非常喜欢老大哥乐队,苏珊说,他们每晚都去看他们演出,就像他们那会儿看地下丝绒一样。

人们在没有固定的工作时间的时候,就开始找些个人问题来担忧,而如果他们找不到,他们就制造一些出来。而当这些人再嗑了药,他们就能一天上演多达二十出戏码来。不管问题有多小,场面总会闹得很大——如果他们觉得自己去洗衣房取衣服的小票被某人拿了,他们会像男朋友不回家一样那么生气。事实上,会比那更生气。

一切都在那时候变得真正复杂起来,因为自由性爱和双性恋已经出现了,人们被认为不该再有嫉妒之心,所以当讨论在和同一个人有性爱关系的两个人之间展开时,总是非常平静的、不带个人感情的和抽象的,但是之后他们总是以将那第三个人一撕两半告终。而也就是这样,许多浪漫情事的神秘感就此消散,开始带上喜剧色彩。

我们会一连几个小时坐在花园里或是道旁咖啡馆的椅子上,我会听众人讨论诸如某位新人是否"一定"会成为超级明星或是某人是否太过"关注自我"或者"毁弃自我"这类抽象的事情。我对于人们在解读事情时可以代入这么多的东西感到着迷,不过你甚至都不知道你会不会有机会认识这个人,又或是了解到他们在嗑着什么药。一切都会变得过于猜忌、过分揣度人心,而这样的猜忌与揣度会从很简单的事情开始,比如"他借那条裤子的时候**知道**他有阴虱吗?"

这年夏天,许多人住在(或者说"待在"——因为似乎没人再"住在"什么地方了)上西区——像是埃里克和他女朋友希瑟(Heather),还有龙尼,还有佩珀(Pepper),一个演了我们几部片子的南方女孩——特别是百老汇和中央公园西之间的那片街区。我从来没弄清过谁和谁住在一起,那会儿他们基本是轮换着住。还有许多人待在西二十三街的切尔西酒店(Chelsea Hotel),一大帮我们的朋友。布里吉德发誓说她在那儿一周进自己的房间不超过一次——其他时间都是到别人的房间里玩儿,从一间房跑到

1966

另一间房。

苏珊·博顿利(Susan Bottomly,在我们的电影里以"国际丝绒"一名为人所知)是个新来纽约的女孩。她大约只有十七岁——个子很高,乌黑的头发,非常漂亮。当我回顾那些我们认识的美人儿时,我意识到她们一举手一投足都有着独特的姿态。也有其他像苏珊·博顿利一样漂亮的女孩,但是她的体态让她格外地美。人们总是在问:"她是谁?"

苏珊的父亲是波士顿的地方检察官。她家有钱,他们支付她在切尔西酒店的房费并定期给她生活费。她总是用最贵的化妆品,穿最新式的服装。她还有着可以带出那些新式服装终极风采的为数不多的身材,像帕科·拉巴纳用塑料盘做的连衣裙或者那些黑色短款"迪斯科连衣裙",要她穿才显得特别地美。此外,有着颀长颈项的她,可以用无人能及的方式佩戴那些新式大耳环。

苏珊会花上几个小时用最新的化妆品上妆:一下又一下地刷睫毛膏(Fabulash),画上三种不同色度的棕色眼影,慢慢慢慢地涂胭脂,向上刷一下、向外刷一下,用的是从舞台化妆品店买来的那种又大又蓬松的黑貂毛刷,勾唇线,再涂唇彩。观看像苏珊·博顿利这样有着完美、饱满、精致五官的人在自己脸上做所有这一切,就好像是看一尊美丽的雕像给自己上妆。

苏珊初来纽约的几个月里,杰勒德和她一起住在切尔西酒店,在那段日子里,他为她写诗并写关于她的诗。她的父母对她的新"职业"——在纽约做模特——并不满意,而稍后当她成了《绅士》(Esquire)[1]的封面女郎,在一个垃圾桶里拍照时(题为"今日女孩,十八已熟"[Today's Girl, Finished at 18]),他们非常生气,她告诉我。但是他们仍然资助她,而她则继续资助她的许多朋友。在工厂,一个典型的场面是苏珊给她的父亲写信请他再多寄些钱来,然后把信交给杰勒德。杰勒德会把信放进一个他刚刚开始用的公文箱里,然后带到中央车站邮局——用上了公文包所以看起来非常正式——用特快专递寄到波士顿。不过到了那年夏末,苏珊又带了一个室友来同住——一个剑桥来的小尖嗓儿,屁股上挂着个徽章,上面写着"舰队在此"。杰勒德那阵儿总是怨恨地说这个"新因素"无所不用其极地试图将他和苏珊分开。到了秋天,苏珊和一个与她年龄更近的名叫大卫·克罗兰(David Croland)的人走到了一起,而杰勒德在几次错误的尝试后,跟一名美丽的时装模特贝妮代塔·巴尔齐尼(Benedetta Barzini)搞到了一块儿,她是那个写《意大利人》(*The Italians*)的路易吉(Luigi)的女儿,所以那时候杰勒德就改为为**她**写诗和写关于**她**的诗了。

泰格·莫尔斯小巧的潮流小店小小(Teeny Weeny)在

---

[1] 内地版本名为《时尚先生》。

八月底于麦迪逊大道开张了。她的方针是只用人造材料——橡胶、聚酯薄膜、亮片。那儿的墙面布满了镜子砖。不论在哪儿,我一瞧见那样的镜子碎片,我就知道安非他明一定离那儿不远——所有安人的公寓里总是有破碎的镜子,熏黑了的,带有缺口的,四分五裂的,不一而足——就和工厂的情况一样。泰格确实也大嗨特嗨安非他明。她总是吹嘘:"我就是活生生的例子,安非他明**要不了命**。"

稍晚些时候,泰格得到某个大型公司赞助,为他们设计一系列睡衣裤和睡袍。为了发布这一新系列,她在西五十七街的亨利·赫德森浴场(Henry Hudson Baths)搞了个大型派对,一个有点儿像是偶发剧的泳畔时装展:模特走上跳水板,有时跳入水中,有时就只是转个身再走回去。我说过,是泰格让偶发剧变得更加流行,把它们从艺术转化为大型派对。她会身着银色牛仔裤,带着硕大的太阳镜,在场上走动,玩个尽兴。喝得大醉的人们会穿着衣服就跳入泳池,过上一阵儿又费力地潜到池底打捞从口袋里掉出的东西。

我和泰格在她过去的潮流小店,那家位于东五十八街鲁本餐厅(Reuben's Restaurant)楼上的万花筒(Kaleidoscope)里搞过一系列电影放映活动。她那儿有六个左右的女裁缝为她工作,还放着数百罐珠子和亮片。在那之前,她在六十三街靠近麦迪逊的一所房子里出售服装。那时候,她为想要做工精良的高级定制服装的女人设计非常昂贵的、时髦的、绸缎质地的、以金银丝织花及贵金属片装饰的那类服装——有时候有点儿过分讲究——那种手工缝制的衬里会比衣服本身更加精致的服装。之后泰格去了英格兰，回来后就开始使用塑料、用浴帘做衣服了。最终，她接手了位于百老汇的猎豹的潮流小店，就在俱乐部外面[1]——和猎豹营业到一样晚，人们会在去跳舞的路上顺便进店逛逛，买些新的迪斯科衣服来穿。

泰格设计了那件著名的正面写着"爱"、背面写着"恨"的连衣裙。她还设计了能在舞场里亮起来的连衣裙，只是技术上老是出问题——灯不亮或者电池没电什么的。女人过去有衬裙乱摆[2]或是胸衣肩带外露等老式麻烦，但是现在她们有了这许许多多的新麻烦。

我听过有人说"泰格·莫尔斯是个骗子"。嗯，她当然是个骗子，但她是个**真实的**骗子。她在报纸上为自己编造的故事比我编的还多。没人知道她是哪里人，真的，但是谁又在意这些呢？她是个开创了新天地的人[3]，而且她向许许多多的人展示了如何开心、尽兴。

我们遇到大卫·克罗兰是在"装备"为他设计的那些大耳坠搞的派对上。就像许多其他珠宝和服装设计师一样，他和"装备"之间签订了合同；"装备"到这时已经

---

[1] 前文提到过作为俱乐部的猎豹有自己的潮流小店。

[2] 此处的衬裙（slip）是指从肩部悬垂下来的全身衬裙。

[3] 原文 an original，既有"首创者、原型"之意，又有"怪人"之意。

# 1966

像一个小型百货公司了,在全国的许多城市和镇子上都有分店,从洛杉矶到华盛顿哥伦比亚特区都能见到它。店里卖的全都是看起来特别漂亮的东西,而且几乎所有的东西都会在几周之内解体,所以这非常波普——比如,一位我们认识的名叫芭芭拉·霍兹(Barbara Hodes)的设计师为"装备"手工钩织衣服,衣服看起来都漂亮极了,但是如果姑娘们刮到钉子或是什么尖儿上,衣服就会完全散掉。"装备"已经变成了一家规模庞大的潮流小店,这有点儿自相矛盾——现在,如果你为他们设计服饰,你必须要能够生产**许多**你做的东西才行,要足够送到他们遍及全国的店面才行。大众想要看起来与众不同,这意味着与众不同必须被大量生产。

在这个为大卫搞的派对上,我和苏珊·博顿利站在一起。她给她那个剑桥的室友指了指大卫,对他说"弄他过来"。伊尤密尔(Il Mio)有低矮的枝形吊灯,而大卫做的第一件事就是把两个水晶吊坠连链子一起摘下来,当场把它们改造成漂亮的耳坠送给苏珊。("我们那会儿全都是这样的小偷,"一次,大卫对我这样说道,"还记得你那时候从亚瑟出来总是带着那些厚实的大个儿高脚杯吗?")伊尤密尔之后,我们一起走去第五大道上的一所公寓参加那儿的派对,苏珊和大卫把他们自己锁进了浴室。当他们最终出来的时候,苏珊告知叫嚷着想要知道他们在里面这么长时间干了什么的人说:"干。"

她和大卫最终一起住了两年。大卫觉得那些水晶耳坠看起来实在太好了,他决定把它们纳入到他为"装备"制作的系列中去。所以几个月之后,伊尤密尔的枝形吊灯看起来暗淡了许多。

几天后我们一起去了科德角的普罗文斯镇,地下丝绒在那儿的克莱斯勒博物馆(Chrysler Museum)有演出。我们这伙衣服上带着银色金属片、穿皮装的纽约人看起来和那些皮肤晒得棕黑、看起来健健康康的马萨诸塞州孩子完全不同。当我们的人——苏珊·博顿利、大卫、杰勒德、龙尼、马里·迈特、埃里克、保罗、卢、约翰、斯特林、莫琳、巡演经纪人费森(Faison)——在海滩上四仰八叉地躺下来,看上去就像沙滩上的一个巨大的高乐士(Clorox)[1]白点,所有那些苍白的来自纽约城的身体陷入到夏日棕黑肤色的汪洋大海之中。杰勒德穿上了他的皮装比基尼,他自信这一身儿打扮一定会挑逗起某个姑娘的欲火,但是所有在那儿的人似乎都更喜欢波士顿——爱尔兰式的外貌。

因为几乎断了安非他明的来路,那帮安人自然急得快要发疯。他们走遍普罗文斯镇的大街小巷,以手拢住耳朵就好像他们听力不佳似的,嘴里嘟囔着"安?安?"试图可以有所斩获。丝绒一伙人演出的当晚,警方搜查了现场——有人向他们报料说地下丝绒演出中用的大多数皮辫

---

[1] 一家生产漂白剂的公司。

# 1966

和皮鞭都是下午从当地一家手工艺品店里偷来的。警察进来的时候,马里刚刚把埃里克绑到一根柱子上,正围着他跳性虐鞭舞。他们罚没了鞭子,然后解开埃里克,以便把绑他的那些皮带也一并罚没。

我们租的房子在我们待的那些天里变得极为恶心,因为马桶全都堵了——似乎不论地下丝绒去哪儿,马桶都会堵——所以他们开始从马桶里一把一把地挖屎然后往窗外扔。我之前也听说过他们有这个习惯,但是你不会相信这类故事,直到你亲眼看到有人从你身边飞奔而过,哈哈大笑,手里捧着不停滴落的屎。

我记得在海滩边上的一条街上走,向上看,瞧见埃里克穿着泳衣和长筒系带皮靴在一个二十英尺高、没有护栏的阳台上做足尖点地的芭蕾舞旋转动作。稍后,在一家小卖部里,他说服了收款台的孩子用一罐带有我签名的金宝浓汤罐头换一条万宝路(Marlboro)。我在款台边签了名,把罐头给了那个孩子,他递给埃里克那条烟。

大卫和苏珊从某时起就不跟我们一起而是搬到酒店去住了。"苏珊有钱和支票簿,"大卫在很久以后跟我说起,"所以我们必须以'博顿利先生和太太'的名义登记入住,而这,"他大笑起来,"就是整个麻烦的开始。"当我问他他这话是什么意思的时候,他笑了笑,说:"噢,少来,你记得那时候的我是个怎样的笑话,跟在苏珊后面去她那些模特工作现场,拎着她的包,盼着有人会一指我说'噢,为什么**你**不一起来拍呢?'我那会儿想要当一个模特,但是我没有意识到我尽力在做的是成为一个**女模特**!"

那时候还没有太多年轻的新式男模特。男模特要到第二年随着忽然间到处都是的新的男装系列才会蓬勃发展起来。不过在六六年,男人仍然被用在照片中,只是他们的作用就仅仅是站在那儿,看起来很有男子气概的样子,好像姑娘们的春心会就此被点燃,为他们所深深吸引。

整个夏天我们都在拍摄之后被接合在一起构成了《切尔西女孩》的内景片断,用上了所有我们身边的人。他们中有许多都待在切尔西酒店,所以我们每天会在那儿待上很长时间。通常,我们会在楼下的堂吉诃德饭店(El Quixote Restaurant)吃晚饭、喝桑格利亚,而所有人则从他们自己的房间或是某人的房间下楼来又上楼去、穿梭往返。我想到一个主意:把所有这些人的生活片断串起来、连成一体,就好像他们住在同一家酒店的不同房间一般。我们实际上并没有在切尔西拍摄所有的片断,一些片断我们是在丝绒一伙人住的西三街那儿拍的,一些是在其他朋友的公寓里拍的,还有一些则是在工厂——但我们的想法是他们全都是些住得很近的人物,完全**可以**是住在同一家酒店。

每个人都继续做他们一贯在做的事——在镜头前做他们自己(或者做他们惯常做的事,基本上这两者没什么不同)。一次,我听到埃里克跟某人谈起我对于他第一场戏

# 1966

给的指导:"安迪让我讲我的生活,并在讲到某处时脱掉我所有的衣服。"他停下来想了一秒钟,然后补充道:"打那会儿起,我一直都这么干来着。"他们的生活变成了我电影的一部分,当然我的电影也变成了他们生活的一部分。他们会入戏很深,很快你就无法真正把二者分开,你说不出二者有什么不同——有时连他们自己也说不出。在《切尔西女孩》的拍摄过程中,当昂迪恩作为教皇在他的那一幕里扇了佩珀一巴掌时,效果实在是太过逼真,我为此感到不安,不得不离开那房间——不过我确保机器仍在我走后运转。这是个新情况。直到那时为止,当人们在拍摄中变得狂暴时,我总是会停下摄影机让他们住手,因为肢体暴力是我不愿看到的,当然除非双方都喜欢那样。但是现在,我决定把所有的**一切**都记录下来,即使为此我不得不离开房间。

可怜的马里奥·蒙特兹的感情在拍他的那一幕时真的很受伤。那一幕讲的是他看到两个男孩在床上,为他们演唱《他们说坠入爱河很美妙》(*They Say That Falling in Love Is Wonderful*)。按计划他应该和他们一起在房间里待够十分钟,但是床上的那两个男孩狠狠地羞辱了他,他在第六分钟时跑了出来,我们无法把他劝回去完成余下的拍摄。我不停地引导他:"你非常出色,马里奥。回到房间去——就假装你是忘记拿什么东西了,别让**他们**抢了戏,没有你,戏不好看的。"但他就是不肯回去,他情绪太激动了。

杰克·史密斯总是说马里奥是他最喜欢的地下演员,

因为他能立即俘获观众的同情。确实如此。他生活在一刻不停的恐惧之中,害怕他的家人或者他工作的政府机构中的同僚发现他有异装癖。他告诉我他每晚都会在他下东区的小小的公寓里祈祷,为他自己、他父母以及所有那些他喜爱的已故名人,像是"林达·达内尔(Linda Darnell)、詹姆斯·迪恩(James Dean)、埃莉诺·罗斯福(Eleanor Roosevelt)、多萝西·丹德里奇(Dorothy Dandridge)"。

马里奥身上有着经典的喜剧构成要素:看上去好像傻了吧唧的,但能够抓住时机说出适当的话;就在你觉得正在笑话他的时候,他可以把一切反转过来。(许多超级明星都有这种特殊的天分。)

布里吉德在《切尔西女孩》里出演女公爵一角。她入戏很深,以至于开始觉得自己真是个大毒枭:她拿出个脏兮兮的皮下注射器猛地扎进英格丽德的屁股。(女公爵本人也没可能会做得更好。)之后,在我们的拍摄下,她拿起电话打给一堆现实里的人(他们不知道自己是她电影里这一幕的一部分)跟他们介绍她这儿有货的所有毒品。她听上去太可信了,以至于酒店接线生——他们总是偷听电话——报了警。警察在我们还在拍着的时候来了,搜查了每个人,但他们能找到的所有东西加在一起也不过两片歹色心而已。不过,人们看过电影里的布里吉德后,他们就像怕女公爵那样地怕她。

九月末,就在惠特尼博物馆(Whitney Museum)启用

## 1966

它位于七十五街和麦迪逊大道处的新楼时,我们飞往波士顿参加一个我自己的作品的开幕展。

开幕展上,大卫·克罗兰突然指着一面远处的墙说:"看!安迪!那儿有张画不是你画的!"他义愤填膺。

"哪儿?"我问,知道这不可能,但是非常好奇想看看他觉得哪幅画不是我的。

"那儿。"他指着一幅我在六二年做的《自己动手》[1],"那幅丑得要死的按数字填颜色的东西。"

大卫太年轻,他错过了作为画家的我的早期职业生涯,所以他全然不知道他在羞辱一幅我的作品——他以为那一定是策展人犯的错!

我含糊地说了句,"噢,真可以。真不知道是怎么搞出来的!"我是说,毕竟,偶尔你也会看着自己做过的东西,问出同样的问题——**"这玩意儿是怎么搞出来的?"**

开幕展上地下丝绒疯了般地演奏,之后我们一行大约二十人涌入一家小个子的老妇人会喜欢光顾的茶室兼餐馆。所有人都以为我去那儿是搞笑,但是说真的,那种餐馆是我真心最为喜爱的——具体点儿说,凡是像施拉夫特(Schrafft's)那样的馆子我都特别喜欢。

秋天,当保罗回去租"家"时,斯坦利跟他说抱歉,已经租出去了。阿尔·格罗斯曼和查理·罗斯柴尔德将它

---

[1] Do-It-Yourself,即前文提到过的"自己动手按数字填颜色"系列中的一幅。

命名为气球农场（Balloon Farm）重新开张，并且还是请地下丝绒去那儿演出——在楼上——而他们也就去了，反正他们也没其他事情好做。所以虽然那儿不再是我们的地儿了，大多数人还当它是我们爆炸模式化不可避免的春季演出的继续。

那儿的地下室是个酒吧，有台自动点唱机由保罗负责照看、开关，一直到来年春天；另外他还负责收入场费。

妮可和卢起了场很大的争执。（"我受够了那些关于表现力的鬼扯了，"他说，"对，没错，她在那些有着高对比度的黑白照片里看起来棒极了，但是我已经**受够了**。"）他说他不会再让她跟他们一起唱了，不仅如此，他也不会再给她伴奏了。（实际上问题也就正在于此：一直以来，她到底是和他们一起唱来着呢，还是他们一直给她伴奏来着？）作为就此别过的礼物，卢在一盘磁带上录了她唱歌时用的音乐，把磁带交给了她。那之后，她开始在地下室的酒吧里唱歌，尝试着使用一台小型录音机。但是看着这样一位高大、美丽的女人伴着从那台廉价的小录音机里出来的音乐唱歌实在惹人同情，而在每幕之间，眼泪会从她脸上滚落，因为她怎么也记不住那些按钮该怎样用。保罗试着帮她——他甚至贿赂吉他手，像是蒂姆·巴克利（Tim Buckley）、杰克逊·布朗（Jackson Browne）、史蒂夫·努南（Steve Noonan）、杰克·埃利奥特（Jack Elliot）和蒂姆·哈丁（Tim Hardin），许诺他们只要为妮可伴奏一会儿，就可以单独演出一个时段¹。(杰克逊·布朗和蒂姆·哈丁的效果最好,而妮可最终在她的第一张唱片上录了几首他们的歌,唱片名为《切尔西女孩》[*Chelsea Girl*],发行于六七年七月。但是每个人都想成为明星,没人真想为别人伴奏,所以妮可的问题一直没有解决,直到六八年约翰·凯尔给她买了个小小的风琴而她学会了如何演奏为止。)我们循环放映一部拍一个人跳伞的8毫米电影,在妮可唱歌时投影在她身后;有时候我们会放《吻》。

苏珊·派尔这时已经在工厂工作了,她会在每晚第一时段的演出时来"家"这边照看阿里,妮可四岁的儿子,然后带他去几个街区之外的、位于第二大道第十街上的保罗的公寓。她会拿他练法语。他是个特别漂亮的小孩,而且会说出最最古怪的话,比如"我想扔热雪球"。

那年九月,在下城巨大的村中剧院(Village Theater),那个晚些时候成为菲尔莫尔东(Fillmore East)的地方,蒂姆·利里博士(Dr. Tim Leary)²在为精神探索联盟(League for Spiritual Discovery)——LSD——做展示,他们称之为庆典(Celebrations)。他们的目的是要通过多媒体的展示向人们预演一场理想的LSD神游是个什么样子。利里总是让诸如勒鲁瓦·琼斯(LeRoi Jones)、马克·莱恩(Mark Lane)和艾伦·金斯伯格这类人物和他一起登台。这类展

---

1 每晚的演出分为几个时段(set)。
2 即前文提及的蒂莫西·利里(Timothy Leary)。

示带来的一切都是那么地甜美和天真——他们告诉你你应该像为你生活中的假期做出游计划那样，认真地为你的 LSD 神游之旅做计划，比如备好一些特定的唱片和图画等你神游开始后聆听和观看——否则的话，蒂姆说，你就是在"滥用药物"。保罗在整个展示过程中大笑不止，他说："上帝啊，利里博士太神了！这是个怎样的药物展啊！"

蒂姆站在那儿，这位迷人的、英俊的爱尔兰人，告知他的观众："上帝思考时用的不是词语，知道么——他思考时用的是视觉图像，就像……"——然后他一指他身后那些抽象的幻灯片越过舞台一下子投影到的地方——"**这些！**"

保罗很兴奋。"看哪！"他说，"他这完全是照搬我们爆炸模式化不可避免的表演！噢，他**真是**神。但是你知道，这样挺好，因为现在这些药已经如此商业化，它们注定就要过时了。我保证三个月内你就能看到这些药彻底玩儿完——看它们现在都已经可笑成什么样儿了。"（在随后药品持续横行的年月里，保罗将会多次承认，"那次预言是我最为失误的计算"。）

聆听蒂姆·利里那年秋天的庆典就好像上了一门"迷幻药导论"。到了第二年夏天，如果你站在第六街和第二大道的一角，打那儿经过的每两个孩子里大概就有一个在做着 LSD 神游，而其余的孩子里的百分之九十则正沉浸在其他药物的兴奋之中。

《切尔西女孩》是部让每个人都端坐起来并注意到我

们在电影领域里做着什么的电影（说起来，很多时候的情况是他们会端坐起来，站起来，然后离席而去）。直到那时为止，对于我们做的事儿，人们大体上认为是"艺术的"或者"三俗的"或者"唬人的"或者就是简单一句"无聊的"。但是《切尔西女孩》之后，像是"堕落的""使人心神不安的""同性恋意味浓厚的""散发着毒品气味的""肉体暴露的"和"真实的"这些词汇开始被经常地用到我们身上。

（人们对那部电影的反应很强烈。一次，在联合国的一个派对上，一位很和善的、年长于我的女人走到我跟前，在我们简单地交谈了几句之后，她说她非常想看《切尔西女孩》。我跟她说这片子已经不怎么放了，但是我们可以给她放些放映起来更方便的我们新拍的电影。她说不，她只想看《切尔西女孩》，因为她女儿就在看完那部片子后跳向了一辆飞奔而来的火车。我不知道该跟她说什么好。）

我们在四十一街的电影制作人实验影院开始的最初的放映。它是部八小时长的电影，但是因为我们在双银幕上同时放映两卷带子，所以只要花一半的时间。电影有的部分是彩色的，但是大部分是黑白的。

像通常那样，我们从地下写手那里得到了同情的评论。但是之后，杰克·克罗尔（Jack Kroll）在《新闻周刊》上写了篇引人入胜的长篇评论，使得许多人都想看这部电影，我们不得不搬到一个更大的地方——位于西五十七街的集结地电影院（Cinema Rendezvous）。那之后，博斯利·克劳瑟（Bosley Crowther）给《纽约时报》写了篇愚蠢的评论（那简直是一篇斥责，真的）："是时候给安迪·沃霍尔和他那帮地下朋友一个警告的手势了，并且还要告诉他们，客气地但是坚决地：他们过于莽撞行事了。只要他们待在格林威治村或是四十二街南边，事情就都还好说……但是现在他们的地下已经浮到了地上，到了西五十七街，占领了一个铺着地毯的戏院……现在时候到了，宽容的成年人，不要再对这帮小子过分早熟的胡闹继续坐视不理了……"

如果有人想知道我们六六年夏天的那些日子是怎样的，我能说的就是去看《切尔西女孩》。没有一次我看它而不在心底感到我又一次回到了那里。可能对有些外人来讲，它看起来像一个恐怖事件展，一个"地狱房间大观"，但是对我们来说，它更像是抚慰——毕竟，我们是一群了解彼此的问题（problems）的人。

九月，我们开始经常去米基·拉斯金（Mickey Ruskin）六五年年尾开的一家位于公园大道南、联合广场对面的两层的酒吧/餐馆。店的名字叫作马克斯的堪萨斯城（Max's Kansas City），它成了我们的终极据点。马克斯是米基经营过的餐馆里在上城最靠北的一家。他以前在东七街有过一家开业时叫作双叟（Deux Megots）[1]后来改名为似

---

[1] 巴黎有一家双叟咖啡店（Les Deux Magots），以巴黎文艺人士常常光顾知名。

非而是(Paradox)的地方;之后他有过一家在村子里的酒吧,名叫第九回环(Ninth Circle),那儿的格局和后来的马克斯很像;再之后他在B大道上有家叫作附件(Annex)的酒吧。米基一直以来都被下城的艺术氛围所吸引——在双叟,他举行过多次读诗会,而此刻,画家和诗人开始流向马克斯。艺术界的重要人物围在吧台边,孩子们则待在后室,基本情况就是这样。

在纽约,在六十年代,就在马克斯的堪萨斯城,波普艺术(Pop Art)和潮流生活(pop life)碰到了一起——衣着新潮的年轻女歌迷和雕塑家,摇滚明星和圣马可之地来的诗人,前来察看地下演员的所有那些好莱坞演员,潮流小店店主和模特,现代舞舞者和勾勾舞舞者——所有人都去马克斯,所有的一切都在那儿混同起来。

一次,拉里·里弗斯对我说:"我总是问自己'酒吧是什么?'那是一个提供酒水的、通常相当昏暗的空间,你为了某种特定的社会交往而光顾。那不是一场宴会。那不是一场舞会。那不是一场开幕式。你以某种特定的方式穿过这个空间,经过一段时间,你开始认得一些开始认得你的面孔。有些人你可能此前同他们有过一些交往,而在这个空间里,你在某种程度上以另一种方式同他们熟悉起来。"

一天晚上,拉里进来时,我刚巧在马克斯。那天下午,弗兰克·奥哈拉在长岛上的斯普林斯(Springs)下葬，远处就是波洛克的墓，艺术界有一半儿的人去了那儿参加葬礼。拉里手握一杯酒走到我这桌，坐了下来。他看上去很不堪。他和弗兰克是非常亲密的朋友。弗兰克被一辆车撞了之后，他们把他送去最近的医院，拉里告诉我，那儿的人直到第二天早上才意识到他在内出血，而那时候他已经出血出了八个钟头了。弗兰克最好的朋友，拉里、肯尼思·科克、乔·勒叙厄尔（Joe LeSueur）还有比尔·德库宁（Bill de Kooning）都被叫去了医院，德库宁和拉里去了他的房间看他。"他以为自己在一个鸡尾酒派对，"拉里说，"那是场梦一般的交谈。三个小时后，他死了。今天，我在葬礼上做了讲话——我几乎哭了出来。我本来想要形容弗兰克那天下午的样子，身上的伤痕，缝合线，从他身上伸出来的各种管子。但是我没能讲完，因为所有人都冲我嚷着让我住口……"拉里摇了摇头。对我而言，那听起来像是个非常波普的悼词——仅触及表面的东西。那正是我希望如果我死了人们会为我做的。但是显然，死不是那天下午在斯普林斯的人们想要波普对待的事。

"我知道这很自私，"拉里说，"但是我能想到的就是不会再有任何人像弗兰克那样喜欢我的作品了。这就像是肯尼思的那首诗——《他喜欢我的作品》（He Likes My Work）。"

想到如果你被送去错误的医院或者碰巧在对的医院遇到错误的医生就会丧命这件事，我感到很恐惧。对我而言，整件事听起来似乎是说，如果那帮人及时意识到他在出血,他就不会死。

我也认识弗兰克。他算是个小个子,总是穿网球鞋,说起话来有点儿像杜鲁门·卡波特(Truman Capote),而且尽管他是爱尔兰人,他有一张罗马元老的脸。他会说些诸如此类的话:"听着,喀耳刻(Circe)[1],不要以为因为你把我们都变成了猪,我们就会忘记你仍然是我们的女王!"

我开始经常光顾马克斯。米基是个艺术爱好者,所以我会给他我的画而他会给我们的账上入一笔钱,我们这帮人里的每个人都可以签单入账直到那笔钱花光。这实在是个让人很愉快的安排。

马克斯的后室,为丹·弗莱文(Dan Flavin)[2]的一件红灯作品照亮,是每个人每晚的归所。在所有的派对结束、所有的酒吧和所有的迪斯科关门后,你会继续去马克斯与每个人碰面——这就像是回家,不过比回家更好。

马克斯成了时尚变幻的展示台,从前新时尚出现在艺展开幕式和艺展上,现在人们不再去艺展开幕式炫耀他们的新装,他们跳过所有那些预备步骤直奔马克斯。时装不再是你出席某一场合时穿的东西,它成了你去出席的全部原因。事件本身可有可无——发挥了时装展台功用的马克斯证明了这一点。孩子们会挤在隔壁银行夜间存款处的

---

[1] 希腊神话中的女神,把奥德修斯的人变成了猪。
[2] 极简主义艺术家,擅长以荧光灯管做作品。

安全镜[1]("到马克斯之前的最后一个镜子")下整点衣装，以备走过前门，经过吧台，穿过位于中部的所有那些桌子，最后进到后部的活动室。

在马克斯，我开始结识一些辍学数年、一直在街上到处乱跑的年纪非常小的孩子——有着完美妆容和华丽衣裳的神情冷漠的漂亮小女孩，你会在晚些时候得知她们才十五岁并且已经有小孩了。这些孩子真的知道如何穿衣打扮，她们不知怎的就是有时尚天赋。她们是我之前没怎么接触过的一种孩子。虽然她们不像波士顿那帮人或是圣雷莫那帮人那样受过教育，但是她们在戏谑方面非常犀利——我的意思是，她们绝对知道如何羞辱对方，站在椅子上喊出尖刻的话。比如，如果杰勒德一身时尚造型走进来，脸上带着当人们觉得自己穿得好看时会有的那种严肃的、罗马天神般的表情，马克斯的小女孩（那对被叫作双生小姐儿的女孩中的一个）就会跳到桌面上来，用狂喜的声音说："噢，我的天哪，快看阿波罗！噢，阿波罗，你今晚会与我们坐在一起吗？"

我不知道这些孩子是聪明但却疯狂呢，抑或只是有着喜剧和着装天赋的笨蛋。你根本分不清他们的问题是缺少才智还是缺少心智。

伊迪·塞奇威克和苏珊·博顿利成了好朋友，虽然苏

---

[1] 可以在超市、小店的屋角看到的用以监控盗窃的那种凸面镜。

珊大概要小上五岁。她们于六六年深冬在纽约相识——这两个富有的、漂亮的、来自古老的新英格兰家族的女孩。

十月的一天下午，我们正在闲扯的时候，大卫·克罗兰顺路来了工厂，我直白地问他他觉得伊迪怎么样。他沉默了几秒，然后谨慎地开口了："嗯，她对于刚认识的人十分不信任……"然后他突然为自己听上去那么假大笑起来。"我这说什么呢？她是个**自命不凡的人**。**一个特别自命不凡的人**！我刚认识她的一天晚上，在亚瑟，我瞥见她戴的大耳坠——有着许多小星星的半月形状的——我问她是否可以让苏珊借去戴几个小时。她立马把它们摘下来，递给我。她说：'我会把这对耳坠**送**给苏珊。但是**绝对**不要让我**借**给别人任何东西。'"大卫想起这一幕，笑了。"她是个把所有的东西都送出去的盗窃癖。只要她到过你家，你肯定会在她走后发现有什么东西不见了……"

这次谈话之后没几天，在伊迪东六十三街的公寓里总点着的蜡烛在午夜起火，她两臂、双腿、背部烧伤，被火速送往勒诺克斯山医院（Lenox Hill Hospital）。

我有一次见过伊迪点蜡烛，从她那心不在焉的劲儿里，我可以很明白地看出这是个危险的举动。我跟她说她不该这么点蜡烛，但是不用说，她没听我的——她总是全然按自己的想法做事。

那年秋天，在工厂工作了一整天后，我们通常会去伊尤密尔，然后去昂迪恩，最后结束于亚瑟。

238

一个名叫德鲁伊（Druids）的乐队在昂迪恩已经演出了几个月了。吉米·亨德里克斯（Jimi Hendrix）——这是在他成为吉米·亨德里克斯之前，他仍是吉米·詹姆斯（Jimmy James）时——会带着他的吉他坐在观众席里，问他能不能和乐队一起演奏，而他们会说当然。他当时留着短发，衣服非常漂亮——黑裤子，白色丝绸衬衫。这是在他去了英格兰，以吉米·亨德里克斯体验（Jimi Hendrix Experience）[1]之名回到美国之前，更远在他蒙特里（Monterey）演出之前，在印花大方巾、发出颤音的吉他和所有那些东西之前。但是他已经在拿脚演奏了。他是个非常友善的人，说话柔声细气的。一天晚上，他告诉我说他来自华盛顿州的西雅图，他谈起那儿有多么地美，水流，还有天空的样子，似乎那天他想家了。说起来好笑，但是我记得那天我们在昂迪恩谈话时正在演奏的歌曲——穴居人（Troggs）的《狂野之物》（Wild Thing）——而我会在六七年的菲尔莫尔东看到吉米本人极为出彩地演出这首歌，那天他将是海盗王子造型——绿色天鹅绒衬衫以及有着粉色羽毛的火枪手帽子。但是我们谈话的那天晚上，他只是简单优雅的黑白配色，而且不知怎的，看起来非常忧伤。

---

[1] 吉米·亨德里克斯在英国与鼓手米奇·米切尔（Mitch Mitchell）和贝司手诺埃尔·雷丁（Noel Redding）组成的三人乐队。

# 1966

这年秋天我记得黑人第一次梳埃弗罗发型[1],所有的一切都变了——从还在上学的白人孩子去南城,投身全国学生统一行动委员会(SNCC)的活动,到全黑人团体、全黑人集会和全黑人示威。突然之间,在黑人问题上全然没有了白人的位置——黑人开始跟他们说,你们待在家、坐在你们的支票簿前就好。

十一月,大门乐队(the Doors)第一次来纽约,他们在昂迪恩演出。当我们走进场子里时,杰勒德看了一眼穿着和他一模一样的皮裤的吉姆·莫里森,怒了。"他剽窃了我的造型!"他大叫,义愤填膺。他说的一点儿不错——吉姆,我猜,是在"神游"见到的杰勒德并把这造型学去的。

姑娘们为吉姆·莫里森发了狂——消息传得很快,说这儿有一个乐队,主唱特别伶俐特别性感。大门在昂迪恩演出是因为,据龙尼·卡特龙说——他应该是知道的,因为他老在那儿闲晃——负责放唱片的姑娘比利(Billie)去洛杉矶的时候认识了他们。(她还在西海岸认识了水牛春田[Buffalo Springfield],她也在昂迪恩给他们搞了场演出,就在大门之后。"实际上,"龙尼告诉我,"我唯一的一次天真到给卢[·里德]找女伴找的就是比利的室友达娜[Dana]。而且不只这事儿本身成了场灾难,"他大笑,"他

239

---

[1] Afros,蓬松的球状发型。

跟那姑娘家约会时刚好还碰上了水牛春田来访,卢显得充满敌意——发表了很多'加州垃圾'之类的评论——而他们也不怎么喜欢他的音乐……")

自从大门和水牛春田在昂迪恩演出之后,昂迪恩的形象就由一个时髦场所变成了个摇滚之地,骨肉皮们开始经常光顾那里,像是德文(Devon)、希瑟和干炮好手凯茜(Kathy Starfucker)这种漂亮姑娘。

观察这些孩子的行动就能很明显地看到新的性策略出现了。姑娘们只对不追求她们的男人有兴趣。我看到许多姑娘理都不理沃伦·贝蒂(Warren Beatty)——他长得那么帅——仅仅是因为她们知道他想要操她们,她们会找一个看起来不想的人,一个有"问题"(problems)的人。

当你走进昂迪恩,右手边是大衣寄存处,左手边是一张红色皮沙发,然后可以看到一个吧台,一处狭窄的空间放着桌子,再有就是用作舞场的后室,唱片点放台在后室的最后端。吉姆·莫里森成了那儿的常客,大门在来年春天又在那儿做了几场演出。吉姆会站在吧台旁整晚不停地喝螺丝起子[1],就着酒吞下镇静剂,他会去到很远——他会全然失去意识——而姑娘们会在他站在那儿的时候走过去给他打飞机。一天晚上,埃里克和龙尼不得不把他抬出

---

[1] 一种鸡尾酒,以伏特加兑橙汁。

去，打上一辆出租车，送他回他在西四十几街的住处。

吉姆本该成为我"蓝色电影"[1]的第一位明星——他答应带一个女孩过来在镜头前干她——但是到了约定的时间，他没出现。不过他对我倒一直很和善——实际上，我从没见过他对任何人不和善。

十一月，我们和爆炸模式化不可避免一起去了底特律，在一场"摩登婚礼"上演出。婚礼由一家密歇根州露天市场（Michigan State Fairgrounds）的超市赞助，在为期三天的"卡纳比街喜乐庆典"（Carnaby Street Fun Festival）上举行，参演庆典的还有迪克·克拉克（Dick Clark）、加里·刘易斯（此时正好在他被征召入伍之前）和花花公子们、博比·赫布（Bobby Hebb）、新兵乐队、吉米·克兰顿（Jimmy Clanton）、布赖恩·海兰（Brian Hyland）以及骗子山姆和法老们（Sam the Sham and the Pharaohs）。结婚的一对新人，加里和兰迪（她是"一位失业的勾勾舞舞者"，而他是"一个艺术家"），自愿当众结婚，这样他们就能得到一个免费的为期三天的纽约城蜜月行，其中包括一次在工厂的试镜。一对新人的父母注视着，我把新娘送出去，而妮可则吟咏着《新娘入场曲》（*Here Comes the Bride*）。一位本地电台 DJ 充任伴郎。新娘身穿白色迷你连衣裙和长筒绸缎靴，新郎则穿着一件花格呢子的卡纳比街夹克，系

---

[1] 英文蓝色（blue）有"色情的"之意。

牛仔腰带，打宽领带。作为婚礼礼物，我们送了他们一个塑胶做的可以充气的宝贝儿露丝（Baby Ruth）巧克力糖[1]。

在仪式上，我在一位模特穿的纸质连衣裙上画了画——用番茄酱。那个月的早些时候，我和妮可还有其他几个孩子一起去了位于布鲁克林的亚伯拉罕&斯特劳斯（Abraham & Straus）[2]亮相，推广一款两美元的纸质连衣裙，它的材料是"用凯瑟尔[3]制成的最白的白色斜纹布"，每件衣服附带一个自己动手的绘画套装。妮可穿上它，我在上面画。我永远都搞不懂为什么纸质连衣裙没能流行起来——这想法多现代、多合逻辑啊。也许它们没能以正确的办法销售——我是说，在A&S，他们把它放在家用小百货部售卖！我认为它们实在是太好了，我忍不住要在那场婚礼上拿一件来做点儿什么。

当朋友们打从城中过——或者甚至当他们计划待上几个月时——杰勒德和保罗总能帮他们找到地方住。他们两个一起行动起来就像个职业介绍所——打电话给某个刚好拥有一套那个到访的人看起来正适合入住的公寓的人，范围从下东区一直覆盖到萨顿地。

我之前提到过，玛丽和威拉德·马斯就像杰勒德的干爹干妈——他甚至在他们的住所存放了很多的证件和衣

---

1 士力架一类的零食。
2 一家大型百货公司。
3 Kaycel R，含有93%纤维素和7%尼龙的一种材质。

服。感恩节晚餐我去了另一个地方赴宴,但是随后我在亚瑟见到了所有的人,他们都是从布鲁克林的威拉德和玛丽那儿过来的。

一个从耶鲁来的名叫贾森(Jason)的金发男孩来城里度周末,在舞场上看着苏珊·博顿利和大卫·克罗兰——他们像机器人般站立着,就那么置身于满场疯狂的、摆向一边的、布加洛式(bugaloo-type)舞蹈之中;他们的头微微偏向一侧从彼此的肩头看过去,以轻微的起伏和缓慢的挪步移动着他们的身体。他们是那么高挑,那么性感,真是好看极了。在我身后的某人说戴夫·克拉克五人组刚刚进场了。

之后等我们转场到"第十次总是"时,贾森仍然在盯着苏珊·博顿利和大卫瞧,脸上带着和刚才在亚瑟时同样的羡慕表情。当他注意到我注意到他的举动时,他说:"唉,你说我还能咋办?他们真是标致的一对儿。"苏珊人长得美,而且穿起六十年代那短小的衣衫来完美极了,但她的身体仍然是充满女人味的。而当她开口说话时,她听起来有点儿蠢——这甚至让她更完美。像很多女孩一样,她会随身带一些替换的衣服——在出门前往手袋里塞上几件连衣裙或裙子——贾森偷瞄着她包里的一件黑色迪斯科连衣裙,它和一堆眼妆、耳坠塞在一起。

苏珊·博顿利的声音是从这个姑娘口中发出的最奇怪的东西。所有人都在四下里模仿苏珊·博顿利。她说话只有一个音调,但是全然不像妮可的声音:苏珊的声音是低声调的单频美国音。她说起话来就像一头非常美丽、非常性感的牛。

卢·里德和约翰·凯尔那天也在"第十次总是",之后他们带我们去了东三十街三十六号,一个名字好像叫作"一·二·三"的地方,因为那儿的舞场分三层:第一层是异性恋,第二层是男同性恋,而第三层是女同性恋。卢消失在第二层的舞场深处,而贾森和我继续上到第三层。

"我之前也见过拉拉,但是从没见过这样的拉拉。"贾森一边说,一边看向那些下身穿着紧身七分裤,上身一件露背小吊带——尽是亮粉或绿松石这类晃眼颜色——的高挑的姑娘们。她们在一起舞蹈——伴着芭芭拉·路易斯(Barbara Lewis)的《你好,陌生人》(Hello Stranger)——彼此抱得很紧;她们有着漂亮的日晒肤色,撩人的金发翻飞。"好吧,这些都很好,"他说,"她们看起来都像是安吉·迪金森(Angie Dickinson)。这真好笑——上次我来纽约时,我能想到的最堕落的事还是来上三杯曼哈顿[1]把自己灌醉。这可真不像是才刚过了一年。"

我们从底特律的摩登婚礼回纽约后不久,杜鲁门·卡波特就在广场酒店(Plaza Hotel)宏大的舞厅举行了他那场著名的假面舞会。所有的杂志和报纸都称它为"六十年代最佳派对"——这时候不仅六十年代还远没结束,请允

---

[1] 一款鸡尾酒,以加拿大威士忌为基酒,混以甜味美思、安古斯图腊苦酒,饰以樱桃。

## 1966

许我提醒各位,就连那派对都还没有开始呢——而关于谁被邀请了、谁没被邀请,发生了许许多多令人难以置信的戏剧性事件。

我认识杜鲁门·卡波特。在五十年代,在我波普之前的日子里,我想要给他的短篇画插画的愿望十分强烈,我不停地打电话搅扰他直到有一天他母亲让我住手为止。时至今日,已经很难说那时到底是什么让我那么想把我的绘画和那些短篇连接起来。当然,那些都是出色的短篇,非常不同寻常——杜鲁门本身就是个不寻常的人物——都是些关于南方的敏感的男孩和女孩的故事,他们有一点儿出于社会之外,为自己制造着异想世界。杜鲁门的书《冷血》(*In Cold Blood*)——讲在堪萨斯的克拉特一家被谋杀的故事——在前一年问世时很是轰动来着。[1](那个规模不大的堪萨斯社区将有九个人前来参加他的派对,但是其中不包括那两个实施谋杀的男孩——他们在六五年春已经被处以死刑了。)

亨利·戈尔德扎勒也受邀出席舞会。我们决定一同前往,虽然那一年,我们的友谊已经真的冷却了。亨利生活的主要关注点仍然是艺术,而我生活的主要关注点是波普——波普任何事情。另外,就像我前面提到过的,亨利

---

[1] 准确地说,卡波特的这部作品是在前一年即 1965 年先在《纽约客》上连载,后于 1966 年 1 月出版的单行本。作品内容基于 1959 年发生在堪萨斯的一桩真实的谋杀案,所以下文说请了那个凶案所在社区的九个人前来参加派对。

的私人生活发生了变化,我们不再像我们曾经那样讲那么多电话。而且我有了一群新人——我和地下丝绒走得很近,另外保罗·莫里西给工厂带来了很多新的有趣的事情。(不过,有一件保罗似乎一点儿也不关心的事情就是当代艺术。实际上,他讥笑它。他喜欢的是像十九世纪的风景画那样的东西。他会在旧货店或是他那个小区的垃圾堆里翻找出那样的画,然后他的邻居,一个上了年纪的英格兰人,会为他把画清理、修整一番。保罗喜欢旧物——画、家具、照片、雕塑、书——一切的一切,除了此刻正在发生的东西。)

到了六六年,保罗安排的我们在城里的外出活动已经和杰勒德安排的一样多了。我在那些日子里相当顺从。我会去我被安排去的任何地方,因为反正我想去所有地方。有那么多的事情在发生。就像我之前说过的,安非他明在六十年代的纽约是最为重要的药物,因为有那么多的事情好做,每个人都在过双倍的时间,不然他们就要错过一半的事情。一整天里没有一分钟是你不能找到个派对去参加的。让人惊奇的是,你会发现你是多么不想睡觉——当有事情可做的时候。("还记得我们是怎样地从不沾床么?"有人在六九年跟我这样说,已经开始怀六五到六七那个年代的旧了。那确实是整整一个年代,我是说,那两年。)

每个人都感觉到了加速。《绅士》六六年八月号宣布是时候结束六十年代了——"在接下来的四年度一个长假,"杂志如此写道。那文章以我穿成蝙蝠侠和穿成

1966

罗宾的妮可一起摆拍的照片开头——照片的说明文字写着"安迪·他姓什么来着"——我真是太喜欢了。(蝙蝠侠的形象那一年非常流行,因为重新制作的电视节目那年二月开始播出,所以夸张做作[camp]真的在被大量销售——现在每个人都明白这套把戏了。)那篇文章的文字是罗伯特·本顿(Robert Benton)和大卫·纽曼写的,他们是将于六七年问世的《雌雄大盗》(Bonnie and Clyde)[1] 的编剧。(多年以后,我在《电影评论》[Film Comment] 上读到一篇他们的访谈,他们说三十年代的地下世界[2] 和六十年代的地下文艺是"奇特的现象,媒体这块海绵把它们吸收了,并使之流行起来",他们继续说道,发现现实生活中的邦尼·帕克[Bonnie Parker]是那么地想成为名流——给报纸寄她写的诗,等等——让他们很崩溃。纽曼说:"理解他们自成一格的行事风范很重要。邦尼和克莱德就像伊迪·塞奇威克和其他安迪·沃霍尔的'超级明星'一样,他们被媒体大肆报道,但是没人确切知道为什么——区别只在于他们不守法度,是具有美感的亡命之徒。")

说什么都好,到了亨利和我一起去杜鲁门的舞会时,我们已经从亲密关系漂离开了。起初,那只是一个缓慢

---

[1] 英文片名为这两个大盗的名字——邦尼和克莱德,邦尼是女的,即下文的邦尼·帕克,克莱德是男的。
[2] underworld,黑社会。

的、稳定的漂离,但是之后在六六年六月,威尼斯双年展到来了,而那成了一件具有戏剧性的大事。那时候我们仍然讲很多电话——大概每隔一天就聊上一次。我是说,我在他去埃及的前一天还在跟他讲电话,一切都很寻常,聊——聊——聊——聊——旅途愉快。但是第二天,当我拿起《纽约时报》,我读到他已经被选为威尼斯双年展的专员。他甚至跟我提都没提!

一开始,我为他没有告诉我这个消息感到很受伤,当人们问起我是否是从亨利那儿得知的这一消息时,我能说的就只是"哪个亨利?"但是我一点一点地缓过来了:我可以原谅他没有把我的作品选入双年展(他用了海伦·弗兰肯塔勒、埃尔斯沃思·凯利、朱尔斯·奥利斯基[Jules Olitski]和罗伊·利希滕斯坦)——那是他的事儿——但是我不能理解为什么他不**告诉**我。那件事之后,我们彼此间总是更加有所保留,但是我们仍然保持了相当的友好——这是显然的,因为这不十一月我们就一起去那盛大的卡波特假面舞会了么。

亨利来工厂接我,所有的孩子簇拥着,送身着晚礼服的我们上车——他们实打实地为我感到骄傲,为我受到了邀请。亨利戴着个他自己的脸的面具,我戴着墨镜,肩上放了个巨大的牛头。不过我没让牛头在我肩膀上待太久——那玩意儿实在太不舒服了。派对现场的黑白色调是塞西尔·比顿策划的,显然是基于电影《窈窕淑女》(*My Fair Lady*)中塞西尔一手包办了所有布景的爱斯科特马场

（Ascot）那一幕。

当我们到达广场酒店时，我彻底怯场了。在我的一生中，我从没见过像这样成群结队的名流。杜鲁门给他公寓的门房租了件晚礼服，让他在宾客到来时核对所有那些流光溢彩的名字。每个人都被要求穿黑色或白色，而我们注意到的第一批黑色或白色的人儿是艾丽斯·罗斯福·朗沃思（Alice Roosevelt Longworth）、凯瑟琳·格雷厄姆（Katharine Graham，她是那天的贵宾）、玛格丽特·杜鲁门（Margaret Truman）的丈夫克利夫顿·丹尼尔（Clifton Daniel）、约翰·肯尼思·加尔布雷思（John Kenneth Galbraith）、菲利普·罗斯（Philip Roth）、大卫·梅里克（David Merrick）、比利·鲍德温（Billy Baldwin）、宝贝儿佩利（Babe Paley）、菲莉丝和本内特·瑟夫夫妇（Phyllis and Bennett Cerf）、马雷拉·阿涅利（Marella Agnelli）、奥斯卡·德拉伦塔（Oscar de la Renta）、大卫·欧·塞尔兹尼克（David O. Selznick）、诺曼·梅勒、玛丽安娜·穆尔（Marianne Moore）、亨利·福特（Henry Ford）、塔卢拉·班克黑德（Tallulah Bankhead）、罗丝·肯尼迪（Rose Kennedy）、李·拉齐维尔（Lee Radziwill）、乔治·普林顿（George Plimpton）、阿黛尔·阿斯泰尔·道格拉斯（Adele Astaire Douglass）、格洛丽亚·范德比尔特·库珀（Gloria Vanderbilt Cooper），以及，用苏济·尼克博克（Suzy Knickerbocker）的话来说就是"诸如此类"。就在这时，林达·伯德·约翰逊（Lynda Byrd Johnson）和我擦身而过——她刚刚在

《麦考尔》(McCall's)[1]得到了一份工作，八卦专栏都在把她和乔治·汉密尔顿（George Hamilton）说成一对儿。舞场上，劳伦·巴考尔（Lauren Bacall）正在和杰尔姆·罗宾斯（Jerome Robbins）跳舞，而米娅·法罗·西纳特拉（Mia Farrow Sinatra）在和罗迪·麦克道尔（Roddy McDowell）跳，她的丈夫弗兰克（Frank）则在和帕特·肯尼迪·劳福德（Pat Kennedy Lawford）跳。

以我所知的来说，这是世界历史上名流最为密集的一次聚会。亨利和我站在那儿闲聊，我对他说："我们是这儿仅有的无名小卒。"他表示同意。

这实在是太古怪了，我想：你的人生达到了如此的高度，你被邀请参加派对中的派对——那个全世界的人都在竭尽全力拼命想要获邀参加的派对——但这**仍然**不能保证你不会感到自己是个十足的废柴。我不禁想要知道是否有人曾经达到这样一种境界，即没有什么事或什么人可以让他感到胆怯。我想："美国总统是否曾经感到过局促？利兹·泰勒又如何呢？毕加索呢？英女王呢？还是说他们在面对任何人或任何事的时候都总是很平静？"我努力待在塞西尔·比顿身边，因为至少他是我熟到可以说"嗨"的人。

我决定贴着场子的边缘生长，好好做一朵壁花，在我站在那儿时，我听到一位上流社会的女士评价道："他舞

---

[1] 一本女性杂志。

跳得真好。"她看着拉夫·埃利森（Ralph Ellison），写《看不见的人》(*The Invisible Man*)的黑人作家。

关于杜鲁门的这场派对我就记得这么多。这是个可供《疯狂》(*Mad*)杂志画漫画的绝佳事件，因为它实在是太超现实了——我是说，你打眼一望就能随随便便说出三十个名字来。

关于双年展，亨利和我在很长很长的时间里都没有摊开来谈。几年后的一天，他告诉了我他当时对于事情的考虑。

"当我被要求出任双年展的专员时，我答应得非常快，同时我凭着直觉立马对参展作品做出了选择。我脑子里甚至都没有想说：'看，安迪，我希望成为大都会下一任二十世纪艺术的策展人，我可以在接下来的五十年里更多地帮到你，如果我做上**那个**而不是把我的机会毁在当一个狂热的超级波普策展人上面的话。'"

双年展那会儿，亨利的上司，罗伯特·贝弗利·黑尔（Robert Beverly Hale），就要退休了，所以亨利必须非常小心地对待他的个人形象。他说他觉得波普艺术已经在之前六四年那届双年展上被"隆重地展示了"："卡斯泰利把一切都做得非常好。身为意大利人的他和意大利的媒体与评委有很多关系。让我们直说吧，安迪，如果我把你也放进了双年展的话，你肯定想要和地下丝绒、你的那些电影、频闪灯还有你的大队人马一起过来，你的光芒肯定会完全盖过其他艺术家的，这对**他们**肯定不公平。"

是的，我想，说得在理，但是问题仍然是，为什么他不能亲自告诉我——为什么我不得不在《纽约时报》上读到它？

"是，人们是对波普艺术着迷，"他继续说道，"因为它是媒体事件，它光芒四射，它是'当下发生的事'，但是作为一个艺术史家，我感到我同时有一个高雅艺术（high art）的传统要捍卫。我已然非常认同波普艺术了——还记得《生活》杂志上有一整页都是在一场**偶发剧**现场的游泳池里的我吗？我不再能承受仅仅与它相关联了……"

是的，我想，说的都没错，但是问题仍然是，为什么他让我在报纸上读到它？

"而且即使只从那个展览的展出效果来看，"亨利继续说个不停，"海伦和朱尔斯的作品柔软、烟雾蒙蒙，埃尔斯沃思·凯利的坚硬而冷静，我意识到从颜色、轮廓边线和画面的机械感等几个方面来看，利希滕斯坦和凯利放在两边，弗兰肯塔勒和奥利斯基在中间，就能形成一个不可思议的四人组。你的边线不像凯利的那样锐利，所以你无法像罗伊那样和他形成平衡。所以不仅因为我那会儿是个惹人厌的想要发迹的野心家——那个展览，不管怎么说，确实看上去很好。还有，记得吧，安迪，你那会儿实际上已经'停止作画'了。"

"是的，没错。"我最终开口了。"但是，我的意思是，亨利，我明白所有这一切。在事业面前，你不能心里想着朋友，我一直都相信这一点。但是你可以在告诉《纽约时报》之前告诉我。你应该跟你的朋友当面说这种事，这就是问题……"

"我知道，我知道，"他做了让步，"你是对的。我应该一咬牙给你个电话。但是那会儿我不知道该跟你说什么。实在太容易选择什么都不说了，因为第二天我就要出国了。"

好吧，不管怎么说，我心里想，那倒是非常波普——做最容易的事情。

艺术圈正在发生的事我一直有在关注，虽然我不再像过去那样频繁地去画廊了。大卫·鲍登在为《村声》写关于艺术的文章，他和我一周至少通一次电话，拿着笔记比对我们各自看了什么。六六年的某天，大卫打电话跟我说《生活》向他发出了工作邀请而他不知道该不该接受——也就是说，接受邀请是否意味着他"背叛了自己的立场"，变得"体制化了"。我们在电话里谈这些的时候，一辆加长型豪华轿车正停在我房子外面等着接我去一个开幕式。我让车先开去了大卫在布鲁克林高地的住处。

那是个美丽的夜晚，所以我们来到户外，朝着布鲁克林大桥走，那辆加长型豪华轿车在后面跟着我们。大卫脱口而出，说他一想到要在大众媒体上谈论艺术就非常地不舒服。在我们步行穿过大桥走向曼哈顿时，我对他说：

"想想你将要挣到多少**钱**,大卫。我是说,这可是《生活》杂志。别犯傻了!"我们向着曼哈顿的灯光走,那灯火看起来是如此诱人,但一个警察在桥的另一头拦下了我们。我们看起来肯定很可疑,加长型豪华轿车跟在后面缓缓前行,那场面就像是毒品交易什么的。

他接受了那份工作。

到了十一月,丝绒一伙不再在工厂排练了,也不再住在斯坦利那儿了。卢住到了东十街,约翰·凯尔与妮可同住,妮可刚刚和埃里克分了手,斯特林跟他女朋友住在一起,莫琳在长岛和她父母一起住。

丝绒一伙人从来没有真的外出巡演过。他们那个月的早些时候才在克利夫兰(Cleveland)演出过,但他们的做法是在一个城市演出之后就即刻回纽约。他们仍然常常来工厂,不过就只是闲晃。

一天下午,我正在做几张杰姬的丝网印刷,我看到卢接了个电话,然后把话筒递给了银色乔治,他确认了自己的身份:"是,我就是安迪·沃霍尔。"

那对我来说无所谓。工厂的每个人都这么干。到六六年后期我不再像以前那样接那么多电话了——电话实在是太多了。(我想我大概在六六年中期开始就不再回电话应答服务记下的来电了。)不管怎么说,让其他人替我接电话更有乐趣,我有时候会读我从来没有接受过的我(对方假定是我）的访谈——都是在电话上做的。

"你希望我形容我自己？"银色乔治说。他看向我这边,仿佛在问:"你不介意我接这电话,对吧？"我问对方是谁,当他跟我说是家中学报纸的来电时,我示意他继续。

"嗯,我穿得和工厂其他人没什么两样,"他一边说一边看着我作参照,"一件条纹 T 恤——有点儿太短了一些——套在另一件 T 恤下面,我们喜欢这么穿……李维斯[1]……宽皮带,还有"——他朝下看了看我的脚——"我最终不再穿难看的上面有条横向系带的工程靴(Engineer boots)了——我开始穿更精致的侧面带拉锁的披头士靴子(Beatles boots)……"他拿着听筒听了一阵儿。"嗯,我会说我自己是——年轻人的打扮。有一点儿娘,我不怎么搞艺术运动……"我从画布上抬起头。我以为他们要的不过是关于着装的一番描述,但是无所谓了,那些日子我百分之九十九的时候都是顺从的,所以我就放手让银色乔治继续描述我——不管怎么说,比起许多记者对我的描述,他说什么都不会比那些更糟。

"嗯,我有非常不错的一双手,"他说,"非常地有表现力。人们总说他们一看就知道那是一双有才华的手。我让它们安然自在或是互相触碰,或者有时我会用手臂环抱住自己。我总是会注意我的手放在了哪儿……但是你会注

---

[1] Levi's,指李维斯牛仔裤。

意到我的第一件事是我的皮肤。我的皮肤是半透明的——你真的能看见我的血管——它是灰色的,但是它也是粉色的……我的体格?嗯,非常扁平,而且如果我体重增加的话,通常都是加在我的屁股和肚子上。我肩膀窄,而且胸围和腰围基本上一边儿大……"银色乔治这会儿说得真是起劲儿了。"……我的腿非常细,脚踝瘦弱——从我的屁股往下有点儿像小鸟——我就那么收进去、逐渐变细,一直到我的脚……'像小鸟',没错……我持身非常板正,像一台仪器设备。我身体僵硬——做起动作来非常小心,这一点上我有点儿像是老妇人。我看起来不像能走得很远——好像只能从门口走上出租车那样似的——而且我新靴子的跟有点儿高,所以我走起路来有点儿像个女人,重心落在前脚掌上——但实际上,我非常……结实……好了?"

听起来好像访问结束了。"不,没什么麻烦的,"银色乔治告诉那家中学报纸。"噢,我们现在正在勤奋工作,四处忙放映——你们看过《切尔西女孩》了吗?……嗯,好,报纸印出来后可以给我们寄上几份过来吗?"

银色乔治挂上电话,说他们非常激动,因为他们听说我从不说话,然而我刚才跟他们说的比他们采访过的任何人都多。他们还说他们十分惊讶于我能如此客观地看待自己。

# 1967

**六七年**一月,《切尔西女孩》仍在放映,但这时它甚至到了更为上城的地方,从上个月最终结束了于西五十七街的集结地影院的放映后,它开始在百老汇和六十八街的"摄政者"(Regency)放映。之后,罗歇·瓦迪姆(Roger Vadim)的电影《游戏结束了》(*The Game Is Over*)——简·方达主演,之前已经预订了放映期——来到"摄政者",所以《切尔西女孩》搬去了东区的约克电影院(York Cinema)。我们和电影制作人发行中心(Film-Makers' Distribution Center,下文简称 FDC)——那时的负责人是乔纳斯、雪莉·克拉克和路易斯·布里甘特(Luis Brigante)——有约,不论片子在哪儿放映,净收益都是五五分账。每个人都为《切尔西女孩》作为第一部在曼哈顿中城的商业影院长期放映的地下电影感到兴奋。FDC 接到许多商业电影发行人的电话,表示想要负责影片的全国发行,但是 FDC 此前已经和艺术影院同业公会(Art Theater Guild)签了协议,后者有覆盖全国的艺术院线。

乔纳斯尤其兴奋,他觉得《切尔西女孩》的成功意味着普通人也想看地下电影。他建议我们把我们的电影和他们FDC的其他一些地下电影放在一起搞联映，但是保罗对此特别反对。他——我们——不认为我们的电影地下、商业、艺术或是色情，我们的电影是在这几个方面什么都有一点儿，但是归根结底它们只是"我们那类电影"。而且，随便谁都知道，涌向影院看《切尔西女孩》的人群可能纯粹是为了看裸露镜头。所以《切尔西女孩》的成功不必然意味着其他地下电影也能成功——它甚至不意味着**我们的**其他电影也能成功。

一月开头的某天，《纽约时报》上，就在杰克·鲁比（Jack Ruby）因癌症死于狱中的报道旁边，是一篇他们的影评人文森特·坎比（Vincent Canby）的文章：《成人主题迈进大银幕；许多旧日禁忌飞速消失》（Adult Themes Head for Screen; Many of Old Taboos Seen Rapidly Disappearing）。那篇文章大部分谈的都是《切尔西女孩》和《放大》（Blow-Up），文中说大卫·皮克尔（David Picker）——彼时联合艺术家（United Artists）[1]的第一副主席——和另一些好莱坞巨子都感到《切尔西女孩》中表达手法的灵活自由将会不可避免地影响到以传统手法拍电影的人。文章继而谈到资助了《放大》一片拍摄的米高梅新成立了一家小型子公司来发行它，而这正是大多数大型电影公司正在着手做的事

---

[1] 指联合艺术家公司（United Artists Corporation），由格里菲斯（D. W. Griffith）、卓别林（Charlie Chaplin）、范朋克（Douglas Fairbanks）和璧克馥（Mary Pickford）于1919年成立的负责电影制作、发行的公司。

情——成立小公司发行他们无法通过电影制作管理条例（Production Administration Code）的脏电影，电影制作管理条例是行业**自我**审查机构进行审查时遵循的文件。换句话说，这些电影公司在上演一场自我规范的大戏——成立并出资维系一个审查委员会来审查他们干净的电影，但是当他们想让一部"脏"电影出来时，他们就用一个新名字成立一家新公司，这样他们就可以和那部电影保持一个相当远的距离，在板着道德的脸孔的同时大发其财。

得到好莱坞的注意，我们很激动——现在一切就都只是时间问题了，我们觉得，会有"某个那边的大人物"想要提供资金给我们做出重大成就而不仅仅是闲坐一旁评论评论就完了。我是说，我们早在六五年就拍了《我的男妓》，而现在都到了**六七年**了，好莱坞才刚做好准备要拍一部关于纽约城里的一个男妓的、片名为《午夜牛郎》（*Midnight Cowboy*）的电影。保罗和我此时常读《品类》，切实感到我们终于成为商业电影圈的一部分了。

那年一月，我们会去四十二街看电影，就像我们过去常做的那样；之后走去百老汇六十八街那儿察看我们自己的电影观众。我们喜欢见到戏院门口大大的华檐[1]，它意味着我们真的拥有了观众。我那时觉得什么都好，就好像我们什么都能做、一切都能做似的。我想在无线电城（Radio City）有一部电影，在冬日花园（Winter Garden）

---

1 marquee，一种类似屋顶的构造，通常挂有一块招牌，凸出于剧院或旅馆的入口之上。

有一台演出,一期《生活》的封面,一本畅销书榜单上的书,一张排行榜上的唱片……有史以来头一次,一切都似乎是能办到的。

杰里·沙茨贝格——他一直以来都负责拍摄滚石乐队专辑中的照片——在滚石乐队上了埃德·沙利文秀的一个周日夜晚,在节目结束后,于他公园大道南的寓所里再次为他们搞了一场派对。我们先走着去了斯蒂芬·肖尔和他父母一起住的位于萨顿地的公寓,在彩色电视机上看他们上节目。

小乔伊和我们在一起,这是不常见的情况——我总是跟他说他不能和我们一起四处走因为他还不到年龄,特别是他妈有时还会从布鲁克林打电话过来问说:"我的小乔伊在哪儿?他惹上什么麻烦了吗?"他说他妈总是问他:"你跟那帮酷儿[1]混在一起到底图什么啊?"

我们坐在一间地面铺满地毯、各处颜色协调的客厅里——摆着许多镜子、边桌、大沙发——看滚石去演埃德·沙利文让他们更名为《让我们共度一些时光》(*Let's Spend Some Time Together*)的《让我们共度良宵》(*Let's Spend the Night Together*)和《红宝石色的星期二》(*Ruby Tuesday*)——布赖恩·琼斯演奏西塔琴,如果我记得不错的话,头上戴了顶大大的白帽子。乔伊真的是在恳求着乞求着要跟去派对,所以最终我让步了,说好吧,不仅因为

---

[1] Queer,当时为对同性恋的贬称。

# 1967

他崇拜滚石,还因为他喜爱杰里为他们的专辑拍的那些照片。乔伊计划中学毕业后上视觉艺术学院[1],那之后他想去做"和摇滚相关的平面设计"。(在披头士之前,孩子们会在他们走出校园之后离开摇滚,但是现在,有很多人为他们自己规划出和摇滚相关的职业生涯,摇滚到了这时已经是个庞大的产业了。)

杰里的楼外面聚了很多人,都试图进去参加派对。屋里面,乔伊碰了碰我让我注意到第一个人是爱的一勺(The Lovin' Spoonful)[2]的扎尔(Zal,他们乐队这时已经非常红了——他们刚刚完成了《你是否曾不得不拿主意?》[*Did You Ever Have to Make Up Your Mind?*]),他也戴着一顶牛仔帽,像布赖恩一样。乔伊开始四下里寻找布赖恩,因为那是他最喜欢的滚石乐队成员,他最终找到了他,双手握着杯酒,和基思一起站在离崔姬(Twiggy)[3]不远的地方,崔姬那儿是城里的新面孔。大概只有五英尺五英寸高的乔伊惊讶地发现布赖恩甚至比他还矮。我看着他走过去试图和他说话,当他一点儿回应都没得到时,他用手指头杵了布赖恩几下——仍然什么都没发生。所以乔伊就转向基思,说:"我只是想告诉他我有多崇拜他。"基思用一个人可以有的最最空洞的眼神回头看了他一眼,所以乔伊就只

---

1 指纽约的视觉艺术学院(School of Visual Arts)。
2 即前文提过的一勺乐队,乐队名又译为"满匙爱"。
3 英国模特,本名莱斯莉·劳森(Lesley Lawsonn),Twiggy 是她的昵称,字面意思是"枝条般纤细的",用来形容其人瘦弱的身形。

好放弃了。布赖恩的下眼圈是黑的,皮肤煞白,粉金色的头发在灯光下看起来很古怪。他那天穿得和米克一样,都是 T 恤外面罩一件条纹运动夹克,白裤子,白鞋。而基思穿的则是细条纹西服套装。

米克往返穿梭于杰里住的楼上和派对所在的楼下。我试图和他讲话,但是每次我们走过去,都会有姑娘跟过来试图扯下他的衣服。这时他就会跑回楼上,转过身,再次溜下来,边走边把姑娘们拨拉到两旁。

苏珊·派尔从秋天开始就一直在免费为杰勒德做兼职,每天下午从百老汇的巴纳德[1]搭地铁,到时代广场,再到中央车站,途经"现场烤制"(Baked-on-the-Premises)甜甜圈售卖站(谁会想要在地铁里烤制的甜甜圈呢,当我经过那里的时候总是不禁要问——他们为什么不至少装成那些甜甜圈是在别处制作的?比如说,"**非**现场烤制"),出到地面上来,穿过 E. J. 克威特(E. J. Korvettes)[2]进入工厂。有时我会看到她在楼下的比克福德里读一会儿乔叟(Chaucer)。杰勒德正处在贝妮代塔·巴尔齐尼时期,写许多关于她的诗,苏珊会把那些诗打出来,她还负责一本选集的工作,作者都是我们认识的诗人或孩子,选集名叫《在途中,安迪·沃霍尔和杰勒德·马兰加怪物特辑》(*Intransit, The Andy Warhol Gerard Malanga Monster Issue*),

---

[1] 指苏珊就学的巴纳德学院。

[2] 一家连锁折扣百货公司。

于第二年出版。她以日本人的方式坐在一个垫子上就着一张非常低矮的锯短了腿的银色桌子打字,桌子缺了一条腿的地方放着一摞杂志作为替代。一天我走过的时候,听到她跟乔伊说她必须得另找一份工作因为她需要钱。我跟她说如果她留下来并且为工厂而非只为杰勒德打东西的话,我们会给她钱。我问她她觉得她需要多少钱,她估算了一下说因为她父母部分地资助她,她每周大概只要有十美元就可以了。(十美元那时是搭五十次地铁的钱。)我即刻开始给她许多东西打,一堆开盘式磁带,《切尔西女孩》《厨房》和《我的男妓》的音轨,诸如此类;她还打了一些昂迪恩的录音带,那将成为格罗夫出版社于第二年出版的小说《a》的一部分——内容都是那些中学女生一直没打出来的。对于有人可以就这么待在工厂打字我尤为高兴,因为最近我由惨痛的经验里学到你怎么小心都不为过:负责打字的小女孩把一盘昂迪恩的磁带拿回她在布鲁克林的家里誊录,她妈听了一耳朵带子上的对话后就把它没收了,而我再也没能要回来。

复活节星期天在中央公园的户外聚会让人难以置信,数千个孩子递花给你、焚香、抽大麻、嗑迷幻药、在室外公开派药、脱掉衣服在草地上四处打滚儿、拿着日辉(Day-Glo)[1]往脸上和身上画、唱远东风格的歌、玩他们的

---

[1] 品牌名,此处指这个牌子的荧光颜料。

玩具——气球、风车、县治安官徽章和飞盘。他们可以站在那儿一动不动互相对望几个小时。我之前也说过，那总是能让我着迷——人们可以坐在窗边或门廊前——看上一整天而不觉得无聊，但是如果他们去看电影或是看戏，他们就突然拒绝起无聊来。我一直都觉得一部进展非常缓慢的电影完全可以和一次门廊前的观望同样有趣，只要你以同样的方式去看去想。而现在，所有这些嗑了迷幻药的孩子展示的正是同样的事情。

自从这一年的起始托马斯·霍温（Thomas Hoving）被任命为公园专员（Parks Commissioner）以来，孩子们越来越多地使用起公园——这次复活节的户外聚会是到那时为止最大限度的一次使用。然而，四月中旬的时候，霍温被安排出任大都会艺术博物馆的馆长，而他这时似乎试图缓和一下他给人的波普印象，四下里向人再三保证他不会把大都会变成一场大型"偶发剧"。

四月末，又有一场户外聚会——不像复活节的规模那么庞大，但是也大到让每一个人都开始期盼在公园里过一个快意的夏天。

春天，斯塔实（Stash），"家"的斯坦利的儿子，打电话来说他和"家"的酒保——我记得是个长得不错的爱尔兰人——想要开一间迪斯科，在上城东七十一街他找到的一处地方，一家健身房，他希望我们可以参与进来——在那儿重搞爆炸模式化不可避免的演出。整个三月,妮可仍在"家"唱歌,和蒂姆·巴克利、杰克逊·布朗、蒂姆·哈丁——保罗能安排给她的随便什么乐手一起。莱昂纳德·科恩,那位加拿大诗人,颇有一些夜晚待在酒吧的观众席里来着,就那么望着她。稍后,他灌录了一张专辑,当我读到篇评论说他唱歌就如同"拖着一个音贯穿整个半音音阶"时,我立马就想到他聆听妮可的那些时间……

波普时装(Pop fashion)到这时真的达到顶峰了——只要扫一眼"健身房"[1]你就能得出这一结论。这年是电子连衣裙年——橡胶裙,腰上带一个电池包——不对称剪裁的下摆随处可见,银色菱形绗纹迷你裙,超级迷你裙配及膝长袜,帕科·拉巴纳用金属环把塑料片连缀在一起的连衣裙,许多许多的尼赫鲁式领子,袜裤外面罩一件钩织的裙子——只是示意你她穿了裙子。场子里有大帽子、高筒靴、短皮草,迷幻印花,立体镶嵌贴花,还有许多彩色、有纹理的袜裤和亮色漆皮皮鞋。下一个重大潮流影响——怀旧——要到八月份《雌雄大盗》上映之时才会出现;但现在,从六四年以来就在不断增长的摩登——迷你——狂乱元素达到了极致。

男装领域也有非常有趣的事情发生——男装开始在光彩夺目与营销两方面与女装竞争,这同时是一个信号:巨

---

[1] 前文提到过他们把那家健身房直接变为了迪斯科,名字还叫"健身房"(Gymnasium)。

大的社会变革超出了时装领域进入到对于性别角色的质疑。现在，许多有着时尚意识的男人，这些在过去的几年里自己束手束脚、只能告诉他们的女朋友该怎样穿戴的男人，可以开始打扮他们自己了。这实在是件有益的事，人们终于可以做他们真的想做的了，而不必掩饰着、让一个异性在他们身旁演绎出他们的幻想来——现在他们可以亲自登场，演绎出他们自己的幻想。

裙子变得如此地短，连衣裙如此贴身、透明，如果姑娘们仍然是《花花公子》（Playboy）或者拉斯·迈耶（Russ Meyer）电影里那种性感的类型，街面上就要满是性侵事件了。但是，抵消了迷你裙的效果的，是孩子们新近拥有的一种对于性事可有可无的态度。六七年的新型女孩是崔姬或者米娅·法罗那种——男孩子气的女孩。

《照实说》（Tell It Like It Is）是那年起始的大热曲目，而且那也是四处可见的新态度。这是流行音乐令人兴奋的时期。每个人都在等待披头士的新专辑面世（最终出来的专辑将是《佩珀中士》[Sgt. Pepper]，在六月），但是有些里面的单曲已经可以在收音机里听到了——《便士小巷》（Penny Lane）和《草莓地》（Strawberry Fields）二月份就出来了，艾瑞莎·富兰克林（Aretha Franklin）的《我从没爱过一个男人》（I Never Loved a Man）也出来了，还有《宽恕宽恕宽恕》（Mercy Mercy Mercy）、《给我点儿爱》（Gimme

Some Lovin'）和《爱在这儿而现在你不在了》（Love is Here and Now You're Gone），等等等等。

"健身房"对我来说是最最六十年代的地方，因为，就像我说过的，我们原原本本地保有了它本来的样子：垫子、双杠、哑铃、绑带、杠铃。你想："健身房，对的，哇哦，绝了"，而当你像这样再一次察看你一直以来都视为理所当然的东西的时候，你看到一个全新的它，那将是一次非常好的波普体验。

我们在"健身房"的第一个周末同时也是反越战春季动员大游行的那个周末。马丁·路德·金（Martin Luther King, Jr.）、斯托克利·卡迈克尔（Stokely Carmichael）以及另一些人在绵羊草坪（Sheep Meadow）[1]演讲，之后人们沿着第五大道南行。那是个阴雨天，从工厂的窗户，保罗、妮可和我看着人群穿过四十七街前往联合国。一张如妮可那般的脸庞在下午的自然光中看起来美极了——那是一张生来就是为了看出窗外、望穿沙漠、远眺地平线的脸。我是如此清晰地记得她站在那儿，身穿塔芬和福尔（Tuffin and Foale）西裤套装，远处的背景里放着海龟乐队的《快乐地在一起》（Happy Together）。

这是斯托克利·卡迈克尔说出了他那上口的"白人让黑人去斗黄人"的话的时候，那时他在媒体上得到了特别

---

[1] 在中央公园内。

多的报道,以至于那个周末的晚些时候当我在"健身房"看到他和一个高挑的金发女孩跳舞时,一眼就认出了他。

"健身房"之后,我们通常会去一家叫作滚石的迪斯科,然后去楚德·赫勒(Trude Heller)在百老汇四十九街新开的地方,就在"猎豹"往南几个街区远——《甜灵歌》(Sweet Soul Music)是所有夜店的当红曲目——这之后没多久,"救赎"(Salvation)在南边的谢里登广场开业了,所以转瞬之间就有了所有这些新地儿可以去。

四月,我们为《切尔西女孩》在影剧院的首映去了趟洛杉矶。刚在纽约办了一份名为《另一些现场》(Other Scenes)的报纸的约翰·威尔科克前来报道我们的行程——他登出一张照片,上面有他自己、保罗、莱斯特·珀斯基、奥特拉·维奥莱特(Ultra Violet)[1]、苏珊·博顿利、我和罗德尼·拉罗德(Rodney La Rod),摄于首映式上。

罗德尼·拉罗德是个年轻的、总在工厂闲晃的孩子——他自称曾为汤米·詹姆斯和尚多斯(Tommy James and the Shondells)做过巡演经纪人。他身高超过六英尺。他涂发油,穿一条短了太多的喇叭裤,他会嘲嘲嘲地跺着脚在工厂里走,搂住我,一通粗鲁的抚弄——那着实无礼,我喜欢;我觉得有他在身边是件让人兴奋的事情,动个不停。(当最终我们发现他不到年龄而我没法再带着他

---

[1] 化名,字面意思既可以理解为极度紫罗兰,也可以理解为紫外线。

跟我们一起行动时,所有人异口同声地说"太好了",因为他把他们搅扰得发狂。)

这是我第一次和奥特拉·维奥莱特一起旅行。她仍然是一个硕大的谜,没人知道她混哪片儿的——她严守她生活的秘密(这和我们认识的其他人正相反,他们总是把他们自己最私密的事情告诉你)。我初次见她是在六五年的一天,她穿着一身儿粉色香奈儿(Chanel)套装,花五百美元买下一张还湿着的《花朵》绘画。她那时的名字是伊莎贝尔·科林–迪弗雷纳(Isabelle Collin-Dufresne),而且她还没有把她的头发染成紫色。她拥有昂贵的衣装和第五大道上的顶楼公寓,开一辆林肯(Lincoln)——和总统的那辆一样。她已经过了一定的年纪,但她仍然美丽;她看起来很像费雯丽(Vivien Leigh)。

奥特拉为了曝光度几乎会做任何事情。她会上脱口秀节目,"代表地下文艺圈",这很好笑,因为她对我们来说就像她对所有其他人一样都是个巨大的谜。

所有女性超级明星都抱怨说奥特拉不知怎的总能查出她们的访谈或是拍照安排,并在她们抵达之前到场。她总能在闪光灯点亮的那一刻正好出现在现场,这实在让人感到怪异。她会跟记者们说:"我收集艺术品和爱。"但她真正收集的是相关报道的剪报。

渐渐地,我们拼合出她的信息:她来自法国格勒诺布尔(Grenoble)的一个富有的手套制造商家庭,她还是个年轻女孩时,来到美国拜访画家约翰·格雷厄姆(John

Graham，巧的是他和卡斯泰利画廊在同一栋建筑里），他带她熟悉了纽约艺术界，而在他死后，她认识了达利，之后认识了我，再之后她变成了奥特拉·维奥莱特。

她很受媒体欢迎，因为她有个怪诞的名字、紫色的头发和一个不可思议的长舌头，并且她对于地下电影的学术意义颇有微词。

我们在**六七年**的春天带着《切尔西女孩》去了戛纳电影节——我是说，我们带着它，但一直没能放映它。（这次状况让我想起林肯中心电影节，他们大度地放映了我们的电影——用小型放映机，在**休息室**里！不过在戛纳，事情甚至没有进展到**这个**程度。）

就像我们做所有其他事情一样，行程安排都是最后一分钟才做出的。出发前的那天晚上，我们随身带着机票和平常一样去了马克斯，在那儿把票分发出去。除了保罗、杰勒德和我——外加莱斯特·珀斯基，我们带着他帮我们宣传电影——同去的还有罗德尼·拉罗德、大卫·克罗兰、苏珊·博顿利以及埃里克。几小时后，早上十点，我们所有人坐上了飞往法国的班机。

埃里克跟我们一起去戛纳时，留下了一套位于中央公园西和第八十街的顶楼公寓。除了木器上的白色镶边之外他把它全都涂成了黑色。我问他他走了后让谁住在那儿，他说："我就那么空着它。"

"但是你不回去了吗？"我问他。

## 1967

他摇了摇头,一片茫然。

"但你不是把所有的东西都留在了那儿吗?"我说。

他耸耸肩,表示是的。之后,最终,他说:"我把一切都弄砸了。牵涉了太多人,事情迫在眉睫,又搅进了太多毒品和乱七八糟的事儿,这就是为什么我,真是,特别高兴你让我来。"

埃里克刚跟他女朋友希瑟分手——她离开他,去了伦敦。

理论上来说,埃里克已婚,我问了他那是怎么一回事。

"我是三年前在洛杉矶的本·弗兰克(Ben Frank's)[1]那儿认识的我的妻子克丽丝(Chris)。"他告诉我。"我从我女朋友那儿回家,我那会儿正在神游,我遇到她,她有着一对绿松石色的大眼睛,之后才知道那是隐形眼镜。我们即刻坠入爱河,当天就开车去拉斯维加斯结了婚。我跟她有一个女儿——埃丽卡(Erica)。克丽丝跟我回到纽约,那时我试图开一家店,就在我认识你之前。我很依恋我的妻子,当她出去像我那样追寻自由之爱时,我疯了,一段时期里深深地投入到了同性恋中去,之后等我走出了那个时期,我会把和我交往的不管什么女人带到昂迪恩交给吉姆·莫里森,这样我就可以在我的头脑中想象他得到了愉悦,我们之间有这样的连结,吉姆·莫里森和我——就好

---

[1] 一家咖啡馆。

像，你知道，看你爱的人在一起。"想到他看着他爱的人和他爱的人性交，埃里克脸上显出了一个古怪的、几乎是痛苦的表情。"似乎，"他说，"所有我爱的人我都看着'在一起'来着。"

我问他是什么时候结的第二次婚——还有他是否跟克丽丝正式离了婚。他没有。"我算是从法院那儿得到了一个'分开'的结果，"他跟我说，"但之后法院那帮人要我完成整个程序，签更多的文件还有其他事情，我就把一切都搞砸了。"

我从来不知道应该怎么看埃里克：他是脑子有问题还是有智慧？他可以说出非常有洞见和创意的评论，之后从他口中出来的下一句话可以**非常**愚蠢。许多孩子都是这个样子，但埃里克是最让我着迷的，因为他是最极端的例子——你真的分辨不出他是个天才还是白痴。

一个古怪的事情是，我一直都当埃里克每晚都和我们在一起来着，直到他开始讲他最近几个月都在干什么我才意识到我有一阵子没有见到他了。

到了戛纳，我们发现那个应该负责安排一切的家伙还没安排好哪怕一场放映。甚至连来帮我们宣传电影的莱斯特都没了办法，一切都太迟了。

我们决定不管怎么说先四下里晃一晃找点儿乐子——这是我们一贯擅长的——去派对，去滑水，去结交外国电影人。我们见了莫妮卡·维蒂（Monica Vitti）和安东尼奥尼（Antonioni）——他在我们拍《切尔西女孩》的同时拍了《放大》。我们还见了贡特尔·萨克斯（Gunther Sachs），一位西德滚珠轴承业的继承人，他带我们回家去见他的夫人，碧姬·芭铎（Brigitte Bardot）[1]。她从楼上下来，像一位出色的欧洲女主人那样款待了我们，我为如此的美好而不知所措——身为**碧姬·芭铎**，却仍然不辞辛劳地让你感到宾至如归！

一天下午，我们一行人开车去了一座巨大而美丽的乡间别墅。当所有人都在四下里游逛时，房主则在一个劲儿地跟苏珊说着她有多漂亮，还说如果她愿意留下来和他住上几天，她可以要这栋房子里的任何东西——那房里满是各类古老的欧洲艺术品。就在这时大卫参观完房子回来了。他极其兴奋，因为他在一间浴室里见到一幅肖像画看起来正像他，而其他人也同意说确实像。

我们就要走了，那个男人仍然没能说服苏珊留下来，但他是个大度之人，他跟她说她还是可以拿她喜欢的不管什么走。大卫怂恿她拿最贵的东西走，但是她低声跟杰勒德说让他带她去那幅肖像所在的浴室，之后她胳膊下夹着那幅画走出了那栋房子，在穿越法国乡间的回程车上把它拿给了大卫看。他给了她一个吻——他很激动——但是几秒钟后他变得现实起来，若有所思地说："也许你应该留下来住几天，再拿些家具走……"我们之后弄清了那幅画实际上画的是萨拉·伯恩哈特（Sarah Bernhardt）[2]。

---

1 法国女演员、歌手、模特，二十世纪五六十年代的性感偶像。
2 法国女演员，生于1844年，死于1923年。

在法国，埃里克不想和我们一起去派对或者什么。"我眼下没法和人交流，我只能……嗯……写很多东西，记日志，与自己作伴自处。"

"你做了那么多神游录，"我说，"它们都怎么着了？它们现在都在哪儿呢？"

"有很多我让别人帮我拿着，但不幸的是因为神游我自己弄丢了不少……"

埃里克跟杰勒德一起滑了一次水，和我们去了一场派对，然后他决定去伦敦——我们则先去巴黎和罗马。

在罗马，我们的酒店不停接到消息，基本上是同一个焦躁的消息，每隔几小时由埃里克从伦敦发来一次——他花光了所有的钱，无法支付旅馆账单。

我们到伦敦后不得不做的头一件事就是去肯辛顿（Kensington）搞定他的旅馆账目。然后，我给他上了当我开始感到某个超级明星在金钱上过分仰仗我时我最终都会给他们上的基础一课。我跟他讲："你看，埃里克，你年轻，长得又好，人们喜欢有你在身边。你就没意识到有许多无比有钱的有钱人待在他们漂亮的空荡荡的大房子里倍感无聊吗？你要开始像个有钱人那样去想事儿。高贵起来。你不该落得要住旅馆！我们会给你介绍些名流，你可以仰仗这大地的膏腴过活。不过你必须得开始为自己考虑这些事儿了，埃里克。我们不会总在你身边救急救穷的。这就走出去，做个漂亮的房客，你将再也不会需要旅馆了。你让人们愉快：别白白浪费了它。需要**花钱买**的东西，人们会更爱它。"等等等等。

简而言之，我是在跟他说："放开手脚去捞。"

在伦敦待了几天后——在那儿我最生动的记忆是罗德尼·拉罗德一见到保罗·麦卡特尼（Paul McCartney）就跳到了他的膝盖上（这正是我喜欢罗德尼的地方——他做了所有那些你想做但是知道你不该做的事）——我们大部分人都回到了纽约。不过大卫和苏珊决定回巴黎再待上一阵，埃里克则留在伦敦，住在我在那儿的艺术品经纪罗伯特·弗雷泽（Robert Fraser）的房子里。罗伯特年轻，长得好，穿细条纹西装，身形优雅——**而且**他在梅菲尔（Mayfair）有一家画廊。

"家"在六七年年中又经历了一次转手。杰里·勃兰特（Jerry Brandt）把它接过来，完全重装了一遍，叫它作电子马戏团（Electric Circus）。开幕典礼很盛大，我们都去了；我们理所当然地好奇这个我们在一年前搞起来的迪斯科变成了什么样。

爆炸模式化不可避免和电子马戏团之间的差别，某种程度上概括了流行文化从草创阶段到早期的精巧（Early Slick）之间发生的变化，这就像位于后门门廊台阶之下的地下会所和乡村俱乐部之间的差别。一年前我们开创的多媒体演出只能从我们身边找得到的东西里面东拼西凑地攒出来——锡箔纸、电影放映机、荧光带、镜面球。然而转瞬之间，就在**六六**到**六七**这一年的时间里，一个完整的流行工业兴起了，并且滚雪球般发展到大规模生产灯光表演设备和所有那些让你心醉神迷的玩意儿的地步。要知道事情在如此短的时间内发生了多么大的变化，一个具有普遍性的很好的例子是"埃里克的炮房"。对我们来说，那只不过是一间位于舞场一侧的拐进去的小屋子，我们扔了几张有霉味儿的旧垫子进去以备有人想要"懒散地待一会儿"，但结果它变成了埃里克在E.P.I演出期间诱骗女孩来跟他性交的地方。现在在电子马戏团的管理下，它被改造成了"冥想室"，有铺着地毯的平台、人造草皮（Astroturf）和提供健康食品的吧台。

初夏的时候，我们一行人去了菲利普·约翰逊位于康涅狄格州新迦南（New Canaan）的玻璃房（Glass House），参加由休斯敦德梅尼尔基金会赞助的莫斯·坎宁安舞蹈公司的义演。一个从得克萨斯来的名叫弗雷德·休斯（Fred Hughes）的年轻人为基金会安排演出的各项事宜，当他无意中听到有人不知该找哪个摇滚乐队来的时候，他告知他们，"只有一个摇滚乐队——地下丝绒"。他头一年在"家"看过丝绒一伙演出，他那时在巴黎的艾欧拉斯画廊（Iolas Gallery）工作，在休斯敦和巴黎之间往返时途经纽约。当他在"家"看到妮可时，他无法相信她就是那个演出《甜蜜生活》的让他在银幕上一见倾心的姑娘——我的意思是，她活生生地在那里，就站在他面前，在圣马可之地。

弗雷德在休斯敦长大,那里,伟大的艺术赞助人约翰和多米尼克·德梅尼尔夫妇(John and Dominique de Menil)以及他们的五个子女乔治(George)、菲莉帕(Philippa)、弗朗索瓦(François)、阿德莱德(Adelaide)和克里斯托夫(Christophe)住在由菲利普·约翰逊设计的漂亮房子里。弗雷德那时才二十几岁,但是他从十几岁起就开始为他们工作,参与艺术计划和艺术品收购。甚至在他离开得克萨斯前往巴黎工作之前,他已经为自己买下了一幅我的画了,而且他还安排了一些我们的电影在休斯敦放映。之后,他在威尼斯双年展上认识了亨利·戈尔德扎勒,之后在他又到了纽约时,亨利带他来了工厂。

在那摩登、嬉皮的日子里,弗雷德非常惹眼——他是我们身边的年轻人中唯一一个坚持穿萨维尔街(Savile Row)[1]西服套装的人。所有人都总是盯着他看,因为他衣装的剪裁是那样地讲究——就像是来自另一个时代。他第一次过来那天,穿着深蓝色喇叭裤、下摆双开衩式的西服套装上衣、蓝衬衫配浅蓝色领结。他和亨利与昂迪恩一起乘电梯,亨利雄辩地将昂迪恩介绍为"当今地下电影界最为出色的男演员",昂迪恩非常迷人地一笑:"我**真**高兴你这么说,因为大部分人误认我为一头粗俗的猪。"他们三个进来时,我们正在放一段名为"艾伦·阿普尔"(Allen

---

[1] 伦敦西区以高级定制男装闻名的一条街。

Apple）的片段，它来自我们后来做成了二十五小时长的电影《****》。亨利把我拉到一旁，简单跟我讲了弗雷德为德梅尼尔工作的事，德梅尼尔当然是个神奇的名字——他们是那么地钟情于艺术。但是弗雷德不管怎么说都是个可爱的孩子——年轻，而且是个如此纨绔的子弟。

弗雷德做的第一件事就是诚挚地告诉我他喜爱我的作品以及我的电影非常好，我像我通常的那样回应了他——从我的口中发出些羞怯的声响，那种你感到很窘但仍然说出了谢谢你时发出的声音。我告诉他我们要去村子里吃晚饭并邀请他同去。弗雷德大笑起来，说他来四十七街的工厂已经是件大事了，因为这是他到过的最下城的地方，所以村子对他来说不啻为一次远征。就在这时电影放完，灯亮了，当弗雷德转身环视整个敞间时，在那红色的大沙发上一个黑人在干一个白人。我头先也没注意，所以我猜他们是在放最后一卷带子后开始搞的。

弗雷德和我们一起去吃了晚饭，之后他开始几乎每天都来工厂。他上午和下午会在德梅尼尔基金会，和诸如纳尔逊·洛克菲勒（Nelson Rockefeller）以及现代艺术博物馆的艾尔弗雷德·巴尔（Alfred Barr）这类人物一起开会，然后径直从那儿过来工厂扫地。出于某种原因，大多数来工厂工作的人起初都会被引得扫起地来——保罗在参与其他事情前，扫地扫了几个月。我猜这是很自然要去做的事儿，到处都又脏又乱而且有那么多人在弄得更脏更乱。弗雷德让人越来越无法容忍地优雅起来——上面带有编织的条索装饰的黑色西装上衣，衬衫由相应的领结匹配。一天，他带着顶汤姆·米克斯（Tom Mix）[1]式的大帽子来了。（他最终把那帽子给了我，我带着它在《寂寞牛仔》[Lonesome Cowboys]的布景里拍了许多照片。）但非常搞笑的是，许多时候他不想在和他上流社会的朋友在比如"21"这类地方共进晚餐前大费周章地赶回家换衣服，所以他会在手拿笤帚扫地时身上穿着晚礼服。

弗雷德**六七年**出现的时候，我真的已经完全没有在画画儿了，但是不久之后，我开始为我第二年在瑞典的大型回顾展制作《电椅》。弗雷德立马就参与到艺术和电影制作这两方面中来——他从德梅尼尔那儿派了一个委托件给我，让我拍一个夕阳，他们要用在他们正在得克萨斯重建的一座被炸毁的教堂上。我为那项工作拍了许多夕阳，但是一直没能拍出一个令我自己满意的。然而，正是用这个委托件剩余的钱，我们最终在这一年末和六八年初拍了《寂寞牛仔》。

莫斯·坎宁安在菲利普·约翰逊的玻璃房中义演那次，我们和弗雷德还不那么熟，我对这一点记得非常清楚，因为当所有付了一千美金一张票的人预先在德梅尼尔位于七十三街中央公园旁的寓所里喝了点儿酒准备出发时，加

---

[1] 美国男演员，以演西部片闻名。

长型豪华轿车坐不下我们全部的人,菲莉帕和弗雷德郑重其事地坚持让保罗和杰勒德坐他们的位置。(最后他们是搭火车去的新迦南,又从车站搭顺风车到的玻璃房。)

那阵子,"啤酒餐馆"[1]带红白格子餐巾的郊外午餐风靡一时。那些支付了一百美金一张票来到菲利普的玻璃房的人们,每人都分到了一份盒饭,外加一剂地下丝绒和一场舞——那舞由坎宁安的舞者伴着约翰·凯奇作曲的,以中提琴、锣、无线电发报器、撞门声、挡风玻璃雨刷声和三辆汽车发动机的轰响构成的乐音演出。贾斯珀·约翰斯也在,我听到他说要在秋天搬到休斯敦街一栋曾经是银行的大楼里去,苏珊·桑塔格则接手他位于河畔车道的公寓。

我急切地想看菲利普建在地下的艺术博物馆。杰勒德那天带着他的鞭子因为他要在台上和丝绒一伙演出,保罗穿了件十八世纪的夹克和一件蕾丝衬衫,我则穿着蓝色牛仔裤和皮夹克,弗雷德穿着学生装——设得兰套头毛衣还是什么。我们四个一起在博物馆里游逛时看起来就像不同电影里的龙套。当时那儿还只有我们四个,保罗开始发表他关于现代艺术的口头文章——那是工厂的每个人几乎都熟能成诵的,弗雷德是唯一一个还没听过它的人。不管怎么说,保罗总能为他的嘲讽找出些新词儿:

---

[1] 指前文提到过的 Brasserie。

# 1967

"现代艺术不过是拙劣的**图样**,"他说,在一幅非常棒的抽象画前停下脚步,"有真正的艺术的年月已经结束了,很遗憾这状况已经有很长时间了。现在,如果这些令人发指的玩意儿是**好的**平面设计的话,人们会这样认可它们;但他们办不到,因为这些玩意儿丑陋、俗艳、平庸。**不再有**艺术了,有的只是低劣的平面设计——人们竭尽全力地试图赋予它们一些意义。我是说,如果你想看真正的抽象设计,你可以去哈莱姆仔仔细细地看那些古老的油毡。全部的现代艺术不过是,不过是被一群白痴过度阐释的图样和厚板子。"

弗雷德张着嘴,很明显他从没听过任何人说这样的话,更别提是从一个为艺术家工作的人的嘴里了——而且还是当着这个艺术家的面。此外,我的一幅自画像就挂在不远处。弗雷德看起来想要反驳,但是他什么也没说——他只是看着、惊奇着,而保罗则继续道:

"除非你画一个男人、一个女人、一只猫、一条狗或者一棵树,否则你就不是在做艺术。"保罗说。"今天你走进一家画廊,你看到一些颜料滴落的痕迹,你问画廊里那些自命不凡的家伙,'这是什么?这是一根蜡烛?这是一根杆儿?'他们不是回答你的问题,而是告诉你那个艺术家的**名字**。'这是一幅波洛克。'他们告诉你那个艺术家的名字!知道了名字**又怎样**!所有的一切都成了人们在画廊里看价签然后买下他们买得起的不管什么破图样。"

"这就好像是读建筑批评。"保罗放低了一点儿声音,因为毕竟,我们是在一个著名建筑师的房子里。"你在所有那些可怜的杂志里读到所有那些可悲的话——谈论这些现代玻璃板上的玻璃窗和门。这些建筑实际上没什么,所以他们就发明了一套语言让它们听起来像是有什么。"

保罗有一点特别棒的是不管他的论调有多荒谬,你总能被它们娱乐到。他可能跟你说**你**是个白痴而你很可能不会介意——实际上,你大概会放声笑出来——因为他会找到一些绝妙的办法证明他的观点。

"让我们去找底裤丝绒[1]吧。"保罗建议道,我们就此出了博物馆。这时外面天色已经暗了,但是从玻璃房里射出来的灯光照在树上和草上,野餐篮散放在各处。丝绒一伙已经开始演出了,杰勒德冲上台去加入他们。我则在想,大多数人以为工厂是个所有人对所有事都有着同样态度的地方,但实际情况是我们都是些七零八碎的跟哪儿哪儿都不匹配的人,不知怎地,就这样不匹配到一起了。

弗雷德被我们的场面完全吸引住了。他从之前住的漂亮的德梅尼尔房子里搬出来,搬到远在西五十七街的亨利·赫德森酒店(Henry Hudson Hotel),那会儿那儿住了许多我们的人。他为房内仅有基本设施的西区酒店客房放弃了光鲜优渥的环境——他为他在工厂见到的那种粗野的魅力着迷,想要更狠地来上一剂。他去马克斯的第一

---

[1] Velvet Underwear,保罗的调侃。

晚——或者，更准确地说，试图去马克斯的第一晚——带着他那顶大大的汤姆·米克斯式宽边高呢帽，米基在门口拦下了他，并且跟他说："我们不认识你。"弗雷德事后向我透露，他当时完全被镇住了，他只是说了句"噢，好吧"就转身离开了。在沮丧之中他去了奢华的上城夜店摩洛哥（El Morocco）。（说起来在遭遇尴尬的场面时，没什么比戴着顶可笑的帽子更让人受窘的了。）

人们常说你总是想要你无法拥有的东西，说什么"别人家院儿里的草更绿"，还有诸如此类的话。但是在六十年代中期，我从来、从来、从来没过这种想法，一分钟都没有过。我对我正在做的事情感到满意，我对和我一起做那些事情的人感到满意。当然，在我生命中的另一些时刻，对我没有的很多东西我都想要来着，对于拥有它们的人我都嫉妒来着。但在六十年代中期，我感到我终于在恰当的时间出现在了恰当的地点。一切都是好运，一切都让人快意。如果说有什么是我没有而我又想要的，我现在觉得也只不过是时间问题了。没有什么让我感到焦虑的，一切似乎都正向我们走来。

蒙特利尔博览会（Montreal Expo）五月在圣劳伦斯河（St. Lawrence River）岸开幕，美国馆里有我的六幅自画像，我与约翰·德梅尼尔和弗雷德一起乘德梅尼尔先生的喷气式飞机前往加拿大参观。

美国馆是巴克敏斯特·富勒（Buckminster Fuller）设计的巨大的多面穹顶结构，有铝制遮阳板吸收太阳光，一个阿波罗太空舱和一架长长的自动扶梯。这些是你预期会在一个国际博览会上看到的东西。不同寻常的是，美国展的其余部分几乎完全是波普——展览名为"有创造力的美国"。我记得在我四下里看的时候，我想到美国不再有两个分离的社会了——一个官方的、重大的、"有意义的"，另一个肤浅的、波普的。人们过去假装孩子们每年买的数百万张摇滚唱片无足轻重，是可以不算数的，但哈佛或者类似哪儿的一个经济学家说，算数。所以这次的美国展就像是来自官方的承认：比起别的什么来，人们更愿意在媒体上看名人。

说到展出的艺术，有劳申贝格、斯特拉、普恩斯（Poons）[1]、佐克斯（Zox）[2]、马瑟韦尔、达尔坎杰洛（D'Arcangelo）、戴恩（Dine）、罗森奎斯特、约翰斯和奥尔登堡的作品。但是展出的许多是流行文化本身——电影、明星的放大照、道具、民间艺术、美国印第安人艺术、埃尔维斯·普雷斯利的吉他和琼·贝兹（Joan Baez）的吉他。这些东西不仅是展出的**一部分**，它们**就是**展出本身——波普的美国全然**就是**美国。

在人们旧有的观念里，知识分子不知道在另一个社会——流行文化——里发生着什么。那些早期摇滚电影中

---

[1] 拉里·普恩斯（Larry Poons），抽象画家。
[2] 拉里·佐克斯（Larry Zox），抽象画家。

的场面现在已经大为过时,我是说那些描摹守旧的老家伙初次听到摇滚的场景:他们开始用脚打拍子,说"这歌儿倒是好听好记。你刚才说你管这叫什么?摇……**滚**?"当托马斯·霍温,大都会的馆长[1],谈起他们那儿一个包括了三个古埃及公主半身像的展览时,不假思索地将她们说成"至上合唱团"。每个人现在都是同一种文化的一部分了。这种拿流行文化来比照的做法让人们意识到**他们**就是正在发生的事情,他们不必**读**一本书来成为文化的一部分——他们需要做的仅只是把它**买**下来(或是把一张唱片、一台电视、一张电影票买下来)。

保罗认为工厂应该加强管理,让它变得更像个寻常的办公场所。他希望它成为一个真正做电影、赚大钱的企业,他从未看出让一帮小小孩和老小孩整天什么事儿没有地跟这儿四处晃有什么意义。他希望逐步废止过往这些年来人们随意来访、在这儿打发时间的做法。这是不可避免的,真的——我们在城中结识了太多的人,我们的小圈子已经扩大到了成百上千人,我们真的不能再日日夜夜地开门迎客了,那太不切实际了。

事实证明保罗是位出色的办公室经理。他负责跟商人应对往来,阅读《品类》,四下里物色长得好看或有趣(最理想的是二者兼备)的孩子出演我们的电影。他会编

---

[1] 托马斯·霍温在 1967 到 1977 年间任大都会艺术博物馆馆长。

织出理论扔给前来采访的媒体——例如，他有一番长篇大论是关于我们的组织方式和米高梅旧有的明星体制是如何相似的。"我们只相信明星，并且我们的孩子实际上非常像沃尔特·迪斯尼（Walt Disney）的孩子——当然他们是**现代的**孩子，所以理所当然他们嗑药并做爱。"

保罗跟报纸讲的大多数事情印出来后读着都棒极了。起初，他只是东说一点儿西说一点儿，但是到了下一年年尾，关于我们的采访里已经满是他易于引用的夸夸其谈了。早期的工厂范儿来自波普艺术，你不讲话，你只是做出非凡的事迹来；而当你面对媒体发言时，就带上了"姿态"——也就更加地艺术。[1] 但是现在，那种风范已然不再——每个人都做好了发言的准备，而保罗更是那种要是不讲话就啥也不是的人。

为了让工厂变得更像是他所想象的"做生意的办公地点"的样子，保罗在大约三分之一的区域里竖起了分隔用的挡板，将敞间切分为一个个的小隔间。他的意图是要让人们知道工厂现在是个经营着真正的生意的地方了——打字机/回形针/牛皮纸信封/资料柜的那种生意。然而事情并没有完全像他所预想的那样取得进展：人们开始在小隔间里面做爱。

---

[1] 本书开篇沃霍尔谈到他画出两种风格的可口可乐瓶拿给德和伊万看时，讲到过艺术与表态的问题，可参看。

## 1967

与此同时,我们开始成为一些针对毒品与同性恋展开的猛烈抨击的目标。如果抨击是以聪明有趣的方式做出的,我会像任何人一样乐于阅读它们。但是如果有人在媒体上毫无幽默感地批评我们,站在"道德的立场上",我就会想:"为什么他们要抨击**我们**?为什么他们这帮人不抨击——比如说——百老汇的音乐剧?他们一部戏里的玻璃大概比整个工厂的玻璃加起来还要多。为什么他们不抨击舞者、时装设计师又或是室内设计师?为什么专挑**我们**,而我只要打开电视就能看到数以百计的特别娘的男演员却没有人理**他们**?为什么专挑**我们**,当你可以轻而易举地见到那些在访谈里大讲特讲他们理想中的女孩的好莱坞男明星身边总是带着他们的**男朋友**的时候?"

不用说,工厂有基佬;我们搞的是娱乐业而——这就是娱乐!不用说,工厂里的基佬要比——例如说——国会里的多,但是大概甚至都不会多过你电视上最喜欢看的警匪片。工厂是个你可以把你的"问题"展示出来而没有人会因此讨厌你的地方。而且如果你把你的问题逐步演变为一套常规逗乐节目,人们甚至会更加喜欢你——因为你强大到可以直白地说出自己与众不同,并且真的能以此为乐。我的意思是,在工厂没有虚伪,而我认为我们被如此频繁而猛烈地抨击的原因就在于我们拒绝合作,拒绝虚伪和偷偷摸摸。这实实在在地激怒了许多希望陈规旧习可以存续的人。我总是在想:"那些乐于宣扬塑造各种楷模的人难道就不关心世上那些无论怎样就是无法胜任传统的社会角色的可怜人吗?"

当我们认识的孩子精神崩溃或是自杀的时候,人们会说"看到没有?看到没有?看看你们对他们做了什么!他们本来好好的直到遇到了**你们**!"好吧,关于这一点我能说的就只是如果一个人遇到我们时是"好好的",那么他们仍旧会是好好的;而如果他们有严重的问题,那么有时没有人也没有什么可以把问题解决。我的意思是说,一直以来我们都能在大街上看到许许多多自说自话的人。情况并非是有人发给我带着良好基因的新生婴儿并让我把他们抚养大。

而且不管怎么说,工厂也有很多异性恋。同性恋是惹眼的事,因此受到了关注,但是许多男的是因为工厂的那些漂亮姑娘才在这儿晃悠的。

当然,人们说工厂是个堕落的地方仅仅是因为那儿"无奇不有",但我认为这真的是非常好的一件事。正像一个异性恋孩子跟我说的:"不**受困**于某种情况是好的,即使那种情况是你本来的样子。"举例来说,如果一个男的看到两个男人做爱,他会明确自己是以下的两种情况中的哪种:是燃起了欲火抑或是倒了胃口——这之后他就能知晓他在生活中的立场。我认为人们绝对应该看到**一切**,然后自己做出决定——而不是让其他人替他们做决定。不管工厂起了其他什么作用,它肯定帮助了许多人做决定。

这是我结识宝贝儿甜心(Candy Darling)的夏天。

## 1967

多数人大概会视下一年,即六八年,为我们和城中的异装皇后搅和到一起的时间点,因为直到那时他们才头一次出现在我们的电影之中——保罗在《肉体》(*Flesh*)一片中用了杰基·柯蒂斯(Jackie Curtis)和甜心。当然,在我们的一些早期电影里我们用过马里奥·蒙特兹,但是因为马里奥只在演出时装扮成女人——在现实世界里,他从不会做异性装扮——所以他更像是一个娱乐业异装癖从业者而非真正的异装癖那样的社会现象和性现象。

晚至六七年,异装皇后仍然不被主流的非主流圈接受。他们仍然游荡在他们一直以来游荡的地方——在边缘,在大城市周围,通常在破旧的小旅馆,待在他们自己的圈子里——是一群被社会排挤出去的人,有着状况不良的牙齿和体味,用廉价化妆品,穿骇人的衣装。不过随后,就像毒品进入寻常人的生活一样,性方面的模糊也发生了,人们对于异装皇后开始有了多一点点的接受,将他们更多地视为"性方面的激进分子"而非阴郁晦暗的失败者。

在六十年代,普通人也开始在他们性身份的认知上遭遇麻烦,而他们中的一些将异装皇后视为演绎出了他们自身的许多问题的人。所以很自然,人们在某种程度上似乎希望有他们在身边——这样一来人们似乎就能觉得好一些,因为这样他们就可以跟自己说:"我也许不确切地知道我是谁,但至少我知道我不是个异装皇后。"这也就是为什么在六八年,在异装皇后被人们驱逐、拒斥了多年之后，人们开始接受他们甚至追捧他们，邀请他们去各种地方。随着"精神高于物质"/"你自己怎么想"/"做你自己的事"这类新态度的出现[1]，异装皇后们有了他们自己的重中之重。我是说，它**真的是**个事儿，它花去了他们所有的时间。"她掖着么？"其他皇后会这样向杰基问起甜心，而杰基会说些拐弯抹角的话，像是，"听着，即使是嘉宝也要重新调整她首饰的位置"。

甜心她自己称他的阴茎为"我不完美的地方"。总是会有如何称呼异装皇后的问题——称"他"还是"她"抑或是两者都用上一些。通常你凭着直觉来。谈到杰基我总是称"他"，因为我在他成为异装皇后前就认识了他，而宝贝儿甜心和霍利·伍德劳恩（Holly Woodlawn）则是用"她"，因为我结识她们的时候她们已经是异装皇后了。

但是如果说在六八年异装皇后被纳入了一般怪人圈的话，在**六七年**她们仍显得相当"古怪"。六七年"爱之夏"（Love Summer）的一个酷热的八月下午，弗雷德和我在西村步行去取我在"皮装男"订做的几条裤子。许多花朵儿童在神游，许多观光客在看他们神游。第八街俨然是狂欢节现场。每家铺头都有紫色的神游书籍、迷幻风格的招贴、塑胶花、串珠、香和蜡烛；还有做旋转艺术的地方，

---

[1] "你自己怎么想"（where-your-head-is-at）和"做你自己的事"（do-your-own-thing）都是强调听从自己的内心、遵从自己的想法和做法，而不要理会其他人怎么想、怎么看。

在那儿,你把颜料挤到一个旋转的轮盘上制作你自己的视幻艺术(OP Art)绘画(迷幻药发作的孩子极爱做这个);另外还有卖比萨饼的小店和卖冰激凌的街档——就像个游乐园一样。

走在我们前面的是个大约十九或二十岁的男孩儿,额前一绺小妞式样的刘海儿,他旁边是个高挑、抢眼的金发异装皇后,穿着非常高的高跟鞋和一件夏装连衣裙,她时刻留心着确保让一边的肩带滑落到她的胳膊上。他们两人在放声大笑,当我们走到格林威治大道时,只见一众男妓靠墙站着,那位金发皇后扭过头,冲着那些出来寻欢作乐的玻璃大声说道:"哦,快看这些青春迷人的姑娘啊!"[1]这时,那个男孩碰巧转过了身。他认出了我,让我在他手里拎的英格兰服装潮流小店倒计时(Countdown)的纸袋上签名。我问他袋子里有什么。

"为我的新戏《魅力、荣耀和黄金》(*Glamour, Glory, and Gold*)中的踢踏舞准备的绸缎短裤。戏九月上,我会给你寄邀请信的。我叫杰基·柯蒂斯。"

我更切近地看了看那位金发的人儿。她从远处看要迷人得多——离近了,可以看出她的牙齿状况很糟,但她仍是周围人群里最抢眼的皇后。杰基介绍那金发的人儿名叫霍普·斯莱特里(Hope Slattery),那是甜心那会儿用的名字——她的真名叫吉米·斯莱特里(Jimmy Slattery),来自

---

[1] 青春迷人的姑娘,原文为 Green Witches,与格林威治(Greenwich)谐音,字面意思是"年轻的女巫",witch 也有"迷人的女子"之意。

长岛的马萨皮夸（Massapequa）。

很久以后的一天，在我和他俩都已经相当熟稔之后，杰基跟我讲了他和甜心是怎么走到一起的：

"我遇到她跟我们遇到你实际上是在同一地点——就在萨特（Sutter）的冰激淋店那块儿——我对她说：'你……有点儿与众不同。'而她说：'我引人注目因为我像银幕上的女人。'我看了看她，想说：'**快别了。银幕**上的**谁**像你这样啊？……'我之所以这么想，安迪，是因为她真的是一团糟。在她开始多少对自己上点儿心之前，他看起来就像是《晚宴》（*Dinner at Eight*）里的女佣。而她的牙……她的牙……"杰基摇了摇头，一副"让我们还是别提她的牙了"的表情。"说真的，比起别的什么来，她看起来更像是文塞斯先生（Señor Wences）[1]的拳头——一个顶着金色假发的拳头，抹了口红，有两个扣子做的眼睛……文塞斯先生，埃德·沙利文秀上的文塞斯先生。不管怎么说，我们进了萨特的店里买了块儿拿破仑蛋糕。她一口咬下去，咬掉了一颗牙。我们站在那儿看着她手心里的那颗牙，狂笑起来，并嚷着：'噢，我的天呐，噢，我的天呐……'我在心里边跟自己说：'这女人真是不可思议。'我送她回到她住的地方——位于第三大道和施托伊弗桑特公园（Stuyvesant Park）之间的第十七街上的十七旅馆，那是条安静的街道，有着低矮的房子、大量的街树和

---

[1] 西班牙裔口技表演者，本名为文塞斯劳·莫雷诺（Wenceslao Moreno），以在埃德·沙利文秀上的频繁演出而广为人知，常手操一玩偶，故而杰基有下面的联想。

许许多多窗槛花箱。我那会儿真是天真,所有那些她在躲旅馆账单的迹象我竟都没有注意,甚至当我看到他们在门厅里扣押了她的东西时我都没反应过来。当她看到时,她立马高跟鞋一拧转身就跑,穿过街道。当我追上她时,她正朝某人一楼的窗户里窥探。一只狗走了出来走到栏杆处,她嘴里念叨着'这狗可真漂亮。漂~亮~狗,漂~亮~狗……'我心想:'她这是在试图说服**狗**她是个真正的女人呢!'与此同时,她不知道该怎样拿回她的东西——她之前是从窗户爬出来的,她感到十分羞愧。他们知道她的圈子,为此她很感害怕。

"甜心深深触动了我,因为我在她身上看到了自己——我为此十分激动。我立刻于那年秋天写了《魅力、荣耀和黄金》并把她放进戏里。"

当你听到某人说他来自纽约城的时候,你想当然会认为他很新潮还有诸如此类的特质。所以当我听杰基说他自己"天真"时,很是难以置信,因为不管怎么说,他是在第二大道第十街长大的——下东区北部那片地方——和他的祖母斯拉戈·安(Slugger Ann)一起住,她在那儿拥有一家酒吧。

我对他说:"别**逗了**,杰基,作为在东村长大的孩子你怎么能说自己'天真'呢?"

"嗯,这个嘛,"他说,看了我一眼,"我们那儿还不能算是格林威治村,对吧。"

我明白他的意思了。对一个小孩来说,西村街面上那些事儿和他之间的距离要远远大过仅仅作为物理距离的几个街区。

杰基和甜心在那年夏天接下来的时间里总是在一起。斯拉戈·安甚至给了甜心一份工作，做她酒吧的女招待。

"我祖母，"杰基说，"不知道甜心生理上不是个女人。而且她肯定不知道甜心会穿着条吊带衬裙就来工作了！但是有她在确实引来了些新顾客——一些从西村过来的、不相信甜心真的找到了份工作的小仙女儿。"

找到份在酒吧的工作对甜心来说是件美梦成真的事儿。她想做那种你能在第十大道的餐车小馆[1]里见到的、"哐当一下甩下份大烩菜"给你的女人——那大概是她最为中意的幻想了。要不就是做一个被男人粗暴对待、视同草芥的妓女。或者甚至做一个女同性恋——那，她也喜欢。随便做什么，只要不做男人。

甜心不想做完美的女人——那太简单了，而且会让她露馅儿的。她想做的是一个有着所有的女人都要应对的小问题的女人——丝袜抽丝啦，睫毛膏花了啊，被男人抛弃了啊。她甚至会管人借卫生巾，解释说她急需拿来应急。似乎她越是能把那些小问题弄得真，那个大问题——她的鸡巴——就能不那么真。

埃里克一次跟我说他早在六四年就认识甜心了。"我

---

[1] diner，布置成餐车模样的小餐馆。

# 1967

那会儿常看见她和罗娜（Rona）在布利克街游逛。他们一起从马萨皮夸坐火车来，他俩会装成是女朋友——女同性恋。"罗娜也是个在马克斯混的女孩。"甜心那会儿在看我们都去看的那个第五大道第七十九街的德国医生，"他说，"他那儿就像是个约会中介——每个人都认识每个人。甜心因为他给她的荷尔蒙，毛衣下的蜜桃才刚刚开始萌芽。"

披头士的《佩珀中士》是整个夏天你听到的主要旋律，不夸张地说你会在所有地方都听到它。而《佩珀中士》的唱片封套则是此刻男孩们普遍遵循的着装指南——带红色肩章和滚边的高领军装夹克搭配烟管裤[1]——没人再穿喇叭裤了。至于说头发，许多男孩儿留起了基思·理查兹[2]式的发型——尖尖的，并且全然长短不一。

伊迪仍在城里，住在切尔西，但是她几乎不再来工厂了。一次，就在伊迪来过后，苏珊·派尔打开她的手袋准备拿一片苯巴比妥[3]，却发现她的小药瓶全空了——里面只一张借条，伊迪塞进去的。

八月四日，设计师贝齐·约翰逊——此时她已和约

---

[1] Stovepipe pants，修身剪裁的长裤。
[2] 滚石乐队成员，原文误作理查德（Richard）。
[3] 一种镇静剂。

翰·凯尔订婚——在她位于西百老汇的住处为"狮子座的归来"搞了一场派对。人们跳舞——多是伴着流氓乐队[1]（《快意》[Groovin']）、艾瑞莎·富兰克林（《尊重》[Respect]）和杰斐逊飞机乐队（《找人来爱》[Somebody to Love]）的歌。每当大门乐队的《点燃我的火》（Light My Fire）响起——这歌放了好多遍，加长版的——杰勒德的表情就愤怒起来。他一直没能接受吉姆·莫里森拷贝了他的皮装造型这件事，尽管他让那造型风靡：吉姆·莫里森越是出名，杰勒德就越是感到被涮了。

吉姆才刚在城中的"现场"演出过，他本来是要出演我们的电影《我，一个男人》（I, a Man）的。那年夏天，妮可，我们一直以来都在劝说和我们一起拍一部长片电影的妮可，终于答应了，她说："好吧。我为你拍一部片子，但是必须要和吉姆一起。"她那会儿很迷他。当她问到他时，他说没问题；他说他熟知地下电影的一切，说他之前是学电影的等等等等。但是到了约定的时候妮可却和一位名叫汤姆·贝克（Tom Baker）的好莱坞男演员一起来了。"吉姆的经纪人跟他说他不能拍这个，"她说，"不过这位是从洛杉矶来的吉姆的好朋友，他想要演。"我们觉得也无不可。

在贝齐的派对开始前的几天，我们完成了《我，一个男人》的拍摄，它被安排在稍后进赫德森戏院（Hudson

---

[1] 即前文提过的年轻的流氓（The Young Rascals）乐队。

Theater)（我们在那儿放映的最后一部电影是《我的男妓》）。《我，一个男人》拍的是这个家伙——汤姆——的一系列场景，在纽约，一天之中与六个不同的女人见面，和她们中的一些做爱，一些聊天，一些争吵。也许是听说我们在一部电影中变换使用这么多姑娘，维瓦（Viva）生出了参演我们下一部电影的主意，因为她在贝齐的派对上把我拉到角落里问我她能不能行。

我跟维瓦交谈，这才刚是第三次。大约六三年的时候，她在一个艺展开幕式上走过来向我做了自我介绍，那时她跟一个摄影师住在一起，力图成为一名时装插画师。我不记得那时候我们聊什么了——艺术，也许吧（她知道很多艺术家）。路易斯·沃尔登（Louis Waldon），一位我们认识的随和的男演员，大约六〇年时在村子里第一次遇到她，有一次他跟我谈起那次相逢：

"我遇到维瓦是在西四街的乔家餐室（Joe's Dinette）。她结了满头的痂。她才刚因为精神崩溃从一家精神病院出来，她不停地抠那些痂，同时又极力试图不要那么做。她问我是干什么的，"路易斯说，"我告诉她：'我是一个演员。'她上上下下打量了我一番，说：'你是什么？你看起来不像是个演员。'我说：'随你，但我是演员。'她说：'不，我不认为你**是**。'那时候她在画画儿。她之前在巴黎做模特，但就是出不了头，所以她回到纽约州北部的家，她父母把她送进一家精神病院治疗。"

听到他说维瓦实际上精神崩溃过，我颇为意外——我听她说过的是她**几乎**精神崩溃。

"她什么时候康复的?"我问他。

路易斯看了我一眼,说:"什么,她康复**过**?"

"噢,但是她也从来没有那么糟,不是么?"我说。

"你说得对,这就是维瓦了——她从没有**那么**糟。她足够糟,把你逼疯;又足够清醒,让你缓不过来……"路易斯和维瓦的争吵从没间断过(他们势均力敌),不过他们又真的很喜欢对方。

但是在贝齐派对那晚,我对维瓦的了解基本上不超过我眼前所见。她有着一张给人以强烈印象的脸,以致你必须在称其为美或丑间二选一。碰巧我喜欢她的那个样子,而且她频繁谈及文学与政治,这给我留下了很深的印象。她说个不停,而且有着我所听过的最令人感到疲倦的声音——一个女人的声音可以传达出如此的单调与乏味,这让我觉得十分不可思议。她告诉我她刚刚在查克·魏因正在拍的电影《再见,曼哈顿》(*Ciao, Manhattan*)中完成了一幕裸戏,并且问我是否计划近期开拍新片。我跟她说我们明天就要拍另一部片子,我给了她地址,这样如果她想,她到时就可以来。

我知道我们大概很快就要在电影审查官员那儿碰到麻烦了——至少如果我们的片子持续受到关注的话——我猜在我的意识深处一定认识到在每部戏里至少使用一位非常健谈的演员是个好主意。官方对于"伤风败俗"的定义包括"不匡救社会价值"这样的字眼,而在我看来如果你能找到位美人儿,可以除掉衣衫,踏入浴缸,然后像维瓦那般知性地讲话("知道么,丘吉尔在他的浴缸里每天要花上六个小时"),你能通过审查的概率就要比你找一个咯咯笑着的青春期的姑娘说"让我感受一下你的鸡巴"大得多。不过这完全是可笑的法律策略,因为对我来说两者都很好,都不过是人们在镜头前呈现他们真实的自我,两者我同等地喜欢。

维瓦那晚在狮子座派对上跟我说她陷入了对约翰·张伯伦——那位雕塑家——的疯狂爱恋,但是他却在与奥特拉·维奥莱特恋爱。她问我关于奥特拉我都知道些什么,她的秘诀又是什么,怎么能让这么多男人为之疯狂,我对她说关于她我什么也不知道。然后我问她关于她**她**又知道些什么。

"半点儿都不知道,"维瓦说。"她哪儿来的钱啊?"

那时,关于这个问题,我也不知道答案。但是因为那通常是人们想要知道的关于奥特拉的头一件事——毕竟,她衣装昂贵又有加长林肯而且住在第五大道的高层住宅里——所以对于维瓦的问题我并不感到惊讶。然而,那之后,随着我对她的了解增多,我发现对**所有**人这都是维瓦想要知道的第一件事:"他们哪儿来的钱啊?"

如果这是我第三次跟她讲话,那么第二次就是六五年她来工厂管我要钱的那次。她要钱要得十分从容,就好像某人索要他的薪水似的——只是我甚至都还不认识她!她的话里最主要的就是一句:"我需要二十美元,而你负担得起。"我注意到她在跟人讲话时有优雅地在连衣裙外抓挠阴部的习惯。我对她讲出那句你不想施舍时总是会说出口的无意义的对白:"我没钱。"此刻这个狮子座派对——她也是狮子座的——是自那时以来我第一次见到她,我问她那天是什么情况弄得她过来讨钱。

"这个嘛,"她说,"杰勒德总是叫我来工厂而我总是跟他说不去、不去、不去,但是后来我看到了你的画儿的价钱,所以他又一次叫我来的时候,我就跟他过来了。"

"但是你又怎么认识的杰勒德?"我问。

"噢,在切尔西附近认识的。我妹妹和我在那儿有一间房,有个月我们短十六美元的房租,这时候杰勒德进来了,试图上我。我说:'你给我出去,杰勒德——所有人都知道你是个大玻璃!'他非常生气,开始大声嚷:'你从哪儿听来的?你从哪儿听来的?'我告诉他说所有人都说他是你的男朋友,他气疯了——'我不是!我不是!'——所以我就跟他说如果是这样的话,那就去试试我妹妹,不用说我妹妹也拒绝了他。然后当我跟着他去工厂见你时,你拒绝给我钱,所以事情就是这样。"

第二天维瓦出现在我们正在拍摄《昂迪恩之爱》(*Loves of Ondine*)的公寓。(那片子本来是《\*\*\*\*》的一部分,但是我们最终把它作为一部单独的影片发行了。)她做的第一件事是敞开上衣给我们看她的乳房:在每个乳头

## 1967

之上,她都贴了一片圆形的绷带。所以我们就拍了她跟昂迪恩说如果他想要看她一丝不挂,他就得为她脱的每一件衣物付钱,包括那两片乳贴。

我们都爱维瓦;我们从没见过像她这样的,从那时起,我们认为有她出现在我们的每一部片子里是理所当然的。她有趣、时髦,而且上相——并且她访谈的时候很能讲。她甚至在本地的一份名叫《下城》(Downtown)的出版物上为我们的电影写影评,署名苏珊·霍夫曼(Susan Hoffmann,她的真名),热情洋溢地谈论——自不必说——她自己:"维瓦!是葛丽泰·嘉宝、默纳·洛伊(Myrna Loy)和卡萝尔·隆巴德(Carole Lombard)的欢乐组合……她有着三十年代的优雅和六十年代……恶毒的直率……"我们从维瓦对她自己的欢腾的评论里摘取词句,用在报纸上作为我们电影的广告语。为什么不呢?她说的都是事实。

如果说晃过审查官员的好办法是迷惑他们的话,那么目下维瓦就是最佳人选,因为当她脱掉衣衫,她那瘦骨嶙峋的身体是让人**来**劲还是让人**没**劲总是很成问题——"窥淫"在这里是否成立真的很难说。

当《切尔西女孩》于**六七**年八月末在洛杉矶的要塞戏院(Presidio Theater)开幕时,保罗、奥特拉、昂迪恩、比利和我飞赴加利福尼亚亲自亮相宣传。妮可已经在那儿了,她整个夏天都和吉姆·莫里森待在"城堡",但是她和布赖恩·琼斯一起去了趟蒙特里音乐节[1]。(伊迪那年夏天也在"城堡"待了一小段时间。她坐一辆大众汽车的厢型车横穿大陆而来——别人开车——之前她在纽约嗑药嗑得脑子都木了。)

我们算是分了两组。昂迪恩、比利和一个他们叫她作布利克街女巫奥赖恩的女孩一组——那女孩是他们的一个安人朋友,刚刚从纽约搬到旧金山。他们到处出动惊吓花朵人儿,隔一分钟就要说一次他们多一秒也受不了西海岸了。有一次,我在他们全部刚刚服了颠茄碱后进了他们房间,我看到昂迪恩的一个朋友,全身赤条条的只穿了一双波点短袜,让一个大理石桌面砸在自己脚上而全然无感。昂迪恩说:"颠茄碱之外,根本就没有迷幻药。这是种视觉毒药。"我之前也听一些人说过,说跟颠茄碱比起来,LSD 什么也不是。

我们其余人就那么在城里四处晃荡,在这盛大的爱之夏的末尾感受那个地方。那儿有种十分恶劣的氛围,来自与任何位于迷幻贫困线上的事物都要针锋相对的旧金山嬉皮——任何看起来花了钱的东西都被视为社会建制的一部分——所以这一两天当我们开着电影院为我们租的凯迪拉克加长型豪华轿车在城里转悠时,我们就好像是在挥舞

---

[1] 指 1967 年 6 月 16 日至 18 日的蒙特里国际流行音乐节(The Monterey International Pop Music Festival)。

## 1967

着一面红旗[1],街面上的花朵儿童会转过身盯着我们看,一脸鄙夷。我们无所谓:我们认为这很有趣,而保罗,不用说,玩儿了个尽兴——他甚至想出了个主意引起那些海特 - 阿什伯里(Haight Ashbury)[2] 的人们更进一步的反感:他会让我们的司机把车停到成群结队的带着珠子和花朵的孩子身边,然后他会降下加长豪华轿车的车窗并问他们:"嘿,最近的救世军[3]怎么走?我们也想给自己买点儿嬉皮服饰。"

我们开车穿过城中不同的区域,谈论着黑豹党(Black Panthers)[4]。(此前,在"黑种人"[Negro] 和"黑人"[black] 两种说法间,出现了"非洲裔美国人"[Afro American] 这个词,但是这词一直没能像"黑人"那样流行起来——这就好像试图让人管第六大道叫"美洲大道"一样。)黑豹党露着枪巡行旧金山各处引来了许多关注,没人能阻止他们,因为显然公开带枪并不违法,只有把枪藏起来才违法。但是因为此前没什么人真的利用这些法律条文行事,亲眼见到那些枪让人感到非常震惊,特别是在这座满是花朵力量的、做爱不作战的城市。

从我们和地下丝绒在菲尔莫尔演出算起,已经过去了

---

[1] 比喻惹人气恼的事物。
[2] 旧金山嬉皮聚居地。
[3] 由救世军经营的售卖二手衣物的慈善商店。
[4] 美国黑人的社会主义革命组织。

整整一年。许多孩子仍在神游，但是整个场面很明显正在失去冲劲，再过一个月，记者将会在报上描写海特-阿什伯里变成了怎样的一团糟——垃圾和黏糊糊的碳酸饮料残迹在行人步道上四处都是，当其崭新之时看起来漂亮极了的荧光颜料写画的文字和图样变得可怖和脏污。十月将是为"嬉皮，大众媒体的宠儿"举行送葬游行的月份，发起者是真正投身于组织新式社群生活方式的那些原初的嬉皮，他们现在憎恶那些在夏天加入进来的自由散漫的小孩，他们称其为"不负责任的"嬉皮。那年秋天升起了这样一种意识，即全部的嬉皮运动都让刚刚过去的那个夏天给毁了——被它弄得太大、太商业了。

在我们四下里游逛的时候，我意识到越战在旧金山感觉起来远比在纽约要真实得多——如果你伫立在海港，你能实实在在地看到驶向东南亚的舰艇离岸。

加利福尼亚的姑娘依常人的标准来看，大概要比纽约的姑娘漂亮——肤色更好、金发更亮，也更加健康，我猜；但我仍然更喜欢纽约姑娘看上去的样子——更不同寻常，更神经质（一个姑娘在就要精神崩溃时，总是显得更加美丽和脆弱）。

那个地区之前作为"免费"店铺和服务中心开张营业的大部分地方都开始关张或者陷入负债。许多嬉皮离开那里，前往加利福尼亚海岸南北、西科罗拉多州和新墨西哥州的公社。在纽约，掘地派（the Diggers）[1]正要在东十街开一家免费店铺（免费炖菜和咖啡[Free Stew and Coffee]），就在保罗住处边上，农村乔和那条鱼（Country Joe & the Fish）[2]也刚在同一条街演出过，在汤普金斯广场公园（Tompkins Square Park）里的一处抽大麻据点，那儿有纽约艺术家霜冻迈尔斯（Frosty Meyers）[3]满天飞射的激光。

似乎旧金山的每个人都对那年夏天到处都是的安非他明感到恼火——特别是那些爱爱儿童，他们为如此多的人嗨安非他明感到难堪，因为安非他明让人变得具有攻击性，而这正是花朵力量认为应该反对的。但是那儿真的有任何你想象得到的毒品流布。

我们碰巧遇到一个我们在纽约相识的孩子，加里（Gary），正在大街上走着。他这会儿已经梳起短发了，而且穿了一件运动夹克——看起来一派诚实坦荡的样子。但他手里拎着的手风琴箱里却原来满满地装着大麻。我们闪进一家女同性恋色情表演的简陋场所，那儿有姑娘在台上模拟性爱动作，还有一个舞者会从观众席里找人上去鞭打他们。加里撩起夹克让我们看他屁兜儿里的对讲器，他用

---

[1] 二十世纪六十年代在旧金山主张取消私有制、取消买卖的激进团体。他们开店免费提供食物、医疗服务等，团体得名于主张土地公有的十七世纪英国掘地派。
[2] 反越战乐队。
[3] 原文如此，应该为 Myers 而非 Meyers。指福里斯特·迈尔斯（Forrest Myers），霜冻（Frosty）为其人的昵称。

那个来和某毒品总部联络。我们在纽约认识的时候他就已经不碰毒品了——他那会儿在视觉艺术学院上学。我问他是怎么卷进大麻生意的,他说他在离开纽约前的几个月里大部分时间都花在学校厕所里抽一个总给他大麻的老师给的叶子了。之后他和他的一个朋友去了旧金山——他朋友在那儿认识人。他们穿过金门大桥,来到这个位于马林郡(Marin County)的错层结构住宅(split-level house)。房子外停着一辆法拉利,房内的设备值几个摇滚乐队,你按一个电钮,灯光表演就在整个屋顶上展开而床则开始旋转。彩色电视机每个卧室里都有每个浴室里都有厨房里也有,立体声系统覆盖至放笤帚的小室。

"我感叹道,'啧啧,这就是社会上层啊!'"加里说。"他们跟我说:'**社会上层?小子,我们穷着呢**。整整一个礼拜都特不顺,仅有一万美金入账。'到了早上我们下楼去厨房,房子的女主人正开着冰箱门看着所有那些谷物、维他命、果汁和毒品。头一件事,她拿出一瓶注射用的水晶[1]问我们说:'你们今天打算干点儿什么?'我说:'抽点儿大麻吧。'但是她拿着那瓶水晶说:'我要来点儿这个。你要不要也来点儿?'所以我就来了点儿——我以为我这辈子都不会回到人间了……"

舞娘正鞭打着邻桌的客人。我对加里说:"我们听说你在这儿操皮肉生意来着。"

---

[1] 指呈晶体状的甲基苯丙胺,也称冰(ice),即中文俗称的冰毒。

他一副吃了一惊的样子,然后露出非常难堪的神情。"唉,这个嘛……"我说那话只不过是为了逗逗他,但现在我看得出我戳中了他什么。

"就在我刚来这儿的时候做了一小阵儿,"他回护着自己说,"一些家伙在你身上蹭、自己撸、给你吹——但是听好了,我自己从没给任何人吹过。"

我们离开了那家色情场所,跟加里道别,又开始逛荡起来。某个乐队排练的声音从我们经过的一栋建筑里飘了出来。

"噢,天哪,这座城市的音乐真是让人难以置信地糟,"保罗又开始了。"想想看:旧金山还没能贡献出一位有一点儿音乐天才的人!没出个迪伦,没出个列侬,没出个布赖恩·威尔逊(Brian Wilson),没出个米克·贾格尔——**啥都没有**。甚至连个菲尔·斯佩克特那样的人都没出来!就弄出点儿啥也不是的乐队和啥也不是的音乐。他们骗自己说音乐是个**集体的**事儿——就像他们看待其他所有事情那样……"话说到这儿,那乐队的声音大了起来。"真的,听听这玩意儿,"他说。"除了对于黑人布鲁斯乐队的白人模仿的低劣模仿的老套模仿外,就啥也没有了。沙滩男孩是美国最棒的乐队,因为他们接受了加州生活,为了它那没有深意的享乐,不做辩解,也不为此尴尬——只管跑去沙滩上,找个女朋友,晒得黝黑,**没了**。而这也就是最为练达的方式——音乐而非说教。当然,他们最为出色的歌《唯有上帝知道》(*God Only Knows*)一直没能像它理所应当的那样在美国成为大热曲目……"他摇了摇头。"我就是不明白……"那音乐声变得越来越狂乱起来。"噢，**天哪！**"保罗大叫道，捂住耳朵。"幸好他们没弄出旋律来，所以这些玩意儿不会萦绕在你脑海里折磨你。"

那趟行程里我们在几家大学做了演讲并为《自行车男孩》(Bike Boy) 拍了些镜头，但是我们一直未能足够兴高采烈到让旧金山人满意——在旧金山，如果你笑得不够，他们就对你怀有敌意。

九月一天下午的晚些时候，保罗和我去了赫德森戏院察看《我，一个男人》吸引来了怎样的观众。再过几个星期我们就要在那儿开映《自行车男孩》了，我们想要看观众是笑呢是打手枪呢还是记笔记或者什么，这样我们就能知道他们喜欢的是喜剧，是性爱，还是艺术。

我们走进赫德森，在看起来又脏又破的椅子上坐下。有几个大学生模样的孩子在我们前面坐在一起，还有些穿着风衣的人，独自一人，或这儿或那儿散坐在各处。片子放到汤姆·贝克试图勾起姑娘的欲火那一幕，他说："你干吗那么紧张啊？"她说："我对你还不够了解。"然后他问她说："我这么一丝不挂地坐在这儿你能来性欲么？"而她跟他说："嗯，如果来些**音乐**的话我就能……"

我们在那儿没待太久——看到孩子们觉得片子很欢乐我们就出来了。我们离开时，负责卖票的家伙跟我们说午

# 1967

饭时间是生意最好的时候。

我们在马克斯混得越久,年轻的孩子我们就认识得越多。在那儿总能见到的,有三个一起四处疯跑了好几年的小美人儿——杰拉尔丁·史密斯(Geraldine Smith)、安德烈娅·费尔德曼(Andrea Feldman)、帕蒂·德阿班维丽(Patti D'Arbanville)。帕蒂在格林威治村长大。她的父母仍住在费加罗咖啡馆对面,这些女孩会在那儿玩到咖啡馆打烊然后去帕蒂家睡觉。那年秋天的一个晚上,在马克斯,当后室里的每个人都沉默不语,在他们的神游簿上画画儿时——唯有一位非凡的娘娘在桌子上伴着至上合唱团的歌《映像》(Reflections)在跳某种意义上算是对那首歌进行诠释的舞蹈——我哄杰拉尔丁跟我讲了她的故事。

"我在布鲁克林上过三所天主教学校,三所都把我开除了,之后我去了华盛顿·欧文高中(Washington Irving High),"她说着,朝第十六街和欧文之地的方向扬了扬头,那儿离这儿仅有几个街区远。"安德烈娅呢?"我问她。"安德烈娅,她上一家名叫昆塔诺(Quintano's)的为爱好戏剧表演的孩子开的实行进步教育法的学校[1],上那个要花很多钱——是那种你想去就能去的学校,就开在(迪

---

[1] 指昆塔诺年轻艺人学校(Quintano's School for Young Professionals)。进步教育法的学校(progressive school),指教育理念和方法与死记硬背的应试教育法相对的学校,如强调在实践中学习,注重理解和行动而非对于知识的记诵,注重训练团队合作和社交能力等。

斯科）昂迪恩边儿上。"

我想象不出这些女孩坐在教室里或是上班的样子。也许一年来上那么几天倒是可以的，不过也就到头了。所以我不知道她们怎么能总是穿着最好的衣服而且无论去哪儿都是打车。那天晚上我直截了当问了杰拉尔丁她们的钱从哪儿来。她指了指房间对面一个看起来和她们差不多年纪的女孩。"安德烈娅和我同罗伯塔（Roberta）一起住，"她说，"在公园和三十一街。"[1]

"罗伯塔的钱又是从哪儿来呢？"我问她。

"她老公很有钱。"

在杰拉尔丁继续的当儿，我又看了罗伯塔一眼，"她有唐耶·卢纳（Donyale Luna）在那儿和她一起住，现在她又有了我和安德烈娅，而她老公资助我们所有人。"唐耶·卢纳是早期著名高级女装黑人模特中的一位，她光彩夺目。

"罗伯塔今年多大啊？"我问杰拉尔丁。

"三十三——我对天发誓！但是你看不出来因为她体形娇小。"

杰拉尔丁说她觉得她们全都要被赶出来了，因为唐耶每个月都要往欧洲打五百美元的电话，罗伯塔的老公为电话费账单很是恼火。

"唐耶还有个抽风的男朋友昨晚跑过来跟她头上爆了

---

[1] 指公园大道南（Park Avenue South）和东三十一街交界区域。

个啤酒瓶,"——杰拉尔丁大笑起来——"前一秒钟她还在给我们上课大讲特讲我们抽大麻嗨 LSD 有多丢人呢。"

"但是你们的衣服又是谁给买的呢?"我问她,看着她身上穿的设计师品牌的迷你连衣裙和漂亮的小皮靴。

"我们拿安德烈娅的——我的意思是,她妈妈的——签账卡购物。我也说不好……我总是能找到人给我买衣服……"

她从布鲁克林到曼哈顿来的头几次中的一次,杰拉尔丁说,是在披头士来纽约而全城为之疯狂的时候。电视新闻上全是尖叫着的姑娘,收音机里二十四小时高声放着披头士的歌。

"我和几个女朋友在布利克街上走,"杰拉尔丁跟我说道,"有个漂亮的金发女孩跑了过来对我们说,'你们想跟披头士见面吗?'我觉得她疯了。有个男的在车里等着她,我想他们是要把我们拐走或者什么。但是他们说服了我们相信他们,我们乘车跟他们去了上城的沃里克酒店(Warwick Hotel),酒店外数百个女孩列队尖叫着,就好像神经病似的。我们跟一个有媒体通行证之类的东西的男人在楼下等了大概一个小时。我不停地念叨着:'这真是疯了,简直是搞笑呢——我母亲让我晚上十一点前回布鲁克林的家呢。'但就在这时,我们被带上一部小型电梯,直通一间套房的房门,门开了,披头士正在那儿开派对呢!还有一个女孩也在,我事后回忆,是琳达·伊斯门(Linda Eastman),但是那会儿我还不知道这个人——我才刚从布鲁克林出来，我知道的就只有披头士。

"我们和他们玩儿了转酒瓶还有其他这类游戏，我们看电视看到大概早上五点，然后我们就睡过去了。夜里的什么时候有人拿来一面巨大的美国国旗像毯子一样盖在我们仨身上。"

她声音渐渐地低下去，好像这就是故事的结尾了，但是我可不会就这样放过她。

"噢，别装了，杰拉尔丁！"我坚持道。"你肯定跟他们做了。承认吧！来嘛，我不会说出去的。"

"没~~~~有~~~！我发誓！"她咯咯笑起来。"那个坐在车里挑了我们过来的男人跟我说：'怎么你不跟保罗一起进房间么？'而我说不，因为那会儿我还是处女，我们还非常纯真。那个家伙非常恼火，因为我猜他的任务是要找会做点儿什么的女孩回来……早上，我们被外面的尖叫声吵醒了——我们走到窗户边往下看，街上全都是发了狂的女孩。

"当我回到布鲁克林时，我母亲说，'我还以为你死了呢。你去哪儿了？'那是我第一次彻夜不归，所以她情绪非常激动。她坐在那儿，身边是她的一位女友，我跟她说'妈，说出来你都不信，但我昨晚是和披头士在一起。'她看了她女友一眼，仿佛是说'她疯了——她觉得她昨晚是和披头士在一起'。"

"那么你现在是跟谁做那档子事儿呢？"我问她。

杰拉尔丁咯咯笑起来，指着屋子对面的一位英俊的金发男子,他那会儿还是这圈子里的新人。"我在跟乔·达里桑德罗(Joe Dallesandro)恋爱。他已经向我求婚了。"

我此前听说乔已经结婚了,娶了和他父亲同居的女人的女儿,或者是谁。

"但乔已经结婚了,不是么?"

"是啊,"她说着挥了一下手,"但是你知道的,跟他,这无所谓……"她的表情变得严肃起来。"他非常地爱我。"她说。之后,就在一瞬间,她的严肃变为了一阵狂笑。

我们和乔·达里桑德罗是在他误入格林威治村的一间公寓时认识的,我们正在那儿为《昂迪恩之爱》拍一卷带子,他则是要去拜访住在同一栋楼的另一间公寓的某人。但是当有他在里面的那卷带子冲出来后,我们发现他很上镜,而且有着保罗为之感到非常兴奋的既热又冷的特质。

保罗总是在研究脸庞——如何打光,如何拍摄。他会拿着张杰姬·肯尼迪的照片从你身边走过,喃喃自语道:"你见过有摄影师的梦想是像这样的一张脸么——看这两个眼睛离得有多远啊。"他又曾研究埃里克并且跟我说:"埃里克有着我所见过的为数不多的完美对称的脸庞。"但是比之于一张完美的脸庞,他对知道如何弥补自己的不足的人甚至更加赞赏:"埃尔维斯,"有一次他手握一张出自《爱你》(*Loving You*)的剧照向我指出,"完全没下巴——这就是为什么他聪明地选择了穿立起来的高领。"

保罗似乎将乔看作又一个白兰度[1]或是詹姆斯·迪恩——一个有着可以同时吸引男人和女人的那种银幕魔力的人。当我有天见到保罗过分细致地研究着乔的脸,把他的头发向后捋以便找出他"不好的一面"时,我看得出保罗真的非常想和他拍电影。

当然,保罗尚还没有负责我们电影的摄影——那仍然是由我来做。但是之后的那年当我住院时,他自己拍了《肉体》,而乔是那部戏的明星。最终,乔成了保罗的主要明星。("不要试图表演,乔——只管站在那儿,"我听保罗在拍摄《垃圾》期间冲他这样嚷道。"别用融入法[2]那套扮忧郁——只管讲话。而且不论你做什么,都不要笑,除非你的本意**不是笑**。")

所以这会儿乔才刚开始和我们混在一起,他那晚在马克斯,在吉姆·莫里森对面,吉姆是和一个我以前没见过的漂亮姑娘一起来的。另一桌是比利·沙利文(Billy Sullivan)和马蒂(Matty)——两个布鲁克林的孩子——在跟埃米·古德曼(Amy Goodman)聊天,埃米的父亲拥有漫威漫画公司(Marvel Comics),马蒂跟他们说人们不应该再有房子了,他们应该只有"供休息用的补给站"就够了。在他们再远些的地方是吉米·亨德里克斯和一个漂亮的黑人姑娘——德文、帕特·哈特利(Pat Hartley)或者

---

[1] 指马龙·白兰度(Marlon Brando)。
[2] 一种强调演员要深入角色去体验去感受去思考的表演技巧。

## 1967

是埃莫莱塔(Emeretta),我记不清具体是谁了,她们都是朋友。大概凌晨三点钟的时候,安德烈娅哭着进到后室来了,她穿着件长度刚盖住屁股的天鹅绒迷你裙,戴一顶天鹅绒阔沿帽。她爬上我们坐着的大圆桌,扯开衬衣,大声叫道:"现在是**演出时间!** 一切都**好了!** 玛丽莲已经走了**五年了,所以爱我吧趁你还有机会,我有着一颗金子的心!**"

这是她常来的套路。有些晚上她会太过火,跟人争吵起来,米基会把她轰出去几个礼拜。但如果她就只是站在桌子上,扯开衬衣,浪几句诗,那就还好。通常,她还会抓着自己的奶子跟所有人说:"我是个真正的女人——瞧这蜜桃!**今晚**我会**在上面!**"杰勒德总是在那儿煽风点火,大叫:"再脱!再脱多点儿!多点儿!多点儿!"之后安德烈娅会去找个男人,挑逗他,直到他来了相当的兴致——这时如果他哪怕只是碰了她一碰的话,她就会大发其疯。帕蒂在房间的角落里,我听到她跟一个名叫罗宾(Robin)的男孩说起泰格·莫尔斯的潮流小店的一位"店内保安",有好多人在那家店顺东西("至少有**一半儿**的商品都是不辞而别,"泰格·莫尔斯有一次跟我说道),"**总之,我根本都不认为穿衣服有什么重要性,为什么我还要为衣服付钱呢?**"

就像我说过的,我试着想象这些孩子上学或是上班的样子。我极力尝试,但就是想象不出——我无法想象她们置身别处而非待在这里,在马克斯后室这个地方。

当泰勒·米德**六四年**离开纽约去欧洲时，他对我的电影制作风格感到有点儿失望；他觉得我对于演员的表演不够敏感。我记得他有一次有多恼火，当时我拿着卷带子拍杰克·凯鲁亚克、艾伦·金斯伯格、格雷戈里·科尔索（Gregory Corso）和他四个人坐在工厂的长沙发上——我从侧面拍，所以你无法分出他们谁是谁——而且还不止如此，我们后来把那卷带子弄丢了。他认为这实在是太不负责任了，而且我听说他说我"能力不足"。

泰勒本计划待在欧洲直到越战结束的，但是六七年的时候他已经开始感到厌倦了法国，当他在巴黎的实验影院看到《切尔西女孩》时，他立马往工厂给我打了电话。

"我在这《甜蜜生活》的土地上待得太久了，安迪，"他说，"《切尔西女孩》是个真东西。我这就回家。"

他立马回来了。就在他回来的当天，我们就为那部二十五小时长的电影拍了他、布里吉德、妮可和一个名叫帕特里克·蒂尔登·克洛斯（Patrick Tilden Close）的前童星（他与拉尔夫·贝拉米 [Ralph Bellamy] 和格里尔·加森 [Greer Garson] 一起演过《旭日东升》（Sunrise at Campobello），他在里面演小男孩埃利奥特·罗斯福 [Elliot Roosevelt]）一起演出的一个名为《模仿基督》（Imitation of Christ）的片段。

泰勒迫不及待地告诉我在巴黎放映《切尔西女孩》时发生了什么让他直接回来了。

"一半儿法国观众离场，"他说，"坐在我身边的男人该算是巴黎最为先锋的一个人了,但是甚至他也起身离开了!满场说起来都该是见过世面的观众,但全给吓着了。就在那时,我判定美国有着最差的**和**最好的。"

这在工厂是个典型的场景:弗雷德在角落里查看比利·奈姆拍的照片,那是要用在明年二月我在斯德哥尔摩的艺展的瑞典语图录中的;杰勒德在读一封他伦敦朋友的来信,信中说布赖恩·爱泼斯坦(Brian Epstein)死于药物摄入过量;苏珊·派尔坐在打字机前仔细地看着第一期《猎豹》(Cheetah)杂志(中间插页是赤身裸体的卡斯妈妈在铺满雏菊的床上的那期);收音机里传出《古怪百老汇》(Funky Broadway);保罗在跟一个戏院经理讲电话,告诉他我们很快就有一部新电影要拍完了,片名叫《裸体餐馆》(Nude Restaurant),在他身前放着的是从一大摞报纸上剪下来的关于《我,一个男人》和《自行车男孩》两部片子的影评(保罗着迷于从报纸上剪下文章和报道粘到他的剪贴簿里去——他的第一份工作是在一家保险公司,从一份方案里剪下一些条款粘到其他方案里然后再拿去复印,他说剪贴仍然是他喜欢做的事);而我则在忙着给招贴签名,招贴是我那年为在林肯中心爱乐大厅举行的第五届纽约电影节做的。我们全都忙完了手头的事,正要出去看场电影——弗雷德正念着城中正在上映的影片名单:"《步步惊魂》(Point Blank!)、《特权》(Privilege)、《心惊肉跳》(Games)、《念师恩》(To Sir with Love)、《日月精忠》(A Man for All Seasons)、《一个男人和一个女人》(A Man and *a Woman*）、《雌雄大盗》、《尤利西斯》(*Ulysses*)、《炎热的夜晚》(*In the Heat of the Night*)……"

当他读到《仙乐美人》(*Thoroughly Modern Millie*)时，电梯的栅栏门开了，一个男人拿着枪走了进来。

就像上次那个女人进来开枪打穿了我一叠《玛丽莲》一样，这次的事情对我来说仍旧显得不真实。那个家伙让我们全都坐到长沙发上去：我、泰勒、保罗、杰勒德、帕特里克、弗雷德、比利、妮可、苏珊。在我看来就好像他在为我们的一部电影试镜——我是说，潜意识里我觉得他一定是在开玩笑。他开始叫嚷说有个欠了他五百美元的人让他来工厂朝我们拿钱。然后他用枪指着保罗的头，扣动了扳机——什么也没发生。（"看见了吧，"我自忖道，"他真的**是**在开玩笑。"）然后他用枪指着天花板再次扣动了扳机，这次枪响了。枪声似乎也吓了他一跳——他满脸疑惑，把枪递给了帕特里克——帕特里克像一个出色的不主张使用暴力的花朵儿童那样，说："我不想要这个，兄弟。"然后把枪递还给了他。然后那个家伙从他的口袋里拿出一顶女款塑料无檐帽戴到了我头上。《通往你芳心的快速道》(*Expressway to Your Heart*)从收音机里传来。所有人就那么坐在那儿，吓得不敢说话，除了保罗，他跟那个家伙说因为刚才的那声枪响现在警察随时都会来。但是那个家伙说他一定要拿到他的五百美元才会走——而且现在他还要电影设备和一个"人质"。

突然泰勒跳到了那人的背上。（事后泰勒说："感觉就像跳到了一尊钢铸的塑像上,他真是壮。")

就在泰勒挂在他背上的当儿,那个家伙开始打开一把折叠刀。泰勒从他身上滑下来,从我头上一把撸去那防雨帽,把它包在拳头上跑到窗户边,打碎玻璃,冲着对面的基督教青年会大叫:"救命!救命!快叫警察!"

那个家伙尽其所能地快步跑下楼梯——他没有等电梯。我们看出窗外,看见他坐进一辆大车的乘客位,车的后备箱开着,然后车开走了。

泰勒说他跳上那人的背是因为他为我感到难堪——我一副傻样儿坐在那儿,戴着顶女人的挡雨无檐帽。

我们去村里韦弗利之地(Waverly Place)的巴斯蒂亚诺地下工作室(Bastiano's Cellar Studio)看了杰基·柯蒂斯的戏《魅力、荣耀和黄金》,之后我们在谢里登广场的"救赎"时,刚好碰上杰基和宝贝儿甜心还有两个我不认识的男人也来了。杰基过来坐到我这桌,我正跟滚石乐队的三个成员——布赖恩、基思和米克说话。

"救赎"有一个下沉舞池和彩灯,但是没有现场乐队,只是放唱片(不过倒是个跳舞的好地方——音乐声放得不可思议地大)。店是六七年夏天开的,那地方原来的店叫"下城"(The Downtown)。布拉德利·皮尔斯(Bradley Pierce)和杰里·沙茨贝格还有其他一些人是幕后老板,但是布拉德利是实际上的经营者,决定着让谁进、不让谁进以及把谁扔出去。他对那些年轻的骨肉皮来说就像是个父亲般的角色,你总能在角落里看见他和他们开着玩笑并且以某种方式关照着他们——就像是个受欢迎的高中老师。"救赎"没能开多久,但是在它开着的时候是个很棒的地方:它给你提供了去马克斯之前的去处。对它的所有者来说,那儿也是个不用投入太多钱的地方——只要有唱片并提供酒水就行了。一切从简——就那时来说,完美。

很明显,杰基和甜心想要甩掉那两个跟着他们进来的恶心家伙。甜心直接去了舞池,布赖恩朝她看了看,对我说:"那人是谁?"才问完他就认出来了。

杰基跟我说他们才刚去了马克斯。"今晚是我第二次去那儿,甜心是第一次,他们把我们放到了**楼上**。"他说。在那儿还没有开始用作跳舞的地方之前,楼上绝对不是该在马克斯待的地方——所有人要么是在楼下的酒吧,要么是在后室。**没人上楼。**

"我们的护花使者,"杰基讽刺地说道,冲那两个人的方向扬了扬头,"认为待在那儿好极了——他们甚至都没**怀疑**我们给流放到西伯利亚了。甜心和我感到很难堪,我们冲进女洗手间,待在那儿不出来。她只管不停地往脸上扑更多的粉,并且不停地念叨着:'我可不要坐在**那儿**。'"

"那两个人是谁啊?"我问。

"唉,高个儿的那个整个星期都在开支票,让我们这么说吧——他在大通曼哈顿(Chase Manhattan)[1]有很多朋

---

[1] 一家银行,已于 2000 年和 J.P. 摩根合并。

友,只是他们没一个人听说过他……唉,真是的,"杰基叹了口气,"本来他没露馅儿的时候事情还是挺好的,我们也是才刚发现的。矮个儿的那个是朱迪·加兰的狂热影迷,他觉得他和甜心有很多共同点,但实际情况是,他们只有生殖器是共同点,而且他禁不住要告知每一个人'她是个男人'。"

我注意到比起我们夏天在街上刚认识时,杰基开始有了更多的女性小动作——他大概是从跟甜心的亲密接触上学来的。"为什么你不异装呢?"我直截了当地问他。

"我太害怕了。我父母就在附近住,你懂的。人们认得我。"

甜心走过来跟杰基意味深长地轻声说:"霍普也在。"

"霍普是谁啊?"甜心回到舞池后,我问杰基。

"霍普·斯坦斯伯里(Hope Stansbury)。那边有着长长的黑发和苍白的皮肤的那个,"杰基说着,冲一位身穿好看的四十年代套装的姑娘一指。"甜心搬去奇诺咖啡馆后面和她同住了几个月以便可以学她,虽然甜心从来都不承认这一点,甚至连我告诉别人她'霍普'这个名字是从哪儿来的她都要生气呢……"

"但是她已经不再用'霍普'这名字了。"

"是啊。"杰基说,随手递给我他们那出戏的演员表,上面清楚地写着"宝贝儿甜心"。

那晚看《魅力、荣耀和黄金》还有件非常有趣的事——我的意思是,在杰基写了这出戏和甜心演出它这两者之外，还有一件事值得一提：那出戏里全部十个男性角色都是由罗伯特·德尼罗（Robert De Niro）扮演的——这是他的舞台处女秀。数年之后，他已经成名，杰基向我解释了他是怎么碰巧加入进来演出的。

"他找上导演公寓来，甜心、霍利·伍德劳恩和我正坐在那儿，你会以为他疯了——**我们**这么以为来着。'我一定要演！我一定要演！求你了！我什么都可以做！'他不停地恳求。我对他说：'十个角色？'他说：'没问题！而且我还可以负责海报——我母亲有一台印刷机。'我说：'幸会幸会，我祖母有一间酒吧。'他在那出戏里极为出色——《村声》对他大肆夸赞了一番。"

一天下午，我们正在放映《模仿基督》，一个长得很好看的名叫保罗·所罗门（Paul Solomon）的人从"梅尔夫·格里芬秀"（*The Merv Griffin Show*）来"寻找天才"。布里吉德立马迷上了他，而他也立马迷上了维瓦和妮可。自此梅尔夫开始了他节目的"地下文艺圈怪人"时期。奥特拉·维奥莱特已经上过几次他的节目了，他们那儿的人很喜欢她——她很健谈，所以我猜他们认为就整体来说，她是个相当通情达理的怪人——她为其他姑娘铺了路。

维瓦在电视上表现得也相当不错。但是我们这伙人的两起电视脱口秀灾难出自布里吉德和妮可。妮可上电视的那次，她用她的便携式小风琴演奏了一段曲子，这还没什么问题，但是之后当梅尔夫试图跟她说话时，她兀自坐在那儿，全然一言不发。他被激怒了，还在直播当中他就叫来了制作部的某人上台来向他详细解释这个姑娘是谁以及为什么她被安排来上节目。这一切是在他从他椅子下面爬过去**之后**。这就是妮可的情况。

再之后就是布里吉德。那个时期的布里吉德对人异乎寻常地充满敌意。（在《切尔西女孩》里扮演了女公爵之后，她实际上在那个角色里待了好几年。）他们之前让我去上梅尔夫·格里芬秀，而我回绝了，就像我一贯对电视做的那样。所以作为替代，我向他们提供了布里吉德，而且我说服了布里吉德同意上电视，我甚至答应了护送她到演播室并且坐在观众席里为她鼓劲儿。

我去了她住的位于二十三街和列克星顿交界处的乔治·华盛顿酒店（George Washington Hotel）接她。她身穿粉色灯芯绒夹克和长裤，配闪亮的黑色漆皮皮鞋，在头发上她别了些绸带做的蝴蝶结。外面正下着大雨，她担心头发会完全湿掉，她哀怨地说道："噢，为什么我答应了你呢……"我叫了辆出租车载我们到节目录制地所在的西四十四街"小剧场"（the Little Theater），但是当我们经过百老汇的霍华德·约翰逊（Howard Johnson's）[1]时，她试图临阵脱逃，她向我恳求道："我们溜了吧，去好好喝上一杯。"（布里吉德那会儿还不很胖，只是个有张漂亮的娃娃脸的丰满姑娘，只要可能，她从不放过任何一个吃的

---

[1] 一家饭店。

机会。她过去常给我讲小时候她母亲拿钱哄她减肥的事儿——每减一磅就奖赏她十五美元——她如何在她卧室的体重称下塞袜子好让读数降下来；还有负责打扫卫生的诺拉如何在她的床底下发现不止一个麦片碗——已经没有麦片了；还有在她结婚之后，她如何跟朋友一起出去吃晚饭然后直接回家跟她丈夫再吃一顿晚饭。）我跟她说我们可以在节目录完**后**再去霍华德·约翰逊那里。

在小剧场后台的化妆室，乔伊丝·布拉泽斯（Joyce Brothers）博士，那天节目的另一个嘉宾，正在上妆。他们告诉布里吉德化妆师下一个化她，但她是布里吉德而且她充满敌意，她傲慢地告诉他们"不"，就好像在说也许**其他**人假模假式的，需要化妆，但**她**是**实打实的**，不需要化妆！（但我注意到当她觉得没人在看时，偷偷拿出盒腮红给自己上了点儿。）这时，比尔·科斯比（Bill Cosby）和文森特·普赖斯（Vincent Price）从我们身边走过，而我也离开了布里吉德下到观众席就坐。

布里吉德上到台上来，梅尔夫尝试着以略微提及奥特拉打开话题——大概他以为地下文艺圈是个快乐的大家庭，又或者超级明星们在电视上会足够乖巧，至少**装得**好像是那样，就像好莱坞明星惯常做的那般（"拍这部戏对我来说是个非常愉快的经历"）。然而，布里吉德对奥特拉羞辱了一番——狠狠地羞辱了一番。梅尔夫开始紧张，怕布里吉德接下来会很不配合。他猜对了。她对他的态度就好像他是一个在公车站不停地骚扰她的陌生人——她真的

## 1967

当场给了他充满敌意的表情,而且有一次她甚至还直接对着镜头怒目而视,眼中满是安非他明的狂暴。梅尔夫尝试了他能想得出的所有讨喜的办法,但她的态度就是不变。唯一一件好事是当他看到她的套装并问她"谁是你的服装设计师"时,布里吉德站起身,宣布道:"你永远能从这粒小金扣看出来:李维·斯特劳斯(Levi Strauss)。"然后梅尔夫有了些勇气——问她道既然她刚才说她不工作,那么每天她都做点儿什么呢,而布里吉德跟他说了实话:"我每天都漂染。我把米色染成另一个颜色。我拿米色的裤子,在我的浴缸里漂染它们。"

节目刚一结束,布里吉德就大踏步地走下台到观众席来找我。她问我她表现得怎么样,当我告诉她实情——"非常糟"——时,她还不信!我问她她上台前扎了多少针安非他明,她不肯回答。我们回到工厂,在那儿跟其他所有人一起看了节目,即使是看到它,她仍然情绪高涨,对自己表现得多么糟糕毫无意识。(她一直对此毫无悔恨之情,直到许多年后当她已经戒了安非他明才为自己那时的表现感到难堪。)

节目播出的第二天,五十条大号米色灯心绒长裤寄来了工厂,收件人是她——李维·施特劳斯公司的好意,为了感谢她在节目上对他们产品的赞扬。

十月,我因为一些大学的演讲陷入了麻烦。那些演讲是我签约的一个大型演讲机构为我在西部地区安排的。我总是带一大队超级明星和我一起去有我"讲话安排"的大学，因为我太过腼腆和害怕，一个人的话什么也讲不出来。那些超级明星会负责讲所有的话外加回答所有的观众提问而我则就那么安静地坐在台上负责制造神秘感。我会带像是维瓦、保罗、布里吉德、奥特拉和艾伦·米杰特（Allen Midgette）——我们在一些电影里用过的一位长得很好看的舞者——同去，而那些大学似乎从来都很满意，虽然我们在那儿做的算不上是真正的"演讲"——更像是有一位不吭声的主持人的脱口秀。

一晚在马克斯，我坐在保罗和艾伦之间——我们按计划应该于第二天去西部做几场演讲，而我突然间觉得不想去了，我有一堆工作要做呢。在我为此抱怨了一阵后，艾伦开口道："这样的话，为什么不由我扮作你去呢？"他说完这话的短暂时间里就好像那类经典的电影场面——所有人都觉得那是个愚蠢的办法，但是过了一会儿人们又觉得也许那主意也不是那么坏。我们全都互相望了一望，心想："为什么不呢？"艾伦长得这么帅，他们甚至可能更喜欢他呢。他要做的不过是像我那样保持沉默而保罗会负责讲所有的话。而且我们在全纽约的派对和开幕式上玩"超级明星变变变"也有好几年了，跟别人说维瓦是奥特拉、伊迪是我而我是杰勒德——有时人们自己也会弄混，像是分不清汤姆·贝克（《我，一个男人》）和乔·斯潘塞（Joe Spencer，《自行车男孩》），而我们也懒得纠正，让他们就那么继续弄混实在是有趣极了——对我们来说那就像是个玩笑。所以不用说，这类反明星身份的游戏是我们本来就在玩儿的。

第二天，保罗和头发喷成了银灰色的艾伦飞往犹他州、俄勒冈州和其他一些地方做演讲，当他们回来时，他们说一切都很顺利。

直到大概四个月后，一所大学的谁碰巧在《村声》上看到一张我的照片并且把它和他拍的讲台上的艾伦做了对比，我们不得不给他们退钱。当西部的一家本地报纸叫我出来说明情况时，我只好说："那会儿看起来这似乎是个好主意。"但是整个状况变得甚至更加荒谬了。比如一次我跟那次巡回演讲所到大学的一位领导通电话，告诉他我是多么地抱歉时，突然间他多疑起来，说：

"**现在**，我又怎么能确定真的是你在跟我讲电话呢？"

我为此停顿了片刻想了一会儿，我不得不承认道："我不知道。"

我们回到那些希望我们重做演讲的大学，但是有些地方不希望我们再去了——一所大学说："我们已经受够那个家伙了。"

但是我仍然觉得艾伦的安迪·沃霍尔做得比我好——他有高高的颧骨、丰满的嘴唇，高挑的眉毛棱角分明，他是个让人艳羡的美男子，还比我年轻个十五二十岁。就像我一直想让塔布·亨特（Tab Hunter）在我的传记片里扮演我一样，人们会更乐意把我想象成像艾伦和塔布那样英俊。我的意思是，真实的雌雄大盗肯定没长着费伊

（Faye）和沃伦那样的脸[1]。谁愿意要真实啊？这正是娱乐业之所以存在的理由——它要证明，重要的不是你是什么样，而是人们**认为**你是什么样。

不过，我本应从这次经历里学到教训的——可以不负责任唬人的日子已经过去了，现在我们在签诸如合约这类东西，就像我们和那个演讲机构那样，我们眼中的玩笑在别人看来可以是"骗局"。所以忽然间，我们不得不开始以更成熟的方式行事了。

（不过晚些时候——六九年——我唬人的时候又玩儿大了，我跟一家西海岸的杂志说了些诸如"我甚至画儿都不自己画——布里吉德·波尔克替我画"这样的放肆言论——这当然不是实话，我只是觉得这很搞笑。乔伊丝·哈伯[Joyce Haber]把这话写进她同时在多家报纸上发表的专栏里，从那儿又被写到了覆盖全国的杂志上，再之后，也是最糟糕的，一家德国媒体开始召唤我出来发表"声明"，因为他们那边手握大量我的作品的藏家开始为他们可能有的只是波尔克而不是沃霍尔感到恐慌，等等等等。所以我不得不公开收回上述言论。弗雷德吼了我好几天，因为他已经受够了接越洋电话并告诉那些投了成千上万在我的作品上的人们说：哈哈，我只是在开玩笑。我想我那时终于彻底学到了，在媒体上的一句草率的话正可以

---

[1] 二人在电影《雌雄大盗》中演出男女主角。

## 1967

像违反合约一样引发同样多的麻烦。)

嬉皮音乐剧《毛发》于十一月在纽约莎士比亚戏剧节首演,同样是在这个月,来自旧金山的《滚石》(Rolling Stone)杂志创刊号——目标人群定位于大学生摇滚乐爱好者——出现在报摊和嗨药用品店[1](另一本——甚至更学术的——摇滚杂志,来自波士顿的《小龙虾》(Crawdaddy),是于这一年年初开始出版的)。《毛发》和《滚石》都做到了反文化与精巧的商业伎俩的出色结合,在新的年轻人市场上发了大财。

《毛发》让人们意识到新的巨大的年轻群体已经形成,这多亏了双鱼世代(Piscean Age)的结束和水瓶世代(Aquarian Age)的开始——而且实际情况看起来也确实是孩子们在接管一切。有那么多的新市场等待探索,那么多的新人类需要可以产生认同感的杂志、电影和音乐。到了这个时候,所有聪明的商人都已经看出来了:孩子们实际上不再长大成人,他们待在年轻人的市场里,占有着相当一部分份额。而且许多看出了这一点的聪明人正是孩子们自己——现在他们青春得更久。大学毕业后,如果他们想,他们就可以一边继续当乐迷一边把它当事业来做。

十一月中旬,荒谬剧院(the Play-House of the Ridicul-

---

[1] Head shop,出售合法的兴奋类药物及吸食大麻的用具等的店铺,也卖杂志、音乐、服饰等。

ous）出品的《征服宇宙》在下城的布维瑞小巷剧场（Bouwerie Lane Theater）开演了。这在地下文艺圈就像一个巨大的社会事件，因为出自我们电影的许多人和马克斯那伙人里的好多人都参演了——像是泰勒·米德、昂迪恩、奥特拉·维奥莱特、克劳德·珀维斯（Claude Purvis）、贝弗利·格兰特（Beverly Grant）、玛丽·沃若诺夫、林恩·雷纳（Lynn Reyner），还有弗朗基·弗朗辛（Frankie Francine）。

《毛发》和《征服》之前在下城是同时排演的。《征服》上演了不长的一段时间，取得了一定程度的成功。《毛发》，不用说，取得了巨大的商业上的成功，几个月后就搬去上城，在百老汇的比尔特莫剧场（Biltmore Theater）演出，在那儿一连演了好几年。它在戏剧史上标示着一个至关重要的转折点，就像下一年《午夜牛郎》将在电影上做到的一样。

现在已经很清楚了，有两类做着反文化的事情的人——一些想要商业化，想要成功，希望凭借他们的作品晋升为社会主流；另一些想要原地待着，待在社会之外。想要同时做反文化并且取得商业上的巨大成功，就要用保守的形式去说去做激进的事情。像是在一个通风良好、位置优越的剧场里搞一出精心编舞、精心配乐的反社会建制的"嬉皮聚会"，又或者像麦克卢汉（McLuhan）做的那样——写一本书说书过时了。

其他人——那些一点儿也不在乎巨大的商业成功的

人——以激进的形式做激进的事情,而如果观众没能碰巧弄明白那内容或是形式,那也就那么着了。

《毛发》是非常正统和保守的,因为虽然它表现的是嬉皮的生活方式,但是它本身并不是它的一部分——当然,也许一开始它是它的一部分,像是吉姆·雷多(Jim Rado)和杰罗姆·拉尼(Gerome Ragni)这样的人写了故事和歌词,汤姆·欧霍根导的戏;但它很快就被放到其他人手里了,他们懂得如何圆熟老练地操弄,以便让它在大众那里获得成功。

《魅力、荣耀和黄金》之后,宝贝儿甜心更加经常地和我们在一起,她和杰基开始常来马克斯——他们不再被忽视、被放到楼上去了。十一月,滚石的专辑《魔王命》(*Their Satanic Majesties Request*)刚面世,有一天,甜心和我一起坐在马克斯后室的圆桌旁,当《在城堡》(*In the Citadel*)从点唱机上传来时,她说:"噢,听呐。这是米克写给我和我的女朋友塔菲(Taffy)的歌。听歌词!"塔菲是城里的另一个异装皇后,但是我还没见过她。甜心一点儿也不关心摇滚——她的心思总是在三十年代和四十年代还有电影的五十年代——所以听她用她那金·诺瓦克(Kim Novak)的嗓音谈论摇滚歌词真的非常奇怪。由于我从来不能透过那些非常大声的音响系统听清任何东西,我问她歌词说的是什么。

"就是这段!听!'甜心和塔菲 / 希望你们都好 / 请

来看看我/在城堡'你**听到**了吗？我们是在艾伯特旅馆（Hotel Albert）认识的。"艾伯特是第十街第五大道上的一家廉价旅馆。"我们住在他们楼上，我们吊了一串葡萄在他们窗外晃来着。你看，'城堡'是指纽约，而这首歌是给**我们**的音讯——塔菲和我。"

"既然这样，为什么那晚在'救赎'你没跟米克打招呼？"

"我那天太尴尬了，"甜心说，"因为我分不清滚石的成员。哪个是米克？"

十二月，在实验影院，我们放映了《\*\*\*\*》——那是唯一一次我们放映了整部二十五小时的片子——它让我回想起了我们以前拍电影的那些时光，那时我们只是为了拍摄的有趣和美好而记录下我们认识的人、发生的事。（正像一个评论者指出的那样，我们的片子也许看起来像家庭录影带，但话说回来，我们的**家**可不像任何其他人的家。）当时我并没有把那次放映看作是任何意义上的转折点，但是回过头去看，我看到那标志着我们为了拍电影而拍电影的阶段的终结。

我们坐在那儿，在实验影院的黑暗之中一卷接一卷地看我们那年拍的带子，我们去过的每一个地方——旧金山、索萨利托（Sausalito）、洛杉矶、费城、波士顿、东汉普顿，还有纽约的各个地方，我们的朋友，如昂迪恩、伊迪、英格丽德、妮可、泰格、奥特拉、泰勒、安德烈娅、帕特里克、塔利·布朗（Tally Brown）、埃里克、苏珊·博顿利、艾薇·尼科尔森、布里吉德、杰勒德、勒内（Rene）、艾伦·米杰特、奥赖恩、卡特里娜（Katrina）、维瓦、乔·达里桑德罗、汤姆·贝克、大卫·克罗兰、香蕉乐队（The Bananas）。那天晚上一次性地看完这所有的一切，不知怎地让我觉得它们好像比发生的时候似乎还要真（我的意思是，更加地**不**真实，而那实际上也就是更加地真实）——看着伊迪和昂迪恩在刮着大风的海边荒滩上瑟缩在一起，阴天，只能听到摄影机的声响，还有他们试着点烟时的说话声被风吹散在沙丘上。有些人在放映中坐了整场，有些人进进出出，有些人在外面的休息室睡着了，有些人在他们的座位上睡着了，还有些人像我一样，他们不能将视线移开银幕哪怕一秒。可谓怪事的是，这也是我自己头一次看它——我们是拿上了所有的带子径直来的戏院。我知道我们再不会像这样长地放映它了，所以它就像生活，我们的生活，在我们眼前一闪而过——只一次，不再见。

第二天，实验影院开始放映这部二十五小时的电影的两小时的版本，事情就是这样——大部分带子被收存了起来；而从那时起，我们开始主要构思寻常的影院会想要放映的常规片长的电影。

# 1968 – 1969

在这一年的年初,你可以拿起电话来"打个诗",而到了六月,你甚至可以"打个示威"——你拨个号码,会有录音告诉你那天城里都哪儿有公众抗议。我的电影《睡》的明星,约翰·焦尔诺,由股票经纪转做了诗人的那位,是"打个诗"的组织者,而建筑师联盟[1]则是赞助人。约翰告诉我,放色情诗歌的时候来电最多。

占星术和其他诸如数字命理学(numerology)、颅相学(phrenology)和相手术(palmistry)这类神秘学说愈演愈烈——我是说,忽然间,到处都能看到黄道十二宫的图像了。

暴力成了新潮——嬉皮之爱已经过时了。六八年,马丁·路德·金和罗伯特·肯尼迪(Robert Kennedy)[2]被刺杀,哥伦比亚的学生接管了整个校园并与警察对垒;孩子们拥堵在芝加哥街头,矛头直指民主党全国代表大会(Democratic National Convention);而我被枪击。整体说来,

---

[1] 指纽约建筑师联盟(Architectural League of New York)。
[2] 罗伯特·肯尼迪(1925—1968)是第35任美国总统约翰·肯尼迪的弟弟,纽约州参议员。他在1968年遇刺身亡时是民主党内声望极高的总统候选人提名人选。

这是颇为暴力的一年。

一月的一天下午,我走进工厂,听到有东西碎裂的声音从后室一阵阵传来,继而我看到苏珊在角落里哭。"怎么回事儿?"我问她。"谁在后面?"

她擤了擤鼻涕。"昂迪恩和吉米·史密斯(Jimmy Smith)。他们在干仗。"

在我认识吉米·史密斯之前,就已经听过关于他的许多故事了,所有的故事强调的都是同一点:他是个疯子——危险人物,但是是个迷人的危险人物。

吉米·史密斯是个传奇——他嗨安非他明成瘾,又是个什么都偷的"贼人",不过他只偷他认识的人。但他做事的方式很是疯狂,大多数人最终都成了他的同谋。一天晚上,布里吉德打电话给我说:

"吉米·史密斯刚刚来过了。"(她那时住在麦迪逊,一栋位于"装备"楼上的公寓里。)

"他都拿了什么?"

"嗯,我还没清点完,但这么说吧,'随便什么在我此刻的生活中对我有哪怕一丝重要性的东西他都拿走了。'"

"你为什么让他进门?"

"他在捶我的门,这就是为什么!我说:'走开,吉米!'所以他就破门而入了。然后他迅速递给了我两打红玫瑰,一磅白鲟(Beluga)鱼子酱,还有一本诗集——两分钟后他就把我那儿所有的东西都搞走了。"

**1968—1969**

"但是你为什么就不阻止他呢?"

"因为,"她提醒我道,"他是个狂暴的人。"

布里吉德之所以会和吉米·史密斯扯上关系,是因为她偶尔会让他的女友,退学生黛比,在她公寓藏身。吉米和黛比惯常上演的戏码是那种典型的一追一躲/"求你别打我"的二人关系,她会"逃"到城里某处而他则会逐一去找他们认识的每一个人,试图"逮"到她。她会跑到,比如说,布里吉德那儿,大喊:"布里吉德,让我进去!**求你了。**吉米在追我!"布里吉德会跟她说:"不,黛比,不行!"但是不用说,她会让她进来——那是游戏的一部分。而要不了多久吉米就会出现,把她拖回家,绑到电暖气上这样她就不会再次离他而去,然后他会找来九或十个爵士鼓手和他一起即兴演奏——他提供安非他明而他们会打上两三天鼓。黛比则会恳求他:"求你了,吉米,求你了,我只是想回酒店去拿点儿衣服。"最终他会妥协,说:"好吧,我一小时后过去找你。"一小时后当他去那儿时,不用说,她已经没影儿了。或者另一套戏码是她会说服他去"乐鸡"(Chicken Delight)或别的地方给她买吃的,而当他回来时,尽管他出门时把她反锁在屋内了,她还是不见了——从窗户逃出去了——而追逐戏就会再次上演。这就是他们的游戏的基本情节。

布里吉德称退学生黛比为"酒店女皇",因为她在酒店房间的床上歇息时手脚边至少会有三个女孩服侍着她。

没人知道她对她们有着怎样的权力。

黛比金发,漂亮。在跟吉米·史密斯混之前,她是跟保罗·美国在一起的。她母亲在村子里有多处不动产,有一阵儿黛比住在西村靠近阿宾登广场(Abingdon Square)的一栋位于二楼的公寓里,那算是她的一个临时居所。

克里斯托弗·斯科特那会儿和那帮人走得很近,数年之后他告诉我了一些那时候我没有意识到的事:"那帮孩子对于工厂和工厂背后的'沃霍尔世界'非常着迷,"他说,"但是他们深切地感到自己只处在它的边缘。他们和它没有第一等的接触,所以当他们进到工厂,他们就仿如到了第十一重天——不论何时他们中的谁去了那儿,都能在接下来的几个月里头顶**光环**。在黛比的公寓混的那伙人甚至养了两只猫,一只叫杰勒德一只叫吸血娘。他们会在西四街和查尔斯街角的那家冰激凌店等你,因为他们知道你和亨利(戈尔德扎勒)有时候会光顾。"

但是说回吉米·史密斯以及他和昂迪恩在工厂的大打出手:当昂迪恩看到苏珊是如此难过时,他又给了吉米一鞭,然后跑过去安慰她:"别哭了,苏珊,不过是吉米·史密斯而已嘛,而且他其实**人很好的**!"

然而苏珊已经见识过吉米了。有一天他走进工厂,跟她说:"我要偷走你所有的钱。"她以为这不过是说说的,转头就忘了这回事儿。但是晚些时候当她离开工厂时,她发现手袋里一个子儿都不剩了。

龙尼·卡特龙和他女朋友认识吉米,因为他们住的地方——第三大道和第二十二街处的一家布龙科汉堡店(Bronco Burger)楼上——是个十足的饼干盒,吉米经常破门而入劫夺一番。"因为我们知道那是他,"龙尼说,"我们会干脆让他进来——我们不得不这样,因为如果我们不这样,他反正也会破门而入的。他会做些抽风的事儿,像是走进来,碰翻每一桶油漆、每一罐咖啡、每一瓶芥末酱,把所有东西在屋子中间乱堆成一堆然后问你:'这很美,不是吗?'但是就在这时候,就在你受够了这一切的时候,他会做出让你难以置信的事情来,比如递给贝齐一枚钻石戒指。

"你跟他在街上走着,他会突然闪进一条小巷,你看到的下一幕,是他驾驶着一辆刚偷来的庞蒂亚克(Pontiac)飞驰而过。然后他会在信号灯前停下来,弃车而去,车门大开而引擎还在轰轰作响。

"一天,他在我们的住处嗑药嗑得真的是发了狂。他把我一把推抵到墙上,说:'把鞋给我!'我不明白他在说什么。他把我们的住处翻了个底朝天直到他在我给我父亲从布鲁克林带回来的生日蛋糕上找到一双塑料的棕白两色雕花皮鞋(spectator shoes)小模型才罢手……"

他们在工厂大打出手的那个下午,我第一次仔细地看了看吉米。他是个矮个子，深色鬈发，很难想象他威吓着那么多的人——我是说，他看起来颇为无害。他走到我坐的地方，从他皮衣口袋里抻出来一条东西：那是条迷你裙，但是非常大，大概十八或者二十号。"这个给布里吉德。"他说。我们全都大笑起来，因为以迷你裙来说那裙子的形状可真是够怪的——一个长长的长方形。昂迪恩把它拿到后面给比利看，而吉米忘了这回事，离开了。

然而，显然，有人有一次受够了吉米·史密斯的那种方式，因为六八年末他从下城一栋敞间建筑的五楼跌下来摔死了。人们说有人正撞上他破窗而入，轻轻推了他一把。而且肯定是和他相识的某个人干的，因为所有人都知道——"吉米只偷他的朋友"。许多人曾爱着吉米，但是更多人受够了吉米对他们做的一切，他的死让他们得到了解脱。

吉米死后，布里吉德结识了一个和吉米相识一生的人，那人告诉她——真是令人难以置信——吉米出身于一户位于河畔车道的富有的犹太人家，而且每隔几个月当他因偷遍众人而精疲力竭时，他会回家，在接下来的几天里，他的奶奶会哄他上床睡觉，给他掖被角。

六八年一起头，许多多年来一直嗨安非他明的人已经在削减药量了——甚至一些死忠的安人都承认：戒毒的念头掠过了他们的脑海。地下丝绒的第二张专辑《白光／白热》(White Light/Wight Heat)就要在那年一月发行,一天,卢来工厂,把一张先期拷贝放到立体声系统里。

有关安非他明的歌词在我们身边轰响,比如"看那个瘾君子／看那个瘾君子／如果你要款待他／确保一周来一次",卢跟我说他已经在试着戒了,但是昂迪恩让事情变得棘手。"我正要跟昂迪恩说'我要戒了'的时候,他出现在我的住处,带着两盎司的货,对我说:'嘿,不来点儿?'"卢现在在第七大道和第二十八街那儿有一个敞间。他是那个皮草生意区为数不多的几个真正的住户之一,那一区白天拥挤不堪,晚上寂寥无人。"我上周在先驱广场(Herald Square)的考维特(Korvettes)[1]买了张撞球桌,"他告诉我,"斯特林和我抬着它走了六个街区到我的住处,之后每个人都花了几个小时试着拿夹火柴的纸片[2]垫在桌脚下面把台面找平。这场马拉松持续了好几天。马克斯打烊后,我们就回到住处,打开所有功放听唱片:方圆四个街区内除了我们只有另外一个住户。但是不巧的是,他就住在我楼上。一个吸毒成瘾的黑胖子。当音乐响起的时候,他跳上跳下,屋顶塌了一块,昂迪恩极度兴奋起来,然后我们围成一圈跳舞。之后昂迪恩拿出那两盎司货,倾倒在撞球桌上。他离开的时候我发誓道:'我不会碰的。'他说:'留着吧,以防**万一**你改了主意。'你能想象么?"

---

[1] 一家折扣百货公司。
[2] match book,一个内夹若干火柴的对折的纸片。

一月末，我们去了亚利桑纳州拍《寂寞牛仔》。起初构想的是一个罗密欧与朱丽叶式的故事，叫作《拉莫娜和朱利安》(Ramona and Julian)，但是很快就即兴发挥成一部关于一个只有一个女人其余全是玻璃的牛仔小镇的影片。我们有埃里克、路易斯·沃尔登、泰勒、弗朗基·弗朗辛和乔·达里桑德罗，还有朱利安·巴勒斯(Julian Burroughs)，一个我们才在纽约认识的孩子，他声称自己是威廉·伯勒斯的儿子，另外还有汤姆·霍姆普兹(Tom Hompertz)，一个漂亮的金发冲浪手，头一年秋天我们在圣地亚哥做讲座时认识的。

我们给了每人一张去图森(Tucson)的机票，但是因为我们认识的一个古怪女孩薇拉·克鲁斯(Vera Cruise)碰巧要开车去那里，我们就说如果他们想的话，可以把机票退了，钱自己留着，然后跟她的车过去。埃里克选择了这么办。

薇拉总是开着许多不同的车四处晃，炫人眼目的捷豹和其他牌子的跑车，而且她知道如何把一辆车拆散再重新组装起来。她是波多黎各人，但她讲话则带有浓重的纽约/布鲁克林口音。每年她都会去亚利桑纳州疗养，她总是因为她自称的肺结核而咳嗽不止。她真是一副古怪模样——不到五英尺高，深色短发梳成男孩发式，病态般咳嗽不止，一件黑色摩托皮夹克总是罩在白色护士服外面穿。让人难以置信的是，她可以一连串地说出任何疾病的医学专名。她说她曾上过医学预科课程，并在一家实验室还是什么地方工作过。(第二年她因为汽车盗窃被捕——原来她一直是从机场接手偷来的车,再开着交付给下家。每个人都对我说:"噢,少来了,别装傻——你早就知道薇拉是干那个的。我的上帝呐,她甚至**告诉**过你!"但是当一个人像薇拉那样直截了当地跟你说"我偷车"时,不知何故你就是不觉得他们是认真的。)

当我们抵达图森时,薇拉和埃里克——还有约翰·张伯伦,那位雕塑家,也是和他们一起坐车过来的——已经到了。他们开着一辆租来的大概能载十八个人的观光巴士来机场接我们。我们一拥而上,薇拉发动车,车在高速路上飞快地颠簸起来。

"她可真是爱开车,不是么?"埃里克评论道,双臂环抱着自己。"我们过来时一路上都是这么个开法——她可**真够疯的**。"忽然间,她把车掰离了主路,我们开始在沙漠上穿行,掠过仙人掌,在空旷的星空下。伴着车哐啷哐啷的响声,我不住在想:"如果车歇火了可怎么办?**在这儿**可没人能找到我们。"

突然砰的一声响,好像有什么东西撞到了巴士上。薇拉刹了车,去外面察看到底是什么。她回来时提了只巨大的死鹰,那种不准猎杀的、作为象征物的鹰。

"他袭击了这辆车,"她说,语带怀疑,"他直飞过来就好像是要把它拎起来带回他的巢穴似的——在这**夜晚**!"

我们接下来的路程,车上一直放着那只死鹰。晚些时候,薇拉把它放进一个塑料垃圾袋里——"以止住腐烂"——带到当地一位标本制作师那儿。那位标本制作师通知了警方,警察拘留了薇拉,直到他们可以确认那鹰确是死于同移动中的交通工具发生的撞击而非猎杀或是什么别的为止。但是他们拒绝把它还给她。

(薇拉告诉我们,飞鸟死于对她发动的攻击这不是第一次了——有一次她坐在摩托车后座上,前臂打着石膏,一只鸟飞扑过来在石膏上撞碎了脑袋。)

在图森,我们待的牧场是由一对老夫妇经营的,他们正急着想把牧场售出这样他们就可以退休驾着房车周游全国去了。他们有许多关于迪安·马丁(Dean Martin)和约翰·韦恩这类明星的纪念品、纪念物和老照片,以及O.K. 科拉尔(O.K. Corral)某部电影的剧照。

某人坚持说我们租来拍摄的那个小小的电影城是约翰·韦恩的——那样的地方确实很有可能。许多著名的西部片和西部题材的电视剧都是在那儿拍摄的,而且游客花钱前来参观,看武行抡起酒馆里的椅子在对方身上砸得粉碎,"就像电影里一样"。

我们开始拍摄《寂寞牛仔》的那天有薄雾。男孩们脱口而出的对白都是顺着"干你娘,你他妈的是不是给人舔鸡巴舔晕了"这一路来的,而就在这类对白进行的当儿,我们看到他们带了一群游客进来,并向游客宣布道:"你们即将看到一部正在拍摄中的电影……"然后那群观光客走了进来,正赶上"你们这帮臭玻璃!死玻璃!我这就让你们见识一下谁才是这儿真正的牛仔!他妈的!"那群观光客简直要疯了,忙不迭地把他们的小孩带离了现场。

最终,负责撤换布景的工作人员、电工还有搭建了整个布景的人组成了一个强制委员会,要把我们从镇上赶出去——就像一部真的牛仔电影那样。我们全都站在杂货店的门廊里,除了埃里克,他正在拴马桩那儿练他的芭蕾舞,这时委员会的一伙人过来了,对我们说:"你们这帮堕落的东部人,回你们的地狱去吧。"

维瓦冲他们说:"操你妈。"

在那天接下来的时间里,他们监视着我们的一举一动。县治安官乘一架直升飞机赶来,站在水塔顶端,手持双筒望远镜,察看是否有人脱掉他们的衣服。没过多久,我们就自行离开了——事情到了这一步再要在那儿工作下去实在是太麻烦了。

路易斯出离愤怒了:"我说,这他妈算什么?我们拍的是**真正的**西部片,以西部曾经**有过的**真实方式来拍。"路易斯饰演帮派中最年长的一位,他的角色有着热心与柔情,关照着帮派中所有年轻的后辈。"这大概是有史以来最为细腻敏感的一部西部片!"

但是那些专业的电影牛仔并不这么想。又或者也许他们也这么想。

在我们离开亚利桑纳州的前一晚,四处都找不见埃里克。后来我自己发现了他,他独自一人待在一个古老的墨西哥土坯小教堂里,教堂位于四面环山的旷野之中。

我走进教堂的时候他没有察觉,我就站在教堂后面看着他。墙上是数以百计的印第安男孩的照片——是来自图森的死于越战的士兵——每张照片旁边是一张小小的姓名卡、一只蜡烛和他们各自的私人饰品。埃里克正站在一张姓名牌前。我走到他身旁,问他在那儿站了多久了,而他说:"这么多人。"

他在那儿站了几个钟头。

六七年末我们接到通知说东四十七街工厂那栋建筑要在几个月后拆除,所以我们不得不找个新地方。

此时影响工厂生活的最大的两股力量来自保罗·莫里西和弗雷德·休斯,而他们对于新的工厂该是个什么样子有着非常不同的看法。我自己并不确定,所以我只是发出些含糊的嘟囔,做出并不明朗的姿态。保罗想要在新地方摆上办公桌、纸插[1]、文件柜,还有每周一期的《品类》——成为一个真正的办公室,专注于电影的制作与发行。他希望它成为一个孩子们不会想要在那儿闲晃的地

---

[1] spindles,一个底座上有一根金属签,可将纸穿过签子插于其上。

方——而如果说有什么地方是六十年代的孩子不想待的，那就是办公室。

但是弗雷德希望工厂继续作为一个艺术与生意的混合体而存在："听着，"弗雷德对我说道，甚为恼火，"你是个**艺术家**！你想干什么？租一间房，摆上张办公桌，再挂个牌子上写'色情电影无名小镇'吗？"

弗雷德像其他人一样喜爱拍电影，但是他觉得我会重新越来越多地做艺术。我最终同意了他的想法，即如果有很大的空间将会是很好的——足够的空间，来做我们可能想要参与的任何事。除此之外，如果我们有一个敞间的话，我们将可以继续拍电影。

虽然我并不确切地知道我想要什么，但我明确地知道我不想将自己仅仅局限于电影——我想要做所有的事。在一间办公室里，你无法横向发展，而在一个敞间提供的空间里你可以。不管怎么说，我的风格一贯是铺展开来，而不是向上升。对我而言，成功的阶梯与其说是垂直向上的，不如说更大程度上是向四面伸展的。

实际上找到完美的敞间的是保罗。那敞间位于联合广场西路三十三号，在与 S. 克莱因（S. Klein's）百货公司隔联合广场公园相望的楼高十一层的联合大厦里。我们租下了整个六层，带一个俯瞰公园的小阳台。而马克斯距此仅一个半街区远。弗雷德指出联合大厦在 F. 斯科特·菲茨杰拉德（F. Scott Fitzgerald）的短篇小说《国际劳动节》（*May Day*）中曾被提及，而事实上，共产党在八楼仍有办公室。当我们去实地察看那地方时,我们和索尔·斯坦伯格(Saul Steinberg)同乘的一部电梯,他告诉我们他租下了整个顶楼。

我们决定租下那个敞间后,下一个大的争论围绕该如何布置敞间内部这一问题展开。保罗和弗雷德,自不用说,在此事上也有不同的想法——下至门上的锁,上到该怎样布置灯光。(比利对于搬家全无兴趣——他下来看过一次,见到有他可以利用的后部空间就满意地离开了。杰勒德则不在国内,他的一位富有的女赞助人带着他上哪儿旅游去了。)但是在保罗注意到窗户四周的木质窗框被刷了白漆、需要把漆层剥去时,争论止歇了。保罗就是这样——如果你可以让他去剥木器上的漆,他就会忘掉其他的一切。

当我回过头去看时,我注意到工厂最大的争吵**总是**和怎样布置有关。在其他方面,每个人都只关注自己的兴趣,每个人都很好说话,但是当涉及到那地方**看起来**该是什么样的时候,每个人都有他们愿意真正为之而战的想法。

弗雷德做着大量的装饰、布置工作,以至于他戏称自己为"联合广场的弗雷德里克"。

我把广大的开放空间交给其他人去随意分割布置,我自己则搬进一间可以乱堆乱放而不碍到谁的靠边的窄小办公室里。

## 1968—1969

保罗有时会在来四十七街的工厂前,早上先去联合广场剥漆皮。一天早上,当他在三十三号时,来了个年轻的孩子送西联(Western Union)电报。保罗那会儿正好已经开始意识到要是他一个人来做的话,那儿涂了漆的木头表面实在是太多了。当他看到那个邮差举止得体时,他跟他攀谈了几句,得知他名叫杰德·约翰逊(Jed Johnson),刚从萨克拉门托(Sacramento)[1]来纽约,和他双胞胎兄弟杰伊(Jay)一起住在广场对面第十七街的一栋不带电梯的五层楼建筑里。保罗雇他帮着一起清理那地方。

直到我们从亚利桑那回来后,我们才实际开始搬。在搬家的过程中,我们丢失了作为老工厂的重要组成部分的那个大大的曲面长沙发。我们把它放在街上才不过几秒钟,就被不知道从哪儿冒出来的什么人给顺走了。之后弗雷德想起有一个他特别喜欢的漆成银色的橡木大书桌没给带过来,就急忙赶回去取。他笃定要把它带走,就拿绳子把那玩意儿捆到了数辆小推车上——那东西是个庞然大物,约有六英尺长三英尺宽——推着它沿着第二大道走了三十多个街区,其间直穿中城隧道(Midtown Tunnel)的车流,全凭一己之力。(那会儿正是清洁工人大罢工的时候,垃圾遍布每条街巷,据报载,有五万吨之多。)我们都是一等一的家具狂人,真的——我们不能忍受失去一件好家具——但弗雷德凭此一役值得授予勋章。

---

[1] 加州首府。

每个人都多少可以觉察出这次南迁不仅仅是地点的改换——别的不说,银色时期绝对是完结了,现在我们进入了白色。还有,新的工厂绝对不是一个旧时的疯狂可以继续的地方。虽然"拍摄室"有沙发、音响和电视,而且显然是供人闲晃的地方,但是你一下电梯就能看到的几张大大的办公桌暗示了这里正有事情在按照商业规则进行,一切不再仅仅是闲晃了。我们比以前任何时候都更经常地待在马克斯,因为它离得是那么近,而且米基仍然让我们拿艺术品来销账。它就像是我们的消息传递处——比如说我们想联系某个超级明星,我们就会在马克斯留话让他们打电话到工厂,要么就直接把要说的写下来贴在后室墙上。

从六七年二月我们第一次在《昂迪恩之爱》里拍维瓦起,她的头发就越留越长、越吹越蓬,直到最后如雄狮鬃毛般怒放。维瓦时而觉得自己有着无可比拟的美貌,时而觉得自己的脸和身体的某处奇丑。她在六八年二月同保罗和我一起在瑞典待了三天,那时正是我于斯德哥尔摩现代博物馆(Moderna Museet)的大型回顾展开幕前的日子。回国后,她要死要活地想做鼻部整形。我觉得她会过了这个劲儿的——我是说,瑞典人是如此好看以至于当我们离开那里时**每个人**都觉得自己有点儿古怪——但是我错了,她坚持要做鼻部整形一连数个月,并且最终向比利询问了什么时候才是占星学上最好的动手术时机。比利做了一幅鼻部整形星象图给她。与此同时,我们全都不停地跟她说她的鼻子有多么多么地漂亮,而到了最后,她没有真的去动手术。

但是她又开始盯着镜子中自己的双腿,哀叹它们和她的上半身不合比例。这一点,我必须说,倒是真的。但是那又怎么样呢?每个人都有缺陷。不过,最为她所担心的是变老。她甚至还不到三十,但是她会仔细研究她幻想出来的、在过去的一周里爬上她脸庞的每一条皱纹。她不可思议地为时光的流失所困扰——她说她觉得自己已经是在靠借来的时间过活了。那时我们身边大多数的女孩——除了布里吉德,她和维瓦同岁,还有奥特拉,她年龄更大一些——都是十几岁的年纪,所以维瓦和她们确实不是同一代人,但那是使她比起所有那些在马克斯尖声笑闹的小女孩更有意思的诸种情由之一;而且那时还完全没有大众文学作品告诉女人说饱经风霜和皱纹也可以是美的。所以当她们在镜子中看到皱纹爬上脸庞时,能够依靠的唯有她们自己。

妇女问题那时甚至还没有人讨论,也尚且没有有组织的大规模妇女运动——我的意思是,在这个国家,一直到六九年,女人都几乎没有进行合法的人工流产的可能。维瓦在那时确实不同寻常——一个姑娘家,直视着镜头抱怨自己痛经的遭遇,又或者跟男人说他们在床上糟透了,说也许**他们**认为自己是一级棒,但是她一点儿欢愉都没享受着。维瓦是我们听到的这样说话的第一个女孩。

我那时非常喜欢维瓦；虽然她有着抱怨与刻薄，但是她有非常美好的一面。就在你毫无预料之时，她会变得非常地害羞，变得对自己一点儿信心也没有了——这让她更加惹人怜爱。她会为这个小孩或是那个家伙不喜欢她而忧心，我则直接告诉她"这种事想都不要想——等你出名了，你可以把他买下来"，又或者"别理他，他很可能是个玻璃"。但是维瓦似乎总是要在男人那儿寻求最终的认可。她会在**言谈上**非常解放，但是她似乎希望男人可以为她做些小小的事情——比如赡养她！但是我确信她会解决这些麻烦并在名流圈里混出名堂。我认为她有着全部的资质——外加魔法——可以让一个女人变成一个真正的明星。一篇芭芭拉·戈德史密斯（Barbara Goldsmith）和她做的长篇访谈将在四月份的《纽约》（*New York*）杂志刊出，黛安·阿勃丝（Diane Arbus）正为此给她拍照。

从八月她第一次出现在我们的电影里到二月我们南迁，这之间的几个月，维瓦和我形影不离：——我们一起拍电影、做讲座，接受访问和拍照时也坐在一起。她似乎就是那个我们一直以来都希望找到的终极超级明星：富有才智，但同时擅长在说出最为过火的言论时直勾勾地施以动人的凝视，还有她那疲倦的声音，那全世界最为阴郁、最为冰冷的声音。

她经常谈起她的家庭——她父母和她八个兄弟姐妹——她的故事通常是把她父亲塑造成一个罗马天主教的狂热信徒，而把她的母亲说成是约瑟夫·麦卡锡（Joseph

McCarthy)的狂热信徒——她让她的孩子们在电视上观看所有听证会的全程。当维瓦从她的天主教高中毕业后,她去了玛丽蒙特(Marymount),一间位于纽约韦斯切斯特(Westchester)[1]山的天主教大学,从那儿她去了巴黎,住在右岸(Right Bank)的一家修道院里,同时修读艺术。她会向我们做关于天主教教会都有哪些问题的长篇大论——贬损她认识的每一个修女,每一个牧师,每一个主教,直至教皇——但她总是说,在严厉的管教下长大有一个好处:当你最终来到外面的世界,做所有那些你一直以来都不被准许做的事情的时候,它们带给你的愉悦与兴奋要多得多。她会经常谈到她和她父亲两个人动起手来,谈到他会怎样地一边追着她满后院儿跑一边扬言要宰了她。我从没想过她的生活也许并不真的全然如她所描述的那样。但是有一天,在联合广场三十三号前发生的事情让我开始怀疑;而从那以后,在维瓦和我之间,事情变得多少有些异样了。

那天《观点》(Eye)要来拍一张工厂众人的"全家福",《观点》是赫斯特国际集团新近出版发行的一本通俗杂志,定位在庞大的年轻人市场。我是搭出租去的工厂,当我于十六街下车时,看到维瓦正在瓢泼大雨中砰砰砰砰地拍打建筑大门,不时地踢上一脚,还用力拉扯着门把手。她抬眼一望,看到了我——她的脸上是一副狂乱的表

---

[1] 纽约州的县。

情。她冲着我歇斯底里地大叫大嚷起来，说她一直要求有工厂的钥匙，说只有**男人**有钥匙："我得不到任何的尊重因为我是个女人而你们一伙儿全是玻璃！"之后，在我能做出躲闪之前，她的手袋砸中了我的头：她把它冲我扔了过来——我是说，我无法相信她真的这样做了。我怔了一秒钟。我把它踢回到她的脚下，我气疯了。"你疯了，维瓦！"我大声嚷道。

看到维瓦失控让我很是烦乱气恼。在那样的一幕之后，你无法再以同样的方式信任一个人，因为从那时起，你看到他们时不自觉地就会想到他们也许会再次做出同样的举动，再次行为失常。

我把维瓦留在街上，自己一个人上了楼。当我跟保罗讲起刚刚发生的事时，他说他一点儿也不意外——她半个小时前从一个投币电话打给他，叫嚷着："听好了，你个混账死玻璃！下楼来，让我进去。"他挂了她的电话。

维瓦的这件事真的让我怀疑她跟她父母之间的问题是否真的由他们而起——我第一次意识到她也许在她父亲试图打她的那些故事里颠倒了黑白；也许她逼得他那样做，也许他只是在她逼得他真的发了疯的时候才追着她跑的——而且这件事还让我怀疑起伊迪的家庭来。我一直以来都直接相信了伊迪的故事，她说她整个童年都是一场噩梦。但现在我开始认为你应该听取双方的说法。

妮可整个六八年春天都和弗雷德住在一起，在他东

**1968—1969**

十六街的公寓,从工厂穿过联合广场走几步就是。

弗雷德爱极了古怪的人,而妮可绝对是个标本:其他的不说,她只有在黑暗中才能茁壮成长——她越是能把周围的气氛弄得阴暗,她就越是光芒四射。而妮可沉溺于其中的怪癖越多,弗雷德就越着迷——能找到一个女人既漂亮**又**古怪,对他来说简直是美梦成真。她喜欢整个晚上都躺在浴缸里,燃着的蜡烛环绕在身边,为她第二张专辑《冷硬的标识》(*Marble Index*)作曲。当弗雷德从马克斯深夜归家时,她仍然泡在水里。

弗雷德频繁往返于美国和欧洲。一天晚上,他拿着行李箱回到公寓,跌跌撞撞走进起居室,发现屋里的灯开不开。他看到一支蜡烛在另一间屋子的角落里闪烁,而这时妮可端着一架枝形大烛台走了进来。

"噢,妮可!真对不起!"他说,突然意识到联合爱迪生[1]一定切断了电源。"我才想起来我忘了交电费了,害你这么长时间都待在黑暗里!"

"不~~~,这没~~什~~么。"她说,愉快地笑着[2]。她刚刚度过了一生中最快乐的时光,在黑暗中飘来荡去整整一个月。

---

[1] 指纽约联合爱迪生有限公司,为纽约城提供电力、燃气等服务。
[2] beaming with joy,一语双关,也可译为"愉快地放着光",呼应前文说妮可周围越暗她就越亮。

五月,保罗、维瓦和我一起去西边几所大学演讲。我们一到那儿,就开始拍摄一部冲浪的电影,地点是在加利福尼亚的拉荷亚(La Jolla)。

拉荷亚是我见过的最美丽的地方之一。我们租了一栋靠近海边的大宅和其他几栋房子供将在电影中演出的人住——他们中的一些人是和我们一起飞过来的,其他人则是我们在那儿刚认识的。

每个人在拉荷亚都是那么地快乐,我们通常作为拍摄题材的那些纽约问题全都烟消云散了——棱角从每个人的身上都掉落了下来。我的意思是,这和我们外出去——比如说——汉普顿斯拍电影完全不同,汉普顿斯那种一日游不过是纽约城的延续。

我们在海滩上闲闲散散地听晶体管收音机,要不就是放些歌来听,像是《牛仔对牛仔女郎说》(Cowboys to Cowgirls)、《一个美丽的早晨》(A Beautiful Morning),还有吉米·亨德里克斯第二张专辑《轴线》(Axis)的选段。时不时地,我都试图挑起一些争斗,这样我就可以把它们拍下来,但是每个人都太放松了,根本斗不起来。我想这就是为什么整个东西出来后看起来更像是一帮朋友的度假纪念而非一部电影。甚至连维瓦的抱怨都比往常更加柔和而甜美了。

回到纽约,六月三号,我整个上午都在家讲电话,其中大部分时间都是跟弗雷德闲聊闲扯。弗雷德也还没出家门。头天晚上,在第十六街,从马克斯归家的他让三个持刀的黑人小孩给抢了。最近甚至连东村的嬉皮都在朝你要(准确地说,是**命令**你拿)"零钱"时变得非常具有攻击性。街面上的气氛不再像头一年的夏天了,那时每个人都着了魔般高高兴兴的。

"就发生在你楼外?"我问。"妮可看到了吗?"

"没有。"弗雷德叹了口气。"当我最终蹒跚着跌进公寓时,她像往常一样待在浴缸里,穿着衣服,唱着歌。"

通常,弗雷德会一早起床,而后精神百倍地赶往工厂。对弗雷德而言,即使是凌晨五点才上床睡觉也不要紧,九点整他一定飞奔穿过联合广场公园去上班。那么早到工厂"办公室"没什么太大意义,因为不到下午一两点都不会有什么事情要做,但是对弗雷德来说那没有关系——他想给自己树立一个好榜样。他会坐在那儿,手边一杯黑咖啡,拿出他的钢笔,在那小小的皮面装订、边口烫金、纸质优良的欧式记事簿上用漂亮的字体为自己书写备忘录。

但是这天早上,已经十一点钟了,他仍在床上。他的声音听上去很低落,抢劫者拿去了一块漂亮的腕表,他说那是没有什么可以替代的。他很快改变了话题(他的哲学一直是"抬起头",忘掉不快的事),对我说他在马克斯时听人家说苏珊·博顿利和大卫·克罗兰正在闹分手。这一年早些时候,我们把苏珊介绍给了克里斯蒂安·马昆德(Christian Marquand)——他在做导演之前曾是广受女观众喜爱的演员，他让她出演了特里·萨瑟恩（Terry Southern）的电影《甜心》（*Candy*）中的短短一幕——她追出街来，大声喊道："甜心！你忘了一只鞋！"他们是在这儿拍的这一幕，但之后他派她飞去了意大利，去做什么我忘了，反正是跟生活剧场有关。她才刚从罗马回来，她在那儿待了好几个月。

弗雷德和我又在电话里聊了些别的——那天是周一，所以我们有整个周末可聊——到我们挂电话的时候，一天的头一部分已经过去了。

我是在大约四点一刻到的联合广场三十三号。之前我在东五十几街办了些杂事，而且既然到了那片儿，我就顺带去了迈尔斯·怀特（Miles White）——我的一位戏装设计师朋友——位于东五十五街的家，但是他不在，所以我就转头去了工厂。我付计程车司机钱的时候，看到杰德从街那边走过来，提着个袋子，里面都是从器材店买来的荧光灯管。我在那儿站了几秒钟等他过来，身边有个孩子背靠着墙，从他的收音机里传出"倏——比——嘟——比——嘟——比——嘟——嗒——嗯"。这时瓦莱丽·索拉纳斯（Valerie Solanas）[1]走过来，我们三个一起进了楼。

---

[1] 原书索拉纳斯（Solanas）误作索拉尼斯（Solanis）。

## 1968—1969

我和瓦莱丽并不熟。她是一个她叫作"S.C.U.M"（指代"剪灭男人社"[Society for Cutting Up Men]）的组织的创立者。她会滔滔不绝地谈论完全消灭男性，说那样的结果将会是一个"难以想见的、绝佳的、只有女人的世界"。

她有一次带了个剧本来工厂给我看——剧本名叫《爆菊》(Up Your Ass)。我翻看了剧本，内容非常脏，我突然觉得她可能是为警方工作的，而这个剧本是个陷阱。实际上，我们前一年带着《切尔西女孩》去戛纳时，我在接受《电影手册》(Cahiers du Cinéma)的采访时说"有时会有人试图给我们下套儿。有个女孩打电话来，说要给我一个电影剧本……我觉得剧本名字棒极了，我可以说是很友好地请她带着剧本来工厂，但是那本子太脏了我觉得她肯定是警察……"，这里我指的正是瓦莱丽·索拉纳斯。

我还接着跟那位记者说自那以后我们再没有见过她了。但是就在我们回到纽约后，她开始打电话来工厂说要拿回她的剧本。我把本子放在某处，这会儿找不到了——一定是有人在我们去戛纳的时候把它扔掉了。当我最终向她承认本子丢了时，她开始找我要钱。她住在切尔西酒店，她说，她需要钱付房费。九月的一天下午她打来电话时，我们正在为《我，一个男人》拍一组戏，所以我就跟她说为什么她不过来参演电影**挣**二十五美元而是要伸手要钱呢。她立马就过来了，我们拍了她在楼梯上的一幕短戏，她这个人实际上很搞笑，事情就是这样。最主要的是，那之后她只是偶尔打来电话，一成不变地说着

S.C.U.M. 那些男人可恨的长篇大论，但是她不再那么搅扰我了——到那时，我已经确信不管怎么说她不是警察。我猜已经有足够多的人跟我讲过她在我们那儿晃了有一阵子了，而且肯定地说到她是一个真正的狂徒。

那天非常热，当杰德、瓦莱丽和我等电梯时，我注意到她穿着一件羊毛衬里的冬装上衣和一件高领羊毛衫，我想她得多热啊——虽然，让人惊奇的是，她甚至都没有出汗。她穿了条女裤，更像是男裤（我从没见过她穿连衣裙），她手里拿着个纸袋并不停地把它扭来扭去，同时垫起脚来上下颠荡着。这时我看到那天的她更为古怪的一点：当你仔细看的时候，你能注意到她上了眼影和唇彩。

我们在六楼下了电梯，直接踏入到工作室中间。马里奥·阿马亚（Mario Amaya）那天在那儿，他是一位艺评人，同时也是位老师，我在五十年代就和他认识了。他等着要和我谈在某处搞一个展览的事。

弗雷德正俯身在他的大办公桌上写一封信。保罗坐在他对过的一张办公桌前，正在讲电话。杰德已经去后面装荧光灯管去了。我走到保罗身边。

前面的窗户全都开着，通往阳台的门也是，但仍然很热。那些窗户是欧洲式的——两块垂直的面板向内开，你再上个栓，就像百叶窗那样。我们喜欢让它们就那么自由地摆荡，不在后面固定住它们，这样如果有风，它们就呼扇呼扇地前后晃。但是一丝风也没有。

## 1968—1969

"维瓦的电话。"保罗说,站起身来把话筒递给我。维瓦告诉我她正在上城肯尼斯[1]的沙龙,《午夜牛郎》制作团队正试着把她头发的颜色弄得和那个跟她有一幕对手戏的男孩加斯托内·罗西利(Gastone Rossilli)的头发相匹配。

保罗和弗雷德的办公桌实际上都是在两个低矮的金属文件柜上架了张十英尺长、五英尺宽的大板子——日常使用的那部分表面是玻璃做的,所以当你低头写东西时,你可以看见你自己。我俯身望向桌面看我自己——跟她讲电话弄得我想看看自己的头发。维瓦说个没完,谈电影,谈她将如何在乔恩·沃伊特(Jon Voight)与布伦达·瓦卡罗(Brenda Vaccaro)相遇的那场派对戏里演一位地下电影制作人。我示意弗雷德过来拿话筒替我继续那场对话,而就在我放下话筒时,我听到一声爆破般的巨响,我转过身,看到瓦莱丽正拿枪指着我,我意识到她刚开了一枪。

我说:"不要!不要,瓦莱丽!别那么做!"而她又冲我开了一枪。我倒在了地上,就好像我中枪了一般——我不知道我到底是不是中枪了。我试图爬到桌子底下。她走近我,又开了一枪,之后我就感到了骇人的、骇人的疼痛,就像是一颗樱桃炸弹在我身体里爆炸开来。

在我躺在那儿的时候,我看到血从我的衬衫里流出来,我听到更多的枪声和叫喊。(后来——很久之后——他们跟我说两颗从点三二口径的枪中射出的子弹穿过了我

---

[1] 即前文提到过的为杰姬·肯尼迪做头发的肯尼斯。

的胃、肝、脾、食道、左肺和右肺。）这时我看到弗雷德站在我身旁,我吃力地喘着气,说:"我喘不上来气。"他跪到地上,试图给我做人工呼吸,但是我跟他说别、别,太疼了。他站起身,冲到电话旁,打电话叫救护车并报了警。

这时比利忽然俯过身来。枪击的时候他不在,他是刚刚才进来的。我朝他看去,以为他在笑,不知道为什么,这让我也大笑起来。但是实在太疼了,所以我就跟他说:"别笑了,噢,快别逗我笑了。"但他不是在笑,原来,他在哭。

几乎等了半个小时救护车才到。我就那么静静地躺在地板上,血流个不停。


就在我中枪之后,我事后了解到,瓦莱丽转身向马里奥·阿马亚开了一枪,打中了他的屁股。他跑到后室去,砰地关上大大的双层门。保罗之前在上厕所,甚至连枪声都没听到。当他走出来,他看到马里奥,流着血,堵着门。他走到放映室透过玻璃向外看,见到瓦莱丽在门的另一边试图将门顶开。在发现门开不了后,她走去了我靠边的那间小办公室——门是关着的,所以她试着拧了拧把手。这门也开不开——杰德在门那边紧紧堵着来着,看着门把手转来转去——但是瓦莱丽并不知道,她以为门锁着,走开了。之后她又来到前面,把枪口对准了弗雷德,弗雷德说:"**求你了!别开枪!快走吧!**"她似乎困惑起来……决定不了开不开枪打他——于是走到电梯那儿按了按钮。之后她走回到他蜷缩的角落,再次把枪口对准了他。就在她似乎要扣动扳机的那一刻,电梯门突然开了,弗雷德说:"电梯到了!快**去**!"

她照做了。

弗雷德给我叫救护车时,他们说如果他要他们拉警报的话需要多收十五美元。马里奥伤得不重,他走来走去,实际上他还给自己另外叫了辆救护车。

当然,我当时并不知道所有这一切。我什么都不知道。我就那么躺在地上,不停地流血。救护车来的时候没带担架,所以他们把我放到了一架轮椅上。我本以为我刚才躺在地上的时候感觉到的痛楚是最厉害的,但这时我变成了坐位,才知道刚才那个还不是。

他们把我送去了位于第二大道与第三大道之间的第十九街上的哥伦布医院(Columbus Hospital),离事发地有五六个街区远。突然之间许多医生围住了我,而我则听到诸如"算了吧"和"没戏……"之类的话,然后我听到有人说出了我的名字——是马里奥·阿马亚——告诉他们说我有名而且我有钱。

我做了大约五个小时手术,主刀医生的是朱塞佩·罗西(Giuseppe Rossi)和另外四个出色的医生。他们把我从死亡中救了回来——真的,因为我被告知在某一刻我已经死了。那之后的很多很多天里,我都不确定我**是否**已经回来了。我觉得我死了。我不住地想:"我真的是死了。死就是这样的——你觉得你还活着但是你已经死了。我不过是**以为**我躺在这儿,在医院里。"

当我从手术台下来的时候,我听到什么地方的电视里一遍遍地传出"肯尼迪""刺杀""被枪击中"等字眼。罗伯特·肯尼迪被枪杀了,但古怪的是我理解不到这是**又一个**肯尼迪刺杀——我以为也许你死了以后,他们就会给你重放一些事情,比如肯尼迪总统的刺杀。一些护士在哭,过了一阵儿,我听到诸如"在圣帕特里克的哀悼者"之类的词句。这一切对我来说都很古怪,这另一起枪杀和葬礼的背景音——我尚且还不能分清生和死,然而,就在这儿、在我跟前的是另一个人在电视上下葬。

第一个来看我的人不是走正道进来的——薇拉·克鲁斯,化装成一个护士。

我正躺在床上,试图不去想折磨着我身体的痛楚。我是在重症监护病房,所以屋里有另外一个人,一个我在马克斯认识的年轻孩子,他过量摄入了什么药,但是医生和他父母都不清楚是哪种药。他父母试图从他妻子那儿了解情况,他们告诉医生,但是她自己也嗨好多药所以告诉不了他们。有时这个孩子会精神错乱,开始大喊大叫,而就在这时我注意到有另一出戏剧正在上演——当没有人在看的时候,有一个护士会进到房间来,她会和那个男孩拥抱并接吻。**她**知道他是因为哪种药病倒的,而当他情况太过糟糕时,她会从柜子里拿出那种药来给他。我靠着看他们让自己不去想身上的疼痛。

最初的日子里的某一天——我分不出日夜,有的只是疼痛的循环往复——我抬眼看了看我床边护士服上面的那张脸,是薇拉。然后我就明白了为什么当你住院时他们不让你见人——因为最轻微的感情波动都会让疼痛变得更加猛烈。

"噢,快离开这儿,薇拉。"我呻吟道。我能想到的全是她来是为了从柜子里偷药的,而我不想惹麻烦。

我母亲和我的两个兄弟从宾夕法尼亚来探望我,同来的还有我的侄子波利(Paulie),他正在学当一名牧师。波利在其他亲戚离开后和我母亲一起留了下来,因为我母亲不怎么会说英语,而且那时候已经有点儿糊涂了。她不能被独自留下来,这是当然的,因为她习惯给任何按门铃并说认识我的人开门。随便一个记者都可以上前跟她攀谈,而如果没有人在那儿阻止她的话,她会带他们满屋子参观个遍,给他们放我的录影带看,如果是女孩就安排她跟我结婚,如果是男人就安排给我侄女——我的意思是,如果我母亲成了房子的女主人,任何让人难堪的事都可能发生。

我中枪后,杰勒德去我住的地方把她带来医院,而第一天晚上是他和维瓦带她回的家。之后的某天,我听说女公爵也去了我住的地方,探望我的母亲,这让我着实感到可怕。

如果你重视你的隐私，永远不要中枪，因为你的私生活很快就会变为一栋开放的寓所。

维瓦和布里吉德很贴心，两人一起每天都在标准格式的黄纸上给我写来长信，告诉我我们认识的每个人的最新情况，而最终，当我可以接电话时，我得知了有关枪击和那之后的日子里发生的事情的更多细节。

布里吉德说我中枪的那个周一的下午四点，她正从莱姆斯顿（Lamston）的廉价用品店坐一辆出租车来工厂，她刚去那儿买了她每周都要买的瑞特（Rit）和汀泰克斯（Tintex）[1]（她仍然"每天都染东西"），但是半道上她改了主意，告诉司机说载她回家，回乔治·华盛顿酒店去——她头天和保罗刚吵了一架，这会儿不想见到他——就这样她躲过了枪击。

维瓦说当她在肯尼斯的沙龙里跟我讲着电话而枪声响起时，她以为肯定是有人在玩地下丝绒时期留下来的牛皮长鞭，因为那声枪响听起来像是什么裂开的声音，而当她听到我喊瓦莱丽的名字时，她以为我在说"维瓦！"，甚至当弗雷德接过电话告诉她我被人开枪打了时，她仍然不相信，她说。她让肯尼斯的某人又打过电话来核实，而杰德跟他们说了同样的内容。

布里吉德说，第二天晚上，在维瓦上城的住处看过新

---

[1] 两者都是染料品牌名。

闻后,她走进马克斯,香烟贩售机旁的人告诉她说:"博比·肯尼迪(Bobby Kennedy)[1]被枪杀了。"她往后室走,撞上了从楼上下来的鲍勃·劳申贝格,他跳舞跳得浑身是汗。"我跟他说了博比·肯尼迪的事,"她说,"他跌坐到地上,大哭起来,说:'**这**是干这个的吗?'"

"这话什么意思?"我问她。

"先是你,再是博比·肯尼迪。"她说。"枪啊。"

维瓦和布里吉德在一封信里说,当路易斯·沃尔登在我中枪的当晚来医院时,所有在等候室里的女孩都冲过去告诉他他必须和艾薇[2]回家并且看好了她,因为她说我死的那一刻她就自杀。事后,他告诉维瓦和布里吉德:"我整宿都和她还有她那些可怜的孩子待在一起,她每隔十秒就给医院打个电话问安迪死了没有——如果他已经死了她就纵身跳到窗外去。最终,凌晨六点的时候,那边告诉她他们觉得他能挺过来,而我整个人则瘫倒进床里。"

当我恢复得足够好时,我读了每个人帮我留的报纸和杂志上关于枪击事件的所有文章。报纸上说瓦莱丽那天下午早些时候去过一趟工厂,当她被告知我不在时,她就出去等,一直等到我出现。大约七点钟,她开枪打我的三个小时后,她把自己交到了时代广场的一个新入职的警察手

---

[1] 即前文的罗伯特·肯尼迪,"博比"是"罗伯特"的昵称。
[2] 指艾薇·尼科尔森。

上。她把枪交给他,报纸上写道,并告诉他说:"我是个花朵儿童。警方在找我。他们想抓我。他对我的生活有太多的控制了。"那个警察把她带回第十三分局,那儿离我正在动手术的医院仅两个街区远。她在局子里跟警方说:"我有许多非常复杂的动机。去读我的宣言,那会告诉你我是什么样的人。"之后在法庭上,她告诉法官:"我开枪打人并非常事。我开枪打他不是没有理由的。"报纸还从她 S.C.U.M 宣言中引述了许多内容。

我之前说过,我是《纽约每日新闻》的头条——《女演员枪击安迪·沃霍尔》(ACTRESS SHOOTS ANDY WARHOL)——六年前,即一九六二年六月四日的头条新闻是《客机失事,129 人丧生》,我当年将其丝网印刷出来用作我的画。一九六八年六月四日的头版照片,最后一张是在押中的瓦莱丽,手中拿着一份那天报纸的先期版本。照片下的说明文字引述了她纠正的话:"我是个作家,不是女演员。"

我想不出为什么,在所有那些瓦莱丽认识的人当中,偏偏是我成了被她枪击的那位。我猜这不过是因为我在合适的时间出现在了错误的地点。刺杀就是这么回事。"如果我按门铃的时候迈尔斯·怀特在家,"我总是在想,"也许她等累了就走了。"

弗雷德告诉了我警察方面的事。

"他们把杰德和我带到第十三分局。"他说。"他们审问我们直到当晚九点。他们对我们说我们是'重要目击证人',而我天真到没明白那意味着他们在拿我们当嫌犯。"

"什么~~~~?"我说。

"没错——直到他们给瓦莱丽做了笔录为止,我猜。他们不向我们透露任何事情。我不住地要求知道你的状况,而他们甚至连这个也不告诉我,"他颇具讽刺意味地大笑起来。"他们大概盼着我们招供呢。"

"他们没带走保罗或是比利吗?"

"没有,就带了杰德和我,因为我们是唯一真正看到枪击过程的人。维瓦晚些时候跑了过来,歇斯底里的,他们审了她一会儿——她就把她在电话里听到的全告诉了他们。"

"警方封锁了工厂吗——把现场圈了起来或者什么的?"我问他。我脑子里都是电视里"罪案现场"那种节目的画面。

"约有八个便衣警探过来了,他们在现场到处跑,在子弹处粘上胶条,说些诸如"——弗雷德笑起来——"'让我们从墙里把弹头取出来'这类话。他们无所不查:打开每一个抽屉,翻看——上帝啊,我真搞不懂——《睡》的剧照、咖啡馆收据……我不住地跟他们讲,'喂,你们翻腾的这些东西跟发生的事情一丁点儿关系都没有'。但是当然,他们自顾自地翻个不停。他们翻看了画作《花朵》

的彩色幻灯片——还有**随便什么**东西——把照片和幻灯片扔得四处都是,满场跑来跑去和自己人撞个满怀……简直就像是启斯东警察(Keystone Kops)[1]。"

我开始大笑,而这很疼。"噢,快别,弗雷德,"我不得不跟他说,"别说好笑的事儿。"事情真是奇怪:当你一个人的时候读到什么有意思的东西,你不会笑,但是只要你身边来了一个人,你身体就有了反应。

"而等到他们四处乱捅了至少两个小时后——**每个**柜子上的**每个**抽屉都被拉出来了——我看到一个纸袋**正正地摆在**你中枪的那张桌子上。

"我走到那袋子那儿,对那个警察说——他正坐在那儿翻看保罗给乔拍的照片——'**这**是什么?'然后我打开袋子看了看——你准备好了么?——在这纸袋里的是另一把枪、瓦莱丽的地址簿和一包高洁丝(Kotex)[2]!"

"你当真?"我说。这时我想起瓦莱丽在电梯里扭来扭去的那个纸袋。"你是说它一直就摆在桌面上而警察甚至连看都没打开看?"

"没错。"

弗雷德还提到瓦莱丽一开始开枪时,他过了好一会儿才反应过来到底在发生什么,他第一个念头是:"噢,天哪,他们在轰炸共产党。"我之前提到过,共产党有办公室在八楼。

---

[1] 二十世纪早期喜剧默片中经常出现的一队愚蠢而无能的警察。
[2] 卫生巾品牌。

## 1968—1969

这次中枪让我重新审视了所有那些我与之相处了如此长的时间的狂人们。我想起那个来四十七街的工厂开枪打穿了《玛丽莲》画布的女孩,想起那个在那儿玩俄罗斯轮盘赌的男子。我想起所有我见过的带枪的人——甚至薇拉过去身上也带着枪。但是以前我总是觉得这不真实——或者说这不过是个玩笑。一切都似乎仍然不真实,就像看一部电影。只有我身上的痛楚似乎是真实的——围绕着它的所有东西都仍是电影。

我意识到此前从来没有可怕的事情发生到我们任何人的头上只不过是时机凑巧。疯狂的人一直以来都让我着迷,因为他们是如此地有创造力——他们没有能力按寻常的办法做事。通常他们不会伤害任何人,他们只不过是些自我困扰的人,但我又如何能知道谁是处在什么状态下呢?

对于再遭枪击的恐惧让我觉得我再也无法享受跟眼神古怪的人聊天了。但是当我这么想的时候,我不禁困惑起来,因为那几乎包括了每一个我真正喜欢的人!我决定不预先谋划,而是等着看我最终出院、再和人们在一起的时候会发生什么。

在我住院期间,保罗不时向我报告在本地拍摄的约翰·施莱辛格(John Schlesinger)的《午夜牛郎》的事情。在我遭枪击之前,他们曾请我出演片中那幕盛大的派对里面的地下电影制作人一角,而我则提出让维瓦演那个角色。他们对我这个提议很赞赏。之后,约翰·施莱辛格请保罗拍一部在那幕"地下文艺圈的派对"上放映的"地下电影"。为此保罗去拍了奥特拉。之后,那部戏负责挑选演员的人请保罗聚了一大帮我们认识的人——常在马克斯混的孩子——充当小配角和临时演员。像那样躺在医院里,我感到自己正在错过一场盛大的派对,但每个人都帮我随时跟进正在发生的事情到当下这一分钟,他们都为自己能在一部好莱坞电影里演出而感到异常兴奋。

想到《午夜牛郎》时我心中的嫉妒和我看到《毛发》时一样,那时我意识到有钱人在拿地下的、反文化的生活作题材,对它进行好的、圆熟的、商业的处理。我们所能提供的——我的意思是,我们一开始所能提供的——是新的、更加不受约束的内容,以及对真实的人的注目,而且尽管我们的电影在技术上并非完美无瑕,但是直到六七年结束,地下文艺仍然是人们可以听到被禁止的题材、看到现代生活的真实场景的唯一的地方。但是现在,好莱坞——还有百老汇——也在处理着同样的题材,事情开始变得有点混乱了:之前的选择好比是在黑和白之间做出的,而现在则仿佛成了在黑和灰之间做出。我意识到好莱坞和地下文艺圈两方面同时拍摄关于男妓的电影——尽管两者的处理方式有着大到不能再大的分别——它仍然从地下这边拿走了一张王牌,因为人们更乐意去看那个**看上去**更好的处理——它远不那么吓人。(人们确实倾向于远离新的现实,他们更愿意就那么在旧的上面加上些细节。道理就是这么简单。)我不住地感到"他们正在进入我们的地盘"。这使我比以往任何时候都更想要从好莱坞拿到钱,用我们自己的态度拍一部画面和音效都出色的电影,这样最终我们可以平等地比拼。我万分嫉妒,我想:"为什么他们不给**我们**钱来做呢,比方说,让我们来拍《午夜牛郎》?我们可以为他们把它拍得极度地**真实**。"我那时不明白当他们说他们想要真实的生活时,他们的意思是指电影中的真实生活!

"怎么样,这很不得了吧?"一天晚上,我还在医院的时候,保罗在电话里说道。"好莱坞才刚开始拍一部关于四十二街男妓的电影,而我们在六五年就拍了。而且在**他们**的片场,整日里见到的都是**我们**这些出色的纽约人——杰拉尔丁、乔、昂迪恩、帕特·阿斯特(Pat Ast)、泰勒、甜心、杰基、格里·米勒(Geri Miller)、帕蒂·德阿班维丽——而他们甚至都没有机会在戏里用上他们……"

"达斯汀(Dustin)[1]人怎么样?"我问。

"噢,他人很好。"

"乔恩·沃伊特呢?"

"他人也很好,布伦达·瓦卡罗也是,"他说,十分肯定地。"他们人都很好。"之后他笑起来,是想起了西尔维

---

[1] 指《午夜牛郎》的主演之一达斯汀·霍夫曼(Dustin Hoffman)。

娅·迈尔斯（Sylvia Miles）。"而且西尔维娅绝对不屈不挠。一股自然的力量。"

我感到为电影中的小电影拍摄奥特拉，然后就那么在片场闲晃看着人家工作，这一切一定很让保罗觉得挫败——他觉得应该是他在那儿拍一部自己的电影。毕竟，他在来工厂前就已经拍了自己的电影了。

"哎，其实啊，"我说，"也许我们的电影拍得太早了。也许**现在**才是拍一部关于男妓的电影的好时机。为什么你不再拍一部——这次可以拍彩色的。"

"我也多少这么想来着。"保罗承认道。

七月，我仍在医院时，保罗开始拍摄《肉体》，杰德做助手。他们没有拍太多片子，而他们拍的，实际大多都用上了。保罗喜欢用长镜头。

一天下午，杰拉尔丁·史密斯刚拍完第一场戏就打电话到我房间。

"你在演保罗的电影？"我说。

"是啊。保罗今天早上给我打电话说'为什么你不来弗雷德的公寓一趟呢，我们要拍些片子'，我以为他说的是那种随便拍拍的家庭录影，我的两个女朋友警告我道'**别**演安迪·沃霍尔的电影——否则你一辈子都会受诅咒的'，但我还是去了弗雷德的公寓并且拍了——你知道我是有多爱保罗。"杰拉尔丁对保罗是一见倾心。

"你都做了什么？"我问她。

"保罗跟我说乔是我丈夫或者什么,我也不很清楚,然后就把我扔到镜头前,说只管去做。所以我就跟乔说让他出去卖,这样我就可以有钱帮我女朋友做人流了。"

"谁演的你女朋友?"

"帕蒂。"

"帕蒂·德阿班维丽也出演了?真好!那么你都做了什么?你和乔做了吗?"

"你疯啦?那是拍电影啊。"

"你没跟他做?"

"没有,虽然我必须说,他勃起了。"她咯咯笑起来。

"噢,真让人兴奋呐。有没有特别大和特别硬?你做了什么没有?"

"我——"她开始大笑起来。"我在它上面扎了个蝴蝶结。"

"真~~的吗?"我说。"绕着他鸡巴?那**之后**你又做了什么?"

"你知道我的。"她说。"我开始大笑起来。"

七月二十八日,我出院回家。我整个身体中段都被纱布缠着。我向下看我的身体,我感到害怕——我尤其不敢冲澡,因为那时我不得不拿掉所有绷带,而所有疤痕都那么新;不过,它们说得上是颇有些好看的,紫红色和棕色。

接下来的一周半里,我不得不待在床上,而我也是这么在八月六号过的我四十岁生日。当我给别人打电话而那是他们自我遭枪击以来第一次听到我的声音时,有时候他们会开始哭。见到人们这么在乎我我也很动容,但我会尽可能快地将一切拉回到轻松的、闲聊的程度上来。

大卫·克罗兰一天早上打来电话给我,我问了他他和苏珊·博顿利最后到底是个什么状况,因为她是在我遭枪击的前一天从欧洲回来的,所以我一直都没能知道事情的全部。

"我们之间的事情实在有够没头没脑的。"他说。当他谈到这个时,听上去仍然不很高兴,我看得出他是真的想念她。"她回来的那天晚上,"他说,"天热得让人难受,我感觉出她要跟我说分手了。这时妮可过来了,告诉我们说你被人开枪打了。我们就那么坐在那儿不知道该做点儿什么好——我们应该去医院吗?还是不应该?最后,妮可说:'我们应该坐~~在这儿坐在地~~上等~~~~着,点~~~~上蜡烛祈祷。'我情绪很激动,我想,'是啊,她说得对。'于是我们就点上了所有的蜡烛,妮可合上百叶窗,我们坐到地板上。整个地方看起来就像是教堂。妮可一下前一下后地晃来晃去,苏珊完全吓坏了——她才从那个狗屁罗马之旅回来你就发生了这么一档子事儿,而我则要疯了因为我知道苏珊就要离开我了而你又进了医院——我们甚至不知道你活不活得过来。每次我们给医院打电话,他们都说:'所有电话都让他占了。我们只能跟你说他的情形非常危急。'一连数小时我们都紧张得汗毛直立。我们三个人就那么在那儿坐了整晚。最后妮可走了。我们又一次打电话到医院,他们说你好些了。又过了几个小时,苏珊离开我去了巴黎。"

亨利·戈尔德扎勒在大都会的事业于六七年春有了一次大的跃升——他被任命为二十世纪艺术策展人。随着我的康复,我们有时会轻松地长谈,几乎就像我们从前那样。他向我透露了博物馆里一些戏剧性事件的内幕消息。为了一幅巨大的波普画作的展出,他和托马斯·霍温这位大都会的馆长之间,曾发生过一场冲突。

六七年夏天,亨利告诉我,他去了一趟巴黎,查看法国政府想要送到大都会的一场展出:

"你简直难以相信他们在这场展出里都放了什么,"他说,"财政部长的连襟的牙医在里面,还有警卫的未婚妻的侄子。我回到纽约后跟霍温讲,'不管什么情况,我们都绝不能接受这个展览',而他说,'你说的百分之一百地正确'。之后,他再没跟我提起这事,就签了协议把那个展览接了过来。我强把这事儿咽到了肚子里,没说一句话。"

之后,六八年二月,霍温朝鲍勃·斯卡尔借来吉姆·罗森奎斯特的大幅波普画作《F-111》,紧接在伊曼纽尔·洛伊策(Emanuel Leutze)的《华盛顿横渡特拉华河》(*Washington Crossing the Delaware*)后面展了出来。霍温的想法,很明显,是要将一幅六十年代的历史题材画和一幅更古老的做对比，但是亨利觉得这样的做法侵入了他负责的二十世纪艺术的领地。他辞职了。

"我休假的时候，"亨利告诉我，"鲍勃·斯卡尔和霍温在一次宴会或是什么活动上聊了聊，决定《F-111》应该在大都会展出。确实，那是幅引人入胜的画作——可是，二十世纪艺术策展人**是我**，而不是斯卡尔或者霍温。所以我就提交了辞呈。大概十天后，霍温打电话给我，对我说他在过去的那些天里一直在给全国各地打电话请人推荐替代我的人选，而所有人都跟他说他要找人替我实在是疯狂之举。所以在我在二十世纪艺术上全权负责这一点上达成了谅解后，我同意了回去工作。"

我在房子里闲着的这段时间，把《寂寞牛仔》的所有胶片都从工厂拿了回来——数小时又数小时的一场一个的戏码。我只用一台投影机和一台接片机工作，或这儿或那儿地砍掉大块大块的内容，剪出一个标准的两小时长的片子。

绘画方面，我还没有力气画大幅的，所以我就边看电视边画了许多七乘六英寸的小小的快乐·洛克菲勒（Happy Rockefeller）[1]。这一年夏天的新闻充满暴力。我看到了苏联坦克驶进捷克斯洛伐克；然后是芝加哥民主党代表大会，示

---

[1] 指玛格丽特·洛克菲勒（Margaretta Rockefeller），美国第四十一任副总统纳尔逊·洛克菲勒（Nelson Rockefeller）的妻子，"快乐"（Happy）是她的昵称。

威者和芝加哥警方在大大的公园里和街道上打了起来。

到了九月,我重回工厂工作。

我必须穿沉重的医用束腰来支撑我疤痕累累的部分,但是尽管我感觉自己就像是拿胶水给粘起来的,我仍为回到工厂激动得发抖。

然而,每一次,只要我听到电梯井里的电梯就要停在我们这一层时,我都会心惊肉跳。我会等着电梯门打开以便察看来的是谁。我们决定建一个入口通道,这样我们可以在让他们进到主要区域前检查来客,而且我们在那儿的墙上安了个荷兰门——可以开着上半部同时关着下半部分的那种。当然,这些安全措施只是象征性的——它们甚至挡不住一个腿脚蹬踹起来足够有力的人,更不要说一个拿枪的人了。然而,那地方至少**看起来**更难攻破了。不管怎么说,人们可以随意晃荡进来的日子结束了。

工厂的每个人也都更多地护着我——他们看得出来我仍然有着深深的恐惧,所以他们把所有举止古怪的人都打发走了。我发觉自己每天都花大量的时间待在贴边儿的那间小办公室里,门关着,躲在里面,跟那位我新雇用的打字员聊天。以前,我向来都喜欢跟看着怪异、似乎疯狂的人在一起——说实在的,我凭此茁壮生长——但现在,我害怕他们会掏出枪来向我开火。

看到我改变了这许多,保罗说:"你知道,安迪,你一直以来都鼓励那些……呃……"他考虑着措辞,"……

那些神经纤弱的人来这边玩儿。但那只会带来麻烦，而现在，"他说着，指了指我的胸和肚子，"**你**比任何人都更明白这一点了。"

不用说，保罗是对的：显然我应该避开那些性情多变、反复无常的家伙。但是挑选哪些孩子我见、哪些我不见完全不是我做事的风格。而且还不仅仅因为这个，另有一个我从来不曾明言、不曾向任何人如下面这般详细吐露的原因是：我害怕没有了那些狂人瘾君子在我身边饶舌、做他们的疯狂之举，我将会失去我的创造力。毕竟，打从六四年起他们一直都是我灵感的全部来源，我不知道没了他们我还能不能成。

我仍然必须花很多时间待在床上。如果我在离开工厂后去了其他什么地方，我都会非常早就开溜然后回家。之后，我会在七点钟精神抖擞地醒来，然后马上拿起电话打给每一个人，看我离开派对后又发生了什么。这样由别人代替我去经历和感受，与我自己亲临现场相比毫不逊色。我开始非常享受待在家里的床上，被糖果环绕着，看电视、打电话和录电话。

对我而言，一下子离开那些我曾爱过的疯狂场面是容易的，因为实际上也没有太多的疯狂场面上演了。事情在六七年夏天达到顶峰，之后就开始回落。六八年秋正是《嗨，裘德》(Hey Jude)之时，每个人都在说事情更加地"柔美"了。

至于瓦莱丽,据我们所知她仍关在拘留所里。之后,六八年圣诞前夜,我在工厂接到一个电话,当我听到她的声音时整个人几乎要晕过去了,她要求我撤销对她的全部指控,以两万美元买下她写的全部手稿,让她出演更多电影,并且——作为最后的要求,她提出了每一个疯子的最大梦想——帮她上约翰尼·卡森(Johnny Carson)的节目。如果我不按她的要求办,她说,她"随时可以再来一次"。

我最恐怖的噩梦成真了:瓦莱丽出来了。一个我们没听过名字的男人为她交了一万美元的保释金。

幸运的是,她还在全纽约恐吓别人来着,所以当她一月九号出庭接受预审时,又被抓了回去。

五个月后,距离枪击大概过了一年时间,我拿起一份《每日新闻》,头版上面写着:"沃霍尔枪女获刑三年(WARHOL GUN GAL DRAWS 3 YEARS)"。文章报道说,瓦莱丽监禁在拘留所里的时间可以充抵那三年刑期,也就是说这次判决最长是加给她两年。

临近六九年末,我接到一封薇拉·克鲁斯的来信,信中说她刚被宣判犯有盗窃罪。她也被送到麻托旺(Matteawan)服刑,常能看到瓦莱丽。据薇拉说,瓦莱丽常常念叨说等她出去要"搞定安迪·沃霍尔"。

就在我接到薇拉的来信之后,麻托旺释放了瓦莱丽,说她已经改造好了。她给工厂打了几次电话,但之后就停手了——她一定找到了其他兴趣,因为我再也没有见过她,虽然偶尔,人们会说在街上某处——通常是村子里看见了她。

到了六八年秋天,迷你裙风潮结束了。这一年是以刚能盖住屁股的下摆开始的,但是到了春天,你看到潮流人士身上穿着不同长短的裙子。而且伴着关于膝上/小腿中间/及地/还有随便哪里的全新讨论的,是女人们开始越来越多地穿西裤套装。这是一个关于最佳餐馆里的哪家会让一个穿着裤装的女人进场的争论热火朝天的季节——争议很大,对餐厅领班的访谈很多。

马克斯的孩子更多地穿起二手店的衣服来。巴基斯坦的、印度的、放眼国际的嬉皮打扮——满是刺绣和提花织锦——大行其道。人们花大把的时间在跳蚤市场、古董店和二手店里淘货,而且这样的风格不仅被穿在身上,还摆进了公寓和住宅里。好像每个人都突然意识到,"劳力"正在成为过去,你将再也不能在衣服或者家具或者其他什么东西上得到同样的细节了。

新来的打字员正在为我誊录的,是我在六五年昂迪恩和朋友们的那些磁带之后,在电话里和当面录下来的数小时又数小时的内容。

那些昂迪恩磁带被集起来做成了一本名为《a》的书,由格罗夫出版社在六八年末出版。我们称它为"一部安迪·沃霍尔的小说",但实际上它只不过是所有那些昂迪恩磁带的誊录,其中一些人名做了改动(比如,昂迪恩是昂迪恩，罗滕是罗滕，但我成了"吸血娘"，而伊迪则是"紫杉碱"[Taxine]）。

比利和格罗夫出版社一起工作，确保书中的内容和那个高中生打字员誊录的相合，下至每一个拼写错误都要一模一样。我想要做一本"烂书"，就像我做"烂电影"和"烂艺术"一样，因为当你精确地把事情做错，你总是能弄出点儿什么来。

《a》得到的书评不都那么好。（我最喜欢的恶评形容这部书为"发着酒疯的闲扯淡"。）我所希望的是好莱坞的某人能买下这书的改编权，这样昂迪恩和我就能看到像特洛伊·多纳休和塔布·亨特那样的型男来演我们俩了。我跟莱斯特·珀斯基提了这事儿，他刚在电影制片方面得到巨大的赞誉（《富贵浮云》，那部朱迪·加兰热切地想要出演的电影——那部六五年她在工厂跟莱斯特和田纳西为之争执起来的那部电影——最终拍出来了，由伊丽莎白·泰勒主演）。**快别了**，安迪，"当我问他是否愿意买下《a》的电影改编权时，莱斯特呜咽道，"我正试着要忘掉我是从哪里来的呢。我要找的是文学**财产**——而非骇人的言谈……"

七月末，我带着昂迪恩和甜心去了八十一街和麦迪逊处的弗兰克·坎贝尔殡仪馆（Frank Campbell's Funeral Home），加入为朱迪·加兰送行的蜿蜒了一个街区的行列。我想要在他们等着到棺椁前看她最后一眼这个过程中给他们录音。我知道朱迪的拥趸会在那儿又哭又喊说她对他们有多重要。在我的脑海里那将会是一出绝妙的戏剧——昂迪恩和甜心站在横跨舞台的一列队伍里,而哭者和笑者四处都是。我知道那会是朱迪本人也会觉得异常搞笑的场面。

但是那天和昂迪恩在一起非常奇怪,就好像是和一个寻常的人在一起一般。他之前已经不太来工厂了。他有了一个稳定的女朋友,他说他完全不碰安非他明了,而且他某种程度上安定了下来,做一份邮差的工作——事实上,他是为美国邮政局布鲁克林分部送信!站在给朱迪送行的行列里,我瞠目结舌地看着他——我无法相信他就是那个胡言乱语惊声尖叫大笑着结巴着异乎寻常卓尔不凡着在安非他明的药劲儿下嗨出了整本《a》的人。他以闲聊天的口吻说着寻常的话,如"外面可真够热的,不是么?"而且他的举止也很平常——没有蹒跚,没有奔突,也没有口吐白沫。

一连几周,我都不停地在想现在这个没有个性的昂迪恩。现在跟他讲话就和跟你的蒂莉姨妈(Aunt Tillie)讲话一样。没错,他不碰毒品了这很好(我猜是的),而我也为他高兴(我猜是的),但是这样**太无趣**了——这是无法回避的事实。光彩全然不再了。

在比利完成《a》的校对工作后,他做了件怪异的事:他走进他的暗室,不再出来。白天没人再看到他了。早上我们会在垃圾桶里发现外卖饭盒和酸奶杯,但我们一直都不清楚是他晚上自己出去买呢还是有朋友给他带过来。

一开始这倒不像是什么大事,我们只当那是他正在经历的某个阶段,但是等到了春天他还不出来时,每个人都想知道在那里到底正发生着什么。

那个暗室就在我们都用的厕所隔壁——两间屋子实际上被一个高高的、上了漆的气窗相连,声音可以轻易穿过。所以当你在厕所里时,如果比利在屋内走动或者做什么,你都可以听到——当然,他也整天听着所有的撒尿声、拉屎声、流水声和冲厕所声。

偶尔他会让某个顺道来访的人进暗室里见他,但是大多数时候,他甚至不理会他们敲门。

每个人都期望我去试着把比利以某种方式弄出来,但我没那么做。有太多的人跟我讲:"你难道不认为他在等着**你**去**请**他出来吗?"但是我不清楚是什么让他进去的,所以我又怎么能把他弄出来呢?而且即使我能,我为什么应该那么做呢?我觉得像那样去打搅他并不太合适。比利一直以来似乎都很清楚他在做什么,而且我也不想插手别人的事;当他想出来时他会出来的,我想——等他准备好了的时候。

到六九年十一月,他在小室里已经待了快一年了。新来的人认为我们让一个我们从来见不着的人住在暗室里实在是太古怪了。但是当一个情况是逐渐形成的,不管有多古怪,你都会习惯它。偶尔我们会隔着门问他是否有什么需要。我甚至不知道他是否还在用安非他明。但就在这时,卢·里德有一天进到暗室里和比利待了整整三个小时。当他出来时,他看上去吓坏了。

"我去年真不该给他那本书。"卢说,摇了摇头。

我不知道他说的是什么。

"艾丽斯·贝莉(Alice Bailey)的书,"他说,"事实上,我给了他**三本**。"

我此前听过这个名字。昂迪恩过去常提起她,她写神秘学的书。

"我去年在读一本她的书,"卢说,"但是它太难了,我想:为什么不让比利读读,然后告诉我——你知道——书里有趣的部分呢?结果他就进了小室不出来了。他剃了光头——他说头发现在往里长,而不是往外——而且他现在只吃全麦薄饼干和米饼。"

"但我以为他是每天晚上在我们离开后去布朗尼斯(Brownies)买东西。"布朗尼斯是街角一家健康食品店。

"现在不去了,"卢说,"现在他正依照那本教你重建细胞结构的白色魔法书修行——与细胞中心为伴,还有就是吃像这样的酸奶。我让他告诉我那修行到底是怎么个做法,他说那太危险了,他只能告诉我一部分,因为如果我在哪一步做错了就可能变成他那样。"

"他告诉你的那部分是怎么样的?"

"那就像是,就像是呼号:**啊~~~~嗯~~~~**"

比利变得越来越怪异了。在厕所时我们会听到墙那边有对话声,有一阵儿我们以为另有一个人搬进去和他一起住。然而稍后我们发现那两个声音都来自比利。但我仍然觉得应该由他自己找出不管是什么办法,而且我相信,他会以某种方式做到的。

对我来说,整个六十年代最让我感到困惑的时期就是最后的十六个月。我把看到的一切都用磁带录下来,用宝丽来(Polaroid)拍下来,但是我不知道能拿这些干点儿什么。

六九年,加利福尼亚将发生地震的预言传得很盛,丹尼·菲尔茨去那儿找了间尽可能贴近随便什么断层线的房子租了下来,因为,他告诉我们:"我想要置身于一场灾难之中。我已经看了这么长时间的灾难片了,我真的想要知道置身其中到底是什么感觉。"人们是如此地无聊,他们想要有大事发生——在媒体上,在地层上,随便哪儿,随便什么事。

我每天下午都会不由自主地去工厂,在那儿待上四到六个小时,然而我自己也感到困惑因为我在那儿既不作画也不拍片。我就那么坐在我小小的办公室里,窥看保罗和弗雷德在前面打点生意。当有看起来无害的朋友或者朋友的朋友顺道过来时,我会走出去,给他们录音、拍照,然后又走回我的办公室,等着其他什么人顺道来访。

现在我回过头去看,我想六十年代末在工厂对我而言重要的是所有那些机械的响动。也许我自己很感困惑,但是电话声、门铃声、快门声、闪光灯泡的砰砰声、电影剪接机运行、幻灯片咔嗒咔嗒穿过观察器,还有最重要的,打字员和从正在誊录的磁带中传出的声音——所有这些让我可以安下心来。我知道工作正在进行,即使我并不知道这些工作会带来什么。不论何时当我听说有拍低成本电影的人拿到了大笔投资,我都会嫉妒,那些投资人有时候甚至会让他们完全自由地去创作他们的作品。我仍然觉得我们的电影,充满古怪的、有趣的、与我们相熟的人的我们的电影,是独一无二的,我不明白为什么没有大公司前来推我们一把。

367 　　每个来工厂的人突然间都在问其他人同一个问题:"你认识可以誊录磁带的人吗?"

　　每个人,一点儿不夸张,每个人都在拿磁带录其他人。机器已经接管了人们的性生活——电动阳具和各种各样的振动器——而现在它也开始接管人们的社交生活,用录音机和宝丽来。布里吉德和我之间总开的一个玩笑是,我们所有的电话都是以那个接听另一个人来电的人说"你好,请等一下"然后跑去接电源、连麦克风开始的。我会挑起对方任何一种过头的情绪只为了能得到一盘好的录音带。由于我不太出门并且上午和晚上都老待在家,所以我花很多时间在电话上:闲聊、制造麻烦、从他人那里找灵感、试着弄清有什么事正在发生——并且全都录下来。

　　麻烦的是,誊录一盘磁带需要花太长时间了,即使你有某人全职为你做这件事也是一样。那时候,甚至打字员自己也在录制他们自己的磁带——就像我说的,**每个人都在做这个**。

但难以置信的是,那会儿没什么记者会把采访用录音机录下来。他们会带着他们的便笺簿和铅笔过来,草草写下你说的话的关键词,然后回家靠着记忆写出稿子来。(不用说,当我说"每个人都在录音"时,我指的是"每一个我们认识的人"。其他人根本不录音,而且,事实上,他们看到你的录音机时会变得紧张起来:"那是什么?……为什么你要录音?……你会拿它做什么?"等等等等。)

磁带为与各类名流的访谈带来了巨大的可能,而且由于最近我们拍电影的间隔期很长,我开始考虑创办一本除了录音访谈其他什么也没有的杂志。之后有一天,约翰·威尔科克顺道来访,问我愿不愿意和他一起办一份报纸。我说好。约翰已经在出版一份用新闻纸印刷的名叫《另一些现场》的杂志了,所以他已经有了一整套排版和印刷设备。六九年秋,我们一起出版了第一期的《访谈》(Interview)杂志。

报纸和杂志不断派记者来采写关于我们的故事,而我们总是确保有新人在场以便让他们关注。这一年年尾的时候是宝贝儿甜心——她向他们透露她和我们有"多部片约",而且她会凭空杜撰一些片名,像是《嗨错了药的金发女郎》(*Blond on a Bummer*)、《村中新女》(*New Girl in the Village*)、《乐队男孩之外》(*Beyond the Boys in the Band*)——她那天想到的无论什么短语。（尽管我们的电影产量减少了，间隔增长了，但是我们不缺片名。）我们因为这些我们不耐烦去拍的电影以及那些我们根本没工夫用在电影里的超级明星得到了价值数千美元的宣传、曝光。

《肉体》在六八年十月到六九年四月间于布利克街加里克戏院（Garrick Theater）放映时大获成功。乔·达里桑德罗在城中有了相当数量的拥趸——加里克的助理经理，一个名叫乔治·阿拜格奈罗（George Abagnalo）的年轻孩子，告诉我们他注意到一些同样的面孔一次又一次地回来看这部电影。而甜心也因为她的一场戏爆红，戏里的她贵妇人般地和杰基坐在沙发上，大声地读电影杂志旧刊，与此同时上空的勾勾舞舞者格里（Geri）在给乔做口活儿。

《肉体》放映期间的某一天，杰基和甜心在第十街和大学地（University Place）的艾伯特旅馆一起租了一间房。那时候杰基已经完全异装打扮了——浓密的染成红棕色的头发，深色唇彩，四十年代的连衣裙用大大的花样别针勾连，别针中有个他最喜欢的，用灰白色金属拼成"尼克松"（Nixon）。当人们问起他为什么"一做到底"时，杰基会这样解释："当个古怪的女孩比当个古怪的男孩容易多了。"

作为一个完全绽放的女人的杰基并不那么让人难以接受，因为他像一出彻底的喜剧那样来演绎；他的中间阶段才吓人呢。他六八年开始注射女性荷尔蒙,到了那年夏天,当保罗在《肉体》里拍到他和甜心时,他正处在怪异的半是男人半是女人的阶段——但是距离二者都很远很远。他的眉毛完全拔去了,涂着厚厚的粉底,但还是没能遮住多少:胡茬露在外面,而且有一道道的瘢痕——小块小块的红肿——你看得出他刚刚接受了电击除毛。(我们认识的许多异装皇后都是让中城一所电击除毛学校的学生除的体毛和脸毛,这样便宜些。)但是性别转换最让人感到恐怖的部分与外表无关——而是**声音**。以杰基来讲,他采取了大多数想要听起来像女人的男人采取的办法:把声音放低到耳语的程度。然而,事实上,耳语般的声音从不能让异装皇后听起来更女人——那只是让他们听起来更绝望。

审视其他异装皇后的短处让你意识到甜心是多么地特别,意识到她需要多努力才能保持如此地女人,以及她在这件事上做得有多成功。

甜心在六九年经历了一次巨大的失望。事实上,她一直没能从中缓过来。《迈拉·布雷肯里奇》(*Myra Breckinridge*)要拍成电影的新闻刚一在行业报纸上刊出,甜心就开始写信给电影公司、制片人和她能想到的不管什么人,告诉他们她的生活简直和迈拉的一样,而且她关于四十年代的电影知道得甚至要比戈尔·维达尔(Gore Vidal)[1]还多。这是实情。

---

[1] 《迈拉·布雷肯里奇》的小说作者。

而他们把那个角色给了拉克尔·韦尔奇(Raquel Welch)。

可怜的甜心写信给他们乞求他们再作考虑。她知道如果好莱坞有一个角色是给异装皇后准备的话,那么就是这个了。当她没有得到任何回音时,她有些东西变了——那不是一个你会注意到的改变,除非你非常地了解她(毕竟,她总是在做着某种程度上的表演)。但是突然间,她不得不面对好莱坞冲她砰的一声关上了大门这一事实。她整个人生都在被拒绝了又拒绝,被每个人、被每件事,而在这整个过程里她始终怀有美好的想象:即使世界上没有别的地方会接纳她,好莱坞总会接纳她,因为好莱坞像她一样地不真实;好莱坞一定能理解——以某种方式,一定能理解。所以当她没有得到出演迈拉的机会而且她看到好莱坞也不要她时,我看得出,她更凄苦了。

大规模的裸戏狂热在六九年轰然上演。不过是一年之前,警察还驻守在旧金山预备着逮捕生活剧场的表演者,如果他们胆敢**开始**脱衣服的话。然而忽然间就有了表演者脱掉他们全部衣衫,在台上赤身裸体跳来跳去的长期演出、宣传到位的剧目,如《噢!加尔各答!》(*Oh! Calcutta!*)和《一九六九年的狄俄尼索斯》(*Dionysus in '69*)。

在此期间我用宝丽来拍了上千张生殖器。不论何时有人来工厂,不管他看上去多像异性恋,我都会请他脱掉裤子好让我拍他的鸡巴和卵蛋。我常惊讶于谁让我拍而谁不让。

就个人而言,我爱色情书刊,而且我一直都买很多——买那些真正下流的、让人兴奋的东西。你所要做的就是找出什么能让你兴奋,然后就去把那些合你口味的下流杂志和电影拷贝买来,就像你买合适的药丸儿或者合适的罐头食品一样。(我对色情书刊怀有非常热烈的渴望,以至于我在遭枪击后能出房门的第一天就径直去了四十二街和薇拉·克鲁斯一起看了色情表演,并为我的下流杂志库存补了仓。)

我一直想要拍一部完全是操的电影,没别的,就像《吃》就只是吃而《睡》就只是睡。所以六八年十月,我拍了一部维瓦和路易斯·沃尔登性交的电影。我管它就叫《操》(Fuck)。

一开始我们把这片子保存在工厂,偶尔为朋友放一下。之后,当我们五月开映《寂寞牛仔》而它很快就开始不行了时,我们不得不考虑拿什么替代它;我暗自寻思着该不该把《操》拿出来。

对于色情电影什么是合法的而什么是非法的问题,我仍然感到困惑。但是到了七月末,眼见各种各样的下流电影在城中热映,而且像《钻》(Screw)[1]这样的下流杂志每个报亭都有卖,我们想,哦,为什么不呢,于是在把片名改为《蓝色电影》(Blue Movie)后把《操》拿到了加里克

---

[1] "钻"(screw)一词有"性交"的意思。

剧院。它放映了一周,然后被警察罚没了。他们一路下到村子里来,坐在那儿看了维瓦关于麦克阿瑟将军和越战的演讲,看了路易斯称她的乳头为"杏脯",听了她讲的在汉普顿斯时因为不戴乳罩被警察找麻烦的故事,等等等等——**然后**,他们罚没了我们的电影拷贝。我不禁想要知道,为什么他们不去第八大道罚没像是《在朱迪的小穴里》(Inside Judy's Box)和《蒂娜的舌头》(Tina's Tongue)那类东西呢?也许那些作品更能"匡正公序良俗"?实际上,所有的一切都取决于他们想要罚没什么以及不想罚没什么,基本上就是这么回事。这太荒谬了。

维瓦六八年十一月时想去巴黎,于是我给了她一张往返机票。一月,我接到她的一封信,信中说:"如果你不寄钱给我,我跟你对着干起来会像我为你工作时一样出色。"当某人威胁我时,我就不再听他们说话了。自然我为此感到失望,但是对维瓦,我已经开始习惯于失望了。二月间,她发来一封电报说了基本上同样的事,而我故意无视它。之后我们听说她去了洛杉矶出演阿涅丝·瓦尔达(Agnes Varda)的电影《狮子,爱,谎言》(Lions Love)。

那时拍电影对维瓦而言似乎确实很合适。越来越多的女孩学起了她的打扮——那优雅的天鹅绒和绸缎衣装,宽松的长款衬衣罩在裤子上,无精打采的、厌倦的姿态,还有最重要的——头发,卷曲着盛放的伸展出来的头发。

三月,当我正在医院做一个后续手术时,又一封维瓦的电报到了工厂——这次是从拉斯维加斯，电报中说她结婚了。大约一周以后，她回到纽约，和她的新婚丈夫一起。她丈夫是个法国电影制作人，名叫米歇尔（Michel），维瓦在欧洲时认识的他，并带着他去了好莱坞。我祝她婚姻幸福。当我们说话时，她不时跟她丈夫说些离题话，就这张支票或那张照片该怎么处理询问他的意见。她告诉我她正在为帕特南出版社（Putnam's）写一本自传性质的小说，书名叫《超级明星》（Superstar），而这书也将是对地下文艺圈的一次曝光。她补充说道，事实上，她正在为书中的一个章节给我们这次电话录音。

六十年代末，看起来好莱坞终于就要承认我们的作品并且给我们钱拍一部大制作的 35 毫米电影了。(《肉体》，与此同时，在德国上映并且取得了巨大的成功。当保罗和乔去那儿宣传影片时，他们被观众簇拥得动不了身。）哥伦比亚电影公司想和我们合作一个项目，他们告诉我们说先放手去做，攒个剧本或者故事大纲出来。

大约在这个时候，我们认识了一个名叫约翰·哈洛韦尔（John Hallowell）的写手，他住在洛杉矶，为《洛杉矶时报》（Los Angeles Times）采写电影明星访谈。约翰正在写一本叫作《真相游戏》（The Truth Game）的书，书由谈论不同明星的一堆章节构成，但是他在某种程度上把它写成了一本小说，以他自己作为书中的记者主人公。他来纽约见我们，因为他想以关于工厂众人的一章来结束全书。他和保罗一拍即合，开始为我们共同创作带去好莱坞的故事大纲——展现洛杉矶生活的不同方面。大纲是为由我们的超级明星和约翰说他可以请来的好莱坞明星组成的联合阵容而特别设定的。

约翰回好莱坞和那儿的人就这个构想大谈特谈。我们会从他那儿接到兴奋的电话和电报说些诸如"拉克尔（Raquel）[1]等不及了"或者"纳塔莉（Natalie）[2]说太棒了"之类的话，而我则会调侃他净是说些鼎鼎大名来给自己脸上贴金。（有一次，他甚至让我震惊——他真的把丽塔·海华丝[Rita Hayworth]放到电话上来了。但是不知怎的，我们无法真正交谈，也许因为她害羞而我也害羞吧。我们喏嚅着说了些关于艺术的话——她告诉我有一次她画了一幅栀子花。她非常地可人，但是很遗憾，她说话声音太轻而且听起来有些失神。她说她只知道我会让她成为"所有人中最超级的明星"。）

五月，哥伦比亚让我们飞去洛杉矶。

和电影公司的会议似乎进展得不错，直到一位决策人问起故事大纲里的大丹犬（the Great Dane）是否绝对必要。（这是他们在好莱坞压低预算的惯常谈话方式——他只是在尽职地提问以便听起来让他们显得对节省开支有留心。）当保罗跟他说，哦，是的，那狗**绝对**必要因为片子里有个女孩"要跟那狗有一腿"时，他震惊了。保罗向他

---

[1] 指拉克尔·韦尔奇（Raquel Welch）。
[2] 指纳塔莉·伍德（Natalie Wood）。

保证和狗性交的场面会摆在镜头外,但是我们看得出已经谈崩了。

我们没再从电影公司那边得到一点儿消息。当我们回到纽约后,约翰打来电话说他们以"道德原因"拒绝了那个项目。"喜欢吧?"他讥讽道。"因为'道德原因'——他们和匈奴王阿提拉(Attila the Hun)几乎一样道德呢!"

那次洛杉矶之旅并不是完全废了——我们预先看到了新好莱坞。彼得·方达和丹尼斯·霍珀刚刚完成了电影《逍遥骑士》。我们在位于峡谷中的彼得的房子里看了片子的粗剪版。他们把电影放到放映机上,当影片开始时,彼得打开他的立体声播放了所有跟片子配合的摇滚——它们还没放到拷贝上。(放映结束后,保罗调侃道:"多棒的主意啊——拍一部电影来展示你的唱片收藏!")看到像彼得和丹尼斯这样的年轻孩子用自己的方式塑造出了新的青春形象是件令人兴奋的事。如此这般地使用摇滚,让你不禁想到一些地下电影,但使《逍遥骑士》看起来如此崭新的,是好莱坞风格的开场、过渡以及在路上推进故事的方式。(另外,不用说,这是杰克·尼科尔森 [Jack Nicholson] 第一个出彩的角色。)

然而,我必须承认,当时我并不十分肯定《逍遥骑士》会票房大热,我不知道人们会不会接受它松散的风格。我也没想到,当它在七月上映时,这片子正是数百万孩子梦想着的情景——无拘无束,在路上,做大麻交易,被迫害。

旧日工厂的超级明星不怎么来新工厂了。他们中的一些人说他们觉得那地方的白色让他们感到不舒服。当有人打电话找他们时（杂志要撰写故事或者模特经纪介绍工作又或者就是些跟他们失去了联系的老朋友），我们会试着找到他们现在的居处，我们会为他们在城中各处留下口信。但是事情已经变了。

到了六九年末，在"是——不是——也许吧"/"项目上马了——项目搁置了"这类来自洛杉矶的消息拖了足足有一年之后，我们按捺不住要开拍另一部电影。

保罗对我说，他受够了毒品被美化——特别是在电影里。他想要完完全全地把附在吸毒上的浪漫情调拿下来——拍一部关于下东区的一个吸毒成瘾的家伙的电影，片子就叫作《垃圾》。这主意听起来不错，我说好，拍吧。

演员是一帮新的、更加年轻的、后波普的孩子（像是简·福思 [Jane Forth]，一个十六岁的小美人儿，有着修饰得很漂亮的眉毛和用威臣 [Wesson] 油养护过的头发）。所有那些早期超级明星反抗的道德和限制似乎已经是相当遥远的事情了——它们是如此地虚幻，就好像维多利亚时代对于今人来说一般。波普对于这新的一代人来说不再是个问题或是选项：它是他们所仅知的东西。

# 尾声

有一些对我们来说非常特别的孩子,那些使得我们六十年代的场景成其所是的孩子,年纪轻轻地死在了七十年代。

伊迪待在加利福尼亚,静静地生活。她甚至结了婚。但是她频繁地进出医院,一九七一年时死于"急性巴比妥中毒"[1]。

一天,小安德烈娅·费尔德曼在她和家人同住的第五大道和第十二街的公寓里留下了寥寥数笔。她说她"正在迈向辉煌",之后从十四楼的窗户跳了出去,紧紧地抱着一本《圣经》和一个十字架。

人们一大早在赫德森大街(Hudson Street)发现了埃里克·埃默森。官方说他是肇事逃逸的受害者,但我们听到谣言,说他是吸毒过量,被人扔在那儿的。不管实际情形是怎样的,他最后骑着的那辆自行车是完好无缺的。

宝贝儿甜心始终未能打入好莱坞。田纳西让她主演了他的外百老汇戏剧《小船警报》(Small Craft Warnings),而

---

[1] 巴比妥为一种镇静剂。

这也是她离常规的娱乐业最为接近的一次。一九七四年，她得了癌症，一连几周躺在哥伦布医院里奄奄一息，那儿距离工厂仅几个街区远。之后，她迎来了她一直想要的电影明星般的葬礼，在上城的弗兰克·坎贝尔。

一天早上，当我们来到工厂时，那间比利把自己在里面锁了两年的后方暗室的门开了，而他人不见了。那屋子闻起来可怕极了。

379　屋里有数千个烟头，墙上全是占星类的图表。我们清理了脏乱，刷白了黑墙。几周之后，我们租了一台复印机，那屋子成了复印室。大约一年后，有人跟我们说他们在旧金山见到了比利，但我从未再见过他，也没有收到过他的信，除了他离开的那晚钉在墙上的短笺。那上面说：

　　安迪，

　　我不再在这里了，
　　但我还好。

　　　　爱你，比利

# 索引

《\*\*\*\*》\*\*\*\*, 272, 291, 317–18
《a》 a, 362, 363
CBS CBS, 38
F. 斯科特·菲茨杰拉德 Fitzgerald, F. Scott, 331
K 字头默里 Murray the K, 23, 36, 181

## A

阿黛尔·阿斯泰尔·道格拉斯 Douglass, Adele Astaire, 247
阿道夫·梅卡斯 Mekas, Adolph, 62
阿德莱·史蒂文森 Stevenson, Adlai, 13
阿尔·格罗斯曼 Grossman, Al, 134, 136–37, 182, 184, 229
阿尔·汉森 Hansen, Al, 97–98
阿尔曼 Arman, 179
阿兰·德龙 Delon, Alain, 183
阿里（妮可的儿子）Ari (Nico's son), 230–31
阿涅丝·瓦尔达 Varda, Agnes, 372
阿瑟·洛布 Loeb, Arthur, 120, 121
埃德·苏利文 Sullivan, Ed, 72, 101–2, 257
埃德·沃尔什 Walsh, Ed, 215, 219
埃尔斯沃思·凯利 Kelly, Ellsworth, 91, 246, 249
埃尔维斯·普雷斯利 Presley, Elvis, 101–3, 168, 277, 301
埃里克，参看埃里克·埃默森 Eric. See Emerson, Eric

埃里克·埃默森 Emerson, Eric, 152, 206–7, 220, 225–27, 240, 250, 265–70, 286, 317, 327–30, 377
埃里克·安德森 Andersen, Eric, 134–35
埃丽卡·埃默森 Emerson, Erica, 266
埃利奥特·普拉特 Pratt, Eliot, 38–39
埃莉诺·罗斯福 Roosevelt, Eleanor, 228
埃莉诺·沃德 Ward, Eleanor, 27, 30–31, 40
埃罗·萨里宁 Saarinen, Eero, 119
埃米·古德曼 Goodman, Amy, 302–3
埃米尔·德·安东尼奥（德）Antonio, Emile de ("De"), 3–7, 11–15, 26, 30–31, 37, 38–39, 60, 61, 110, 112–14
埃莫莱塔 Emeretta, 302
埃塞尔·斯卡尔（尖儿）Scull, Ethel ("Spike"), 108–9, 111
埃丝特·威廉姆斯 Williams, Esther, 143
艾尔弗雷德·巴尔 Barr, Alfred, 272
艾尔弗雷德·莱斯利 Leslie, Alfred, 39
艾丽斯·贝莉 Bailey, Alice, 365
艾丽斯·罗斯福·朗沃思 Longworth, Alice Roosevelt, 246
艾伦·金斯伯格 Ginsberg, Allen, 39, 49, 109, 129, 187–88, 231, 303
艾伦·米杰特 Midgette, Allen, 312–13, 317
艾伦·谢泼德 Shepard, Alan, 83

艾瑞莎·富兰克林 Franklin, Aretha, 262, 287
艾薇·尼科尔森 Nicholson, Ivy, 171, 317, 348
爱的一勺 Lovin' Spoonful, 216, 258
《爱你》 *Loving You*, 301
安·魏赫尔 Wehrer, Ann, 193
安德烈娅·费尔德曼 Feldman, Andrea, 297–99, 302–3, 317, 377
安德鲁·奥尔德姆 Oldham, Andrew, 183
安格斯·麦克利斯 MacLise, Angus, 214–15
安吉·迪金森 Dickinson, Angie, 243
安娜·马尼亚尼 Magnani, Anna, 48
昂迪恩（迪斯科）Ondine (discotheque), 124–25, 157, 173, 238–40, 266, 298
昂迪恩（教皇昂迪恩）Ondine ("Pope Ondine"), 70, 79, 82, 89, 95, 97, 98, 111, 126, 148–49, 164, 170–71, 187, 192, 199, 205, 227, 259–60, 272, 291–92, 315, 317–18, 321–22, 324–26, 354, 361–63, 365
《昂迪恩之爱》 *Loves of Ondine*, 291, 301, 334
奥利维耶·科克兰 Coquelin, Olivier, 46, 207–8
奥斯卡·德拉伦塔 de la Renta, Oscar, 247
奥特拉·维奥莱特（伊莎贝尔·科林－迪弗雷纳）Ultra Violet (Isabelle Collin-Dufresne), 264–65, 289–92, 309, 310–11, 312, 315, 317, 334, 354

**B**

巴迪·沃特沙夫特 Wirtschafter, Buddy, 150
巴克敏斯特·富勒 Fuller, Buckminster, 277
巴尼特·纽曼 Newman, Barnett, 15–16
芭芭拉·戈德史密斯 Goldsmith, Barbara, 335
芭芭拉·霍兹 Hodes, Barbara, 224
芭芭拉·鲁宾 Rubin, Barbara, 179–80, 184, 185, 191
芭芭拉·路易斯 Lewis, Barbara, 243
《把所有的都带回家》 *Bringing It All Back Home*, 135
邦尼·帕克 Parker, Bonnie, 245, 313
薄荷厅 Peppermint Lounge, 24, 151
《宝贝儿》 *Darling*, 153
宝贝儿简，参看宝贝儿简·霍泽尔 Baby Jane. See Holzer, Baby Jane
宝贝儿简·霍泽 Holzer, Baby Jane, 75–77, 89, 101–2, 151–52, 164, 168, 183, 188, 215
宝贝儿佩利 Paley, Babe, 246
宝贝儿甜心（吉米·斯莱特里）Darling, Candy (Jimmy Slattery), 281–86, 306–8, 316–17, 354, 362–63, 368–70, 377
保利娜·德·罗思柴尔德 Rothschild, Pauline de, 205
保罗，参看保罗·莫里西 Paul. See Morrissey, Paul
保罗·布莱克本 Blackburn, Paul, 65
保罗·麦卡特尼 McCartney, Paul, 269, 300
保罗·美国 America, Paul, 94, 157, 158, 323
保罗·莫里西 Morrissey, Paul, 147–50, 158–60, 167, 171, 172, 175, 179–81, 185–86, 189–96, 205–9, 212–18, 225, 229–31, 241, 244, 255–56, 263–65, 272–76, 278–79, 281, 291–97, 301–2, 304–5, 312–13, 330–34, 337–39, 342–44, 348, 350–54, 359, 366, 369, 373, 374–75
保罗·所罗门 Solomon, Paul, 308–9
鲍勃·迪伦 Dylan, Bob, 48, 134–37, 146–47, 149, 154, 182, 184, 186–89, 202, 208, 210, 218
鲍勃·劳申贝格 Rauschenberg, Robert, 3, 4, 12–14, 28–31, 65–66, 179, 277, 348
鲍勃·斯卡尔 Scull, Bob, 89, 108–9, 110–11, 357–58
爆炸模式化不可避免（E.P.I.）Exploding Plastic Inevitable (E.P.I.), 191, 193, 203, 215, 216, 229, 231, 240–41, 261, 270

北美飞利浦公司 Norelco, 150–51

贝弗利·格兰特 Grant, Beverly, 315

贝拉·卢戈希 Lugosi, Bela, 210

贝妮代塔·巴尔齐尼 Barzini, Benedetta, 222, 259

贝齐·约翰逊 Johnson, Betsey, 219, 286–89

贝特·戴维斯 Davis, Bette, 144

比尔·格雷厄姆 Graham, Bill, 211–14

比尔·科斯比 Cosby, Bill, 310

比尔·维尔 Vehr, Bill, 115

比利（昂迪恩的DJ）Billie (DJ at Ondine), 239

比利，参看比利·奈姆 Billy. See Name, Billy

比利·鲍德温 Baldwin, Billy, 246

比利·奈姆 Name, Billy, 69–70, 74–75, 79–83, 89, 93–99, 105–6, 108, 111, 113–14, 140, 150–51, 158, 164, 216, 291–92, 304, 305, 332, 334, 344, 350, 362, 363–65, 377–78

比利·沙利文 Sullivan, Billy, 302

彼得·艾伦 Allen, Peter, 151–52

彼得·奥夫洛夫斯基 Orlovsky, Peter, 187

彼得·奥图尔 O'Toole, Peter, 141

彼得·方达 Fonda, Peter, 53, 374

彼得·塞勒斯 Sellers, Peter, 141

彼得·斯塔克 Stark, Peter, 151

毕加索 Picasso, Pablo, 91, 104, 143

碧姬·芭铎 Bardot, Brigitte, 267–68

《鞭子》Whips, 204

宾汉姆顿小鸟儿 Binghamton Birdie, 79, 96, 97, 150–51

波利（沃霍尔的侄子）Paulie (Warhol's nephew), 347

博比·戈尔兹伯若 Goldsboro, Bobby, 101

博比·赫布 Hebb, Bobby, 240

博比·纽沃思 Neuwirth, Bobby, 135, 184

博比·维 Vee, Bobby, 88

博比·文顿 Vinton, Bobby, 46

博登·史蒂文森 Stevenson, Borden, 46

博斯利·克劳瑟 Crowther, Bosley, 233

布拉德利·皮尔斯 Pierce, Bradley, 306

布赖恩·爱泼斯坦 Epstein, Brian, 304

布赖恩·海兰 Hyland, Brian, 240

布赖恩·琼斯 Jones, Brian, 128, 186–89, 257–58, 292, 306, 307

布兰奇·斯威特 Sweet, Blanche, 175

布里吉德，参看布里吉德·波尔克（布里吉德·伯林）Brigid. See Polk, Brigid (Brigid Berlin)

布里吉德·波尔克（布里吉德·柏林）Polk, Brigid (Brigid Berlin), 129–31, 154, 220, 228, 308–12, 314, 317, 322–23, 325, 334, 347–49, 367

布里吉德·伯林，同时参看布里吉德·波尔克（布里吉德·伯林）Berlin, Brigid, 129. See also Polk, Brigid (Brigid Berlin)

布利克街女巫奥赖恩 Orion the Witch of Bleecker Street, 107–8, 292, 317

布鲁克·霍珀 Hopper, Brooke, 52–53, 54

布伦达·瓦卡罗 Vaccaro, Brenda, 343, 354

布罗德里克·克劳福德 Crawford, Broderick, 33

C

《采菊》Pull My Daisy, 39

《操》，参看《蓝色电影》Fuck. See Blue Movie

查尔斯·亨利·福特 Ford, Charles Henri, 32–34, 66

查尔斯·吕德尔 Rydell, Charles, 58–59, 64–65

查克·魏因 Wein, Chuck, 122, 140, 143–44, 167, 171, 289

查理·罗斯柴尔德 Rothchild, Charlie, 209, 229

查尔斯·林德伯格 Lindbergh, Charles, 180

《嫦娥幻梦》Lady in the Dark, 59

《尘世龙头花园》Garden of Earthly Faucets, The, 73

《吃》Eat, 113, 185, 204, 371

《厨房》Kitchen, 115–16, 259–60

楚德·赫勒 Heller, Trude, 263

《磁带》Tape, 151

《雌雄大盗》Bonnie and Clyde, 245, 261–62, 313

崔姬 Twiggy, 258, 262

《村声》Village Voice, 24, 55–56, 61, 69, 73, 109–10, 111, 176, 190, 198, 203, 206, 249–50, 308, 312–

**D**

达尔坎杰洛 D'Arcangelo, Allan, 277

达里尔·扎纳克 Zanuck, Darryl, 175

达利 Dali, Salvador, 141, 265

达斯汀·霍夫曼 Hoffman, Dustin, 354

《打开门来看看所有人》Open the Door and See All the People, 58

大都会咖啡馆 Café Le Metro, 65, 114

大门乐队 Doors, 239–40, 287

大卫·阿姆拉姆 Amram, David, 39

大卫·鲍登 Bourdon, David, 24–25, 28–30, 41, 66, 78, 111–12, 167, 168–69, 249–50

大卫·贝利 Bailey, David, 35, 75–76, 102

大卫·怀特 White, David, 186

大卫·惠特尼 Whitney, David, 126, 127, 186

大卫·霍克尼 Hockney, David, 45

大卫·克罗兰 Croland, David, 222, 223–24, 225–26, 229, 237, 241–42, 265, 268, 269–70, 317, 340, 356

大卫·梅里克 Merrick, David, 246

大卫·纽曼 Newman, David, 121, 245

大卫·欧·塞尔兹尼克 Selznick, David O., 247

大卫·皮克尔 Picker, David, 256

《大西洋月刊》Atlantic Monthly, The, 119

戴恩 Dion, 23

戴夫·克拉克五人组 Dave Clark Five, 88, 242

黛安·阿勃丝 Arbus, Diane, 335

黛安娜·迪普里马 di Prima, Diane, 100, 107, 108

丹·弗莱文 Flavin, Dan, 235

丹·卓辛 Drasin, Dan, 37

丹尼·菲尔茨 Fields, Danny, 120–22, 123, 133, 134, 193, 211, 366

丹尼·威廉斯 Williams, Danny, 191, 204

丹尼斯·迪根 Deegan, Denis, 57, 120–21

丹尼斯·霍珀 Hopper, Dennis, 45, 52–53, 54, 57, 374

德, 参看埃米尔·德·安东尼奥（德）De. See Antonio, Emile de ("De")

德尔菲娜·塞里格 Seyrig, Delphine, 39

德库宁 de Kooning, Willem, 17, 234

德鲁伊 Druids, 238

德梅尼尔家族 de Menil family, 271–73

德文 Devon, 239, 302

迪安·斯托克韦尔 Stockwell, Dean, 53

迪基·李 Lee, Dickey, 8

迪克·贝拉米 Bellamy, Dick, 39, 89

迪克·克拉克 Clark, Dick, 240

迪克·史密斯 Smith, Dick, 94–95

迪翁·沃里克 Warwick, Dionne, 23, 88, 148

地下丝绒 Velvet Underground, 68, 169, 179–86, 191–97, 203–4, 207–15, 217–19, 224–25, 227, 229–30, 244, 248, 250, 271, 274, 275–76, 293, 326, 348

《帝国》Empire, 101, 114, 185, 204

第十次总是（俱乐部）Tenth of Always (club), 203, 242

蒂莫西·利里 Leary, Timothy, 212, 231–32

蒂姆·巴克利 Buckley, Tim, 230, 261

蒂姆·哈丁 Hardin, Tim, 230, 261

《电影评论》Film Comment, 245

《电影手册》Cahiers du Cinéna, 341

《电影文化》Film Culture, 100

电影选辑档案 Anthology Film Archives, 61

电影制作人合作社 Film-Makers' Co-operative, 37–38, 44, 56, 61, 63, 100, 139, 157, 175–76, 203

电子马戏团 Electric Circus, 270

《东村另一家》*East Village Other*, 165–66, 206

冬青树 Hollies, 88

动物 Animals, 88

杜鲁门·卡波特 Capote, Truman, 235, 243–48

多萝西·戴克 Dyke, Dorothy, 192

多萝西·丹德里奇 Dandridge, Dorothy, 228

多诺万 Donovan, 180, 209

### E

俄国人茶室 Russian Tea Room, 112, 155

厄尼·卡夫卡 Kafka, Ernie, 99

厄休拉·安德烈斯 Andress, Ursula, 141

恩迪科特·皮博迪 Peabody, Endicott, 119

### F

《发条橙》*A Clockwork Orange*, 101, 157

范妮·布赖斯 Brice, Fanny, 151

《访谈》*Interview*, 368

《放大》*Blow-Up*, 256, 267

飞鸟乐队 Byrds, 146, 180, 210

菲德尔·卡斯特罗 Castro, Fidel, 142–43

菲尔·斯佩克特 Spector, Phil, 23

菲利普·罗斯 Roth, Philip, 246

菲利普·约翰逊 Johnson, Philip, 90, 108, 271, 273–76

菲莉帕·德梅尼尔 de Menil, Philippa, 273

菲莉丝和本内特·瑟夫夫妇 Cerf, Phyllis and Bennett, 246

《肥皂剧：莱斯特·珀斯基的故事》*Soap Opera: The Lester Persky Story*, 76–77

费尔菲尔德·波特 Porter, Fairfield, 7

费加罗咖啡馆 Café Figaro, 93, 134, 194, 196, 298

费里尼·费德里科 Fellini, Federico, 61

费鲁斯画廊 Ferus Gallery, 33, 44, 53, 211–12

费森（经纪人）Faison (manager), 225

费雯丽 Leigh, Vivian, 264

费伊·达纳韦 Dunaway, Faye, 313

弗吉尔·格里索姆 Grissom, Virgil, 83

弗吉尼亚·格雷厄姆 Graham, Virginia, 76–77

弗兰克·奥哈拉 O'Hara, Frank, 18, 33, 234–35

弗兰克·坎贝尔殡仪馆 Frank Campbell's Fueral Home, 362–63, 377

弗兰克·劳埃德·赖特 Wright, Frank Lloyd, 210

弗兰克·斯特拉 Stella, Frank, 11–12, 90, 91, 277

弗兰克·西纳特拉 Sinatra, Frank, 128, 247

弗朗基·弗朗辛 Francine, Frankie, 315, 327

弗朗基·默洛 Merlow, Frankie, 48

弗朗索瓦丝·阿迪 Hardy, Françoise, 51

弗朗索瓦丝·多莱亚克 Dorléac, Françoise, 51, 141

弗朗索瓦丝·萨冈 Sagan, Françoise, 141

弗朗兹·克兰 Kline, Franz, 17

弗雷德，参看弗雷德·休斯 Fred. See Hughes, Fred

弗雷德·麦克达拉 McDarrah, Fred, 109–10

弗雷德·休斯 Hughes, Fred, 271–77, 282, 304–6, 330–33, 337–40, 343–45, 350–51, 354–55, 366

弗雷迪，参看弗雷迪·海尔科 Freddy. See Herko, Freddy

弗雷迪·格斯特 Guest, Freddy, 152

弗雷迪·海尔科 Herko, Freddy, 69–70, 71–75, 79, 82, 105–8, 111–12, 171, 198

弗罗林·史提海莫 Stettheimer, Florine, 19

《富贵浮云》*Boom*, 128, 362

### G

干炮好手凯茜 Starfucker, Kathy, 239

戈尔·维达尔 Vidal, Gore, 370
戈尔迪与姜汁小饼 Goldie and the Gingerbreads, 103
哥伦比亚电影公司 Columbia Pictures, 373–74
格雷戈里·巴特科克 Battcock, Gregory, 41, 89
格雷戈里·科尔索 Corso, Gregory, 39, 303
格雷戈里·马科普洛斯 Markopoulos, Gregory, 91
格雷丝·凯莉 Kelly, Grace, 51
格雷丝·斯利克 Slick, Grace, 211
格里·米勒 Miller, Geri, 354, 368
格雷尔·加森 Garson, Greer, 304
格里和带头人 Gerry and the Pacemakers, 88
格利高里·派克 Peck, Gregory, 188
格罗夫出版社 Grove Press, 99, 259–60, 362–63
格洛丽亚·范德比尔特·库珀 Cooper, Gloria Vanderbilt, 247
贡特尔·萨克斯 Sachs, Gunther, 267
《观点》杂志 Eye magazine, 336–37
《光环》Nimbus, 68
广场酒店 Plaza Hotel, 243–48
滚石（迪斯科）Rolling Stone (discotheque), 263
《滚石》杂志 Rolling Stone magazine, 314
滚石乐队 Rolling Stones, 75–76, 88–89, 101–3, 146, 168, 183, 186, 187–88, 257–59, 306, 316–17
国际丝绒（苏珊·博顿利）International Velvet (Susan Bottomly), 145, 154, 220–22, 224, 225–26, 237, 241–42, 264, 265, 268, 269–70, 317, 340, 356

## H

哈尔·彼得森 Peterson, Hal, 121
哈里·米德 Mead, Harry, 48–49
哈里·史密斯 Smith, Harry, 91
《哈珀市集》Harper's Bazaar, 152
《海迪》（又名《窃贼》）Hedy (The Shoplifter), 115–16
海迪·拉玛尔 Lamarr, Hedy, 56
海龟乐队 Turtles, 146, 263
海龟斯坦利 Stanley the Turtle, 79, 200
海伦·弗兰肯塔勒 Frankenthaler, Helen, 94, 246, 249
《旱冰鞋》Roller Skate, 106
《喝》Drink, 113
赫尔曼的隐士们 Herman's Hermits, 88
赫斯特国际集团 Hearst Corporation, 336–37
黑豹党 Black Panthers, 293
《黑胶唱片》Vinyl, 115–16, 147, 148, 157, 185, 192

亨利，参看亨利·戈尔德扎勒 Henry. See Geldzahler, Henry
亨利·福特 Ford, Henry, 247
《亨利·戈尔德扎勒》Henry Geldzahler, 183
亨利·戈尔德扎勒 Geldzahler, Henry, 3, 18–23, 27–30, 44–45, 58, 77, 91, 93, 94, 97–99, 105, 175–76, 183, 244–49, 271–72, 324, 356–58
亨利·赫德森浴场 Henry Hudson Baths, 222
亨利·罗姆尼 Romney, Henry, 101
亨利·麦基尔亨尼 McIlhenny, Henry, 162
亨利·米勒 Miller, Henry, 99
亨廷顿·哈特福德 Hartford, Huntington, 102, 152, 189
《胡安妮塔·卡斯特罗的一生》The Life of Juanita Castro, 33, 115–16, 139, 142–43
《花花公子》Playboy, 262
《华盛顿邮报》The Washington Post, 164
黄宗霑 Howe, James Wong, 175
獚乐队 Spaniels, 195
馄饨 Won-Ton, 80
霍华德·史密斯 Smith, Howard, 206
霍拉肖·盖茨·劳埃德 Lloyd, Horatio Gates, 162
霍利·伍德劳恩 Woodlawn, Holly, 282, 308

霍普·库克 Cooke, Hope, 51
霍普·斯坦斯伯里 Stansbury, Hope, 308

## J

姬蒂·卡莱尔 Carlisle, Kitty, 59
基思·理查兹 Richards, Keith, 102, 258, 286, 306
吉恩·穆尔 Moore, Gene, 4
吉恩·施林普顿 Shrimpton, Jean, 35, 75, 141
吉尔·约翰斯顿 Johnston, Jill, 73, 109–10
吉米·亨德里克斯 Hendrix, Jimi, 238, 302, 339
吉米·亨德里克斯体验 Jimi Hendrix Experience, 238
吉米·克兰顿 Clanton, Jimmy, 240
吉米·史密斯 Smith, Jimmy, 321–25
吉米·斯莱特里, 283, 参看宝贝儿甜心(吉米·斯莱特里) Slattery, Jimmy, 283. See Darling, Candy (Jimmy Slattery)
吉米·韦林 Waring, Jimmy, 66–67
吉米·詹姆斯, 参看吉米·亨德里克斯 James, Jimmy. See Hendrix, Jimi
吉姆·戴恩 Dine, Jim, 13, 277
吉姆·雷多 Rado, Jim, 316
吉姆·罗森奎斯特 Rosenquist, James, 19, 66, 109, 277, 357
吉姆·莫里森 Morrison, Jim, 210, 239–40, 266, 287, 291–92, 302
《妓女》Harlot, 114, 115–16, 183, 204
《寂寞牛仔》Lonesome Cowboys, 273, 326–30, 358, 371
加里·库珀 Cooper, Gary, 152
加里·刘易斯和花花公子们 Gary Lewis and the Playboys, 88, 240
加里 Gary, 294–96
加尼特·米姆斯和巫师 Garnet Mims and the Enchanters, 46
加斯托内·罗西利 Rossilli, Gastone, 343

家(迪斯科)Dom (discotheque), 195–97, 203–6, 211, 215, 218, 229, 261, 270, 271
戛纳电影节 Cannes Film Festival, 265–67, 341
贾德森教堂 Judson Church, 65–69, 73–74, 81, 107, 108, 111
贾德森教堂 Judson Gallery, 13
贾妮斯画廊 Janis Gallery, 27, 90
贾森 Jason, 241–42
贾斯珀·约翰斯 Johns, Jasper, 3, 4, 7, 12–14, 29–30, 91, 274, 277
假面剧(俱乐部)Masque (club), 154
监禁(俱乐部)Limbo (club), 205–6
剪灭男人社 S.C.U.M. (Society for Cutting Up Men), 341, 342, 349
简, 参看宝贝儿简·霍尔泽 Jane. See Holzer, Baby Jane
简·奥姆斯比 - 戈尔 Ormsby-Gore, Jane, 102
简·方达 Fonda, Jane, 53, 141, 255
健身房(迪斯科)Gymnasium, 30–31, 261–63
《江湖男女》Carpetbaggers, The, 47, 52
教皇, 参看昂迪恩(教皇昂迪恩)Pope, the. See Ondine ("Pope Ondine")
教皇保罗六世 Paul VI, Pope, 169–71
教堂(迪斯科)Church (discotheque), 30–31
杰德, 参看杰德·约翰逊 Jed. See Johnson, Jed
杰德·约翰逊 Johnson, Jed, 332–33, 340–41, 342, 344, 348, 350, 354
杰恩·曼斯菲尔德 Mansfield, Jayne, 190–91
杰尔姆·罗宾斯 Robbins, Jerome, 247
杰尔姆·希尔 Hill, Jerome, 58, 64–65
杰斐逊飞机乐队 Jefferson Airplane, 211, 213, 218–19, 287
杰基·卡桑 Cassen, Jackie, 195–96
杰基·柯蒂斯 Curtis, Jackie, 281–82, 283–85, 306–8, 354, 368–70
杰克, 参看杰克·史密斯 Jack. See Smith, Jack

杰克·埃利奥特 Elliot, Jack, 230

杰克·凯鲁亚克 Kerouac, Jack, 39–41, 49, 303

杰克·克罗尔 Kroll, Jack, 232–33

杰克·拉森 Larson, Jack, 57

杰克·鲁比 Ruby, Jack, 256

杰克·尼科尔森 Nicholson, Jack, 374

杰克·史密斯 Smith, Jack, 34–35, 40–41, 56, 89–90, 100–101, 115, 179, 228

杰克·西蒙斯 Simmons, Jack, 209

杰克逊·波洛克 Pollock, Jackson, 15–18, 91, 234, 275

杰克逊·布朗 Browne, Jackson, 230, 261

杰奎琳·肯尼迪 Kennedy, Jacqueline, 46, 78, 151, 301

杰拉尔丁·史密斯 Smith, Geraldine, 297–301, 302–3, 354–55

杰勒德,参看杰勒德·马兰加 Gerard. See Malanga, Gerard

杰勒德·马兰加 Malanga, Gerard, 33–37, 44–47, 55, 56, 65, 66, 78, 80–81, 89, 90, 92, 94, 103, 106, 111, 113–14, 120, 121, 124, 128, 132, 139–40, 143, 147, 148, 150, 153–54, 157–60, 164, 167, 169, 172, 179–82, 184–85, 189–94, 204, 206, 217, 218, 221–22, 225, 236, 239, 241, 244, 259, 265, 268, 269, 273–76, 287, 290–91, 304–5, 312, 317, 332, 347

杰里·勃兰特 Brandt, Jerry, 270

杰里·沙茨贝格 Schatzberg, Jerry, 101, 103, 257–58, 306

杰罗姆·拉尼 Ragni, Gerome, 316

杰尼茨组合 Jaynettes, 46

杰伊·约翰逊 Johnson, Jay, 332–33

杰伊和美国人乐队 Jay and the Americans, 101

金·诺瓦克 Novak, Kim, 316

金宝浓汤罐头公司 Campbell's Soup Company, 163

禁脔 L'Interdit, 46

救赎(俱乐部)Salvation (club), 263, 306–7

俱乐部 Club 82, 202

俱乐部 Le Club, 46, 173

掘地派 Diggers, 294

## K

卡丽·史提海莫 Stettheimer, Carrie, 19

卡伦·布莱克 Black, Karen, 205

卡皮西纳 Capucine, 141

卡斯妈妈 Cass, Mama, 210, 304

卡斯泰尔(俱乐部)Castel's (club), 141, 142

卡特里娜 Katrina, 317

凯瑟琳·德纳芙 Deneuve, Catherine, 51, 141

凯瑟琳·格雷厄姆 Graham, Katharine, 246

坎迪丝·伯根 Bergen, Candice, 165

可怜的理查德(俱乐部)Poor Richard's (club), 214–15

《可怜小小富家女》 Poor Little Rich Girl, 138

克拉丽丝·里弗斯 Rivers, Clarisse, 137

克拉斯·奥尔登堡 Oldenburg, Claes, 13, 55, 66, 137, 179, 277

克莱·费尔克 Felker, Clay, 102

克莱德·巴罗 Barrow, Clyde, 245, 313

克劳德·珀维斯 Purvis, Claude, 315

克里斯蒂安·马昆德 Marquand, Christian, 340

克里斯蒂娜·保罗齐 Paolozzi, Christina, 152

克里斯托弗·斯科特 Scott, Christopher, 176, 323

克丽茜·施林普顿 Shrimpton, Chrissy, 75–76

克丽丝·埃默森 Emerson, Chris, 266–67

克利夫顿·丹尼尔 Daniel, Clifton, 246

克林特·伊斯特伍德 Eastwood, Clint, 65

肯·海曼 Heyman, Ken, 145

肯尼思·科克 Koch, Kenneth, 18, 33, 234–35

肯尼斯(发型师)Kenneth (hairdresser), 46, 343, 348

恐怖者奥加 Olga the Terrible, 202
《口活》Blow Job, 64–65, 100, 204
库雷热 Courrèges, 145, 171
快乐·洛克菲勒 Rockefeller, Happy, 358

L

《垃圾》Trash, 148, 302, 375
拉迪·伯德·约翰逊 Johnson, Lady Bird, 108, 141
拉尔夫·贝拉米 Bellamy, Ralph, 304
拉夫·埃利森 Ellison, Ralph, 247
拉克尔·韦尔奇 Welch, Raquel, 370, 373
拉里·里弗斯 Rivers, Larry, 16–18, 39, 137, 161, 234–35
拉里·普恩斯 Poons, Larry, 277
拉里·佐克斯 Zox, Larry, 277
拉利·劳埃德 Lloyd, Lally, 162–63
拉蒙特·扬 Young, La Monte, 179
拉斯·迈耶 Meyer, Russ, 262
拉斯·坦布林 Tamblyn, Russ, 53
莱昂纳德·科恩 Cohen, Leonard, 103, 261
莱昂内尔·罗戈辛 Rogosin, Lionel, 60
莱尼·布鲁斯 Bruce, Lenny, 157
莱斯莉·戈尔 Gore, Lesley, 46, 88
莱斯特，参看莱斯特·珀斯基 Lester. See Persky, Lester
莱斯特·贾德森 Judson, Lester, 59
莱斯特·珀斯基 Persky, Lester, 76–77, 119, 126–29, 131–32, 157, 264, 265, 267, 362
《蓝色电影》Blue Movie, 371–72
劳尔·卡斯特罗 Castro, Raul, 142–43
劳伦·巴考尔 Bacall, Lauren, 247
老大哥和控股公司 Big Brother and the Holding Company, 218–19
乐队 Band, The, 137
勒鲁瓦·琼斯 Jones, LeRoi, 231
勒内 Rene, 317

雷·斯塔克 Stark, Ray, 151
雷·约翰逊 Johnson, Ray, 66, 78, 91
雷吉娜 Régine, 141
雷克斯·哈里森 Harrison, Rex, 46
李·拉齐维尔 Radziwill, Lee, 247
李维·斯特劳斯（品牌）Levi Strauss & Co., 311
里恩齐咖啡馆 Café Rienzi, 134
里奇·柏林 Berlin, Richie, 130, 200
理查德·E. 柏林 Berlin, Richard E., 129–30
理查德·汉密尔顿 Hamilton, Richard, 88
理查德·萨伦特（迪克·萨伦特）Salant, Richard, 38
丽塔·海华丝 Hayworth, Rita, 373
利奥·卡斯泰利, 9, 10, 25–27, 141, 248，另请参看利奥·卡斯泰利画廊 Castelli, Leo, 9, 10, 25–27, 141, 248. See also Leo Castelli Gallery
利奥·卡斯泰利画廊 Leo Castelli Gallery, 7, 9, 10, 25–28, 88, 104, 109, 126, 186, 203–4, 265
利兰·海沃德 Hayward, Leland, 52
利塔·埃利秀 Eliscue, Lita, 165–66
莉莉·斯旺·萨里宁 Saarinen, Lily Swann, 119
莉莎·明内利 Minnelli, Liza, 151–52
联合艺术家 United Artists, 256
《脸》Face, 204
猎豹（俱乐部）Cheetah (club), 207–8, 223, 263
《猎豹》杂志 Cheetah magazine, 304
林达·伯德·约翰逊 Johnson, Lynda Byrd, 247
林达·达内尔 Darnell, Linda, 228
林登·贝恩斯·约翰逊 Johnson, Lyndon Baines, 170
林恩·雷纳 Reyner, Lynn, 315
琳达·伊斯门 Eastman, Linda, 300
《另一些现场》Other Scenes, 264, 368
龙尼，参看龙尼·卡特龙 Ronnie. See Cutrone, Ronnie
龙尼·卡特龙 Cutrone, Ronnie, 202–3, 204, 206,

220, 225, 239–40, 324–25

龙尼·塔韦尔 Tavel, Ronnie, 114, 115–16, 139, 142, 157

卢, 参看卢·里德 Lou. See Reed, Lou

卢·里德 Reed, Lou, 180, 181, 185–86, 189, 192–94, 199–200, 203, 211, 214–15, 225, 230, 239, 242, 250, 326, 364–65

《卢佩》*Lupe*, 115–16, 160–61, 192

卢佩·维莱斯 Velez, Lupe, 160–61

鲁道夫·努列耶夫 Nureyev, Rudolph, 101, 127, 131

鲁迪·格恩莱克 Gernreich, Rudi, 167

鲁迪·斯特恩 Stern, Rudy, 195–96

鲁弗斯·科林斯 Collins, Rufus, 89

路易吉·巴尔齐尼 Barzini, Luigi, 222

路易斯·B. 迈耶 Mayer, Louis B., 132

路易斯·比奇·马文三世 Marvin, Louis Beech, III, 57–58

路易斯·布里甘特 Brigante, Luis, 255

路易斯·沃尔登 Waldon, Louis, 288, 327, 330, 348, 371

露丝·福特 Ford, Ruth, 32

露丝·克利格曼 Kligman, Ruth, 66, 91, 100

伦纳德·莱昂斯 Lyons, Leonard, 47–48

罗比·罗伯逊 Robertson, Robbie, 137

罗伯塔 Roberta, 298–300

罗伯特·艾尔肯 Elkon, Robert, 27

罗伯特·贝弗利·黑尔 Hale, Robert Beverly, 248

罗伯特·本顿 Benton, Robert, 245

罗伯特·德尼罗 De Niro, Robert, 308

罗伯特·弗兰克 Frank, Robert, 39

罗伯特·弗雷泽 Fraser, Robert, 269–70

罗伯特·惠特曼 Whitman, Robert, 179

罗伯特·肯尼迪 Kennedy, Robert, 321, 345–46, 348

罗伯特·马瑟韦尔 Motherwell, Robert, 12, 94, 277

罗伯特·摩西 Moses, Robert, 90–91

罗伯特·印第安纳(鲍勃·印第安纳) Indiana, Robert, 43, 44, 90

罗德尼·拉罗德 La Rod, Rodney, 264, 265, 269

罗迪·麦克道尔 McDowell, Roddy, 247

罗恩·赖斯 Rice, Ron, 44, 49–50, 61, 115

罗克·赫德森 Hudson, Rock, 77, 175

罗密·施奈德 Schneider, Romy, 141

罗娜 Rona, 286

罗奈特组合 Ronettes, 23, 36, 46, 102

罗丝·肯尼迪 Kennedy, Rose, 247

罗滕·丽塔 Rotten Rita, 79, 80, 96, 97, 113, 150–51, 157–58, 199–200, 362

罗歇·瓦迪姆 Vadim, Roger, 141, 255

罗伊·利希滕斯坦 Lichtenstein, Roy, 7, 8–9, 18, 22, 25, 28, 53, 90, 91, 246, 249

《裸体餐馆》*Nude Restaurant*, 304

《洛杉矶时报》*Los Angeles Times*, 373

## M

妈妈咖啡馆 Café La Mama, 67

《马》*Horse*, 115–16

马丁·路德·金 King, Martin Luther, Jr., 263, 321

马尔科姆·埃克斯 Malcolm X, 125

马厩画廊 Stable Gallery, 30, 33, 43

马克·莱恩 Lane, Mark, 231

马克·兰开斯特 Lancaster, Mark, 88–92

马克·罗斯科 Rothko, Mark, 39, 44

马克·夏加尔 Chagall, Marc, 143

马克斯的堪萨斯城 Max's Kansas City, 161, 233–34, 235–37, 265, 276, 286, 297–98, 302–3, 306–7, 312, 315, 316, 326, 331, 333–35, 338, 339–40, 346, 348, 352, 361

马雷拉·阿涅利 Agnelli, Marella, 246–47

马里奥·阿马亚 Amaya, Mario, 342, 344, 345

马里奥·蒙特兹 Montez, Mario, 33, 41, 114–15, 138–39, 157, 227–28, 281

马里萨·贝伦森 Berenson, Marisa, 124

马赛尔·杜尚 Duchamp, Marcel, 19, 54, 55, 60, 88

马文·盖伊 Gaye, Marvin, 23

马歇尔·麦克卢汉 McLuhan, Marshall, 315

玛格丽特·杜鲁门 Truman, Margaret, 246

玛格丽特·拉姆金 Lamkin, Marguerite, 109, 110–11

玛格丽特·萨利文 Sullavan, Margaret, 52

玛格丽特公主 Margaret, Princess, 76

玛丽·马斯（玛丽·门肯）Maas, Marie, 241

玛丽·迈特（玛丽·沃若诺夫）Might, Mary (Mary Woronov), 204, 214–15, 225, 315

玛丽·门肯 Menken, Marie, 32–33, 100, 128

玛丽·沃若诺夫，参看玛丽·迈特（玛丽·沃若诺夫）Woronov, Mary. See Might, Mary (Mary Woronov)

玛丽安娜·穆尔 Moore, Marianne, 247

玛丽昂·贾维茨 Javits, Marion, 109, 152

玛丽莲·梦露 Monroe, Marilyn, 28–29, 302

玛丽索尔 Marisol, 42–44, 90, 137

玛丽亚·卡拉斯 Callas, Maria, 82, 93, 164

玛丽亚·库珀 Cooper, Maria, 152

玛莎·杰克逊 Jackson, Martha, 9–10

玛莎·杰克逊画廊 Martha Jackson Gallery, 9–10, 13

玛莎和文德拉斯 Martha and the Vandellas, 23

迈尔斯·怀特 White, Miles, 340–41, 350

迈克尔·史密斯 Smith, Michael, 111

迈克尔·松阿本德 Sonnabend, Michael, 9–10, 28

《迈拉·布雷肯里奇》Myra Breckenridge, 369–70

《麦考尔》McCall's, 247

《曼丁哥人》Mandingo, 52

曼尼·法伯 Farber, Manny, 60

漫威漫画公司 Marvel Comics, 302

《毛发》Hair, 68, 314–16, 353

梅尔·朱费 Juffe, Mel, 152–53, 155–56

梅尔夫·格里芬 Griffin, Merv, 308–11

梅琳达·穆恩 Moon, Melinda, 152

煤气灯咖啡馆 Gaslight café, 70, 93

《每站都停的列车不再在这儿停车了》，参看《富贵浮云》The Milk Train Doesn't Stop Here Anymore, See Boom

美国芭蕾剧院 American Ballet Theater, 72

《美国人报》Journal American, 152

《美人》系列 Beauty film series, 137, 157

《魅力、荣耀和黄金》Glamour, Glory, and Gold, 283–85, 306, 308, 316–17

蒙蒂·罗克三世 Rock, Monti, III, 130–31, 207

蒙哥马利·克利夫特 Clift, Montgomery, 131

《梦和白日梦》Dreams and Daydreams, 148

米尔顿·雷斯尼克 Resnick, Milton, 17

米高梅 MGM, 128, 132, 209, 217, 256, 278

米基·拉斯金 Ruskin, Mickey, 233–35, 276, 302, 333–34

米开朗基罗·安东尼奥尼 Antonioni, Michelangelo, 267

米克·贾格尔 Jagger, Mick, 75–76, 101, 102, 258–60, 306, 316, 317

米丽娅姆·霍普金斯 Hopkins, Miriam, 127

米歇尔（维瓦的丈夫）Michel (Viva's husband), 372

米娅·法罗 Farrow, Mia, 247, 262

蜜饯小仙女儿 Sugar Plum Fairy, 157–58, 159

《模仿基督》Imitation of Christ, 303–4, 308–9

摩洛哥 El Morocco, 276

莫琳·塔克 Tucker, Maureen, 181, 198, 225, 250

莫奈服饰珠宝公司 Monet Costume Jewelry, 166

莫妮卡·维蒂 Vitti, Monica, 267

莫斯·坎宁安 Cunningham, Merce, 186, 271, 273–74

## N

纳尔逊·莱昂 Lyon, Nelson, 217–18

纳尔逊·洛克菲勒 Rockefeller, Nelson, 173, 272

纳塔莉·伍德 Wood, Natalie, 373

纳特·芬克尔斯坦 Finklestein, Nat, 191

娜奥米·莱文 Levine, Naomi, 41, 55–57, 89, 171

南希·马奇 March, Nancy, 58–59

妮可 Nico, 154, 181–86, 189–93, 203–4, 214–15, 217, 230–31, 240–41, 242, 245, 250, 261, 263, 271, 287, 291–92, 305, 309, 317, 338–40, 356

尼尔·威廉斯 Williams, Neil, 91

尼基，参看尼基·哈斯拉姆 Nicky. See Haslam, Nicky

尼基·德·圣佛莉 St. Phalle, Nicky de, 162

尼基·哈斯拉姆 Haslam, Nicky, 35, 75, 101, 102–3

尼科尔森咖啡馆 Café Nicholson, 131–32, 162

年轻的流氓 Young Rascals, 194, 287

《柠檬心》 Lemon Hearts, 44

《纽约》 New York, 102, 335

《纽约每日新闻》（《每日新闻》） New York Daily News, 21, 349, 360

《纽约时报》 The New York Times, 158, 185, 218, 233, 245–46, 248, 249, 256

《纽约先驱论坛报》 New York Herald Tribune, 102, 185

农村乔和那条鱼 Country Joe & the Fish, 294

诺埃尔·科沃德 Coward, Noël, 46

诺曼·梅勒 Mailer, Norman, 94–95, 247

女公爵 Duchess, 70–71, 79, 97, 98, 125–26, 147, 173–75, 187–89, 199–200, 205, 228, 347

## O

《噢！加尔各答！》 Oh! Calcutta!, 370

欧文·布卢姆 Blum, Irving, 27–28

欧文·布卢姆画廊 Irving Blum Gallery, 27–28

## P

帕蒂·奥尔登堡 Oldenburg, Patty, 55, 137

帕蒂·德阿尔班维丽 D'Arbanville, Patti, 297–98, 303, 354–55

帕科·拉巴纳 Rabanne, Paco, 205, 221, 261

帕洛玛·毕加索 Picasso, Paloma, 143

帕特·阿斯特 Ast, Pat, 354

帕特·哈特利 Hartley, Pat, 302

帕特·肯尼迪·劳福德 Lawford, Pat Kennedy, 247

帕特里克·蒂尔登·克洛斯 Close, Patrick Tilden, 303–4, 305, 317

帕特南出版社 Putnam's, 372

潘纳·格雷迪 Grady, Panna, 160

佩珀（女演员） Pepper (actress), 220, 227

喷发模式化不可避免（E.P.I.），参看爆炸模式化不可避免（E.P.I.） Erupting Plastic Inevitable (E.P.I.). See Exploding Plastic Inevitable (E.P.I.)

披头士 Beatles, 36, 75, 76, 88–89, 101, 112, 168, 175, 258, 262, 286, 299–300

皮尔·卡丹 Cardin, Pierre, 216–17

骗子山姆和法老们 Sam the Sham and the Pharoahs, 240

漂泊者 Drifters, 23

《品类》 Variety, 24, 256–57, 278, 330

《评论》杂志 Commentary magazine, 60

## Q

奇迹乐团 Miracles, 46

奇诺咖啡馆 Caffe Cino, 67, 93, 308

奇想乐团 Kinks, 36, 88

奇异咖啡馆 Café Bizarre, 93, 180–81

乔·达里桑德罗 Dallesandro, Joe, 300–301, 317, 327, 351, 354, 355, 368, 373

乔·勒叙厄尔 LeSueur, Joe, 234

乔·奇诺 Cino, Joe, 67

乔·斯潘塞 Spencer, Joe, 312

乔丹·克里斯托弗 Christopher, Jordan, 181

乔恩·沃伊特 Voight, Jon, 343, 354

乔纳斯,参看乔纳斯·梅卡斯 Jonas. See Mekas, Jonas

乔纳斯·梅卡斯 Mekas, Jonas, 37–38, 55–56, 60–64, 100–101, 155, 176, 179–80, 184, 255

乔斯·罗德里格斯 – 索尔特罗 Rodriguez-Soltero, José, 115

乔伊,参看小乔伊·弗里曼 Joey. See Freeman, Little Joey

乔伊丝·布拉泽斯 Brothers, Joyce, 310

乔伊丝·哈伯 Haber, Joyce, 314

乔治·阿拜格奈罗 Abagnalo, George, 368

乔治·汉密尔顿 Hamilton, George, 247

乔治·普林顿 Plimpton, George, 247

乔治·丘克 Cukor, George, 149

切·格瓦拉 Guevara, Che, 142–43

切尔西酒店 Chelsea Hotel, 220–21, 226–28, 341–42

《切尔西女孩》 Chelsea Girls, 33, 209, 226–28, 232–33, 252, 255–56, 259–60, 264–67, 291–92, 303, 304

《窃花贼》 The Flower Thief, 44, 49–50, 61

《窃贼》 The Shoplifter, 204

琼·贝兹 Baez, Joan, 277

琼·本内特 Bennett, Joan, 152

琼·克劳福德 Crawford, Joan, 31

## R

《燃烧的生物》 Flaming Creatures, 100–101

让·热内 Genet, Jean, 100

让 - 吕克·戈达尔 Godard, Jean-Luc, 112

让娜·莫罗 Moreau, Jeanne, 51

《肉体》 Flesh, 281, 302, 354–55, 368, 369, 372–74

瑞安·奥尼尔 O'Neal, Ryan, 210

## S

萨尔·米内奥 Mineo, Sal, 53

萨拉·伯恩哈特 Bernhardt, Sarah, 268

萨姆·格林 Green, Sam, 41, 89, 133–36, 137, 162–63, 165–67, 171–72

萨姆·瓦格斯塔夫 Wagstaff, Sam, 78, 89

塞奇威克家族 Sedgwick family, 119, 122, 337

塞西尔·比顿 Beaton, Cecil, 162, 205, 246, 247

赛·通布利 Twombly, Cy, 31

《三俗》 Camp, 204

桑尼·博诺和雪儿·博诺 Bono, Sonny and Cher, 210

桑尼 Sonny, 202

《沙堡》 Sand Castles, 58

沙滩男孩 The Beach Boys, 121–22, 296

《绅士》 Esquire, 221, 245

神游(俱乐部) Trip (club), 209–10

《生活》 Life, 24, 54, 124, 134, 165, 175, 248–49, 249–50, 257

生活剧场 Living Theater, 55, 58, 100–101, 370

圣雷莫咖啡馆 San Remo Coffee Shop, 69–71, 79, 111, 119, 236

圣塞贡多先生 Sansegundo, Mr., 91

《十三个最漂亮的男孩》 The Thirteen Most Beautiful Boys, 106

《十四岁的女孩》 The Fourteen-Year-Old Girl, 115–16

《时代》 Time, 45, 54, 124, 165, 175, 215

《时尚》 Vogue, 35, 102, 124, 143, 215

实验影院 Cinemathèque, 147, 155, 179–80, 182, 185, 191, 232–33, 317–18

史蒂夫·保罗 Paul, Steve, 151–52

史蒂夫·努南 Noonan, Steve, 230

市长,参看罗滕·丽塔 Mayor, the. See Rotten

Rita
《试镜》Screen Test, 157
霜冻迈尔斯 Meyers, Frosty, 294
水晶组合 Crystals, 23, 159
水牛春田 Buffalo Springfield, 239
《睡》Sleep, 42–43, 53, 63, 113, 204, 321, 350, 371
斯蒂芬·肖尔 Shore, Stephen, 139–40, 159, 204, 257
斯蒂芬妮·格斯特 Guest, Stephanie, 152
斯科特·卡彭特 Carpenter, Scott, 144
斯拉戈·安 Slugger Ann, 285
斯坦·布拉克治 Brakhage, Stan, 61
斯坦利("家"的房主) Stanley (landlord of Dom), 195–96, 215, 229, 261
斯坦利·阿莫斯 Amos, Stanley, 67–69, 74–75, 197–201, 250
斯坦利的家,参看家(迪斯科)Stanley's the Dom. See Dom (discotheque)

斯特林,参看斯特林·莫里森 Sterling. See Morrison, Sterling
斯特林·莫里森 Morrison, Sterling, 181, 185–86, 195, 225, 250, 326
斯托克利·卡迈克尔 Carmichael, Stokely, 263
搜索者 Searchers, 88
苏济·尼克博克 Knickerbocker, Suzy, 247
苏珊·博顿利,参看国际丝绒(苏珊·博顿利)Bottomly, Susan. See International Velvet (Susan Bottomly)
苏珊·霍夫曼, 291,另请参看维瓦(苏珊·霍夫曼)Hoffmann, Susan, 291. See also Viva (Susan Hoffmann)
苏珊·派尔 Pile, Susan, 215, 218–19, 230–31, 259, 286, 304, 305, 321, 324
苏珊·桑塔格 Sontag, Susan, 111–12, 274
苏珊娜·普莱薛特 Pleshette, Suzanne, 53

苏珊娜 Susanna, 191
苏西·加布利克 Gablik, Susi, 78
索尔·斯坦伯格 Steinberg, Saul, 331
索菲亚·罗兰 Loren, Sophia, 144

T

塔布·亨特 Hunter, Tab, 313, 362
塔菲 Taffy, 316–17, 317
塔利·布朗 Brown, Tally, 317
塔卢拉·班克黑德 Bankhead, Tallulah, 247
塔纳格画廊 Tanager Gallery, 13–14
泰格·莫尔斯 Morse, Tiger, 65, 152, 222–23, 303, 317
泰勒,参看泰勒·米德 Taylor. See Mead, Taylor
泰勒·米德 Mead, Taylor, 34–35, 40, 44–45, 47–50, 53–58, 61, 303–6, 315, 317, 327, 354
《泰山和简是又到手的简》Tarzan and Jane, Regained Sort Of 58–59, 63
汤米·古德温 Goodwin, Tommy, 121–22
汤米·詹姆斯和尚多斯 Tommy James and the Shondells, 264
汤米 Tommy, 202
汤姆·贝克 Baker, Tom, 287, 297, 312, 317
汤姆·霍姆普兹 Hompertz, Tom, 327
汤姆·欧霍根 O'Horgan, Tom, 68, 73, 197, 316
汤姆·威尔逊 Wilson, Tom, 208
汤姆·韦塞尔曼 Wesselmann, Tom, 13–14, 19
汤姆·沃尔夫 Wolfe, Tom, 102, 103, 168
唐·施拉德尔 Schrader, Don, 32
唐纳德·卡梅尔 Camel, Donald, 141
唐纳德·莱昂斯 Lyons, Donald, 119–20, 131, 134–35, 147, 167
唐耶·卢纳 Luna, Donyale, 298–99
特德·凯里 Carey, Ted, 7–8
特里·萨瑟恩 Southern, Terry, 340
特伦斯·斯坦普 Stamp, Terence, 141

特洛伊·多纳休 Donahue, Troy, 28, 53, 362
提尼·杜尚 Duchamp, Teeny, 55
田纳西·威廉姆斯（Williams, Tennessee, 48, 128–29, 131–32, 171, 362, 377
《甜蜜生活》*La Dolce Vita*, 183, 271, 303
《甜心》*Candy*, 340
铜壶 Copper Kettle, 102
退学生黛比 Debbie Dropout, 98, 322–24
托马斯·霍温 Hoving, Thomas, 260, 278, 357–58

## W

瓦莱丽·索拉纳斯 Solanas, Valerie, 341–45, 348–51, 360–61
万花筒（潮流小店）Kaleidoscope (boutique), 222–23
威拉德·马斯 Maas, Willard, 32–33, 241
威廉·伯勒斯 Burroughs, William, 129, 327
威尼斯双年展 Venice Biennale, 245–46, 248–49, 271
威士忌管够（俱乐部）Whiskey A Go-Go (club), 210
薇拉·克鲁斯 Cruise, Vera, 327–28, 346–47, 360–61, 371
维恩·齐默尔曼 Zimmerman, Vern, 44
维苏卡 Verushka, 154
维瓦（苏珊·霍夫曼）Viva (Susan Hoffmann), 287–91, 309, 312, 317, 329, 334–39, 343, 347–49, 350, 352, 371–72
温，参看温·张伯伦 Wynn. See Chamberlain, Wynn
温·张伯伦 Chamberlain, Wynn, 35–36, 40, 43, 44, 45, 47, 50, 51, 54, 55
温迪·范德比尔特 Vanderbilt, Wendy, 152
温斯顿·格斯特 Guest, Winston, 152
温斯顿·丘吉尔 Churchill, Winston, 190
温斯洛咖啡馆 Café Winslow, 68

文森特·坎比 Canby, Vincent, 256
文森特·普赖斯 Price, Vincent, 310
《吻》*Kiss* film series, 63, 90, 204, 230
《我，一个男人》*I, a Man*, 287, 297, 304, 312, 342
《我的男妓》*My Hustler*, 157, 158, 203, 256, 259–60, 287
沃尔多·巴拉尔 Balart, Waldo, 142–43, 144
沃尔特·古特曼 Gutman, Walter, 39
沃尔特·克莱斯勒 Chrysler, Walter, 94
沃尔特·万格 Wanger, Walter, 152
沃霍尔女士（母亲）Warhol, Mrs. (mother), 5–6, 347
沃伦·贝蒂 Beatty, Warren, 28, 239, 313
五点（俱乐部）Five-Spot (club), 16
《午夜牛郎》*Midnight Cowboy*, 256–57, 315, 343, 352–53, 354
伍迪·艾伦 Allen, Woody, 141
伍迪·格斯里 Guthrie, Woody, 48

## X

西班牙埃迪 Spanish Eddie, 98
西比尔·伯顿·克里斯托弗 Christopher, Sybil Burton, 144
西尔维·瓦尔坦 Vartan, Sylvie, 51
西尔维娅·迈尔斯 Miles, Sylvia, 354
西涅（歌手）Signe (singer), 211
《吸血鬼》*Dracula*, 40–41, 89
希瑟 Heather, 220, 239, 266
悉尼·贾妮斯 Janis, Sidney, 27
悉尼·贾妮斯画廊 Sidney Janis Gallery, 16, 55, 90
悉尼·吕梅特 Lumet, Sidney, 175
《下城》*Downtown*, 291
现场 Scene, 151–52
香格里拉乐团 Shangri-Las, 36
《香蕉》*Banana*, 204
香蕉乐队 Bananas, 317

《逍遥骑士》Easy Rider, 57, 58, 374

小安东尼和皇家 Little Anthony and the Imperials, 23

小道格拉斯·费尔班克斯 Fairbanks, Douglas, Jr., 46, 175

小蒂姆 Tiny Tim, 48

《小龙虾》Crawdaddy, 314

小罗伯特·沃克 Walker, Robert, Jr., 53

小乔伊,参看小乔伊·弗里曼 Little Joey. See Freeman, Little Joey

小乔伊·弗里曼 Freeman, Little Joey, 164, 187, 204, 208, 217, 257–58, 259

小史蒂维·旺德 Wonder, Little Stevie, 23, 36

小小(潮流小店)Teeny Weeny (boutique), 222–23

新兵 Yardbirds, 88, 240

新潮面包圈 Hip Bagel, 93, 134

新美国电影团体 New American Cinema Group, 60–61

《新闻周刊》Newsweek, 54, 215, 232–33

《星期天》Sunday, 37

《秀》Show, 102

穴居人 Troggs, 238

雪利·克拉克 Clarke, Shirley, 60, 255

雪莉·麦克莱恩 MacLaine, Shirley, 141

雪松酒吧 Cedar bar, 15, 16–18, 90

《寻常之爱》Normal Love, 40, 100

## Y

雅各布·贾维茨 Javits, Jacob, 109

亚历山大·艾欧拉斯 Iolas, Alexandre, 162

亚瑟(俱乐部)Arthur (club), 144, 153, 181, 237, 238, 241, 242

野口勇 Noguchi, Isamu, 31

一壶鱼 Kettle of Fish, 70, 93, 134

《一九六九年的狄俄尼索斯》Dionysus in '69, 370

伊迪,参看伊迪丝·明特恩·塞奇威克(伊迪)Edie. See Sedgwick, Edith Minturn ("Edie")

伊迪丝·明特恩·塞奇威克(伊迪)Sedgwick, Edith Minturn ("Edie"), 119–25, 128, 131–39, 140–42, 150–57, 160–61, 164, 165–67, 169, 171–73, 179, 182, 183, 184, 207–8, 215, 237, 245, 286, 292, 312, 317, 362, 377

伊冯娜·雷内 Rainer, Yvonne, 66

伊冯娜·托马斯 Thomas, Yvonne, 44

伊戈尔·卡西尼 Cassini, Igor, 46

伊莱恩·张伯伦 Chamberlain, Elaine, 55

伊丽莎白·泰勒 Taylor, Elizabeth, 36, 130, 131, 144, 362

伊利安娜·松阿本德 Sonnabend, Ileana, 10, 28, 140–41

伊曼纽尔·洛伊策 Leutze, Emanuel, 357

伊莎贝尔·科林-迪弗雷纳, 264,另请参看奥特拉·维奥莱特(伊莎贝尔·科林-迪弗雷纳)Collin-Dufresne, Isabelle, 264. See also Ultra Violet (Isabelle Collin-Dufresne)

伊万,参看伊万·卡普 Ivan. See Karp, Ivan

伊万·卡普 Karp, Ivan, 8–10, 18–19, 21–23, 25–28, 35, 94, 104–5, 144–45

伊尤密尔 Il Mio, 224, 238

《议事程序问题》Point of Order, 38

银色乔治 Silver George, 79, 81, 98–99, 201, 250–52

英格丽德,参看英格丽德·超级明星 Ingrid. See Superstar, Ingrid

英格丽德·超级明星 Superstar, Ingrid, 153–55, 154, 171, 189, 191, 199, 204, 214–15, 317

尤金妮亚·谢泼德 Sheppard, Eugenia, 200

约翰,参看约翰·凯尔 John. See Cale, John

约翰·F·肯尼迪 Kennedy, John F, 36–37, 77–78, 346

约翰·阿什伯里 Ashbery, John, 18

约翰·德梅尼尔 de Menil, John, 271, 277
约翰·福特 Ford, John, 149
约翰·格雷厄姆 Graham, John, 265
约翰·格伦 Glenn, John, 83
约翰·哈洛韦尔 Hallowell, John, 373–74
约翰·豪斯曼 Houseman, John, 57
约翰·焦尔诺 Giorno, John, 42–43, 321
约翰·凯尔 Cale, John, 181, 185, 189, 194, 198, 225, 230, 242, 250, 286–87
约翰·凯奇 Cage, John, 4, 274
约翰·肯尼思·加尔布雷思 Galbraith, John Kenneth, 246
约翰·奎因 Quinn, John, 78
约翰·拉布罗斯基 Rublowsky, John, 145
约翰·林赛 Lindsay, John, 179
约翰·帕尔默 Palmer, John, 101
约翰·萨克森 Saxon, John, 53
约翰·施莱辛格 Schlesinger, John, 352
约翰·威尔科克 Wilcock, John, 191, 265, 368
约翰·韦恩 Wayne, John, 149, 329
约翰·张伯伦 Chamberlain, John, 55, 91, 98, 289, 327–28
约翰尼·多德 Dodd, Johnny, 107, 198
约翰尼·卡森 Carson, Johnny, 360
约翰尼·里弗斯 Rivers, Johnny, 210
约翰尼·马西斯 Mathis, Johnny, 203
约翰尼·尼科尔森 Nicholson, Johnny, 131–32
约瑟夫·麦卡锡 McCarthy, Joseph, 38, 336
约瑟夫·魏赫尔 Wehrer, Joseph, 193

## Z

《再见，曼哈顿》Ciao Manhattan, 289
《在途中，安迪·沃霍尔和杰勒德·马兰加怪物特辑》Intransit, The Andy Warhol Gerard Malanga Monster Issue,
扎尔（音乐家）Zal (musician), 258

扎卡里·斯科特 Scott, Zachary, 32
詹姆斯·迪恩 Dean, James, 228
詹姆斯·梅雷迪思 Meredith, James, 46
詹姆斯·希尔 Hill, James, 58
詹尼·阿涅利 Agnelli, Gianni, 46
《长沙发》Couch, 204
珍妮斯·乔普林 Joplin, Janis, 219
至上合唱团 Supremes, 65, 112, 123, 278, 298
朱迪·霍利迪 Holliday, Judy, 154
朱迪·加兰 Garland, Judy, 126–33, 151, 307, 362–63
朱迪·科林斯 Collins, Judy, 182
朱尔斯·奥利斯基 Olitski, Jules, 246, 249
朱丽叶·普劳斯 Prowse, Juliet, 128
《朱丽叶与魔鬼》Juliet of the Spirits, 61
朱利安·巴勒斯 Burroughs, Julian, 327
朱塞佩·罗西 Rossi, Giuseppe, 345
装备（潮流小店）Paraphernalia (boutique), 146, 215, 223–24, 322
《自行车男孩》Bike Boy, 297, 304, 312
《自杀》Suicide, 171
《钻》杂志 Screw magazine, 371
佐乌·佐乌 Zou Zou, 141

图书在版编目（CIP）数据

波普主义 /（美）安迪·沃霍尔,（美）帕特·哈克特著；寇淮禹译 .-- 上海：上海文艺出版社, 2022

ISBN 978-7-5321-8070-7

Ⅰ.①波… Ⅱ.①安…②帕…③寇… Ⅲ.①沃霍尔（Warhol, Andy 1928-1987）—自传②沃霍尔（Warhol, Andy 1928-1987）—艺术评论Ⅳ.① K837.125.72 ② J057.12

中国版本图书馆 CIP 数据核字（2021）第 196054 号

POPISM
Copyright © 1980, Andy Warhol
All rights reserved

著作权合同登记图字：09-2022-0122

发 行 人：毕　胜
责任编辑：肖海鸥　李若兰
特约编辑：邱宇同
装帧设计：周安迪
内文制作：邱江月　熊艺霖

书名：波普主义
作者：[美]安迪·沃霍尔　[美]帕特·哈克特
译者：寇淮禹
出版：上海世纪出版集团　上海文艺出版社
地址：上海市闵行区号景路 159 弄 A 座 2 楼 201101
发行：上海文艺出版社发行中心
　　　上海市闵行区号景路 159 弄 A 座 2 楼 206 室 201101　www.ewen.co
印刷：苏州市越洋印刷有限公司
开本：787×1092　1/32
印张：15.75
插页：2
字数：296,400
印次：2022 年 7 月第 1 版　2022 年 7 月第 1 次印刷
ISBN: 978-7-5321-8070-7/J.552
定价：68.00 元